修訂二版

解開 生活中的數字密碼

呂岡玶　楊佑傑　著

初級統計學

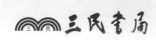
三民書局

修訂二版序

　　本書自 2016 年初版以來，承蒙讀者的喜愛，有幸能做第二次的改版。如同《解開生活中數字密碼》的名字一般，我們以統計學知識為出發點，運用統計學探討各行各業及生活大小事中背後的數字密碼，用生活化的方式，引領讀者一步步解開數字與數字之間背後所代表的意義。

　　此次改版，為了俾利讀者閱讀，加入新的圖表、內文及個案討論，重新排版，並設計新式封面，使其更美觀大方。此外，隨著時代的更迭，此次修訂亦針對本書中部分資料加以更新，使本書更符合現在的時事發展，並以最新的數據資料做案例分析，使內容更貼近讀者而更加完善。最後，感謝在出版過程中給予我們協助的先進與夥伴，謹將本書與你們分享。

呂岡坪　楊佑傑

2020 年 3 月

序

　　過去百科全書對於統計學的界定是一門收集、分析、解釋、呈現與組織資料的學問。而現在更強調它是一門從資料中學習模式的科學，包含著資料測量、模型界定與不確定性溝通等。如果試問在未來十年內，什麼是我們生活中最需要具備或擁有的技術或知識？無疑地，統計學是當中之一，而且是扮演著重要角色，過去是如此，未來更是如此。

　　我們先來解讀一個數字。報載「今年童玩節熱度減退，入園人數近34萬人次，再兩天就要閉幕，想突破去年38萬人次似乎不容易，預期創下近年的新低」。報載統計數字固然令人沮喪，但進一步查閱主辦單位資料顯示，今年舉辦天數減為44天，比去年少8天，顯然地，數字背後可有不同的解釋。這傳達著統計思考可以解開數字背後的密碼。

　　許多人有在網站購物或買書的經驗，當瀏覽某件有興趣的商品時，網頁常會列出「買了此商品的人，也買了……」的建議購買品項，這就是所謂購物籃分析。這是透過大量的瀏覽資料收集，以簡單的機率概念（不確定性）建立品項的關聯性，試圖提供更有效率的購物訊息，促進或影響消費行為。在其他地方我們也可以看到類似應用，如在超商行銷的分析中，或可能發現購買尿布的男人也常會購買啤酒；如在社群網站中，後臺透過網路資料的收集與資料分析，可以建立使用者的習慣行為模型，協助網站提供更貼近使用者的介面與內容或關鍵趨勢分析。

　　再者，金融機構放款部門統計分析往來的申貸客戶相關資料，除了製作相關統計報表彰顯經營現況外，更可以依過去的申貸資料，如性別、職業、婚姻及存款餘額等，建立預測模式來對客戶是否違約做預先判定，推測客戶在其申貸條件下貸款違約的機會。這些例子都說明著統計學如何應用在日常生活中，而資料、數字是統計學的基礎，而背後真相的揭露是統計方法的應用。

　　近年來，學科的整合走向跨領域的發展。大數據、巨量資料、資料科學幾乎成為潮流的關鍵字眼，無論在哪一個名詞下，統計學的基礎知識到延伸的應用方法都扮演著重要的基石。沒有統計圖表的視覺表現，便無法將資料化繁為簡；沒有統計量的推估知識，無法將資料分析科學化；而沒有資料模型的概念，將無法進一步對巨量的資料做預測模式或演算。

　　很高興本書做第二次的改版，如同初級統計學名字一般，我們以拓展基礎統計知識為出發點，儘量朝精簡的方向做修正。雖然精簡，但我們鼓勵並希望初學者，能體驗出數字或資料背後所隱藏的密碼，解開真相。無論未來是否走向資料科學領域，逐步踏實學習，相信已踏在堅固盤石之上。最後，我們萬分感謝三民書局所有協助完成此次改版的工作夥伴們，沒有你們是無法順利完成的，謝謝你們。

呂岡坪　楊佑傑

2016 年 8 月

初級統計學

第 3 章　平均數與差異量數

第 4 章　偏態與峰態

第 5 章　機率概論

第 6 章　常用的機率分配

🖉 第 7 章　常態分配及其應用

🖉 第 8 章　估　計

🖉 第 9 章　假設檢定

第 *10* 章　變異數分析

第 *11* 章　簡單線性迴歸與相關分析

第 *12* 章　指　數

附錄 1　統計表

附錄 2　習題簡答

第 **1** 章
認識統計

學習重點

1. 瞭解統計的功用。
2. 統計的基本觀念與重要元素。
3. 小心閱讀有關統計的報導,不要被誤導。
4. 資料的分類與測量。
5. 資料整理與編製次數分配表。

統計到底對我們有什麼幫助？在電視、網路、報章雜誌等，經常可見的統計數據是否可靠呢？文章中，根據統計資料所下的結論是否合理呢？看看下面的例子：

1. 假設網路上有篇報導說：「現今大學生因打工時間太長，導致成績表現差。」你相信這個結論嗎？你是否想過資料是如何得來的？樣本有代表性嗎？這個結論合理嗎？

2. 我們都相信：「平均來說，成年男性身高比成年女性高。」但有些女人比男人高，所以如果要驗證這句話，就必須測量好多男人和女人的身高。若有一項結論說：「在靜止狀態下，大學男生每分鐘的脈搏數低於女生每分鐘的脈搏數。」你要如何驗證或反駁這句話呢？測量一個或兩個學生的脈搏數就可以下此結論嗎？很顯然不是！到底要瞭解男生和女生脈搏數的什麼特性才能幫助你決定該測量多少人的脈搏數才足夠呢？

3. 假設有關某次流感的報導說：「臺北市得流感的人數比臺中市得流感的人數多，所以臺北流感的疫情比較嚴重。」這樣的比較公平嗎？應該將資料以什麼形式表示，再做比較，才算公平、客觀呢？

統計資料充斥於我們的日常生活中，判斷資料的可靠性、找出資料有用的訊息、利用資料做出適當的決策，都是統計的工作。統計學教我們如何以科學的方法蒐集資料、整理資料、分析資料，進而做出好的決策。

1.1　統計的問題

談到統計，一般人直接的印象可能是一堆了無生趣的數據及艱澀難懂的理論與公式，而對統計的意義、統計的作用及統計如何幫助解決實際問題也許就不甚瞭解。因此與其直接對統計下定義，讓我們先看看一些會引起統計學家關心的問題，經由這些例子可以幫助我們瞭解統計問題的特性及基本要素。

在日常生活中最容易被聯想到與統計有關的問題，莫過於各類報章雜誌經常刊登的各種民調結果，尤其在各種大型選舉前，各家民意調查機構都會

利用統計抽樣方法 ， 由所有選民中抽取一組適當的樣本對選情做預測 。 以
TVBS 民意調查中心於 2019 年 8 月中旬對 2020 年總統大選所做的民意調查
為例，此調查以市話及手機併用的雙底冊做抽樣，抽查臺灣地區 20 歲以上之
民眾，由人員透過電話訪問，若明日就是投票日，請問受訪者會投票支持哪
一位候選人？此調查的有效樣本為 839 位。在 95% 的信心水準下，抽樣誤差
為正負 3.4 個百分點，表 1.1 為兩政黨推出之候選人支持度的估計結果。

表 1.1　2020 年總統大選選前預測

單位：%

	支持率
民進黨蔡英文	47
國民黨韓國瑜	42
未決定	11

◆ 資料來源：TVBS 民調中心。

　　這個民調僅根據 800 多份的調查資料對全國 1,800 多萬有投票權的選民
在總統大選的看法上所做的結論，你相信嗎？研究者根據什麼訊息決定訪問
的人數？要採用何種抽樣方法？抽樣誤差如何決定？何謂 95% 信心水準？這
些問題說明了統計學存在的必要性。

　　除民調以外，金融投資與市場行銷等常利用統計做市場分析及未來趨勢
預測。除此之外，很多應用科學亦常藉由資料分析而建立數學模式來表示各
變數之間的關係。例如市場行銷研究者會將產品的銷售量表為廣告費用、業
務員人數及其他相關因素的函數型式，如此便可利用此數學模式預測產品的
銷售量。問題是如何找到一個好的預測模式？我們可以將預測誤差盡可能控
制在某個範圍內嗎？對要預測的變數而言（如上例中產品的銷售量），哪些是
重要的因素？又如何決定呢？

　　統計除了用於預測、估計外，也常做為下決策的依據。例如某大藥廠研
發一種新的感冒疫苗，如何決定此種藥物的有效性呢？舉一個簡單的例子來
說，假設我們給 10 人注射此種疫苗並追蹤觀察整個冬季。若這 10 人中，有
8 人整個冬季都沒感冒，就表示此種疫苗有效嗎？又某教師嘗試對兩群能力

相當的學生分別採用不同的教學方法以比較兩種教學法的優劣，於學期末教師對兩群學生施以相同的評量，並以此為依據決定兩教學法之優劣。以統計觀點來看，此問題即是此組資料是否呈現足夠的證據顯示不同的教學法使學生之表現有顯著差異。

在品管上，也經常以統計分析結果做為下決策的依據。例如貨批檢驗，利用隨機抽樣方式抽取一組樣本做檢驗，再根據樣本中瑕疵品的個數判斷貨批好壞，以決定接受或退回此批貨。另外在品管上也常利用統計方法找出決定品質好壞的重要因素，例如手機和其他電子相關產品隨著科技進步汰換非常快，生產公司一方面要爭取時效，另一方面也要維持產品品質的水準，便可利用統計方法找出影響品質好壞的主要因素，如此可節省許多品管檢驗的時間。

綜合上述統計問題的共同特性，我們瞭解統計是從資料得到訊息的一種方法，更明確地說，統計是蒐集及分析資料的準則和程序的結合。當人們面臨不確定性時，可以藉由適當資訊的蒐集及統計方法的應用來幫助人們下決策。因此，統計亦經常被使用於日常生活上。例如每天通勤上班或上課的人可能有好幾條路線可選擇，如何決定哪一條較好呢？你可能會嘗試每一條路線數次，再依據某些個人認為重要的因素，諸如行車速率、時間、紅綠燈數、沿途風景等決定最適合的路線。在任何情況下，抽樣選擇不同資料，可得到許多有用的資訊，利用統計方法分析所得的資訊將有助於決策的選擇。

1.2　統計問題的重要元素

上節我們所舉例的統計問題，雖然性質、背景都不一樣，但每一個問題的目的都不外乎是做預測或下決策，而且每個例子都利用抽樣方式得到資料。在日常生活中，我們常需要瞭解一個大群體的某些特性，但礙於時間、經濟效率或執行困難等因素，無法對群體中的每個元素一一做調查，而只能由群體中隨機抽取一定數目的個體做研究，此即所謂的母體與樣本。

母體是一群具有某些共同特性的人或物的結合，而此共同特性正是研究者有興趣要觀察的。

統計上，常用一些測量數來描述母體資料的特性，並稱這些測量數為母體參數，簡稱為參數或母數，這些參數大部分是未知的常數。通常參數就是研究者想獲得的母體特性，也是統計問題的核心。例如某研究想瞭解臺灣地區家庭的年平均所得，則臺灣地區所有家庭即是母體，而所有家庭年所得的平均數即是母體的參數。

樣本是指由母體中選出的個體所形成的集合。

用以描述樣本資料特性的測量數稱為樣本統計量，簡稱統計量。樣本統計量通常被用來估計母體參數或做檢定。

　　統計主要是利用樣本資料來探討母體的特性。在某些特殊情況，我們有母體的全部資料，例如人口資料，所有臺灣地區有關人口的資料都經由人口普查後儲存於政府資料庫，此時統計的工作主要是從一大堆資料中摘取重要訊息，並以適當的數字、圖表等敘述資料的重要特性。這類型的統計方法我們統稱為敘述統計。然而在實際應用上，一般很難得到母體的全部資訊，常經由分析母體選出的樣本，進而推論母體的特性，此種統計方法我們稱為推論統計。上一節我們提出的例子便都是屬於推論統計的問題。這些問題具有一共同特點，都是根據樣本顯示的訊息對母體做推論，包括做預測或下決策等。

敘述統計包括蒐集資料、整理資料、分析資料及解釋資料 4 個程序。一般統計的報告中，常見的統計圖表、平均數、標準差等皆屬於敘述統計。

將樣本所得的資訊一般化，進而推論至母體的特性，稱為推論統計。例如估計、預測、檢定皆屬於推論統計。

如何達到統計推論的目的呢？我們可以將所須的統計工作分成四階段。

1. 明確地敘述出欲解決的問題並確認母體為何

2. 決定如何選取樣本

統計資料的取得主要可分為實驗設計和抽樣調查。仔細設計實驗或抽樣方法，包括樣本數的決定是很重要的。一個合適的實驗設計或抽樣方法，可以避免不必要的浪費，更會影響後續統計分析的有效性。。

3. 樣本資料分析，亦可稱為探索性資料分析

當取得樣本後，下一步便是探索資料包含的訊息。原因有三點：

(1)有些基本問題可經由簡單的探索分析解決。

(2)很多統計方法常假設資料具有某些特徵，而資料探索可告訴我們資料是否符合假設。

(3)資料探索可能顯示出母體的某些性質，可藉由後面的假設檢定等統計方法做驗證。

4. 對母體做推論

最後一步是對母體做推論，包括做預測或下決策，必須說明推論的可信度。例如每次選舉前，民調中心都會利用抽樣調查結果預測候選人的得票率，並給予其估計誤差的範圍，同時說明此統計推論的可靠性有多高。以 1.1 節中，2020 年總統大選選前的民調結果為例，報告中談到「在 95% 的信心水準下，估計誤差在正負 3.4 個百分點內」，便是說明其估計誤差及推論的可靠性。

我們將統計方法的實施步驟圖示如下：

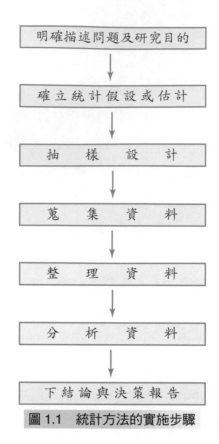

圖 1.1 　統計方法的實施步驟

1.3 　不要被數字騙了

　　不當的統計方法常會導致不對的結論，坊間報章雜誌經常只憑一項調查數據便對某些事物下結論，往往讀者也因而被誤導了。因此在閱讀坊間的統計報告時，要注意使用的統計方法是否適當。

1. 推論所根據的樣本須具有代表性

　　樣本合適與否和抽樣方法使用得當息息相關。很多應用，常以方便得到的個體為樣本，例如某些雜誌常將問卷寄給其讀者，再根據部分回覆的問卷資料對某些議題做結論。顯然雜誌所採用的樣本是偏頗的，一般會回覆問卷的讀者通常對調查的議題持有強烈主見，甚至有一面倒的傾向，當然所得的結論便有所偏差。例如廣播界盛行的 call in，就是屬於便利抽樣的樣本，所得資料不能做為推論的依據。

例1 9 成新鮮人想直接就業，創新高

　　*yes*123 求職網於 2014 年 2 月利用網路進行問卷調查，結果顯示當年畢業或退伍的社會新鮮人，高達 90.7% 想直接就業，該比例創下歷年來新高，且有 78.7% 的社會新鮮人考慮到國外工作❶！

解析

　　這則報導的資料來自 *yes*123 求職網對其會員所做的網路調查，而不是以所有應屆畢業生為調查對象，而且網路問卷所得的資料不是隨機抽樣樣本，一般會主動參與網路問卷調查者，通常對此議題有較強烈的意見，甚至會傾向某一面，因而此樣本欠缺代表性，其對全體畢業生所做的推論也就存疑了！

2.引用統計數字前須先瞭解其背景

　　我們引用 Wang Chamont (1993) 《有意義和無意義的統計推論》 (*Sense and Nonsense of Statistical Inference*) 書中 170 頁的例子做說明。書中敘述到：「根據一項聯邦政府空氣品質的報告，紐澤西州有毒化學物質排放量在全美各州排名二十二。紐澤西州的環保局更將此成果視為是他們的功勞！」這個統計數據得自美國環境保護署的一項研究調查，來源相當可靠，而詳讀資料後，便可發現這個排名是指釋放出的毒物總重量。若將此數據換算成每平方哩所釋放出的毒物重量，紐澤西州則變成是空氣最糟的州之一，其排名變成倒數第四！之所以造成這麼大的差距，是因為紐澤西州是美國面積最小的州。此例說明片段摘取報告中的某些數據，常會造成誤導，不可不慎。

3.切勿根據單一觀察性的研究做出強力結論

　　常在網路、媒體等看到許多聳人聽聞的報導，例如芝麻是造成過敏的因素嗎❷？睡覺和減肥相關嗎❸？類似的文章在網路、報章雜誌上隨處可見，這些文章往往只是根據某些觀察數據，便提出一些因果關係的結論，往往會

---

❶yes123 求職網，〈馬年畢業生就業動向調查〉，2014 年 2 月 28 日。

❷羅詩樺，〈看過來！10 大過敏食物排行榜〉，華人健康網，2014 年 5 月 6 日。

❸駱慧雯，〈瘦體素助減重！懶人睡覺法真有用？〉，華人健康網，2014 年 1 月 28 日。

造成許多誤導！事實上，可能還有其他和過敏、肥胖相關的因素，若在觀察的過程中，沒有對其他相關的因素加以控制，就無法斷定芝麻導致過敏或睡覺有助於減肥！在統計上，討論兩個變數的因果關係，必須藉由實驗設計將其他可能的因素控制以後，才能真正衡量出芝麻對過敏有多大影響及睡眠多寡與減肥成效的關係。

1.4 資料的種類

一 依蒐集的來源做分類

1. 原始資料

直接經由觀察、調查或實驗所得，未經過整理的資料，稱為原始資料，又稱為初級資料或第一手資料。原始資料通常是一堆雜亂無章的數據，例如受訪者填寫的問卷答案。

2. 次級資料

他人蒐集的資料，經過整理分析後，得到明確具體的答案或數據，稱為次級資料、二手資料或間接資料。次級資料主要取自於政府機關、學術研究單位或企業單位及已刊登的報告、文獻。例如由行政院主計處下載的各項統計資料包括人口、國民經濟等統計資料。

二 依蒐集的時間順序做分類

1. 橫斷面資料

蒐集的是在同一時段發生的資料。例如每一學年度學校學生的身高、體重、成績等資料。

2. 縱斷面資料

蒐集的是在不同時間發生的資料。例如從 1990 年至 2014 年的物價指數、南二高自開始通車至 2014 年發生的交通事故件數等資料。

三 依資料取得的範圍做分類

1. 普查資料

對母體的每一元素做調查稱為普查。普查所得的資料包含母體中每一分子的資料。所以普查資料即是母體資料。臺灣地區較常用的普查有戶口普查、

工商普查、農業普查等。

2.抽樣資料

　　利用抽樣方法由母體抽出樣本所得的資料，稱為抽樣資料。坊間各種民意調查，市場調查都屬抽樣資料。統計方法主要應用於抽樣資料，抽樣方法會直接影響抽樣資料的可靠性、代表性及抽樣誤差大小。

四 依資料的屬性做分類

1.屬質資料

　　根據某種特性以類別區分的資料，稱為屬質資料，亦稱為屬性資料或稱類別資料。例如性別、宗教信仰、教育程度、產品類別等都是屬質資料。

2.屬量資料

　　可以數值表示的資料為屬量資料，亦稱為數量資料。例如身高、體重、每分鐘心跳次數、年齡等都是數量資料。

五 依資料數據的性質做分類

　　為了進行統計分析，所有的資料都是以數字表示，例如性別資料，常以 "0" 代表「男」，以 "1" 代表「女」等。因此根據資料數據的性質又可將資料分為離散型和連續型兩類。

1.離散型資料

　　「計數」的資料，例如一對夫妻所生的子女數、一上課班級學生的人數、一個月內每天打進總機的電話數等資料，都是屬於計數形式，這些資料的數據都是「整數」，如表 1.2 中的第一組數據，我們稱這種資料為離散型資料。

　　除了計數形式的資料，如上述性別資料，"0" 代表「男」，"1" 代表「女」，又問卷調查中常出現「非常不同意」、「不同意」、「沒意見」、「同意」、「非常同意」等選項，研究者常以 "1"、"2"、"3"、"4"、"5" 代表各個選項，這些代表分類的數據，1、2、3、4、5 也屬於離散型資料。

2.連續型資料

　　表 1.2 中的第二組數據包含小數點，通常是「量測」某種「量」所得的資料。例如身高、體重、失業率、經濟成長率、產品瑕疵率、雨量、溫度等，都屬於連續型資料。連續型資料應是小數點以下幾位數，但通常為了方便或量測工具的問題而取到小數點以下一、兩位數，甚至只取到整數部分，例如

身高、體重資料都只表為 181 公分、72 公斤等，事實上這些資料仍屬於連續
型資料。

表 1.2　離散與連續型資料

第一組	2	5	8	5	12
第二組	5.12	4.89	3.25	4.11	9.84

1.5　資料的量測

　　資料的蒐集通常起因於研究者對某些特性有興趣。因此資料蒐集的過程
包括使用恰當的工具或儀器來量測所須的特性，並以數值衡量這些特性。常
用的測量尺度有四種：名目尺度、順序尺度、區間尺度及比例尺度。

1.5.1　四種測量尺度

一　名目尺度

　　資料依某一性質區分為不同類型，類型之間有明顯差異且不重疊，每一
資料必屬於其中一種類別且只能屬於一種類別。例如血型可區分為 A 型、B
型、O 型和 AB 型，居住地區可依郵遞區號做分類等。為了資料整理方便，
將屬質的資料數量化，例如以 1、2、3、4 分別代表 A、B、O 及 AB 四種血
型，這裡 1、2、3、4 只是代號，沒有大小、順序的差別。

二　順序尺度

　　屬質資料可排出類別的順序，但類別之間的差距則無法以數字確實表達
出來，例如問卷調查中常出現「非常不同意」、「不同意」、「沒意見」、「同
意」、「非常同意」等選項，研究者常以 "1", "2", "3", "4", "5" 分別代表各個
選項，此時數字愈大，表示同意的程度愈大，但數值間的差距就沒有意義了，
因為無法區分 2 和 3 同意程度的差距是否等於 4 和 5 之間同意程度的差距。
也就是順序尺度的資料，其數值大小只代表等級順序，而數值間的差異沒有
意義。

三 區間尺度

屬量資料，數值大小除了能夠分出等級或排出順序，數值之間的差異，更可確實表達出等級或順序的差距。例如攝氏 10° 和 11° 之間溫度的差距，等於攝氏 30° 和 31° 之間的差距。事實上，不管度數為何，1° 的差距都是相等的，因此區間尺度又稱為等距尺度。很多心理學測驗所得的資料如智商等都屬於區間尺度資料。此類資料的特點是沒有真正的零點，也就是資料值為 0，並不代表沒有，例如溫度 0°，並不是沒有溫度，智力測驗亦無法給定一零點代表人沒有智商。

四 比例尺度

屬量資料，除了具有區間尺度資料的所有特性之外，而且具有真正的零點。也就是資料數值為 0 時，真正代表「沒有」的意思。例如身高 0 公分表示沒有高度，重量 0 公斤表示沒有重量，所以身高和體重都屬於比例尺度資料，其他如面積、接到的電話次數等也都是比例尺度資料。比例尺度資料的數值除了具有大小順序、差距等意義，其比值亦有意義。例如某甲體重 80 公斤，某乙體重 40 公斤，我們可以說甲的體重是乙的兩倍，這個倍數不會因單位是公制或英制而改變。但區間尺度的資料，其倍數就沒有意義了，例如 12 月份東京平均溫度 10°C，而紐約平均 5°C，我們並不講東京 12 月份的平均溫度為紐約的兩倍，因為當我們換算成華氏，兩市的平均溫度變為 50°F 和 41°F，就不是兩倍關係了。這就是平常我們只說兩地的溫差多少，而不講溫度的倍數關係，因為區間尺度的資料，其比例並沒有意義。

1.5.2 四種測量尺度間的關係

名目尺度和順序尺度主要是用於屬質資料的量測。通常順序尺度的資料，可以簡化成名目尺度的資料，但名目尺度資料則不容易推展成順序資料。例如問卷常用關於滿意度的調查，可以將非常滿意、滿意和普通三種結果納為一類，稱之為滿意，將不滿意和非常不滿意納為一類，稱為不滿意，此即將原先順序尺度的資料轉化為名目尺度資料，反之名目尺度資料，則無法排出序位。

區間尺度和比例尺度主要是用於屬量資料的量測。兩種衡量最大的差異

在於是否有真正的原點，亦即若資料數值為 "0" 表示真正沒有，通常比例尺度的資料可以轉化成區間尺度的資料，而區間尺度的資料也可簡化成順序或名目尺度資料。反之，順序尺度或名目尺度的資料則很難推展成區間尺度或比例尺度的資料。例如一工廠的規模大小，以員工人數代表之，可以算出員工人數的比例及差距，也可依員工人數多寡，排出工廠規模的大小順序。若將員工人數少於 100 人者定為小規模，給予數值代號 1，將員工人數在 100 人至 200 人之間的工廠定為中等規模，給予數值代號 2，將工廠員工人數超過 200 人者定為大規模，給予數值代號 3，此時資料即簡化為名目尺度。反之若只知道工廠規模大小，則無法將工廠依員工人數多寡排出順序，也無法算出員工人數的差距及比值。

　　整體而言，比例尺度的資料範圍最大，包含區間、順序和名目尺度的資料，所以其資料所包含的訊息最多，資料可做加、減、乘、除的四則運算。區間尺度則涵蓋順序和名目尺度的資料，包含次多的訊息，資料只能做加、減運算，可表現出資料的差距，但資料的比值沒有意義。再其次是順序尺度的資料，只能排出序位，無法做運算。名目尺度是最基本、最低層次的量度方式。所以名目資料所包含的訊息亦最少，只能區分出類別。愈高層次的量度方式，包含資料範圍愈大，愈容易化簡成較低層次的資料。反之，低層次的資料則無法轉化為高層次的資料。圖 1.2 表示四種測量尺度的關係。

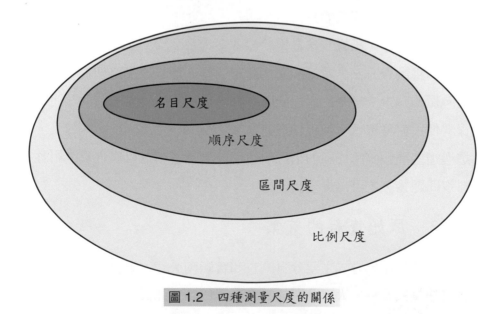

名目尺度

順序尺度

區間尺度

比例尺度

圖 1.2　四種測量尺度的關係

📈 1.6　資料的蒐集

統計方法應用得當與否，統計分析結果或統計推論可信與否，完全取決於資料的好壞。因此資料蒐集是統計工作中非常重要的一項。蒐集資料前須先對要解決的問題充分瞭解，再決定取得資料的方法。資料依取得來源分為次級資料和原始資料，以下分別說明兩種資料的蒐集方法。

🥧 1.6.1　次級資料的蒐集

次級資料是他人蒐集的原始資料，必須特別注意其可靠性。但利用次級資料可以節省許多時間和金錢，對研究人員而言是個簡便可行的方法。而且某些原始資料是個人不可能或不易蒐集的，例如政府執行的戶口普查，個人只能藉由政府公佈的結果，整理得到次級資料。

次級資料大都可以免費取得，通常來自於國內外政府機關、學術研究單位、企業組織、大眾傳播公司、徵信調查公司或個人等。

蒐集次級資料前必須先確定瞭解問題所須，然後尋找可能的資料來源，再展開蒐集。資料蒐集好了後，必須先經過審核，考量下列幾個問題：

⑴資料從何處取得？是具有公信力的機構或是私人提供的？

⑵調查的範圍（亦即母體）為何？

⑶若是抽樣調查，抽樣方法為何？樣本多大？

⑷採取何種調查方法？電話訪問、郵寄問卷、面談或網路調查？

⑸何時做的調查？調查的過程耗時多久？

⑹資料使用何種單位？何種整理方法？

透過這些問題瞭解資料的來源，有助於判斷資料的可靠性及適用性。確定資料沒問題後，才可以進一步分析。

🥧 1.6.2　原始資料的蒐集

原始資料的蒐集方式主要分為調查和實驗兩大類。調查通常使用問卷訪談或觀察法蒐集資料。大部分關於社會科學的調查如民意調查、市場調查等

都以電話訪問、郵寄問卷或網路調查等方式進行。某些情況，樣本無法回答或不須回答問題，則以觀察法蒐集，例如觀察動物生活作息及行為以研究其生活習性。在工程、生物、醫學方面常要研究某些統計結果受哪些因素影響，通常須要特別設計，控制其他不是研究對象的變數，再進行觀察或量測的方法稱為實驗設計。例如欲研究阿斯匹靈對預防心臟病發作是否有效，則須利用實驗，將健康情況及年齡大致相同的人分成兩組，一組給予服用阿斯匹靈，另一組則給予安慰劑，經過一段時間的觀察，比較兩組心臟病發作次數，此即為實驗設計。

1.7 資料的呈現

　　資料經過分類整理後，得到的統計數列，雖然比原始資料簡化許多且較有系統，但仍很難看出資料的特性或變數間的關係。必須做進一步的處理，適當地顯示出資料的特性或變數間的關係後，再進行統計推論。而最直接、最有效的顯示方式便是以「圖表」來描述資料，圖表讓我們很快又很容易看出資料的特性，並且掌握問題的重點。

　　一般統計上問題的處理程序，應先將資料整理歸納成統計表並繪製統計圖，由統計表和統計圖中觀察資料的特性，然後進一步計算各種統計量數，以數字大小表示資料的特性，例如以平均數表示資料的中央趨勢，以變異數表示資料的離散程度等。

　　統計表和統計圖以整體的方式顯現資料的分佈情形，圖、表的製作以簡單明瞭、易讀易懂又能表達出資料的特色為原則，統計表和統計圖相輔相成，兩者合併使用，較能完整地表達資料的性質。本節先介紹統計表的編製，下一章介紹各式統計圖繪製及其使用時機。

1.7.1 統計表

　　將原始資料分類成為數列資料後再加以歸類，求出每組的次數，然後整理製成表格，即所謂的統計表。透過統計表，使得資料易於瞭解，方便比較及運算，不但可以顯示出資料的特性，又可以省卻冗長的文字敘述。

統計表大致可依內容、資料屬性、時間、區域或類別多寡等做分類。以資料內容詳細程度可分為總表和摘要表；以資料屬性可分為時間數列表、空間數列表、屬質數列表和屬量數列表；以類別多寡可區分為單項表、二項表及多項表。

(1)單項表是按一種標準分類。如表 1.3 為一調查關於某政黨各年齡層人數分佈表。

表 1.3　單項表——某政黨各年齡層人數分佈表

年　齡	人　數
20～29	46
30～39	8
40～49	38
60～69	8
總　計	100

(2)二項表是按兩種標準分類來表現資料的統計表，又稱列聯表或交叉表。如表 1.4 為某一小型工廠員工性別與婚姻狀況調查的列聯表。

表 1.4　二項表——某一小型工廠員工性別與婚姻狀況交叉表

性　別	已　婚	未　婚	總　計
女　性	15	11	26
男　性	10	14	24
總　計	25	25	50

(3)多項表是按兩種以上變數來分類的統計表。如表 1.5 是以區域、原居住地及性別做分類所構成的多項表。

| | 表 1.5　1987 至 2018 年外裔、外籍、大陸及港澳地區配偶人數統計 |

區　域	外裔、外籍配偶			大陸地區配偶			港澳地區配偶		
	合　計	男	女	合　計	男	女	合　計	男	女
桃園市	32,461	4,482	27,979	23,084	1,701	21,383	5,575	2,554	3,021
新北市	14,834	4,294	10,540	15,537	1,387	14,150	3,888	1,830	2,058
臺北市	22,521	2,740	19,781	11,844	818	11,026	1,527	610	917
合　計	69,816	11,516	58,300	50,465	3,906	46,559	10,990	4,994	5,996

◆資料來源：內政部移民署與戶政司。

　　要製作何種統計表？主要必須考量資料的特性和統計表的目的。如果統計表主要顯示資料時間趨勢的變化，那麼就應做時間數列表；如果要比較地區性的不同，就應做空間數列表；若是要比較類別之間的關係，則應做二項或多項表。

1.7.2　次數分配表

　　在統計上，最常用的統計表是次數分配表，將觀察值分類或分組後，統計觀察值在每一組出現的次數，編製而成的表稱為次數分配表。次數分配表利用資料原有的類別或某些特定區間出現的次數，以顯示資料的分佈形態和重要性。次數分配表的表示法有簡單次數分配表、累積次數分配表、相對次數分配表及累積相對次數分配表。依資料的屬性而言，可分為屬質資料的次數分配表和屬量資料的次數分配表。

一　屬質資料的整理與表現

1.簡單次數分配表

　　將屬質資料依其類別分組，展示各個類別次數的統計表，稱為屬質資料的簡單次數分配表。

例2 簡單次數分配的例子一

一生物老師對班上 40 位同學做血型調查，資料如下。

A	AB	B	O	O	O	B	A	O	A
B	A	B	O	A	O	B	AB	B	A
B	O	O	B	A	O	O	B	B	O
O	O	A	AB	A	O	B	O	O	O

學生中哪種血型人數最多？哪種血型所占比率最高？

解析

以血型做分類整理，編製次數分配及相對次數分配表，結果如表 1.6。

$$某類別的相對次數 = \frac{某類別次數}{總次數}$$

表 1.6　班級學生血型次數分配表

血　型	次　數	相對次數	百分比 (%)
A	9	0.225	22.5
B	11	0.275	27.5
O	17	0.425	42.5
AB	3	0.075	7.5
合　計	40	1	100

表 1.6 顯示，血型為 O 型的人最多，比率達 42.5%。

2.相對次數分配表

　　為了更客觀瞭解各類別相對於全部資料所占的比例，改以相對次數表示，稱之為相對次數分配表。

　　除了以簡單次數及相對次數分配表顯示資料的分佈與特性外，通常還會將分配表的資料繪製成統計圖，更有益於讀者迅速瞭解資料的訊息。統計圖的製作與性質，將於下一章詳細說明。

二 屬量資料的整理與表現

屬量資料的觀察值個數通常都不少，可依其數值大小分組，將數值相接近的歸為一組，計算各組次數，編製次數分配表及繪製統計圖，以顯現資料分配形態及其特性。

1.簡單次數分配表

簡單次數分配表的製作包括下列步驟：

(1)找出資料最大值與最小值，並算出兩個數值的差距，也就是全距 R：

$$R = \max - \min$$

(2)決定組數。組數多寡主要和資料數量大小有關。若組數太多則每組次數太少，而組數太少，每組次數會太多，這兩種情形都無法看出資料的分佈形態。簡單次數分配表的組數通常在五至二十五組之間，仍須依實際情況或經驗決定。一般統計軟體亦會依資料特徵自動選取適當的組數，而較常用的公式有 Sturge's rule：

$$k = 1 + 3.322 \log_{10}(n)，其中 k 表組數，n 為觀察值個數$$

或簡易公式：

$$2^k \geq n，其中 k 為滿足 2^k \geq n 的最小整數$$

(3)決定組距，也就是組與組之間的距離 d：

$$d = \frac{R}{k}$$

通常會取比 $\frac{R}{k}$ 大一點且方便計算的數當成組距。

(4)決定組界，也就是各組的下界和上界。先找比最小值還小的數為第一組的下界（為避免資料值落在界限上，組界的小數點位數可取比資料數據的小數點位數多一位），第一組下界加上組距即為第一組上界，亦為第二組的下界，依序加上組距，即可得各組的組界。

(5)計算各組次數並製成表格形式。利用(1)中的排序資料，查出各組出現次數，即可得次數分配表。

我們以下面例子說明簡單次數分配表的製作。

例3 簡單次數分配表的例子二

某項關於業務員的調查，想瞭解業務員一星期上班時間中，因執行業務開車的距離，隨機抽查 35 位業務員，一星期上班時間中總開車距離，資料如下（單位：公里）。製作簡單次數分配表。

$$138 \cdot 107 \cdot 136 \cdot 128 \cdot 148 \cdot 118 \cdot 99 \cdot$$
$$142 \cdot 129 \cdot 115 \cdot 123 \cdot 133 \cdot 123 \cdot 103 \cdot$$
$$121 \cdot 128 \cdot 122 \cdot 144 \cdot 126 \cdot 135 \cdot 107 \cdot$$
$$125 \cdot 98 \cdot 117 \cdot 153 \cdot 141 \cdot 126 \cdot 139 \cdot$$
$$134 \cdot 115 \cdot 93 \cdot 127 \cdot 118 \cdot 158 \cdot 143$$

解析

(1)將上述資料排序如下：

$$93 \cdot 107 \cdot 118 \cdot 125 \cdot 128 \cdot 136 \cdot 143 \cdot$$
$$98 \cdot 115 \cdot 121 \cdot 126 \cdot 129 \cdot 138 \cdot 144 \cdot$$
$$99 \cdot 115 \cdot 122 \cdot 126 \cdot 133 \cdot 139 \cdot 148 \cdot$$
$$103 \cdot 117 \cdot 123 \cdot 127 \cdot 134 \cdot 141 \cdot 153 \cdot$$
$$107 \cdot 118 \cdot 123 \cdot 128 \cdot 135 \cdot 142 \cdot 158$$

最大值 MAX = 158，最小值 MIN = 93，全距 $R = 158 - 93 = 65$。

(2)決定組數。$k = 1 + 3.322 \times \log(35) \approx 6.13$ 或 $2^6 \geq 35$，所以大約分成 6 組。

(3)決定組距。$d = \dfrac{65}{6} = 10.83$，我們取比 10.83 大一點的數，例如 11 為組距。

(4)決定組界。最小值 93，所以我們可取第一組的組下界為 92.5，則第一組的組上界為 $92.5 + 11 = 103.5$，然後依序加上組距便可得各組的組界。

(5)計算次數並製表。

表 1.7　業務員開車距離次數分配表㈠

組 別	組 界	次 數
1	92.5～103.5	4
2	103.5～114.5	2
3	114.5～125.5	10
4	125.5～136.5	10
5	136.5～147.5	6
6	147.5～158.5	3

　　組界的選擇不是唯一，組界小數點位數也不一定要比資料數據位數多一位，有些人喜歡取組界為整數值，因為簡單明瞭且方便計算，若資料亦為整數，如上例，則其分組方式可表為：組下界 $\leq x <$ 組上界，其中 x 表示業務員開車距離，所以上例資料亦可表示成下列形式。

表 1.8　業務員開車距離次數分配表㈡

組 別	組 界	次 數
1	$93 \leq x < 104$	4
2	$104 \leq x < 115$	2
3	$115 \leq x < 126$	10
4	$126 \leq x < 137$	10
5	$137 \leq x < 148$	6
6	$148 \leq x < 159$	3

　　注意上表中前一組的上組界和後一組的下組界必須一樣。

2.相對次數分配表

　　為方便瞭解各組所占的比重，可由次數分配中的次數進一步計算相對次數。

$$每組的相對次數 = \frac{每組的次數}{資料總數}$$

例4 相對次數分配表的例子

以例 3 的資料做相對次數分配表。

 解析

將所得的次數分配表，加上相對次數一欄便是。

表 1.9　業務員開車距離相對次數分配表

組　別	組　界	次　數	相對次數
1	92.5～103.5	4	0.114
2	103.5～114.5	2	0.057
3	114.5～125.5	10	0.286
4	125.5～136.5	10	0.286
5	136.5～147.5	6	0.171
6	147.5～158.5	3	0.086
合　計		35	1.000

3. 累積次數（累積相對次數）分配表

　將次數分配（相對次數）按順序累積起來而得的表，由此表可看出次數增加情形。

 例5 累積次數（累積相對次數）分配表的例子

以例 3 的資料做累積次數分配表。

 解析

表 1.10　業務員開車距離累積次數分配表(一)

組　別	組　界	次　數	累積次數
1	92.5～103.5	4	4
2	103.5～114.5	2	6
3	114.5～125.5	10	16

4	125.5～136.5	10	26
5	136.5～147.5	6	32
6	147.5～158.5	3	35
合　計		35	－

或

表 1.11　業務員開車距離相對累積次數分配表㈡

組　別	組　界	次　數	相對次數 (%)	相對累積次數 (%)
1	92.5～103.5	4	11.4	11.4
2	103.5～114.5	2	5.7	17.1
3	114.5～125.5	10	28.6	45.7
4	125.5～136.5	10	28.6	74.3
5	136.5～147.5	6	17.1	91.4
6	147.5～158.5	3	8.6	100.0

次數分配表主要是對一個變數的資料處理，如果有兩個或多個變數時，則要做列聯表或多項表。

例6 各國失業率比較

失業率代表一國失業人口占就業人口的比例，不僅反映企業營運情況，更是國家整體經濟景氣的重要指標，因此備受財經專家及各國主政者重視。試就表 1.12 分析自 2012 至 2018 年各國失業率的改變。

表 1.12　2012 至 2018 年主要國家之失業率

單位：%

年平均	臺灣	香港	日本	南韓	新加坡	美國	加拿大	德國	英國	法國
2012	4.24	3.3	4.4	3.2	2.0	8.1	7.3	5.4	7.9	9.8
2013	4.18	3.4	4.0	3.1	1.9	7.4	7.1	5.2	7.6	10.3
2014	3.96	3.3	3.6	3.5	2.0	6.2	6.9	5.0	6.1	10.3

2015	3.78	3.3	3.4	3.6	1.9	5.3	6.9	4.6	5.3	10.4
2016	3.92	3.4	3.1	3.7	2.1	4.9	7.0	4.1	4.8	10.1
2017	3.76	3.1	2.8	3.7	2.2	4.4	6.3	3.8	4.4	9.4
2018	3.71	2.8	2.4	3.8	2.1	4.4	6.3	3.8	4.4	9.4

◆資料來源：行政院主計總處。

解析

由表 1.12 顯示大部份國家的失業率逐年下降，除了南韓微微上升，新加坡則幾乎都維持在 2.0% 左右，而且這幾年來不但是失業率最低且遠低於其它國家。亞洲地區（臺灣、香港、日本、南韓及新加坡）一直以來失業率都比歐美地區國家的失業率低。這幾年亞洲國家失業率呈現逐年下降，以日本降低幅度最大，自 2012 年的 4.4%，降至 2018 年的 2.4%，幾近降至 2012 年的一半。而歐美國家則以美國、英國的失業率下降幅度最大約 4%。但法國的降幅就不明顯，甚至在 2013 至 2016 年還微幅上升。對照各國失業率的變化及其金融市場的變動，即可瞭解失業率是國家經濟景氣的重要指標之一。

再舉一例，表中含有兩個以上的變數說明如下。

例7 臺灣地區歷年失業率與教育程度及性別的關係

近年來，大學文憑幾乎是每個年輕世代必備的，由於大學畢業人口暴增，使得學歷貶值，造成薪資倒退，也出現了學歷愈高，失業率愈高的窘境。試就表 1.13 分析歷年臺灣地區教育程度和性別的關係。

表 1.13　臺灣地區歷年失業率依教育程度及性別區分

單位：%

年度	總計	男	女	男女差	國中及以下	高中職合計	高中	高職	高中職差	專科	大學	研究所
2012	4.24	4.49	3.92	0.57	3.52	4.22	4.45	4.15	0.3	3.18	5.90	3.49
2013	4.18	4.47	3.80	0.67	3.53	4.11	4.25	4.06	0.19	3.11	5.81	3.29
2014	3.96	4.27	3.56	0.71	3.20	3.83	3.79	3.85	−0.06	3.09	5.58	2.97
2015	3.78	4.05	3.44	0.61	2.77	3.83	3.80	3.84	−0.04	2.75	5.34	2.94

2016	3.92	4.19	3.57	0.62	3.09	3.90	3.99	3.87	0.12	2.91	5.38	3.00
2017	3.76	4.00	3.45	0.55	2.90	3.74	3.86	3.69	0.17	2.77	5.19	2.82
2018	3.71	3.89	3.48	0.41	2.96	3.60	3.80	3.53	0.27	2.70	5.12	2.91

◆資料來源：行政院主計總處。

解析

　　臺灣整體失業率由 2012 至 2018 年緩步下降，依性別而言，男生的失業率歷年來都比女生高，最大差距在 2014 年，男生的失業率比女生高 0.71%，而到 2018 年兩者差距則降至最低 0.41%。若依教育程度而言，每個年分專科畢業生一直都是失業率最低的族群，其次是國中及以下者，而失業率一直維持最高則是大學畢業者，尤其是 2018 年，大學畢業生的失業率幾乎接近專科生的 2 倍。在高中職方面，2013 年以前高中學歷者失業率高於高職生，但兩者差距逐年減少，甚至 2014 和 2015 年，反轉為高職生的失業率高於高中生，2016 年後再反轉為高中生較高且差距又逐漸拉大至 0.27%，近幾年，高中生和高職生失業率變化的關係，和臺灣教育方針、升學制度等關係密切。另外專科及高職兩者教育屬性應較相似，但高職生的失業率和高中生較相近。這些資訊對升學或未來教育策略制定及規畫等都是很重要的資訊。

個案討論

想成為千萬富翁嗎？

　　臺灣人口老化嚴重，人類平均壽命延長，儲備未來退休金須趁早。小周今年 25 歲，想藉由穩定的投資儲蓄退休金。銀行理財專員建議他只要每個月固定投資績優的債券基金 5,000 元，便可輕而易舉地在 40 年後成為千萬富翁。表 1.14 是理財專員根據不同的年報酬率，計算出此基金帳戶的累積值。

表 1.14 每個月固定投資 5,000 元，40 年後基金帳戶的累積值

年報酬率 (%)	40 年後基金帳戶的累積值（元）
4	5,929,506

6	10,007,241
8	17,571,406
10	31,883,901

為了瞭解目前市面上琳瑯滿目的債券基金，小周利用理財網站抽取 591 支債券基金的資料，並將之整理成表 1.15。

表 1.15　591 支債券基金的部分資料

基金	基金規模（億元）	風　險	報酬率 (%)		
			1 年	3 年	5 年
1	108.3	中	6.1	16.7	2.0
2	133.3	低	8.5	17.1	4.2
3	3,742.4	中	5.6	16.1	3.8
4	133.5	中	6.3	15.2	3.5
5	583.0	低	10.0	16.6	5.3
6	176.0	中	1.2	15.4	5.0
7	2,602.7	中	3.8	15.2	2.0
8	455.1	低	11.5	17.4	11.8
9	788.5	中	2.7	20.1	8.4
10	52.7	低	12.1	20.3	5.4
11	636.8	低	9.7	20.9	8.6
12	467.7	低	3.7	15.0	7.0
13	932.6	低	4.2	15.4	7.4
14	2,302.3	低	5.0	15.7	8.8
15	14,282.7	低	4.9	12.7	6.1
16	102.4	低	4.6	13.6	9.0
17	112.2	低	5.8	16.6	3.4
18	153.1	中	7.0	15.9	1.1
19	306.7	低	8.7	15.2	4.8
20	283.6	中	10.5	17.3	3.7

雖然藉由觀察表 1.15 的資料可以大略對基金規模大小、風險及報酬率有些粗淺的概念，但若要明確瞭解這些基金的性質，則必須利用敘述統計的方法，才能迅速且正確地整理出此組資料的特性。例如將表 1.15 的資料依風險區分，可得表 1.16，根據此表可知，大部分的債券 (41%) 屬於低風險。

表 1.16　591 支債券基金的風險次數分配表

風　險	次　數	相對次數 (%)
低	240	41
中	155	26
高	196	33
合　計	591	100

　　由表 1.17 進一步可知，591 支債券基金中，大部分債券基金 (42.98%) 的報酬率落在 5% 至 10% 之間，而 3 年的平均報酬率則約有七成 (15%～20%：38.68%；20%～25%：32.09%) 左右落在 15% 到 25% 之間。

表 1.17　591 支債券基金在 1 年及 3 年平均報酬率次數分配表

1 年			3 年平均		
報酬率 (%)	次　數	相對次數 (%)	報酬率 (%)	次　數	相對次數 (%)
−5 以下	1	0.17	5～10	7	1.18
−5～0	25	4.23	10～15	106	17.91
0～5	149	25.21	15～20	229	38.68
5～10	254	42.98	20～25	190	32.09
10～15	130	22.00	25～30	47	7.94
15～20	27	4.57	30～35	10	1.69
20～25	4	0.68	35～40	0	0.00
25～30	1	0.17	40～45	2	0.34
合　計	591	100.00	合　計	591	100.00

　　後面章節將介紹更多統計圖及統計量數，經由統計圖將對基金報酬率的分佈更具體瞭解，尤其是統計量數的計算，更可將基金 1 年及 3 年的平均報酬率及風險大小等訊息，以數值具體呈現。統計圖表對這些龐大的基金資料所做的整理及摘要，將可幫助小周選出心目中理想的基金。

本章習題

一、選擇題

( )　1. 班上 50 位學生，每位學生一學年中請假天數的資料是屬於下列何種資料形態？　(A)名目尺度　(B)屬質資料　(C)離散資料　(D)連續資料

( )　2. 假設某組資料可依顏色做分類，則此組資料的測量尺度為　(A)名目尺度　(B)順序尺度　(C)區間尺度　(D)比例尺度

( )　3. 下列何者為離散型資料？　(A)等待結帳的時間　(B)某商店一天內的顧客總數　(C)成年男性的體重　(D)人的壽命

( )　4. 下列何者為屬量資料？　(A)教育程度　(B)成績排名　(C)滿意度　(D)經濟成長率

題組：問題 5～6 請參考以下資料：下表為某班學生 50 人的數學競試成績次數分配表。

成績	65～70	70～75	75～80	80～85	85～90	90～95	95～100
人數	1	2	8	12	15	9	3

( )　5. 80 分以上有多少人？　(A) 12　(B) 15　(C) 39　(D) 47

( )　6. 90 分以下人數的百分比為何？　(A) 97%　(B) 88%　(C) 82%　(D) 76%

( )　7. 下表為高一仁班 50 位同學體重的次數及以下累積次數分配表，則根據下表的數據，求 $x + y + z = ?$　(A) 36　(B) 30　(C) 33　(D) 35

體重（公斤）	次　數	以下累積次數
50～55	1	1
55～60	x	6
60～65	13	z
65～70	18	37
70～75	y	48
75～80	2	50

(　　) 8.下表為美麗華射擊俱樂部 100 名會員的射擊紀錄之累積次數分配表，則根據下表的數據，求 $x+y=$？ (A) 36　(B) 40　(C) 39　(D) 35

命中發數	次　數	以下累積次數	以上累積次數
10～20	3	3	100
20～30	x	?	97
30～40	16	22	94
40～50	20	42	78
50～60	?	64	58
60～70	20	84	y
70～80	7	z	16
80～90	5	96	?
90～100	4	100	4

二、問答題

1.某微積分課程共有 200 位學生選修，為瞭解期中考成績，老師由班上隨機抽取 30 位同學，統計學上，稱被抽到的 30 位同學為_____ ，稱所有修課的同學為_____ 。 被抽到的 30 位同學的平均成績為_____ （統計量或參數），所有同學的平均成績為_____ （統計量或參數）。

2.判斷下列各項為「敘述統計」或「推論統計」。

⑴一項最近的研究結論認為，吃大蒜可以降血壓。

⑵牛頓幼兒園每班平均 12 位學生。

⑶根據調查，40 歲以上的臺北市民中，每 10 人就有 1 人是健身中心的會員。

⑷某城市去年發生的火災事件中，有 19% 的火災和吸菸有關。

⑸某瘦身減肥中心，80% 的會員是女性。

⑹某速食麵製造業者，日前開發一項新產品，預估可使公司的市占率提升 3%。

3.為控制存貨成本，某機車經銷商希望能有效限制每種機型的存貨，但又不會造成因存貨不足而流失顧客的窘境。為達成此目的，經銷商希望藉由統

計方法的應用，能定期瞭解顧客對每一種機型要求的特點。

(1)對單一機型而言，試述此經銷商有興趣要瞭解的母體為何？

(2)此經銷商可得到真正母體的資料做研究嗎？試解釋之。

(3)你認為可以如何做以瞭解顧客需求的特性呢？

4.試說明敘述統計和推論統計分別包含哪些統計程序？判斷下列何者屬於敘述統計？何者屬於推論統計？

(1)行政院主計處公布 1～11 月消費者物價漲 0.59%。

(2)主計處預測╳7 年經濟成長率為 4.14%。

(3)衛生局抽查市售散裝米製品中，有 5 成以上含過量防腐劑。

(4)根據過去一年加油站資料，預估明年柴油銷售量將增 1%。

5.電視節目常提出某些議題讓觀眾 call in 表達意見，例如民眾對政府施政是否滿意？結果 25 通電話中有 18 通表示不滿意。

(1)請問此種資料是否為隨機樣本？

(2)據此資料而下結論：「72% 的民眾對政府施政不滿意。」合適嗎？為什麼？

6.去年夏季，多起交通事故被認為是因 Firestone 輪胎之胎面脫離造成的，Firestone 因而受到注意。以下是政府蒐集到涉及 Firestone 輪胎之事故件數與輪胎型號的分佈。

表 1.18　Firestone 輪胎肇事件數與輪胎型號分佈

輪胎型號	次　數	百分比 (%)
ATX	554	18.7
Firehawk	38	1.3
Firestone	29	1.0
Fire ATX	106	3.5
Fire Wild	131	4.4
Radial ATX	48	1.6
Wild A	1,246	42.0
Wild B	709	23.9
Wild H	108	3.6
合　計	2,969	100.0

表 1.18 中 84.6% 的事故與 Wild A、Wild B、ATX 三種型號的輪胎有關，是否可因而推論這三種輪胎型號是最差，最容易發生意外事故呢？為什麼？

7. 判別下列變數是屬質的或屬量的？

　(1)服飾店中夾克的顏色。

　(2)教室裡的座位數。

　(3)每天上學搭公車的時間。

　(4)學校裡學生的年級。

8. 判別下列變數是離散的或連續的？

　(1)游泳池的水溫。

　(2)一大型百貨公司的員工人數。

　(3)某醫院中新生嬰兒的體重。

　(4)某一廠牌 3A 電池的壽命。

9. 判別下列變數的量測方法是屬於何種測量尺度？

　(1)班上同學家的住址之郵遞區號。

　(2)觀眾對某一電視節目的評比（很差，普通，好的，優秀）。

　(3)統計學課中學生的年齡。

　(4)完成一份問卷所須的時間。

　(5)烤餅乾時烤箱的溫度。

10. 某個網路調查如下：「女性運動員的薪酬應該相同嗎？」在所有答題者，13,147 人（約 44%）答「是」，另外 15,182 個人（約 51%）答「不」，剩下的 1,448 人則答「不知道」。

　(1)這個調查的樣本數為何？

　(2)這個樣本數比一般抽樣調查的樣本數大。即使如此，我們依然不能相信這個調查的結果。為什麼？

　(3)據估計，經常使用網路者男性比女性多。若這個論述是真的，對這個調查可能有什麼影響？

11. 以下資料是某一郵寄問卷調查回收之問卷的郵遞區號，試建立一次數分配表，以方便統計。

15132、 15130、 15132、 15130、 15133、
15130、 15131、 15134、 15133、 15130、
15131、 15133、 15133、 15133、 15134、
15130、 15131、 15132、 15130、 15134、
15133、 15134、 15133、 15133、 15131

12. 學校做學生調查，詢問全校 1,470 位學生其住家至學校的距離。表 1.19 是調查結果的相對次數表。

(1) 完成表 1.19。距離 10 公里以上但少於 15 公里的學生的相對次數為何？

(2) 大約有多少學生住家和學校的距離在 15 公里以上？

(3) 列出次數分配表及累積次數分配表。

表 1.19　住家至學校的距離

公里數	相對次數
0 以上但少於 5	0.15
5 以上但少於 10	0.20
10 以上但少於 15	?
15 以上但少於 20	0.28
20 以上但少於 25	0.08

13. 某班數學月考成績以上累積次數分配表如下，試求 x、y、z 之值。

表 1.20　某班數學月考成績以上累積次數分配表

成績（分）	50～60	60～70	70～80	80～90	總　計
次數（人）	4	18	y	7	50
以上累積次數（人）*	50	x	28	z	

* 各組之組下限以上之人數，例如 50 分以上有 50 人，60 分以上有 x 人，依此類推。

14. 若僅知某班 40 人體重的次數分配表如下表，請問全距最大可能為何？

表 1.21　某班體重次數分配

重量(公斤)	40～45	45～50	50～55	55～60	60～65	65～70	70～75
次數（人）	2	5	12	10	6	3	2

15. 以下是每日早上在中正公園跳國標舞的人之年齡統計資料，製作次數分配表及相對次數分配表。(註：使用 Sturge's rule 決定組數)

41、 54、 47、 40、 39、 35、 50、 37、 39、 38、 60、
44、 52、 39、 50、 40、 30、 34、 69、 52、 33、 32、
44、 63、 60、 27、 42、 34、 50、 42、 46、 70、 42、
35、 43、 48、 46、 31、 27、 55、 63、 42、 33、 45、
35、 46、 45、 34、 53、 50、 50、 49、 45、 36、 62

16. 表 1.22 是 2009 至 2018 年臺灣消費者物價及出口物價指數之變動，試根據此表回答下述問題：

(1)臺灣的物價有隨年代增加而上漲的現象嗎？

(2)消費者物價哪一年的漲幅最大？哪些年不漲反跌？哪一年最高？哪一年最低？

(3)出口物價哪一年的跌幅最大？哪一年漲幅最大？哪一年最高？哪一年最低？

表 1.22　臺灣消費者物價及出口物價指數之變動

基期：2016 年 = 100.0

年　度	消費者物價指數		出口物價指數	
	年增率 (%)	定基指數	年增率 (%)	定基指數
2009	−0.87	92.92	3.55	109.47
2010	0.97	93.82	−2.14	111.68
2011	1.42	95.15	−6.60	111.78
2012	1.93	96.99	2.02	109.97
2013	0.79	97.76	0.09	107.70
2014	1.20	98.93	−1.62	107.81
2015	−0.30	98.63	−2.06	102.78
2016	1.39	100.00	0.10	100.00
2017	0.62	100.62	−4.67	98.54
2018	1.35	101.98	−2.70	99.97

17.下表是某人力銀行所做的「社會新鮮人／起薪概況調查」結果。

表 1.23　社會新鮮人／起薪概況調查

單位：新臺幣元

類　別	高中男	高中女	大學男	大學女	碩士男	碩士女
行　銷	19,900	18,200	25,700	24,200	32,800	31,600
行　政	19,200	17,600	24,800	23,300	32,200	31,500
會　計	19,600	18,200	25,000	23,500	32,300	31,600
業　務	20,500	19,200	26,200	24,800	33,300	32,900
研　發	20,300	18,600	27,600	25,000	33,000	32,700
品　管	19,900	18,200	26,100	24,300	38,000	36,800

⑴依工作類別而言，何種工作的起薪最高？

⑵學歷愈高，起薪也愈高嗎？

⑶依性別來看，男生起薪比女生高嗎？

第 2 章
統計圖

→ **學習重點**

1. 基本圖表繪製的一般原則。
2. 常用統計圖的表現方式與差異。
3. 如何解讀各類圖表的意義。
4. 如何表現或判斷好的圖表。

統計圖（表）是運用統計資料的基本方法，也是重要的方法之一。希望透過簡單的圖形或表格，把繁複的統計資料的精要呈現出來。

隨著電腦科技的發展與統計方法的進步，統計圖的角色也愈顯重要。當繪製的工具與方法技術不再是問題，如何將統計資料適切的表現以供人們解讀資訊，是當今資訊流通的重要主題之一。

統計圖的重要性在於它能對資料分佈的現象、統計上概略的特徵及趨勢走向做簡易的展現。簡單的說，就是能對資料做有效率地執簡馭繁。希望讀者在仔細閱讀本章時，可以明白各種統計圖的功能及其意義。舉例而言，日常生活中常看到的長條圖與直方圖，圖形都是長條狀呈現；但是所用的資料場合是有不同的。若讀者可以知道這些差異所在，當使用一般試算軟體時，就不會隨便的使用而發生錯誤。

排除錯誤的因素，我們也指出統計圖（表）的正確使用只是一個時機與適切性的問題。因此本章介紹的統計圖只是部分而非全部。既然統計圖是化繁為簡的工具，讀者抓住正確的概念與原則後，無論是閱讀哪一種圖表當可有正確的批判與意見表達，讓繪製統計圖是一種成就與快樂。

2.1 意義功能

如同生活中的經驗，一張生動的照片勝過千言萬語。一張清楚、精簡、正確的統計圖表勝過用許多文字或數字的傳達。例如，國內有許多的職棒球迷，每年都熱衷地關注與參與職棒盛事。以下是取自中華職棒官網年度冠軍球隊登錄球員的打擊率（安打除以打數）記錄資料：

0.000、 0.300、 0.400、 0.400、 0.083、 0.000、 0.305、 0.297、 0.380、
0.335、 0.284、 0.353、 0.306、 0.425、 0.279、 0.258、 0.324、 0.256、
0.200、 0.339、 0.237、 0.325、 0.276、 0.237、 0.280、 0.264、 0.301

如果想探討球團成員的打擊率，可以試著以圖 2.1 來表示打擊率資料的分佈狀況。從打擊率分佈圖中，可以清楚地觀察出球隊打擊率一般是多少或大致集中在哪裡？打擊率最高發生於何處？球隊打擊狀況是否差異不一？

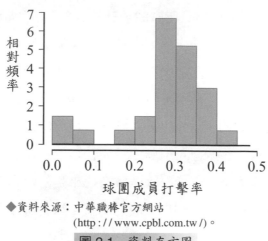

◆資料來源：中華職棒官方網站
(http://www.cpbl.com.tw/)。

圖 2.1　資料直方圖

　　我們會發現把資訊用圖表的方式表達，除了可呈現原始資料的特徵外，
有時會比用數字摘要來得有效率與直接。不只在初級統計裡我們會這麼做；
其他深入的統計領域來說也是必須的手段。

　　統計圖除了有表現訊息的作用外，就功能上，也兼具對資料或所探究的
問題做初步的探勘。也就是說當涉獵一組資料或問題時，統計圖表擔任初步
調查探索的功能。我們期待能從圖形上看出些端倪做為下一步分析的起點，
統計學上稱為「探索性資料分析」。建議讀者在處理資料分析時，總是先嘗試
作圖探勘，因為一個好的圖表也許可以避開一些不必要的猜測與分析。

　　舉例來說，當推測全校智力商數測驗資料是否呈現對稱鐘型的形態分佈
時，何不畫出智商的資料來觀察？當認為全國學測英數的成績有「城鄉差距」
的現象出現時，畫出資料來觀察，也許會有具說服力的證據出現。

　　繪製統計圖的另一好處是資料分析過程中或問題解決後，我們不希望人
們「見樹不見林」的陷入統計方法的複雜過程，相反的我們只想表達具體且
重要的觀察或結果，透過圖表的截取讓不同背景的人群能快速吸收重點，此
時統計圖表就是最有效率的方式。當考慮大型百貨公司整年度多次促銷活動
的銷售成果時，若依時間把銷售量畫出，不是更能彰顯出促銷成功與否的影
像？

　　圖表的實務應用不勝枚舉。以製造產業為例，產品在生產過程中，允許
若干差異，唯此差異須做適當管制，而品質好壞之程度須藉此管制程度，使

達到某一定要求之範圍內，這是所謂的統計品質管制。它廣泛地應用到工程、運輸、檢驗、管理等實務問題上，如在花卉成交價的應用上，也可利用統計製程管制技術來監測及判斷這些交易量是否正常或異常波動。圖表的使用不只在探索性資料分析上是一項利器，在推論與結果呈現上也是重要工具之一。

從以上的說明，我們可以看出統計圖表在日常生活中被廣泛應用；加上近代統計軟體的普及，電腦已可自動處理與快速的檢測龐大的數據，迅速獲得相關統計資訊與視覺展示，此為大數據時代來臨的驅動力之一。

本章節的內容，著重統計圖表一般的認識。讀者可如閱讀故事一般，隨著章節介紹，先有一概括認知。當然我們將對主要常見的圖形做解說，例如長條圖、圓餅圖、直方圖、散佈圖及實務問題中常用的箱型（盒鬚）圖。最後建議讀者先瞭解各圖形的用法與優點，並知道繪製統計圖表的基本原則與方向。如此，即使是未曾見過的統計圖形，依你所受的訓練，亦能掌握圖表中表現的資料特徵。

2.2　常見統計圖介紹

接下來我們以瞭解圖形本身的意義為主，介紹幾個常見的統計圖。

2.2.1　長條圖與圓餅圖

長條圖與圓餅圖是常出現的統計圖，此類圖形基本上適用於屬質資料或分組資料。分組資料即第 1 章中，非類別型資料做次數分配的結果。

一　長條圖

長條圖是以矩形長條的高度代表屬質資料中各變數值的次數而形成的圖形。慣例上，長條圖繪製的規則是：

(1)整理計算各組別發生的次數。

(2) X 軸方向標示組別的名稱。習慣上變數名稱相隔之距離等長。

(3) Y 軸方向標示適當刻度用以代表各變數值的次數。

(4)數值的次數代表高度，繪製矩形圖（長條）於各組別名稱上。習慣上每一長條的底部相同。

長條圖因為是屬質資料之次數分佈圖,長條圖並不須底部刻度,而且長條寬度也沒有意義。因不論次序,各組的次序變動是允許的。

我們以「成績追蹤」資料為例,英文程度為順序尺度的變數。

表 2.1　英文程度

英文程度	A	B	C	D
各組人數	8	4	18	7

A, B, C, D 等級標示於水平軸。各組人數依序為 $8, 4, 18, 7$ 人,代表高度。繪製長條圖如圖 2.2。它清楚告訴我們組別間次數的分佈,程度 C 的組別人數最多。

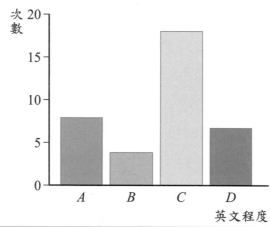

圖 2.2　屬質資料的統計圖表:英文程度的長條圖

二　圓餅圖

圓餅圖,是相當普遍的資料呈現方式。圓餅圖又稱圓形圖、派圖,適合用來顯示各變項與全體之間的百分比關係,是屬質資料分析時資料呈現的方式。除非是分組資料,連續型資料就不適合用圓餅圖來呈現。圓餅圖是以在整體所占的百分比值來顯示資料。類別目錄是以個別的扇區表示;扇區的大小依百分比值決定。圓餅圖繪製的方法相當直接,其步驟為:

　(1)畫一圓形代表全體的資料,即 360°,

　(2)計算屬質資料中各變數值在圓內分配的區域大小。任一組對應角度的大

小等於該組相對次數乘以 360°，

(3)依對應角度，將各組對應區域繪製圓內。

圓餅圖應避免計算誤差而使得百分比總和不等於 100% 的情況，且顯示類別差異的理想方法是將各區塊以色彩標示。

舉例來說，基本上政府主計總處在計算物價時會以某年當基準（最近為 2016 年），再把查詢的物價項目分成：食物、衣著、居住、交通及通訊、醫藥保健、教養娛樂及雜項等七大類。根據主計總處發佈的「2016 年基期物價指數修訂說明」中，物價項目各類所占的比例分別為 23.7%、4.6%、22.7%、15.3%、4.3%、14.7% 及 14.7%。我們以此資料數據繪製圓餅圖，計算各類物價相對應角度如下：

食物：$0.237 \times 360° = 85.32°$

衣著：$0.046 \times 360° = 16.56°$

居住：$0.227 \times 360° = 81.72°$

交通及通訊：$0.153 \times 360° = 55.08°$

醫藥保健：$0.043 \times 360° = 15.48°$

教養娛樂：$0.147 \times 360° = 52.92°$

雜項：$0.147 \times 360° = 52.92°$

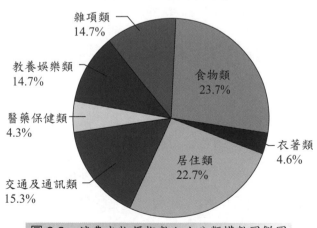

圖 2.3　消費者物價指數七大分類權數圓餅圖

視覺上，透過圖 2.3 分類的面積大小，立刻可看出食物類與居住類占了調查品項近一半的比例，交通及通訊類、教養娛樂類與雜項類比例相當。

例1　冰品口味調查

假設有一連鎖超商想瞭解消費者口味的喜好以做為開發新產品的方向，他們調查 450 人中對於六種冰淇淋口味偏好的研究，得到如下的數據結果。

表2.2　冰品口味

口　味	藍　莓	草　莓	蘋　果	奶　油	巧克力	香　草
次　數	54	135	117	72	18	54

試利用調查結果繪製長條圖與圓餅圖。

解析

先計算各種口味的相對次數，如表 2.3。

表2.3　冰品口味相對次數表

口　味	藍　莓	草　莓	蘋　果	奶　油	巧克力	香　草
次　數	54	135	117	72	18	54
相對次數	0.12	0.30	0.26	0.16	0.04	0.12

以第二列的次數資料繪製長條圖。冰品口味調查長條圖，如圖 2.4，顯示不論是直向與橫向的繪製長條圖並不影響資料的表達。方向只是一種美觀與繪製便利的考量，無關統計。

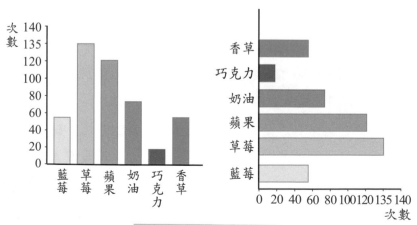

圖 2.4　長條圖的表示法

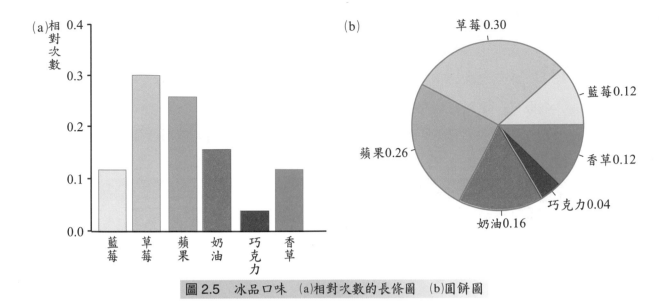

圖 2.5　冰品口味　(a)相對次數的長條圖　(b)圓餅圖

　　圖 2.5 (a)中長條的高度顯示相對次數，因為相對次數是口味次數除以總次數，所以除了刻度外，相對次數的長條圖與次數的長條圖在外觀形狀完全相同。利用表 2.3 第三列的百分比計算各種口味折合的角度：

藍莓的部分 $= 0.12 \times 360° = 43.2°$

草莓的部分 $= 0.30 \times 360° = 108°$

蘋果的部分 $= 0.26 \times 360° = 93.6°$

奶油的部分 $= 0.16 \times 360° = 57.6°$

巧克力的部分 $= 0.04 \times 360° = 14.4°$

香草的部分 $= 0.12 \times 360° = 43.2°$

　　由冰品口味調查圓餅圖，如圖 2.5 (b)中可發現一問題：當類別變數的變數值或組別愈多時，就愈難在有限的空間繪製出清楚的圓餅圖。

　　關於長條圖與圓餅圖，我們歸納一些想法。雖然圓餅圖常運用在各種報章雜誌上，但用圓餅圖展現資訊並不是一種很好的方式。在正式統計文章中，一般較少使用圓餅圖來表達結果或發現的特徵。有趣的是，實證上研究也顯示，我們眼睛對線性刻度的察覺，如長度或高度，比角度或面積來得好。以比較各類別的次數多寡而言，長度比角度更容易辨識，所以長條圖比圓餅圖

來得好。我們可以觀察到，當屬質資料的類別太多時，圓餅圖在繪製上有空間的限制。若是如此，反而清楚的表格更能表達資料的特徵。

例2 圓餅圖與長條圖

　　這是摘錄自 2005 年 10 月《遠見雜誌》一篇名為〈蝴蝶蘭，新臺灣之籽〉的專文，文中使用圓餅圖與長條圖為資料論證。文章主要敘述臺灣從 1987 年起逐步建立蝴蝶蘭王國，目前由於中國大陸、荷蘭的大規模發展與搶攻外銷訂單之下，面臨巨大挑戰。專文中主要探討今後應如何發展研究、供貨等對策，達到「根留臺灣、花開全球」的目標。專文中使用立體圓餅圖呈現 2004 年臺灣花卉產值，讓閱讀者清楚瞭解各類花卉的比重。面對中國大陸競爭與優厚條件下，專文以長條圖繪製 1996～2004 年間出口總額的趨勢消長。針對蝴蝶蘭從一路成長至最近稍為反轉的現象提出隱憂，企圖提醒關心臺灣花卉產業的人們瞭解近年來受中國大陸訂單消長的情形。有興趣的讀者可參閱該期雜誌。

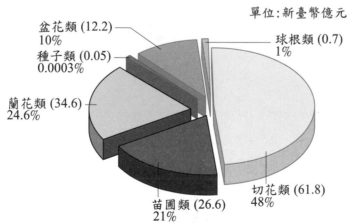

◆說明：農委會統計蘭花產值約新臺幣 25 億元，但因業者低報出口，中華盆花發展協會估計有 37 億元，臺灣蘭花產銷發展協會估計為 74 億元。

◆資料來源：臺灣區花卉發展協會。

圖 2.6　臺灣花卉產值分佈圖

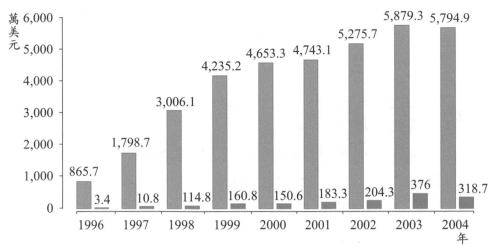

■ 臺灣花卉出口總金額

■ 臺灣花卉出口到中國大陸金額

◆說明：自 1997 年開始，臺灣花卉出口金額增加近一倍並持續成長；直到 2004 年，出口金額下
滑，原因在於中國大陸訂單的消長。

◆資料來源：《農產貿易統計要覽》、臺灣區花卉發展協會。

圖 2.7　臺灣花卉出口總額與中國大陸之比較

2.2.2　直方圖

若是連續型資料，一般而言須將資料適當整理後較易看出資料的分佈或特徵。

例3　「成績追蹤」資料

某學校統計系大一班級的紀錄資料共有三十七筆，每一筆共有四種不同的資料。分別記錄班上學生入學來源（來源），新生的英文程度測驗（英文程度），入學時的成績（入學成績）與一年後學習統計學的成績結果（統計學）。我們將利用此資料做說明並繪製統計圖。

	來源	英文程度	入學成績	統計學成績		來源	英文程度	入學成績	統計學成績
麗瑛	高中	D	567	70	家君	高中	C	563	75
宛臻	高職	C	555	81	俐歆	高中	D	573	75
雅惠	高中	D	548	76	郁真	高中	D	557	75
御茹	高中	C	531	71	玉芳	高職	A	557	61
淑萍	高職	D	560	68	依純	高中	A	537	75
芷涵	高職	C	545	62	慈芳	高中	B	518	76
音汝	綜高	B	547	65	鈴雅	高中	D	557	73
佩茹	高職	B	543	59	美惠	高中	C	561	72
筱君	高職	C	516	71	詩婷	高中	C	529	74
佳蕙	綜高	C	545	59	佳瑩	高職	A	574	66
靜美	高職	C	541	71	佩君	高職	C	537	62
映儒	高中	C	545	74	雅婷	高中	C	551	76
琬茹	高中	C	553	73	雅芬	高職	C	562	67
婉芸	高中	C	528	75	茹婷	高職	A	542	64
靖玟	高職	A	565	68	怡年	綜高	C	532	69
靜儀	高中	C	544	73	淑惠	高職	A	537	65
怡靜	高職	D	542	68	盈潔	高中	A	546	74
秋錦	高職	B	558	69	采真	高職	A	556	70
爰婷	綜高	C	512	74					

解析

　　以「成績追蹤」資料集合為例，每一橫列代表一筆資料，每一筆含有四種不同的資料：來源，英文程度，入學成績和統計學成績。其中「來源」是離散型資料（名目尺度），「英文程度」由高至低分 *A, B, C, D* 四等級來區分程度，故為離散型資料（順序尺度），「入學成績」與「統計學成績」，加、減是有意義的，故為連續型資料（區間尺度）。

　　例 3 中「入學成績」和「統計學成績」皆是屬於連續型資料。就原始欄位資料來看，並不容易清楚抓住要點。如果我們將資料做適當的分群，再做圖以顯示各組資料次數可能就淺顯易懂了。這種統計圖稱為直方圖，圖繪製如圖 2.8。讀者應可體會圖 2.8 和原始資料間的差異。直方圖一眼就告訴我們資料的特徵，如分數集中在何處或大約的分佈情形。

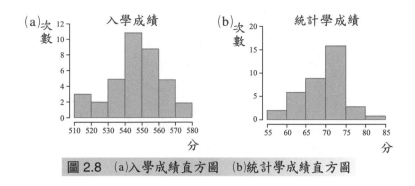

圖 2.8 (a)入學成績直方圖 (b)統計學成績直方圖

　　直方圖適用於屬量資料。繪製的過程基本上是一個資料的分組過程，利用先前資料整理章節，介紹對屬量資料做資料分組的方法。相關符號使用如下：

(1)假設資料 x_i 分為 k 組。每一組的組寬長度為 d。其中 (l_i, u_i) 代表第 i 組的上界與下界。f_i 為每一組別 (l_i, u_i) 次數。如此把原始資料分群成分組資料。

(2)在 X 軸上依序標示各組資料的組界，Y 軸適當標示計數次數的刻度，以組距 (d) 當底，該組的次數 (f_i) 當高，畫一矩形圖。利用矩形的面積代表各組資料在全部資料的比例或分量。依序畫出各組的矩形後，完成繪製直方圖。

　　雖然繪製的程序簡單但我們須指出：屬質資料的差距不代表具體意義，如「同意」、「不同意」。屬量資料的數值間差距是有意義的，故等寬的組距有其涵義。我們對資料特徵的觀察來自直方圖矩形的面積，因為底部等長，故矩形面積與高度對等，所以各組的次數等同於矩形的高度，且因為是屬量變數，矩形和矩形間不應有空隙。若有任一組高度為 0，代表該組次數為 0。

....

例4 「成績追蹤」資料中的統計學成績

　　沿續例 3 的數據，用統計學成績做說明，可利用第 1 章介紹的 Sturge's rule 決定組數，資料有三十七筆，所以組數 $k = 1 + 3.322 \times \log_{10}(37)$, $k = 6.21$，將之分成六組，資料散佈的全距 (R) 是最大值 (81) 減最小值 (59) 等於 22。

概算 $d = \dfrac{22}{6}$，我們知道 d 可以取 4 或 4 以上。為方便分組，因：

$$k \times h = 6 \times 5 \geq 22(R)$$

故我們取組距 $d = 5$，因此可以將組界取 $(l_i < x \leq u_i)$ 為：

$$55 \cdot 60 \cdot 65 \cdot 70 \cdot 75 \cdot 80 \cdot 85$$

計數資料如表 2.4。

因此以組距為 5 當底，次數為高，依序繪製矩形完成直方圖。圖 2.9 表示入學成績與統計學成績的直方圖。

表 2.4　統計學成績次數分配表

組　別 i	組　界 (l_i, u_i)	次　數 f_i	組中點 m_i
1	$55 < x \leq 60$	2	57.5
2	$60 < x \leq 65$	6	62.5
3	$65 < x \leq 70$	9	67.5
4	$70 < x \leq 75$	16	72.5
5	$75 < x \leq 80$	3	77.5
6	$80 < x \leq 85$	1	82.5
		37	

要注意的是組數 (k) 多寡並無明確定律，惟組距的大小或組數多寡對資料的表徵有很大的影響。參閱圖群圖 2.9，組數過多猶如竹竿林立（例如組距為 2.5）喪失了圖示摘要的特性；組數過少則形成矮胖的圖形掩蓋了集中的趨勢（例如組距為 15）。當組距適當時，看起來清楚易懂，達到統計圖表的功能。

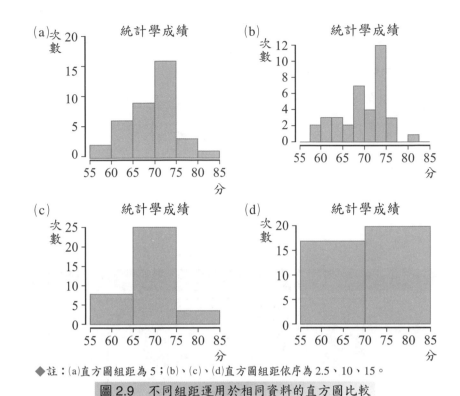

◆註：(a)直方圖組距為 5；(b)、(c)、(d)直方圖組距依序為 2.5、10、15。

圖 2.9　不同組距運用於相同資料的直方圖比較

一　關於直方圖的一些想法

　　關於直方圖，我們歸納一些想法，一般在統計軟體中，會自動依資料的特徵選取最適當組數並繪製圖形。組數決定有多種原則，常用方式如第 1 章介紹的 Sturge's rule 組數計算法，例如，當資料有三十七筆時，依 Sturge's rule 組數計算公式 $k = 1 + 3.322 \times \log_{10} 37 = 6.21$，我們取 $k = 6$（組）。

　　繪製規則提到把 x_i 散佈的範圍分為若干相等寬度的組距。在某些情形，例如統計學期中考試成績大部分的成績分佈在 35 分到 80 分之間，但有幾個成績優異的同學考了 95 分；使得介於 80 至 95 間的組別的次數為 0。資料可能分佈較分散或某些為離群值，導致分組中的若干組別的次數為 0。直方圖呈現出中斷的圖形。對此情形，我們常可看到為呈現資料分佈而在資料分佈的邊緣採用某些組距不相等的做法。

　　當某些組距不相等時，如之前，組距為 5 時區分的組界是 50、55、60、65、70、75、80、85。今把第一組組距稍做變動，新組界為 50、60、65、70、75、80、85。在 55 到 60 間（底為 5）發生二次，今調整成 50、60（底

為 10）依舊發生二次。在縱軸為相對次數下，依面積相等原理（注意，直方圖是利用矩形的面積代表各組資料在全部資料的分量），高度應調整成 5×（2 高度單位）＝10×（1 高度單位）（因為相對次數才如此，若為絕對次數高度仍為 2）。詳細請參閱圖 2.10。

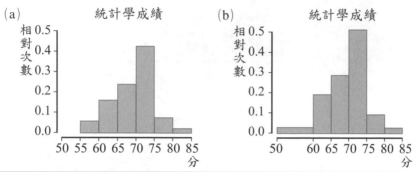

圖 2.10　組距相等與不等的直方圖　(a)組距相等 50、55、60、65、70、75、80、85　(b)組距不等 50、60、65、70、75、80、85

　　若繪製適當的直方圖是可能時，我們把重點放在直方圖帶來的效用與解釋。善用直方圖可檢視資料分佈是否為鐘型分佈，是否為雙峰分佈或偏斜型分佈等等。例如在製造程序中，它可以讓分析者快速地瞭解某特定時間內製程的情形。橫軸代表某個品質特性或量測值的分類，縱軸表示每一類出現之次數。檢查分佈是否鐘型對稱是程序重要的一環；若有異常情形發生，找出異常之原因。針對異常原因提出改善方案，例如，機械與品管技術員在維修飲料裝填機器的時候，可以把機器過去的每次飲料裝填容量紀錄收集起來做直方圖。品管人員若發現分佈圖發生嚴重偏斜或有紀錄超過設定的門檻容量時，代表有異常情形發生，機械、品管人員應思考何處出問題，是否調整機器因應等等。

二　次數多邊圖

　　把直方圖中各組矩形在組中點的次數高度聯結所繪製而成的曲線圖形，我們稱為次數多邊圖，參閱圖 2.11。一般為維持次數多邊曲線與直方圖所圍的總面積相等，我們會前後各延伸半個組距單位做聯結以維持總面積相等。所以習慣上次數多邊圖形成封閉曲線。

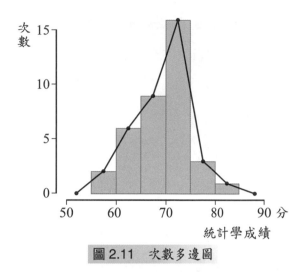

圖 2.11　次數多邊圖

三　折線圖

折線圖與次數多邊圖相似。若處理的資料為分組資料，關注的重點在表現次數的變化時，可繪製各組資料點數值高度並做聯結而得折線圖。繪製過程的簡易性和繪製次數曲線圖相同，因為並不是以直方圖為基礎，所以不必形成封閉折線。一般而言，折線圖經常被用來呈現的重點是要表現資料與時間次序的特徵。因此當資料具有時間序列屬性，折線圖將是重要的視覺訊息表現。我們以下面資料實例做說明。

例5　折線圖繪製

近年來懸浮微粒 PM2.5 和相關空氣汙染物等問題，一直是臺灣大眾關心的健康與社會議題。特別是臺灣冬天降雨天數較少，尤其是中南部在冬天時，空汙的問題就更令人關注。鑑於我國地狹人稠，機動車輛密度高，機動車輛排放的空氣汙染物，行政院環境保護署依性質分成氣狀汙染物及粒狀汙染物，包括：一氧化碳 (CO)、碳氫化合物 (HC)、氮氧化物 (NO_x)、二氧化硫 (SO_2)、臭氧 (O_3)、懸浮微粒 (PM_{10}) 及細懸浮微粒 ($PM_{2.5}$) 等，制定了空氣品質指標 (AQI) 為各地空氣品質狀況提供訊息及監控交通空氣品質。我們從行政院環境保護署下載各行政區空汙 AQI 資料，想瞭解臺灣北中南高屏等地區近五年空汙的變化。因資料本身具有時間序列紀錄的屬性，展現這一序列趨

勢的指標資料，簡單有效率的方法，就是畫出序列資料的折線圖。

（資料來源：https://taqm.epa.gov.tw/taqm/tw/YearlyDataDownload.aspx）

解析

　　我們依其紀錄繪製了 2014 到 2018 年，5 個地區的折線圖並堆疊起來做趨勢比較（圖 2.12），可以瞭解各地區逐年的變化（各條折線）及同年度各地區的 AQI 數值的比較（折線之間）。

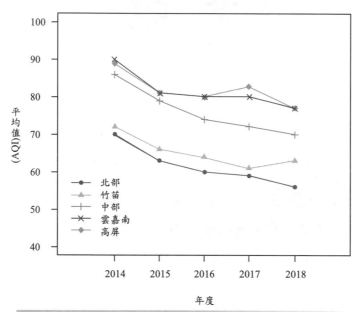

圖 2.12　臺灣西側各區歷年空氣品質指標年均值折線圖

　　圖 2.12 為排除宜蘭、花東二區域外，臺灣西側「各區歷年空氣品質指標年均值」的折線圖。可看出在各級政府的努力下，近年來 AQI 的年平均值大致呈現下降的趨勢。讀者應注意到，折線圖呈現了空汙數值外，更因「時間序列」的特性，讓我們容易捉住空汙呈現的走向，是否進步、惡化或停滯狀態。我們進一步繪製中部 5 縣市的歷年空氣品質指標折線圖（圖 2.13）。可以發現 5 縣市中，臺中市從 2014 年起即逐年下降，特別是 2014 年起有明顯改善；而雲林與南投相較之下有改善的空間。不過引起空汙問題的因素複雜，例如地形及臨海即是影響的因素，在有進一步的討論前，需有更多數據佐證。

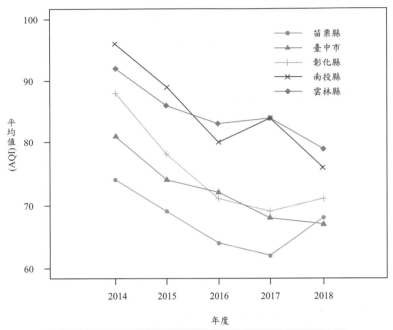

圖 2.13　臺灣中部 5 縣市歷年空氣品質指標折線圖

　　相信讀者可看出，折線圖是表現資料相對於時間趨勢的重要統計圖表。若有興趣，可至相關政府機構網站下載如氣候變遷、金融服務等資料，學習做一個資料分析師的角色，學以致用。

2.2.3　枝葉圖

　　從初級統計分析到進階資料分析，直方圖都是一種常用的方法。但注意，一組原始資料 $x_1, \cdots, x_n$，一旦變成分組資料（如表 2.1）繪製成直方圖，我們雖可看出資料特徵，但原始資料已不復存在。為了兼顧兩者，統計學泰斗 John W. Tukey 發明了有趣的枝葉圖方法。要繪製枝葉圖首先要將資料排列，並找出該資料的「枝」與「葉」，枝為資料變數的首位，葉則為枝後的數值。例如有一集合資料，13、14、29、15、26，首先將資料依序排列為 13、14、15、26、29，而後第一行取數據的十位數之數值為枝，該資料中有 1 及 2，第二行則依枝來區分葉，其中枝與葉以「|」符號區隔，故可繪製成：

1 | 345

2 | 69

例6 枝葉圖繪製說明

假設有一資料集合如下：

49、47、31、40、54、47、51、54、30、48、42、64、48、

54、53、46、60、51、50、24、68、65、20、58、55

請繪製枝葉圖。

解析

此資料集合皆為二位數，因此我們可以取「枝」為十位數值，「葉」為個位數值。排序後為：

20、24、30、31、40、42、46、47、47、48、48、49、50、

51、51、53、54、54、54、55、58、60、64、65、68

以上述原則繪製枝葉圖如下：

```
2 | 04
3 | 01
4 | 02677889
5 | 011344458
6 | 0458
```

例7 「智力商數」資料

30 位同學選修「電影欣賞」課，因不同於一般生硬課程，老師第一天上課時想先做一個有趣的試驗，先測修課同學的 IQ 智商以瞭解選課同學的相關背景。測試結果如下：

97、 81、 99、 99、 81、122、102、 84、115、 92、

109、114、 88、107、101、102、 98、119、102、 90、

151、117、 95、126、 87、109、 94、 93、 94、105

解析

智力商數的值散佈在二位數到三位數，為簡潔有效率，以十位數為枝，

個位數為葉。將資料排序後繪出枝葉圖如下：

```
 8 | 11478
 9 | 0234457899
10 | 12225799
11 | 4579
12 | 26
13 |
14 |
15 | 1
```

由上清楚看出班上同學智力商數大部分群聚於 90 到 109 間，平均數應在枝為 9 – 10 附近，*IQ* 最小值 81，最大值 151。然而，*IQ* 值 151 的同學在班上是相當特殊（看為離群值）。

枝葉圖是一個表，也是一張圖，是一種巧思的呈現。它很像是橫躺的直方圖，同時提供資料的排序及分佈的形狀。

枝葉圖的好處是：⑴枝葉圖較易建立。⑵由於枝葉圖顯示實際的資料值，所以枝葉圖提供的資訊較直方圖多。但若是資料數量過於龐大時，枝葉圖就不太適用，因為每個枝都對應太多的葉子了。

2.3　其他常用統計圖

最後我們介紹幾種在統計領域會看到的統計圖。由於篇幅限制，重點不在於教導繪製的程序，而是透過適當講解，希望讀者細心體會統計圖表的功能。

一　箱型圖（盒鬚圖）

John W. Tukey 除了介紹枝葉圖外，也介紹了箱型圖。箱型圖為一種探索性資料分析技術，它配合一些統計量數的使用有較複雜的形式。但因相關的統計量數在後面章節才會提及，為簡單起見，我們以最單純的繪圖法做說明。

箱型圖是利用連續型資料的三個「分割數」把排序資料分割成個數相等的四等份後（每一份占 25%），在有資料刻度的軸線平面上，把居中 50% 的

資料「畫成一箱子」，箱子中間的線段把資料分成兩等份。箱子的兩端再畫直線延伸至資料的最大及最小值，即完成箱型圖的製作。

箱型圖主要透過資料分佈圖中箱子延伸直線散佈的範圍來提供分配位置、散佈程度、形狀、尾部長度與極端值的視覺影像。箱子的寬或窄代表中間 50% 的資料散佈的範圍集中或分散。兩端延伸直線的長度代表前或後 25% 資料的散佈範圍。某邊延伸直線愈長代表資料偏向那一邊的傾向。延伸直線若很長，可能有極端值的存在。這些都是資料分析的基本技巧，而這些基本技巧在箱型圖很容易展現。

由於須要一些統計數字的計算與輔助，在此我們直接給予圖形結果，著重解說它具有的意義。

例8 某品牌殺蟲噴劑的效用

假設某公司製造生產農用殺蟲噴劑並宣稱其產品有優異的效果。今研究員想測試該品牌效用，在實驗室做效用試驗，測試 12 回後每回殺蟲子的隻數記錄如下：

10、 7、20、14、14、12、10、23、17、20、14、13

解析

我們試著以箱型圖為該研究員做統計資料的呈現。

把原始資料排序後可得：

7、10、10、12、13、14、14、14、17、20、20、23

於第 3 章中我們將學習利用統計方法求得三「分割數」。今假設此組資料分割數為 (11, 14, 17.5)。即資料介於 11 和 17.5 內約占 50%，小於 11 和大於 17.5 各占 25%。因此畫一箱子（藍色部分），左端代表 11，右端代表 17.5。箱子的中線位置 14 表示資料中有一半大於 14 且另一半小於 14。然後畫下兩端延伸直線至最小值 7 和最大值 23。

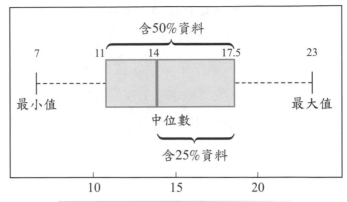

圖 2.14　某品牌殺蟲劑測試資料箱型圖

　　以圖 2.14 來看，左邊點線至箱子左緣約含25% 資料，箱子內的範圍約含 50% 資料，箱子右緣至右邊點線約含 25% 資料。箱子內的資料再由一代表數（即中位數）分為兩等分，各占 25%。顯然的各區段均含 25% 資料，代表一般殺蟲數介於 11～17.5 隻之間，而殺蟲成效的代表數（中位數）約為 14 隻。箱型圖中清楚說明散佈的範圍，「中間」資料的變動大約在 6～7 隻之間，整體資料變動的範圍約為 16 (= 23 − 7) 隻。整體資料分佈看來有些微的不對稱現象。

二　散佈圖

　　散佈圖適用於雙變數的連續型資料，例如想探索入學的成績和一年後的統計學成績是否有關係，散佈圖是用來分析此類問題時常用的工具之一。散佈圖把一變量當成 X 軸變數，另一變量畫在 Y 軸上，每一筆資料配對 (x, y)，以一點呈現在 X、Y 座標平面上，形成散佈情形表現出彼此間的關聯。它直觀、易懂，容易掌握兩個變數間的關係，包括：形式、方向及關係的強度；也可確立偏離整體形態的離群點。

　　我們列出基本的幾種狀況來說明。參見圖 2.15，圖(a)中兩個變數間看不出存在任何變動模式；圖(b)中資料的 x, y 值做同向變數，即 x 愈大，y 愈大；x 愈小，y 愈小。我們稱兩變量間的關係為正向或正相關；圖(c)中則相反，資料的 x, y 值做反向變數，我們稱兩變量間的關係為負向或負相關。不管是正相關或負相關，我們均稱為直線相關；且若 x、y 散佈的模式愈清楚表示相關

的強度愈強。往後的章節，會再針對直線相關性作介紹；圖(d)顯示出 x, y 值非直線關係，但存在一曲線形式的關係。

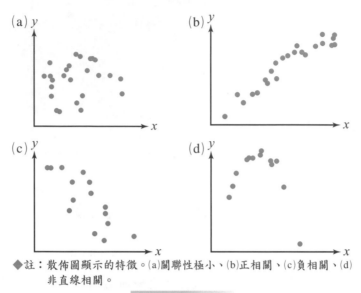

◆註：散佈圖顯示的特徵。(a)關聯性極小、(b)正相關、(c)負相關、(d)非直線相關。

圖 2.15　散佈圖

 例9　散佈圖例子：成績和讀書時間的關聯

　　我們想瞭解學期成績和每週讀書時間是否有關聯。隨機抽取 10 位同學調查他們的學期成績和每週讀書時間。發現資料如下：

表 2.5　學期成績與讀書時間

學期成績（分）	80	90	75	80	90	50	65	85	40	100
讀書時間（小時）	3	5	2	6	7	1	2	7	1	7

解析

　　學期成績和讀書時間均為連續變數。想探索彼此間的關係時，我們可簡單的繪製散佈圖。圖 2.16 可以發現兩變數間有正向關係，也就是說，資料顯示一關聯性，即當投入愈多的讀書時間，成績愈好的相關性。

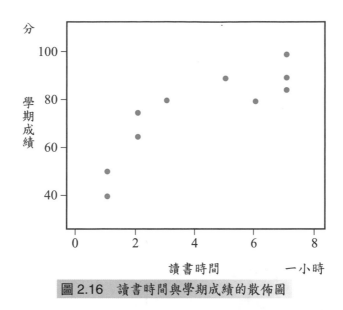

圖 2.16　讀書時間與學期成績的散佈圖

但統計的關聯性並不蘊含因果關係。若要確立因果關係，須進一步設計與研究。

📈 2.4　關於統計繪圖的一些想法

隨著繪製工具的便利、大眾對統計圖的興趣與接受性愈高，一般傳播媒體呈現的圖表也愈花俏。在教科書或統計文獻中提及的統計圖表，基本上態度皆較嚴肅。除了列出圖表外，皆有其前後文的敘述。因此閱讀不致含糊錯誤。但在報章雜誌上，讀者在閱讀統計圖表時，除訊息是否充分外，應小心謹慎其圖表製作是否恰當正確。

一般圖表繪製時原則上要注意到：

⑴描述所關心的特徵變數與圖表資料的來源要清楚。圖表須符合閱讀的習慣，無論在圖上或本文，圖表的說明和標示要清楚：如標題或說明，變數的刻度等等。

⑵若有需要，圖表上的數據要清楚。當圖形須有數據輔助時，數據是否醒目。我們應記住圖表的精神在顯示資料的特徵而非表現繪圖的美感。所以樸素、簡明的統計圖表即是一個好圖表。

⑶同一張圖表放置不同資料集合做比較時，資料或圖形應有適當區隔。做一綜合比較用的圖表時，須把多組資料的統計資訊放在同一平面上，適當的運用不同的線條、顏色或符號將有助於表達。

⑷無論樸素或花俏，讀者要能「容易」捕捉圖表表達的訊息。圖表中不應有不必要之圖像。若有添加其他次要的元素或圖像，亦不應喧賓奪主掩蓋訊息的傳達。

例10 報紙的例子

新聞媒體近十年來競爭激烈，各報業除了報導內容講究新聞性外，也善用圖表捕捉閱覽大眾的目光。在他們努力以統計圖表表現內容外，讓我們看看可能有哪些表達上的缺失？

解析

圖 2.17 和圖 2.18 是從《蘋果日報》的統計數字擷取出圖表，代表在日常生活中常看到的圖形。可以看出為吸引讀者閱讀，把它們繪製得文圖並茂。圖 2.17 中的⑴與其說是一張圖，毋寧是一張表。原圖強調低樓層占火災的比例很高，但變數（樓層）的概念卻變成圖中的「數值」特徵。而且資料未以習慣方式標示來表示，即我們看到統計數字愈小，反而呈現位置愈高的現象。圖 2.18 的⑵參雜的其他圖素使得統計數字相對的不清楚。我們要瞭解圖表的主體為何？清楚的資訊表達最是要緊，否則只會喧賓奪主。

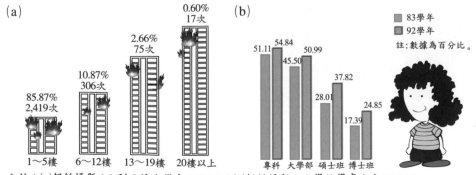

◆註：⑴報紙標題：1 到 5 樓火災占 85.87%；⑵報紙標題：大學就學率女占 50.99%。

圖 2.17 統計圖的應用㈠

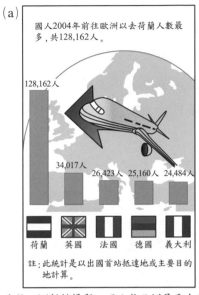
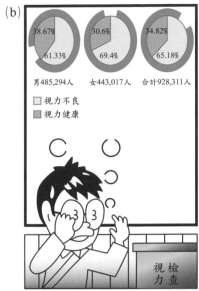

◆註：(a)報紙標題：國人赴歐洲最愛去荷蘭；(b)報紙標題：93學年度國中生視力不良率65.18%。

圖 2.18　統計圖的應用㈡

個案討論

　　臺灣面積雖小，但多元景觀與四季分明的氣候構成了最美的福爾摩沙。臺灣氣溫，夏季除山地外，普遍高溫，許多城市或都會區因屬盆地地形，更不易散熱。一般而言，因地形影響，山地氣溫較低，而平地氣溫較高。而冬季因緯度關係，氣溫以北部較低，南部氣溫較高。臺灣人對本地溫度變化應該習以為常，但對外國住民或遊客來說可能就很不習慣。我們從交通部中央氣象局公開資料網站下載全國各地氣候站的歷史紀錄，以瞭解臺灣季節性的溫度變化情形。資料表中橫向表示的是位於臺灣各地觀測站過去 40 年來的各月平均溫度；縱向則是各月份在各觀測站的溫度紀錄。

表 2.6　氣候月平均

地　名	1 月	2 月	3 月	4 月	5 月	6 月	7 月	8 月	9 月	10 月	11 月	12 月
淡　水	15.2	15.6	17.4	21.1	24.5	26.9	28.8	28.6	26.7	23.7	20.6	16.9
臺　北	16.1	16.5	18.5	21.9	25.2	27.7	29.6	29.2	27.4	24.5	21.5	17.9
基　隆	16	16.2	17.9	21.3	24.5	27.3	29.3	28.9	27	24.1	21.2	17.7
彭佳嶼	15.7	15.9	17.5	20.4	23.4	26	28	27.9	26.3	23.7	20.7	17.4
花　蓮	18	18.4	20.2	22.7	25.1	27.1	28.5	28.2	26.8	24.8	22.2	19.3
蘇　澳	16.4	16.9	18.8	21.6	24.4	26.9	28.6	28.2	26.6	23.8	20.9	17.7
宜　蘭	16.3	16.9	18.9	21.7	24.4	26.8	28.6	28.3	26.5	23.6	20.6	17.5
東吉島	17.8	18.2	20.3	23.3	25.7	27.4	28.4	28.2	27.3	25.3	22.7	19.6
澎　湖	16.9	17.1	19.5	23	25.7	27.6	28.7	28.6	27.8	25.4	22.4	18.9
臺　南	17.6	18.6	21.2	24.5	27.2	28.5	29.2	28.8	28.1	26.1	22.8	19.1
高　雄	19.3	20.3	22.6	25.4	27.5	28.5	29.2	28.7	28.1	26.7	24	20.6
嘉　義	16.5	17.3	19.7	23	25.8	27.8	28.6	28.2	27	24.5	21.3	17.7
臺　中	16.6	17.3	19.6	23.1	26	27.6	28.6	28.3	27.4	25.2	21.9	18.1
大　武	20.3	20.9	22.6	24.7	26.5	28	28.6	28.2	27.2	26	24	21.3
新　竹	15.5	15.9	17.9	21.7	24.9	27.4	29	28.7	27.1	24.2	21.2	17.7
恆　春	20.7	21.4	23.2	25.2	27	27.9	28.4	28.1	27.4	26.3	24.3	21.7
成　功	18.9	19.4	21	23.2	25.3	27.1	28.1	27.9	26.8	25.2	22.7	20
蘭　嶼	18.5	19	20.5	22.4	24.3	25.7	26.3	26.1	25.2	23.8	21.7	19.4
日月潭	14.2	15.1	16.9	19.2	21	22.2	23	22.7	22.1	20.7	18.3	15.2
臺　東	19.5	20	21.8	24.1	26.2	27.8	28.9	28.7	27.5	25.7	23.3	20.5
梧　棲	16	16.3	18.5	22.4	25.5	27.8	29	28.8	27.4	24.6	21.4	17.7

◆資料來源：https://www.cwb.gov.tw/V8/C/C/Statistics/monthlymean.html

　　在討論之前，應該記得資料中含有的變數是地名（觀測站）與各月平均溫度。我們想透過統計圖表以呈現臺灣整年度各月份溫度資料的變化。

折線圖

　　要描述臺灣整年度月份的溫度變異，我們可以選擇針對各觀測站資料製作折線圖。然而繪製單一觀測站的折線圖，只能呈現出觀測站所在地區整年度各月份的溫度變化，例如繪製資料中臺南觀測站（第 10 列）整年度月份的折線圖。但因氣候的多元，我們較常看到的方式是「疊合」各觀測站的月份折線圖以表示臺灣各月份的溫度情形。

「疊合」折線圖

　　下方左側的折線圖可以看出臺灣各月份 40 年來的歷史紀錄平均溫度變化。藍色折線圖是以（取各站的）月平均數繪製，即表 2.6 的行平均數。明顯的，圖 2.19 左圖中 25 個站的折線圖彼此間變異較大，這是因為有一些觀測站位於高山地區（鞍部，竹子湖，阿里山，玉山），顯示出各月份的溫度變異頗大。若扣除山區紀錄後，顯示出一般地區的溫度變化，如圖 2.19 右圖的折線圖群，反映出我們臺灣人對溫度的日常感覺。溫度變化分明但不會過度寒冷。

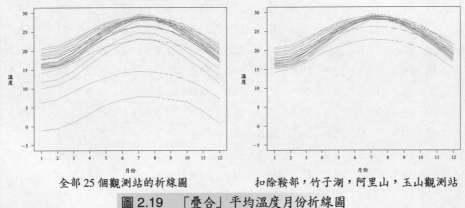

全部 25 個觀測站的折線圖　　　　扣除鞍部，竹子湖，阿里山，玉山觀測站

圖 2.19　「疊合」平均溫度月份折線圖

箱型圖

　　針對各觀測站溫度記錄的問題，考慮想呈現單月份的溫度變化外；又想呈現月份間氣溫的變化。除疊合的折線圖外，也可使用並列箱型圖來呈現。若知道資料的分割數（即四等分數，第三章講授），箱型圖是一個非常合適的圖表。假設知道（表 2.6），平地 1、2 月的分割數如下表：

表 2.7　1、2 月份統計數據

	1 月	2 月
最小值	14.2	15.1
25%「分割」數	16	16.3
中位數	16.6	17.3
75%「分割」數	18.5	19
最大值	20.7	21.4

　　繪製 1、2 月平地均溫並排箱型圖（圖 2.20）。圖 2.20 中，1 月的箱型圖描述 1 月時，臺灣各地記錄的整體溫度變化約在 14 到 21 度間，而中位數約在 16 到 17 度之間，一般地區溫度可能介於 16 到 18.5 度左右。若把 1、2 月箱型圖並排，除原有的統計觀察外，我們可以看出 2 月溫度些微的提升。

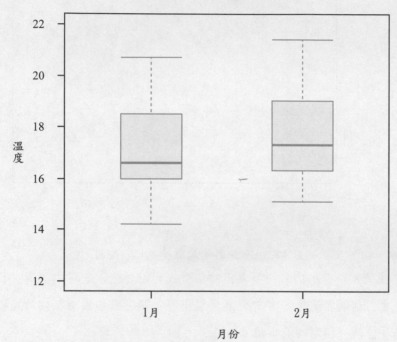

圖 2.20   1、2 月平地平均溫度並排箱型圖

　　若我們進一步並排各月份的溫度箱型圖，將可清楚地呈現臺灣整年度依時間序，各月份的溫度變化情形。假設已知（表 2.6）各月份的分割數如下表：

表 2.8   各月份統計數據

	1月	2月	3月	4月	5月	6月	7月	8月	9月	10月	11月	12月
最小值	−1.1	−0.5	1.1	3.4	5.7	7.1	7.9	7.8	7.1	6.5	4	0.8
25% 分割數	15.5	15.9	17.5	21.1	24.3	26	28	27.9	26.3	23.7	20.6	17.4
中位數	16.4	16.9	18.9	22.4	25.1	27.3	28.6	28.2	27	24.5	21.4	17.7
75% 分割數	18	18.6	20.5	23.2	25.8	27.8	28.9	28.7	27.4	25.3	22.7	19.4
最大值	20.7	21.4	23.2	25.4	27.5	28.5	29.6	29.2	28.1	26.7	24.3	21.7

我們可繪製並排箱型圖如下：

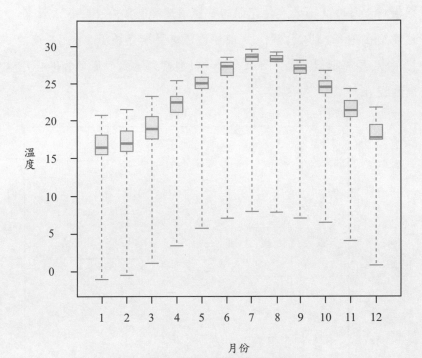

圖 2.21　各地月平均溫度並排箱型圖

　　我們可以看出依月份呈現出的趨勢或週期變化。若仔細觀察，因資料包含山地氣溫紀錄，常有低溫現象出現，導致箱型圖有極端的尾線，每一月份均有極端的最小值。

　　若我們扣除鞍部，竹子湖，阿里山，玉山4個觀測站，只觀察平地溫度變化。重新計算平地資料的分割數如下：

表 2.9　平地各月份統計數據

	1月	2月	3月	4月	5月	6月	7月	8月	9月	10月	11月	12月
最小值	14.2	15.1	16.9	19.2	21	22.2	23	22.7	22.1	20.7	18.3	15.2
25%「分割」數	16	16.3	18.5	21.7	24.5	26.9	28.4	28.2	26.7	23.8	21.2	17.7
中位數	16.6	17.3	19.6	22.7	25.3	27.4	28.6	28.3	27.1	24.6	21.7	18.1
75%「分割」數	18.5	19	21	23.3	26	27.8	29	28.7	27.4	25.4	22.7	19.6
最大值	20.7	21.4	23.2	25.4	27.5	28.5	29.6	29.2	28.1	26.7	24.3	21.7

重繪各月份並列溫度箱型圖如下：

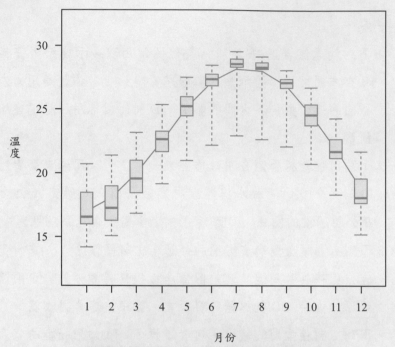

圖 2.22　平地月平均溫度並排箱型圖

　　從圖 2.22 可看出，臺灣平地氣候溫度的變化與週期性，平地氣候長期來看，各月份的變異性相當，各月份的溫度差距約莫在 6、7 度左右，代表隨著季節轉移，溫度變化的感覺相對溫和。明顯的週期特性，說明了四季分明的氣候特徵。中央氣象局維護的資料是屬長期的過去 40 年的歷史紀錄。近年因全球氣候變遷，溫度變化較為劇烈，因此會與歷史的溫度變化有些許差距。但資料是時間的累積，一點一滴的資料累積，未來都是彌足珍貴的氣候資訊。

本章習題

一、選擇題

( ) 1. 下列敘述何者正確？ (A)長條圖常用以表示連續型資料的分佈 (B)直方圖常用以圖示類別與順序資料 (C)散佈圖是用來表現兩個不同的連續型資料之間的關係 (D)圓餅圖常用以呈現連續資料的圖形

( ) 2. 下列何種資料不適合用散佈圖來表示？ (A)研究身高與體重兩變數關係 (B)研究薪水與體重兩變數關係 (C)研究 A 公司股價與 B 公司股價的關係 (D)瞭解在職場中職級與性別的關係

( ) 3. 下列有關枝葉圖與直方圖的敘述，何者錯誤？ (A)資料量大時，直方圖較具實用性 (B)兩圖皆能檢視資料的分佈 (C)兩圖皆能保留原始資料 (D)就原始資料而言，皆須排序後再製圖

( ) 4. 下列有關箱型圖的敘述，何者錯誤？ (A)如果箱型的寬度很窄，代表整體資料很集中 (B)箱型圖可用來比較三年級各班間分數分佈的差異 (C)箱型圖可用來比較兩班級間資料分佈的差異 (D)給予任一箱型圖，箱型中的資料均占 50%

( ) 5. 下列有關次數多邊圖的敘述，何者錯誤？ (A)用於分組資料的統計圖 (B)曲線折點 y 軸位置為直方圖的各組次數 (C)相同資料可能畫出不同的次數曲線圖 (D)為使圖表美觀，次數多邊圖是一封閉曲線

( ) 6. 如果你經常有交際應酬，但又想控制體重，則你適合把體重紀錄製作成下列何種圖表？ (A)折線圖 (B)圓餅圖 (C)次數曲線圖 (D)直方圖

( ) 7. 下列何種特徵無法從箱型圖中得到？ (A)資料散佈的範圍 (B)原始資料 (C)資料是否對稱 (D)前 25% 散佈的範圍

( ) 8. 製作圖表常須將資料分組，分組時需符合組別互斥，意指每一個資料必需落在 (A)至少一組內 (B)大部分僅落於一組內 (C)一定

且僅能落在一組內 　(D)不同組內

（　　） 9. 某個研究須對校內教師健康檢查，請問下列何種統計方法的使用方式有錯？ 　(A)以箱型圖呈現男女的尿酸值 　(B)以直方圖呈現婚姻狀況 　(C)以百分比呈現有高血脂的教師比例 　(D)計算血壓平均數、標準差

（　　） 10. 下列箱型圖中，哪一組的資料呈現較對稱？ 　(A)甲 　(B)乙 　(C)丙 (D)丁

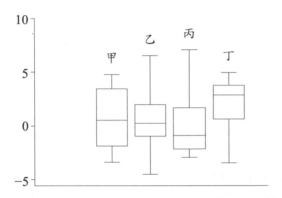

二、問答題

1. 思考例 3「成績追蹤」的數據資料，「入學成績」與「統計學成績」為何不是比例變數？

2. 請寫出直方圖可看出資料分佈的哪些特徵？依分佈的集中特性、散布情形與對稱特性來回答。

3. 試就以下資料：

$$35 \cdot 37 \cdot 12 \cdot 13 \cdot 21 \cdot 33 \cdot 34 \cdot 40 \cdot 40 \cdot 41 \cdot 27$$

(1)做直方圖。組界設定為 $10 < x \le 20, 20 < x \le 30, 30 < x \le 40$ 和 $40 < x \le 50$。

(2)以十位數為枝，個位數為葉做枝葉圖。比較兩圖的形狀。

4. 2016 年初，中華民國舉辦了第六次總統副總統選舉，選出臺灣史上首位女性總統。依中央選舉委員會公告 2016 年總統副總統全民直選，有三組參選，各組之得票數如下：

表 2.10　2016 年總統大選得票數統計			
	朱玄配	英仁配	宋瑩配
得票數	3,813,365	6,894,744	1,576,861

試就此得票數資料計算各組候選人得票比例繪製適當圓餅圖。

5. 下列資料是統計學上常引用的例子，資料描述的是尼羅河在埃及南方城市阿斯旺從 1871～1970 年河水流量測度值。

1,120、　1,160、　　963、　1,210、　1,160、　1,160、　　813、　1,230、　1,370、　1,140、

995、　　935、1,110、　　994、1,020、　　960、1,180、　　799、　　958、1,140、

1,100、　1,210、1,150、　1,250、1,260、1,220、1,030、1,100、　　774、　　840、

874、　694、　940、　833、　701、　916、　692、1,020、1,050、　969、

831、　726、　456、　824、　702、1,120、1,100、　832、　764、　821、

768、　845、　864、　862、　698、　845、　744、　796、1,040、　759、

781、　865、　845、　944、　984、　897、　822、1,010、　771、　676、

649、　846、　812、　742、　801、1,040、　860、　874、　848、　890、

744、　749、　838、1,050、　918、　986、　797、　923、　975、　815、

1,020、　906、　901、1,170、　912、　746、　919、　718、　714、　740

⑴對此資料做分組（分八組）並列出次數分配表。

⑵把資料分十組，設定組距為 100，繪製直方圖。

⑶以 Sturge's rule 計算公式繪製適當的直方圖。

6. 箱形圖適合做類別間的比較分析。以本章「成績追蹤」的數據，就入學來源分析一年後統計學成績。試以入學來源繪製統計學成績箱型圖。

7. 應用統計系 9 月舉辦迎新活動的支出結果如下。試為迎新活動的支出資料繪製適當統計圖。

表 2.11　迎新活動的支出	
迎新費用項目	金　額
人事費	4,000
用餐費	15,000
場地費	3,000

交通費	3,500
住宿費	20,000
保險費	1,500
雜項費	3,000

8. 依健保局 2016 年 2 月資料統計,全民健康保險重大傷病證明有效領證數為 96 萬 2,294 張,而 2018 年 6 月官方公布有效領證數為 95 萬 629 張。
統計資料如下:
(1) 試為此資料繪製 2016 及 2018 年的圓餅圖。
(2) 為此資料繪製 2016 及 2018 年並列的長條圖。

表 2.12　2016 年及 2018 年全民健康保險重大傷病證明有效領證數

類　別	人　數	
	2016	2018(至 6 月)
癌　症	445,155	412,176
慢性精神病	203,223	200,404
洗　腎	78,374	84,872
自體免疫系統	100,661	115,386
先天性畸形	35,520	36,263
其　他	99,361	101528

9. 有一暑修班統計學的成績如下:

97、99、81、78、73、95、33、97、64、100、
85、83、85、88、79、81、93、86、83、71

(1) 對此資料做分組並列出次數分配表。組界為 (30、44、58、72、86、100)。
(2) 依此分組資料繪製直方圖。
(3) 依不等距組界條件 (30、58、72、86、100) 繪製直方圖。
(4) 以十位數為枝,個位數為葉做枝葉圖。

10.有一班級數學小考成績如下：

75、 8、 36、 36、 55、 55、 27、 83、 17、 58、 55、 42、 36、
50、 42、 82、 27、 92、 50、 42、 100、 92、 27、 58、 55

(1)以 0 到 100 分 5 等分，繪製直方圖。

(2)以 0 到 100 分 5 等分，標示 E、D、C、B、A 五組，試繪製圓餅圖。

(3)以十位數為枝，個位數為葉做枝葉圖。

11.某次環境汙染調查資料，記錄特定汙染元素的濃度含量 (ppm)，$n = 50$。以四捨五入到整數位值，枝取十位數，葉為個位數，試繪製枝葉圖。

55.8、 39.1、 31.7、 52.6、 69.3、 60.9、 35.5、 36.7、 58.2、 69.8、
37.0、 56.0、 62.3、 48.0、 64.9、 91.3、 44.6、 47.3、 61.8、 27.1、
65.8、 71.7、 94.6、 78.8、 87.1、 42.3、 61.2、 56.3、 39.8、 66.3、
33.8、 61.5、 30.0、 65.0、 60.6、 47.2、 68.2、 60.7、 76.0、 74.5、
75.3、 77.1、 69.0、 83.2、 71.4、 59.1、 45.9、 40.0、 65.2、 49.5

12.假設有一組資料如下：

2、5、6、8、9、4.5、12、14、15、15、18、16、17、15、20、30

若介於 $7.5 \le x \le 16.5$ 約含有資料中間的 50%，試繪製箱型圖。

13.假設有一集訓班接受兩次測驗成績如下：

第一次：

61、 77、 80、 71、 85、 75、 73、 63、 66、 73、
67、 73、 71、 62、 76、 80、 69、 64、 77、 71

第二次：

56、 64、 79、 66、 82、 72、 67、 62、 57、 65、
63、 66、 63、 62、 72、 73、 67、 60、 68、 60

(1)試繪製測驗成績散佈圖。X 軸為第一次，Y 軸為第二次。兩次測驗成績間有關聯嗎？

(2)若第一次成績介於 $66.5 \le x \le 76.5$ 約有 50%；而第二次成績有 50% 介於 $62 \le x \le 70$。試繪製第一次與第二次成績的並排箱型圖並比較。

14. 以下是某開發中國家本年度與去年度各部門耗用能源的情形，試繪製兩年的長條圖做比較。

表2.13　各部門耗用能源統計

年　　度	農業部門	工業部門	能源部門	運輸部門	其　他
去年度	1,391	22,770	3,543	5,766	8,567
本年度	1,444	39,172	5,642	13,166	17,783

15. 以下是某一保險公司 6 月份的保費收入（單位：萬元）：

335、　288、　209、　285、　224、　281、　282、　313、　251、　262、

275、　287、　250、　277、　307、　330、　276、　243、　294、　217、

234、　211、　253、　271、　301、　263、　272、　265、　255、　232

(1) 以 Sturge's rule 列出組界、次數、相對次數、累加次數的次數分配表。

(2) 根據(1)的次數分配表做直方圖。直方圖的形狀對稱嗎？對稱軸約在哪裡？

16. 某研究想探討體重與新陳代謝速率的關係，研究人員對一組 19 人群體做測量。以下是 19 位研究對象的體重與新陳代謝速率：

體重（公斤）：

62.0、　62.9、　36.1、　54.5、　48.5、　42.0、　47.5、　50.6、　42.0、　48.7、

40.3、　33.1、　51.8、　42.4、　34.5、　51.1、　41.2、　51.9、　46.9

代謝速率（卡）：

1,729、　1,666、　　995、　1,425、　1,369、　1,418、　1,368、　1,502、　1,256、　1,614、

1,189、　　913、　1,460、　1,124、　1,052、　1,347、　1,204、　1,867、　1,439

(1) 繪製體重與新陳代謝速率的直方圖，並寫出觀察的結果。

(2) 繪製體重與新陳代謝速率的散佈圖，並寫出觀察的結果。

17. 下列散佈圖，何者呈現負相關且強度較強？說明理由。

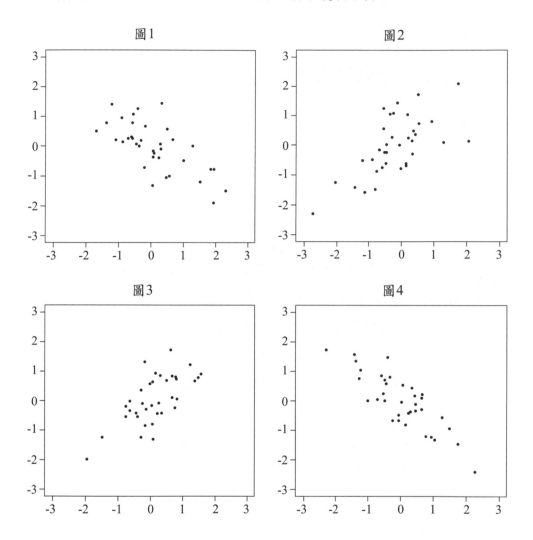

圖1　　　　　　　　　　　圖2

圖3　　　　　　　　　　　圖4

18. 散佈圖用來研究二變數間的關係，但常以資料第三變數（加上顏色）做區別以挖掘資料特徵。試以例 3「成績追蹤」資料繪製「入學成績」與「統計學成績」散佈圖，散佈圖的圓點標記則以第三變數「入學來源」中「高職」、「高中」、「綜合高中」分別以黑、紅、藍色標色。

第 3 章
平均數與差異量數

→ **學習重點**

1. 敘述統計在資料分析的角色。
2. 集中趨勢量數與差異量數的功用。
3. 分析敘述統計量使用的時機。
4. 平均數與變異數的數學性質與應用。

平均數或差異量數是生活中常應用的觀念。例如考試時，常聽到老師說班上考試的平均成績進步了；或說這次考試班上的成績有得很好、有得很差。

例如證券投資，移動平均線是我們在財經頻道上常聽到的詞彙，意指將若干天的股票價格取得一代表值，然後連接成一條線，用以觀察股價趨勢；並以投資標的物的價格的波動或差異當成風險指標。或談到氣象時，則習慣以某一地區各季節的平均溫度和平均降雨量特徵做為氣候區分的標準。以這些特徵的差異做為各區氣候分類的指標。而在工業統計中，平均數與變異數更是常引用的概念，用來控制製造過程中的品質。諸如此類的應用不勝枚舉，廣泛的運用在生活中。

此章我們將對資料摘要中常見的「集中趨勢量數」與「差異量數」做介紹。「集中趨勢」與「量數」代表尋求一組資料或資料分佈的集中位置，用一個統計量來估計它的位置。日常生活中常見的集中趨勢指標有平均數（算術平均數、幾何平均數、調和平均數）、眾數、中位數等等。「差異量數」又稱變異或離散量數，則在探討資料間散佈的變異情形。常見的差異量數有全距、百分位數、四分位距、變異數、標準差、變異係數等等。

綜合來說，這章節中雖然強調計算的方法，我們建議讀者在學習時，先從各趨勢量數的形成，建立直覺與清楚的觀念，如此才不會陷入見樹不見林的學習情境。希望在學習完平均數與差異量數後，讀者在分析資料個案時，有更清楚的輪廓。

3.1 總和符號與相關性質

統計學中，常以簡捷的符號來表達冗長的數據。除了便利外，在數理的處理上也是必須的。我們常以英文字母如 $x, y, z \cdots$ 等等表示數據，一組資料數據或一個資料集合，常以 $x_1, \cdots, x_n$ 表示，其中足標 $1, \cdots, n$ 標記著資料的編號，而 $x_1 + x_2 + \cdots + x_n$ 表示資料的加總。

我們習慣以 Σ（唸成 sigma）代表總和的運算，把數值總和以 $\sum_{i=a}^{n} x_i$ 表示。

足標 i 表示資料的變動，其中下標 $i = a$ 表示資料由編號第 a 個開始；而上標 n 表示最後一個資料的編號。所以符號 $\sum\limits_{i=1}^{n} x_i$ 表示對編號第一個到第 n 個的資料做總和。

例如，假定 x_i 代表班上 55 位同學統計學期成績的資料，x_1 表示座號 1 號同學的成績，x_2 表示 2 號同學的成績，⋯⋯以此類推。學期成績總和是：

$$x_1 + x_2 + \cdots + x_{55} = \sum_{i=1}^{55} x_i$$

隨著章節的編排，我們將逐漸常用 $\sum$ 符號。若能隨時將形式表達與實質意義做雙向替代練習，如公式(1)，將會有助於往後的學習。

定義

$$\sum_{i=1}^{n} x_i \xleftrightarrow{\text{互換}} x_1 + x_2 + \cdots + x_n \tag{1}$$

顯然的，做 $\sum$ 運算與資料順序無關。例如說 $\sum\limits_{i=1}^{3} x_i = x_1 + x_2 + x_3 = x_3 + x_1 + x_2$。

$\sum$ 運算性質

假設有兩組資料分別以 $x_1, \cdots, x_n$ 和 $y_1, \cdots, y_n$ 表示，令 a, b 為常數。經過簡單的推導，我們可以知道，當 x_i 均為一定數 a 時：

$$\sum_{i=1}^{n} x_i = \sum_{i=1}^{n} a = a + a + \cdots + a = n \times a \tag{2}$$

公式(2)說，對任何足標 i，資料 x_i 恆為定數 a 時，$\sum\limits_{i=1}^{n} x_i$ 可表示成 $\sum\limits_{i=1}^{n} a$。也可以說，公式 $\sum\limits_{i=1}^{n} a$ 中，a 雖無足標 i，但意指 a 自我累加 n 次。

 例1　當 x_i 為一定數 a 的例子

例如班上有 50 人，期末每個人均退還 15 元的班費，則總共退多少元？

解析

設每人退的金額 x_i 元，運用公式(2)可得：

$$\sum_{i=1}^{50} x_i = \sum_{i=1}^{50} 15 = 15 \times 50 = 750$$

當每一 x_i 乘上某一固定倍數 a 時：

$$\sum_{i=1}^{n} ax_i = ax_1 + ax_2 + \cdots + ax_n$$

$$= a(x_1 + x_2 + \cdots + x_n)$$

$$= a\left[\sum_{i=1}^{n} x_i\right] = a\sum_{i=1}^{n} x_i \qquad (3)$$

例2 當 x_i 乘上某一固定倍數 a 的例子

例如一公司有 35 人，每月薪水共發 1,500,000 元，下月起調薪 7%，則公司會加發多少薪水？

解析

設 x_i 表示公司中第 i 個人的薪水，則依題意 35 個人的薪水共：

$$\sum_{i=1}^{35} x_i = 1,500,000$$

運用公式(3)可得：

$$\sum_{i=1}^{35} 0.07x_i = 0.07 \times \sum_{i=1}^{35} x_i = 105,000$$

◆注意！在這問題中我們不須知道每一個 x_i 的值是多少。

如果把原資料 x_i 做轉換成 $ax_i + b$，其中 a, b 為定數，則：

$$\sum_{i=1}^{n} (ax_i + b) = (ax_1 + b) + (ax_2 + b) + \cdots + (ax_n + b)$$

$$= a(x_1 + \cdots + x_n) + (b + \cdots + b)$$

$$\begin{aligned} &= \sum_{i=1}^{n} ax_i + \sum_{i=1}^{n} b \\ &= a\sum_{i=1}^{n} x_i + nb \end{aligned} \tag{4}$$

例3 原資料 x_i 轉換成 $ax_i + b$，a, b 為定數的例子

例如，學校有二十七個班級，今年每班預計獲得市府的清寒補助金額是去年的 1.075 倍外加 3,500 元。若去年共獲 515,000 元，則今年獲得的補助金額是多少？

解析

假設去年第 i 班獲得的金額是 x_i 元，運用公式(4)可得：

$$\begin{aligned} \sum_{i=1}^{27}(1.075x_i + 3,500) &= 1.075\sum_{i=1}^{27} x_i + 3,500 \times 27 \\ &= 1.075 \times 515,000 + 3,500 \times 27 = 648,125 \end{aligned}$$

當把原資料 x_i 減去某一定數 w 時：

$$\begin{aligned} \sum_{i=1}^{n}(x_i - w) &= (x_1 - w) + \cdots + (x_n - w) \\ &= (x_1 + \cdots + x_n) - (w + \cdots + w) \\ &= \sum_{i=1}^{n} x_i - \sum_{i=1}^{n} w \\ &= \sum_{i=1}^{n} x_i - nw \end{aligned} \tag{5}$$

顯然的，公式(5)是公式(4)的一特例。即當 $a = 1, b = -w$，則 $ax_i + b = 1 \times x_i - w$。

若是二組資料先個別加總 $(x_i + y_i)$ 後再做總和，則：

$$\sum_{i=1}^{n}(x_i + y_i) = (x_1 + y_1) + \cdots + (x_n + y_n)$$

$$= (x_1 + \cdots + x_n) + (y_1 + \cdots + y_n)$$

$$= \sum_{i=1}^{n} x_i + \sum_{i=1}^{n} y_i \qquad (6)$$

例如，海德公園社區共有 29 戶家庭，假設每戶所得均是由男、女主人所貢獻。今設第 i 戶男主人的所得為 x_i，女主人所得為 y_i，則此社區總所得共 $\sum_{i=1}^{29}(x_i + y_i)$ 元。 其值顯然會等於男主人的總所得 $\sum_{i=1}^{29} x_i$，加上女主人的總所得 $\sum_{i=1}^{29} y_i$。

往後章節，會對資料做一排序的動作以利進一步的計算與分析。我們將以 $x_{(1)}, x_{(2)}, \cdots, x_{(n)}$ 表示資料 $x_1, x_2, \cdots, x_n$ 排序後的結果。 也就是說，$x_{(1)} \leq x_{(2)} \leq \cdots \leq x_{(n)}$。

例如：

$$x_1 = 23, \; x_2 = 17, \; x_3 = 75, \; x_4 = 56$$

經排序後，我們表示成：

$$x_{(1)} = 17, \; x_{(2)} = 23, \; x_{(3)} = 56, \; x_{(4)} = 75 \text{。}$$

很清楚的，x_i 不一定和 $x_{(i)}$ 有相等關係。

3.2 集中趨勢量數——平均數

3.2.1 算術平均數

算術平均數或平均數是生活中最常引用的概念，它將所有觀測值相加後再除以觀測值的個數。例如考完統計學期中考後，全班統計學的平均，就是把全班同學統計學的成績做加總後除以總人數。這種平均的概念簡單清楚，容易瞭解。直覺上，計算出的數值「代表」這群數據資料，除非特別說明，

一般「平均數」即代表「算術平均數」。

 假設母體觀察值（或稱未分組資料）以 x_i, $i = 1, \cdots, N$ 表示，則母體平均數 μ（唸成 mu）的計算方法為：

$$\mu = \frac{x_1 + x_2 + \cdots + x_N}{N} = \frac{\sum\limits_{i=1}^{N} x_i}{N} \qquad (7)$$

若 x_i, $i = 1, \cdots, n$ 為從母體中抽出的一組樣本，則樣本平均數 $\bar{x}$（念成 x-bar）的計算方式為：

$$\bar{x} = \frac{x_1 + x_2 + \cdots + x_n}{n} = \frac{\sum\limits_{i=1}^{n} x_i}{n} \qquad (8)$$

母體平均數和樣本平均數分別以 μ 和 $\bar{x}$ 表示之。公式(7)和(8)在統計推論時有區別的意義，但在敘述統計中，只談論平均數的形成，除非有必要區分及混淆的時候，一般情況可以 $\bar{x}$ 當成平均數的符號。

例4　算術平均數的例子一

假設統計學科的成績以六次統計學考試分數計算平均，若某位同學這學期六次的考試分數分別為：

$$78 \cdot 68 \cdot 72 \cdot 75 \cdot 83 \cdot 74$$

則他的學期平均成績應為多少分？

解析

設 $x_1 = 78$, $x_2 = 68$, $x_3 = 72$, $x_4 = 75$, $x_5 = 83$, $x_6 = 74$, $n = 6$，則算術平均數的計算為：

$$\bar{x} = \frac{x_1 + x_2 + x_3 + x_4 + x_5 + x_6}{n}$$

$$= \frac{78 + 68 + 72 + 75 + 83 + 74}{6} = \frac{450}{6} = 75$$

當處理的是分組資料時，格式如下表 3.1。

算術平均數 $\bar{x}$ 的計算方法為：

$$\bar{x} = \frac{m_1 f_1 + \cdots + m_k f_k}{f_1 + \cdots + f_k} = \frac{\sum\limits_{i=1}^{k} m_i f_i}{\sum\limits_{i=1}^{k} f_i} \tag{9}$$

表 3.1　分組資料符號

組　界	次　數	組中點	累積次數
$l_1 \sim u_1$	f_1	m_1	F_1
$l_2 \sim u_2$	f_2	m_2	F_2
⋮	⋮	⋮	⋮
$l_k \sim u_k$	f_k	m_k	F_k

◆註：(l_i, u_i) 為各組的組界，f_i 為各組的次數，組中點 $m_i = (l_i + u_i) \div 2$。各組累積次數 $F_i = \sum\limits_{j=1}^{i} f_j$，如 $F_2 = \sum\limits_{j=1}^{2} f_j = f_1 + f_2$。

公式(9)很清楚的說明了組中點的角色。第 i 組內的資料均以組中點 m_i 當代表，第 i 組內資料總和等於 $m_i f_i$，所以分子代表全部資料和為 $\sum\limits_{i=1}^{k} m_i f_i$。因此資料總和除以總次數 $\sum\limits_{i=1}^{k} f_i$ 等於平均數 $\bar{x}$。

 例5 算術平均數的例子二

某機械工廠有 100 名員工，每月薪水的分配如表 3.2，求算術平均數為何？

表 3.2　員工每月薪水分配表

工資（千元）	人　數
30～40	7
40～50	25
50～60	32

60～70	20
70～80	11
80～90	3
90～100	2

解析

依表 3.2 的分組資料，計算組中點與各組總和如下表。

表 3.3　員工每月薪水組中點與各組總和

工資（千元）	人數 (f_i)	組中點 (m_i)	各組總和 $(f_i \times m_i)$（千元）
30～40	7	35	$7 \times 35 = 245$
40～50	25	45	$25 \times 45 = 1{,}125$
50～60	32	55	$32 \times 55 = 1{,}760$
60～70	20	65	$20 \times 65 = 1{,}300$
70～80	11	75	$11 \times 75 = 825$
80～90	3	85	$3 \times 85 = 255$
90～100	2	95	$2 \times 95 = 190$
總　　和	100		5,700

運用公式(9)可得：

$$\bar{x} = \frac{\sum_{i=1}^{7} m_i f_i}{\sum_{i=1}^{7} f_i} = \frac{5{,}700}{100} = 57 \text{（千元）}$$

1.平均數的探討

　　算術平均數的代表性可從公式(7)或(8)清楚看出。從資料加總的角度來看，公式(8)蘊含如下等式：

$$x_1 + x_2 + \cdots + x_n = n\bar{x} \tag{10}$$

　　公式(10)等式左邊為資料總和，它等同於等式右邊中把資料都以 $\bar{x}$ 來替代每一 x_i 後的總和。所以用 $\bar{x}$ 來分析資料，並不會喪失原來資料所含的訊息。

算術平均數本身的特性：

$$\sum_{i=1}^{n}(x_i - \bar{x}) = 0 \tag{11}$$

$$\sum_{i=1}^{n}(x_i - \bar{x})^2 \leq \sum_{i=1}^{n}(x_i - a)^2，其中 a 為任意實數 \tag{12}$$

公式(11)說明算術平均數的特性：各資料點 x_i 對 $\bar{x}$ 呈現一平衡狀態，所以差異總和等於 0。而公式(12)指出平均數和其他任意實數 a 相比較之下，具有「差距平方總和」最小的特性。在往後章節會有機會進一步說明它的意義。

由上面的討論，不難看出平均數具有如下的特點：

(1)簡化作用：簡化資料成為一個特徵量數而不喪失資料的訊息。

(2)代表作用：平均數是一組資料的「中心」數值。

(3)比較作用：因具有代表整組資料的特徵意義，便於兩組或兩組以上的資料做比較。

例如，國民生產毛額 (GNP)，即是指「一國在一定時間內，其全體國民所生產之最終財貨與勞務的市場價值」。國民生產毛額是衡量一國總體的經濟規模，它和一國之土地、人口、資源的多寡密切相關。所以加總的值具有重要意義，利用 GNP 計算「平均每人 GNP」將是一適當的統計量數或經濟指標，利用它比較各國平均 GNP 的水準。

算術平均數的運算具有哪些特性呢？若原資料以 $\{x_i\}$ 表示，新資料以 $\{y_i\}$ 表示，c, c_1, c_2 表示常數。應用「Σ」的性質，以下是一些新舊資料間關係的簡單推導

$$若 y_i = x_i + c，則 \bar{y} = \bar{x} + c \tag{13}$$

$$若 y_i = cx_i，則 \bar{y} = c\bar{x} \tag{14}$$

$$若 y_i = c_1 x_i + c_2，則 \bar{y} = c_1 \bar{x} + c_2 \tag{15}$$

例6　運算特性的例子

　　沿續例 4 的數據，由於某種原因，老師決定每次考試的分數均加 3 分，則新平均是幾分？若老師決定考試的分數均乘上 1.07 再加 4 分，則新平均分數是多少分？

解析

　　假設原分數為 x_i，修正後分數為 y_i。當 $y_i = x_i + 3$，依公式(13)，無須再次計算，新的平均數為：

$$\bar{y} = \bar{x} + 3 = 75 + 3 = 78$$

　　若修正方式為 $y_i = 1.07x_i + 4$，依公式(15)，新的平均數為：

$$\bar{y} = 1.07 \times \bar{x} + 4 = 1.07 \times 75 + 4 = 84.25$$

2.優點與缺點

　　顯然的，平均數優點是容易被人接受，使用到資料所有數值，且可用代數方法處理，適合其他數學技巧的運算。

　　當一個或少數的數據與主要數據群差異較遠或行為上和其他數據不一致（有特別大、特別小的數值），我們稱為離群值或極端值。顯然的，離群值或極端值對算術平均數是有影響的。也就是說，計算出的平均數將會失真，容易影響而減弱平均數的代表性。想像在計算全班平均財富時，若有一人是首富的繼承者（如繼承 200 億元的資產），則班上的財富平均數將超乎想像！每個人將被虛擬成有錢人，非常有錢！但若此人不納入計算，頓時我們又回復現實生活中。即資料具有極端值，常嚴重曲解平均數的涵義。

　　也許讀者還是想問，何時應將極端值刪除？何時應保留？是否把異常的值消去是一個「個案型」的問題，因為找尋極端值的存在要比純粹消掉它來得有意義。應用統計實務的觀點建議：除非極端值的產生原因明確，如資料明顯記錄錯誤或其他已知原因，否則傾向保留極端值的資訊，或利用其他可能的統計量數來做摘要，參閱習題第 9 題。

3.2.2 加權平均數

若再次仔細看算術平均數的公式(8)可知：

$$\bar{x} = \frac{x_1 + x_2 + \cdots + x_n}{n} = \frac{1}{n}x_1 + \frac{1}{n}x_2 + \cdots + \frac{1}{n}x_n$$

資料中每一數據 x_i 具有相同的重要性，即每一 x_i 占 $\frac{1}{n}$ 的分量。

但在許多情形下，數值 x_i 的重要性或權重可以是不同的。例如學校計算學期成績就是一例。每一科依時數或學分的多寡有不同的重要性，對學期成績的計算應有不同的影響。此時我們可依各數值的重要性，或稱為「權重」的觀念，計算「加權平均數」得到學期成績。

 給予一組資料 $x_1, \cdots, x_n$，w_i 分別為 x_i 的權重，則加權平均數定義如下：

$$\bar{x}_w = \frac{w_1 x_1 + w_2 x_2 + w_3 x_3 + \cdots + w_n x_n}{w_1 + w_2 + w_3 + \cdots + w_n} = \frac{\sum\limits_{i=1}^{n} w_i x_i}{\sum\limits_{i=1}^{n} w_i} \qquad (16)$$

例7 加權平均數的例子

例 4 的六次分數 (78、68、72、75、83、74) 中，x_2, x_4, x_6 分別是第一次期中考、第二次期中考和期末考；在成績的計算上分別占 20%, 20%, 30%。其他各是 10%（總和為 100%），則加權平均數之權重 w_i 取 10、20、10、20、10、30。

解析

$$\bar{x}_w = \frac{10 \times 78 + 20 \times 68 + 10 \times 72 + 20 \times 75 + 10 \times 83 + 30 \times 74}{10 + 20 + 10 + 20 + 10 + 30}$$

$$= 74.1$$

例8 算術平均數的例子三

假設某三個班級 $(A \cdot B \cdot C)$ 參加統計測驗的各班人數與平均成績如下：

表 3.4 各班人數與平均成績

	人 數	統計平均成績
A	45	73
B	50	76
C	51	69

求算三個班級的平均成績。

解析

平均成績是否為 $\dfrac{(73+76+69)}{3} = 72.67$ ？答案當然不是。

依平均數的概念，我們須要計算成績總和後，除以總人數，才可得算術平均數。成績總和等於 $A \cdot B \cdot C$ 三個班各自班級的總成績的加總。利用公式⑽計算各班總成績如下：

表 3.5 各班總成績

班 別	人 數	統計平均成績	各班總成績
A	45	73	$45 \times 73 = 3,285$
B	50	76	$50 \times 76 = 3,800$
C	51	69	$51 \times 69 = 3,519$
總 和	146		10,604

三個班級的平均成績依定義為：

$$\bar{x} = \frac{10,604}{146} = 72.63$$

最後，比較加權平均數和分組資料的平均，我們可看出加權平均數的定義和分組資料的公式⑼相同。分組資料的某一組的組中點是該組的代表值而次數是組中點的權重。

3.2.3　算術平均不適用的情形──調和與幾何平均數

在某些情形下，平均數並不能準確的代表「平均」的概念。

一　調和平均數

舉一例子做說明，設有一人騎機車旅行，從甲地到乙地共是 400 公里長，這趟旅程被中間三個站均分成四段各 100 公里。假設第一段以每小時 80 公里速度行駛，之後三段速度依序為每小時 110 公里、每小時 90 公里和每小時 120 公里。則這趟旅程平均速度為何？

我們要問這四段旅程速度的算術平均數是平均速度嗎？即：

$$\bar{x} = \frac{80 + 110 + 90 + 120}{4} = 100$$

依物理的定義：

 定義　「總距離」除以「總時間」稱之為平均速度。

所以思索一下，答案很顯然不是 $\bar{x} = 100$。算術平均數的概念在此並不正確。為什麼呢？假設每一段旅程為 s，我們嘗試推導計算並列表說明如下：

表 3.6　行駛速度表

每一段距離長	行駛速度	花費時間
s	80	$t_1 = s/80$
s	110	$t_2 = s/110$
s	90	$t_3 = s/90$
s	120	$t_4 = s/120$
總距離	平均速度	總時間
$4s$	?	$t_1 + t_2 + t_3 + t_4$

則正確的平均速度應為：

$$\frac{距離}{時間} = \frac{4s}{\frac{s}{80} + \frac{s}{110} + \frac{s}{90} + \frac{s}{120}} = \frac{4}{\frac{1}{80} + \frac{1}{110} + \frac{1}{90} + \frac{1}{120}}$$

我們將定義此平均的觀點為「調和平均數」。

 給予資料 $x_1, \cdots, x_n$，則調和平均數 H 定義為：

$$H = \frac{n}{\frac{1}{x_1} + \frac{1}{x_2} + \cdots + \frac{1}{x_n}} \qquad (17)$$

以上例而言，80、110、90、120 四數之調和平均數 H 為：

$$H = \frac{4}{\frac{1}{80} + \frac{1}{110} + \frac{1}{90} + \frac{1}{120}} = 97.48$$

換個角度說，給予一資料集合，x_i, $i = 1, \cdots, n$，即使依算術平均數定義計算，總能算出答案來；但不一定是有意義的統計量數。換句話說，即使統計量值差異不大，在意義上也可能會出現嚴重的錯誤。

二 幾何平均數

另一常用的統計量是幾何平均數，一種不同於算術平均數的概念。當資料彼此間有比值或倍數的增長關係，使得資料連乘具有意義時，「幾何平均數」才是一種較適當的衡量平均的觀念。

什麼時候會有比值的增長情形呢？以財務投資的平均報酬率為例。我們定義報酬率為「利潤」除以「期初投資金額」。假如一年前買了 100,000 元基金，現在市場價值 112,500 元。代表報酬率 r 是：

利潤 $= 112{,}500 - 100{,}000 = 12{,}500$

$r = 12{,}500 \div 100{,}000 = 0.125\ (12.5\%)$。

或等同於：

$$100{,}000 \times (1 + r) = 100{,}000 \times (1 + 0.125) = 112{,}500 \qquad (18)$$

這說明現值與期初價值間的關係。

 給予資料 $x_1, \cdots, x_n$，幾何平均數 G 定義為：

$$G = (x_1 \cdot x_2 \cdots x_n)^{\frac{1}{n}} = \sqrt[n]{x_1 \cdot x_2 \cdots x_n} \qquad (19)$$

例9 簡單的例子

給予 2、4、8、8、32，試計算幾何平均數為何？

解析

依公式(19)，幾何平均數為：

$$G = \sqrt[5]{2 \times 4 \times 8 \times 8 \times 32} = 6.964405$$

我們透過下面的例子，比較算術平均數與幾何平均數，解釋幾何平均數的適用性。

三 財務數學的應用

設想一簡單的投資評估問題。若你想購買一檔高科技基金，此檔基金最近三年每年的報酬率分別是 +20%、−25%、+5%。則平均年報酬率是如下所示嗎？

$$\frac{0.2 + (-0.25) + 0.05}{3} = 0$$

答案不是的！「平均年報酬率」中「平均」的字眼很自然令你聯想到算術平均數的概念，但算術平均的觀念並不一定適用。在財務數學中，計算平均年報酬率是一基本問題，但常和一般平均的概念相混淆。這裡須特別注意：平均年報酬率問題的本質是連乘的，而不是累加的問題！

假設第一年期初的資金為100,000，三年的報酬率如上，分別是 +20%、−25%、+5%，計算各年損益如表 3.7。

表 3.7　損益計算表

	期初資金	報酬率	損益金額	期末金額
第一年	100,000	20%	20,000	120,000
第二年	120,000	−25%	−30,000	90,000
第三年	90,000	5%	4,500	94,500

◆ 註：(1)損益金額 ＝ 期初資金 × 報酬率。
　　　(2)期末金額 ＝ 期初資金 ＋ 損益金額。

假設第一年、第二年、第三年報酬率分別是 r_1、r_2、r_3，且「平均報酬率」為 r。依上述報酬率的公式(18)應滿足如下的等式：

$$100,000(1+r_1)(1+r_2)(1+r_3)=100,000(1+r)^3$$
$$(1+r_1)(1+r_2)(1+r_3)=(1+r)^3$$

計算後，即：

$$r=[(1+r_1)(1+r_2)(1+r_3)]^{\frac{1}{3}}-1$$
$$=(1.2\times0.75\times1.05)^{\frac{1}{3}}-1$$
$$=0.9813199-1$$
$$=-1.868\%$$

再參考損益計算表（表 3.7）來說明為何 r 是平均報酬率適當的方式。比較表 3.7 中第五欄「期末金額」與下列計算可知，第三年的期末金額與用平均報酬率公式計算所得結果是相同的。

$$1+r=(1.2\times0.75\times1.05)^{\frac{1}{3}}=0.9813199$$

第一年末→ $100,000\times(1+r)=98,131.99$

第二年末→ $98,131.99\times(1+r)=96,298.87$

第三年末→ $96,298.87\times(1+r)=94,500$

由此例可知幾何平均數與算術平均數適用的情形：由表 3.7 的各年度上下起伏的報酬率 (20%、−25%、5%) 來看算術與幾何平均數：算術平均報酬率能把高低起伏的年報酬率拉平為 0%，背後顯示出持有期間投資股價之波動特性；而幾何平均報酬率為 −1.868%，可精確算出持有期間之總報酬率，但忽略了持有期間之波動性。

實務上，基金績效表中為了適合一般大眾的閱讀，我們常會看到如下的表示。如一全球高科技基金近期的績效走勢：

表 3.8　全球高科技基金績效走勢

績效表現	近 3 個月	近 6 個月	近 12 個月	近 24 個月	近 36 個月
平均報酬率 (%)	−11.71%	−14%	−1.56%	−5.47%	+4.57%

以拉長「期間」來算是單純，也是一種合理、易理解的表示方式。

四 平均數的比較

(1)比較算術平均數和幾何平均數的使用：

算術平均是當總量為「相加」有意義時的平均概念；而幾何平均數適用於當總量是以「乘積」才有意義時的平均概念時。

(2)幾何平均數適用的資料：

基本的要求是必須都是正數的資料。較適當的應用對象，是比率資料（如計算平均人口成長率、平均物價變動率等），以及右偏（正偏）相當嚴重的資料（如國民財富分佈、廠商規模分佈等）。

(3)調和平均數適用的資料：

適用於所有平均的數據，在應用領域中被當做除數為適當的情形。

3.3 集中趨勢量數──眾數與中位數

3.3.1 眾 數

眾數指一組數據中出現次數最多的數據。眾數不受極端數據的影響，求法簡便。例如一安親班有 10 位小孩年齡分別為 5、9、4、5、4、6、6、6、8、8，則這群小孩年齡的算術平均數為 6.1；而 6 發生次數最多，3 次，所以眾數為 6。又如給予 2、4、12、7、7、8、8，則眾數不唯一。若給予 2、4、12、7、9、8、11，則眾數不存在。

由上面討論可知：眾數的性質簡單，易於瞭解且不易受極端值的影響是它的優點；而它的缺點是不適合數學運算；若資料中的各數值皆只出現一次時，即不存在眾數；且可能有兩個以上的眾數之情況發生，使得眾數產生不唯一的情形。

例10 眾數的例子

眾數也適用於非數值型（名目或次序）的資料。例如有 7 名學生的球鞋品牌分別為：

Nike, Nike, Nike, Adidas, New Balance, Asics, Asics

解析

這組資料的「平均數」或「集中趨勢」顯然的無法以數值加法的平均數方法計算。而眾數，Nike，可以表達資料的特徵。

3.3.2　中位數

對於一組資料，中位數是一個數，它的地位使得這群數據裡有一半的數據比它大，而另外一半數據比它小。

資料中位數的求法

中位數的計算規則如下：設 $x_{(1)} \leq x_{(2)} \leq \cdots \leq x_{(n)}$ 為排序後資料，

$$中位數\ Me = \begin{cases} x_{(\frac{n+1}{2})}, \text{當 } n \text{ 為奇數} \\ \dfrac{x_{(\frac{n}{2})} + x_{(\frac{n}{2}+1)}}{2}, \text{當 } n \text{ 為偶數} \end{cases} \tag{20}$$

換句話說，計算中位數時，必須把所有的數據按照大小的順序排列，如果數據的個數是奇數，則排列資料中間那個數據就是這組資料的中位數；如果數據的個數是偶數，則中間那兩個數據的算術平均值就是中位數。由其定義可知，一組數據中，如果數據有數值偏離較大，那麼選擇中位數來表達這組數據的「集中趨勢」就比較適合、穩定。

實務上，中位數主要應用於偏斜的資料分配。例如有一組資料數據如下：

6、19、7、85、13

依定義，排序後資料為 6、7、13、19、85（5 個數據）。中位數位置所在

的足標是 $\frac{(5+1)}{2}=3$，所以此數據的中位數為 $Me=x_{(3)}=13$。而算術平均數為 $\bar{x}=26$，是中位數的兩倍，顯然平均數的計算受到 $X_4=85$ 的影響甚鉅。

例11 中位數的例子——非分組資料

臺北市三月份某個周末的前 12 名電影票房排行榜真實數據如下（萬元）：

918、760、381、196、130、92、78、74、73、60、57、47

解析

資料由小到大排序後為：

47、57、60、73、74、78、92、130、196、381、760、918

資料共有 12 個數據，依定義中位數 $Me=\frac{(x_{(6)}+x_{(7)})}{2}=\frac{(78+92)}{2}=85$。觀察數據中小於 85 有 6 個；大於 85 也有 6 個。我們查閱原始影片資料（未列出），有趣的現象是除 12 名外，前 11 名都是洋片，而算術平均數是 238.83。票房顯現國人的觀賞影片選擇趨勢與國片發展的空間。

分組資料的中位數計算留待稍後百分位數一起介紹。

中位數的優點是⑴性質簡單，易於瞭解。⑵不易受極端值的影響；缺點是中位數只考慮居中位置的數值，忽略了其他數值的大小，缺乏敏感性，不適合代數運算。

3.4 差異量數

想描繪出一組資料整體的全貌，除以集中趨勢量數描述其平均水準和代表性外，也須用差異（或離散）量數反映其分散程度、變異程度。

所謂差異（或離散）量數，就是表示一組資料異質性或是變異的程度量數，離散量數愈大，表示資料分佈範圍愈廣，愈不集中；反過來說，離散量數愈小，表示資料分佈範圍愈集中，變異程度愈小。

3.4.1　全　距

第 1 章中定義之全距 R，以資料散佈的範圍距離來描述差異的程度是最直接的一種衡量方法。

全距的計算簡單、易懂。但因為全距只考慮到最大值和最小值兩數的資訊，並沒衡量大部分資料的離散或變異。換句話說，全距受極端值的影響很大，不宜單獨使用來當資料變異的測量。

例12　全距的例子

假設我們共有兩組數據各十一個數值如下：

第一組：

$$6 、 47 、 49 、 15 、 43 、 41 、 7 、 39 、 43 、 41 、 36$$

第二組：

$$6 、 17 、 19 、 15 、 13 、 11 、 7 、 49 、 13 、 11 、 16$$

解析

第一組排序後資料如下：

$$6 、 \quad 7 、 \quad 15 、 36 、 39 、 41 、 41 、 43 、 43 、 47 、 49$$
$$x_{(1)} \qquad\qquad\qquad\qquad\qquad\qquad\qquad\qquad x_{(11)}$$

依定義可知全距為：

$$R = x_{(11)} - x_{(1)} = 49 - 6 = 43$$

又第二組排序後如下：

$$6 、 7 、 11 、 11 、 13 、 13 、 15 、 16 、 17 、 19 、 49$$

全距為：

$$R = 49 - 6 = 43$$

顯然的，雖然全距均為 43。但仔細觀察第二組資料大部分都比 20 來得小，它的全距大主要是受到極端值 49 的影響。

3.4.2 百分位數與百分等級

在升學的測試成績中，我們常看到各科的成績標準一覽表，如表 3.9，用「頂標、前標、均標、後標、底標」當成各科的一種檢定標準。它們到底代表什麼涵義呢？它即是以百分位數的概念做為檢核的標準。接下來，我們將仔細說明它的意義。

表3.9　×4 學年度指定科目考試各科成績標準一覽表

科　目	頂　標	前　標	均　標	後　標	底　標
國　文	60	53	44	34	27
英　文	69	55	34	16	8
⋮	⋮	⋮	⋮	⋮	⋮
地　理	55	47	36	25	18

◆註：依大考中心的定義：⑴頂標為成績位於第 88 百分位數之考生成績；⑵前標是成績位於第 75 百分位數之考生成績；⑶均標為成績位於第 50 百分位數之考生成績；⑷後標是成績位於第 25 百分位數之考生成績；⑸底標是位於第 12 百分位數之考生成績。

一　百分位數的定義

百分位數的定義：百分位數把資料個數細分成 100 等分。一組資料中的「第 k 個百分位數」❶，P_k，意指資料中至多有 $k\%$ 的資料值小於或等於 P_k；且至多有 $(1-k)\%$ 的資料值大於或等於 P_k。

以英文「頂標」分數 69 分做例子，依大考中心的定義（見表 3.9 下的註），頂標為成績第 88 百分位數。所以 69 分為全體參加英文考試成績分佈的第 88 個百分位數。也就是說，假設英文指考成績為 x_i, $i = 1, \cdots, n$，則：

$$P(x_i \geq 69) = 0.12$$

意指大於或等於 69 分的人數比例有 12%；故可以推知小於或等於 69 分的人數比例有 88%。

---

❶一般用機率的寫法寫成 $P(x_i \leq P_k) \leq \dfrac{k}{100}$ 且 $P(x_i \geq P_k) \leq \dfrac{1-k}{100}$, $k = 1, \cdots, 99$。

二 第 k 個百分位數 P_k 的計算

百分位數的觀念簡易，但計算方法有許多種。敘述統計的精神在抓住資料的特徵與理解原理。我們採用較易理解的計算方法。

給予一組資料 $x_1, \cdots, x_n$，第 k 個百分位數 P_k 的求法：

⑴排列資料 $x_{(1)} \leq \cdots \leq x_{(n)}$。

⑵計算 P_k 約略的足標 $i = \dfrac{n}{100} \times k$。

其中 $\dfrac{n}{100}$ 是指把資料分 100 份，相當於每一份有多少資料點。若要取第 k 份，則 P_k 所在的位置約在排序資料中的第 $(\dfrac{n}{100}) \times k$ 個。

⑶(a)如果 i 不為整數，則取大於 i 的最小整數 $\tilde{i}$ 當足標，$x_{(\tilde{i})} = P_k$。

　　(b)如果 i 為整數，則 P_k 等於 $x_{(i)}$ 和 $x_{(i+1)}$ 的平均數。

三 當資料為分組資料的計算方法

若為分組資料，計算方法如下。百分位數的圖見圖 3.1。

$$P_k = l_i + \frac{\dfrac{n}{100} \times k - F_{i-1}}{f_i} \times d, \; k = 1, \cdots, 99 \tag{21}$$

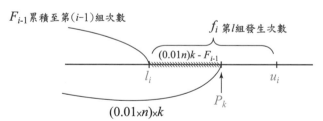

◆註：藍色標示為數值；黑色為次數。

圖 3.1　百分位數的圖示

例13　百分位數的例子——非分組資料

喝咖啡影響睡眠。有一 27 人的實驗群體，在其它實驗因素控制下，想瞭解睡覺前喝咖啡後，需要多久（以分鐘記）才能入眠。資料記錄下：

69.3、 56.0、 22.1、 47.6、 53.2、 48.1、 52.7、 34.4、 60.2、

43.8、 23.2、 13.8、 28.6、 25.1、 26.4、 34.9、 29.8、 28.4、

38.5、 30.2、 30.6、 31.8、 41.6、 21.1、 36.0、 37.9、 13.9

試求第 30 百分位數和第 85 百分位數。

解析

將原來資料排序如下：

13.8、 13.9、 21.1、 22.1、 23.2、 25.1、 26.4、 28.4、 28.6、

29.8、 30.2、 30.6、 31.8、 34.4、 34.9、 36.0、 37.9、 38.5、

41.6、 43.8、 47.6、 48.1、 52.7、 53.2、 56.0、 60.2、 69.3

計算第 30 百分位數所在位置足標 $i = \dfrac{27}{100} \times 30 = 8.1$。依定義算法，取 $\tilde{i}$ = 9：

$$P_{30} = x_{(9)} = 28.6$$

同理，第 85 百分位數所在位置足標 $i = \dfrac{27}{100} \times 85 = 22.95$，取 $\tilde{i} = 23$：

$$P_{85} = x_{(23)} = 52.7$$

實際上，資料排序是一件辛苦的差事，尤其當個數 n 夠大時，得花費時間來完成排序的動作。幸運地是，現在電腦設備普及、計算效率進步，這些一般處理工作可交由統計軟體處理。

例14 百分位數的例子──分組資料

利用分組資料表 3.2，計算第 20 百分位數和第 80 百分位數，P_{20}, P_{80}。

解析

首先計算第 20 百分位數和第 80 百分位數座落的組別，因為 $(\dfrac{100}{100}) \times 20 = 20, (\dfrac{100}{100}) \times 80 = 80$，由累加次數欄位知道 P_{20} 和 P_{80} 分別位於第二、四組。

表 3.10　薪資分配表

組　別	工資（千元）	人　數	累加次數	
1	30～40	7	7	
2	40～50	25	32	← P_{20} 所在
3	50～60	32	64	
4	60～70	20	84	← P_{80} 所在
5	70～80	11	95	
6	80～90	3	98	
7	90～100	2	100	

計算 P_{20}，第二組的下界 $l_2 = 40$，次數 f_2 為 25。累積至第一組為 $F_1 = 7$，$d = 10$。

$$P_{20} = 40 + \frac{100 \div 100 \times 20 - 7}{25} \times 10 = 45.2$$

計算 P_{80}，第四組的下界 $l_4 = 60$，次數 f_4 為 20。累積至第三組為 $F_3 = 64$，$d = 10$。

$$P_{80} = 60 + \frac{100 \div 100 \times 80 - 64}{20} \times 10 = 68$$

讀者很容易就可以發現，計算「分組資料」的中位數事實上和第 50 百分位數相同。利用以上資料，中位數將落在第三組 ($32 < 50 < 64$)，帶入相關數據，計算中位數：

$$Me = P_{50} = 50 + \frac{(100 \div 100) \times 50 - 32}{32} \times 10 = 55.625$$

◆ 四　百分等級 *PR*

百分等級與百分位數是一體兩面、意義相同的。百分等級常應用在測驗分數的主題上。以此為例，百分等級是表示學生的考試成績在其所屬群體中相對位置的統計量數；例如將指考英文考試結果轉化為百分等級後，得知大衛的百分等級為 95，表示大衛的英文科分數勝過此次 95% 的考生。用百分等級表示分數結果的高下，可以知道勝過大衛的人數百分比，而且可以知道分數不如大衛的人數是多少百分比。

◆ **例15** 百分等級的例子

某次數學科考試，得知大衛的原始分數是 78 分，*PR* 值為 95，這代表何種意義？

解析

表示他剛好勝過 95% 的考生，當然另有 5% 的考生成績高過 78 分。也可說，78 分是數學科考試成績中第 95 百分位數。

如前所述統計軟體可以完整地處理這些工作，理解及應用才是重點。利用百分等級我們可以做以下分析：

(1)和團體比較：如學測結果，知道自己的成績在群體成績中的位置。

(2)把自己當次的各科考試成績相互比較：如英文 78 分，*PR* 值是 85；國文 85 分，*PR* 值是 78。顯然地，你的英文在群體中比國文來得好。

(3)把自己前後兩次的成績拿來相互比較：如第一次統計成績 78 分，*PR* 值是 85；第二次統計成績 85 分，*PR* 值是 78。顯然地，第二次是退步的。

3.4.3　四分位距

假設南韓與臺灣家庭所得的中位數相等。這結果告訴我們什麼呢？也許不能告訴我們太多實情！因為即使家庭所得的中位數相等，一個國家的貧富差距可能比另一國家來得大，蘊含著看不見的社會經濟困境。所以除了集中趨勢量數外，我們應計算適當的差異量數來描述主題中資料的特徵。以此例而言，進一步檢查的方法之一是全距 *R*，但因全距只利用最大與最小的值來計算，忽略了中間資料的表徵。因此利用資料中的「中間」分子來計算應較為穩定不受極端值影響。

以下我們先介紹何謂四分位數，再說明如何利用四分位數求得四分位距。

一　四分位數

四分位數是指把資料，$x_{(1)} \le x_{(2)} \le \cdots \le x_{(n)}$，分成四等分時所安插進去的分

割數。因此四分位數有三個：第 1 四分位數 Q_1，第 2 四分位數 Q_2 和第 3 四分位數 Q_3。亦即，

Q_1：資料中有 25% 小於第 1 四分位數。

Q_2：資料中有 50% 小於第 2 四分位數，等同於中位數。

Q_3：資料中有 75% 小於第 3 四分位數。

計算四分位數的方法有許多種，各方法間有些許的誤差。在此提出兩個簡單的方法：

(1)為維持一致性，我們使用百分位數的觀念來定義四分位數。因為 Q_1 等同於 P_{25}，Q_2 等同於 P_{50}，Q_3 等同於 P_{75}。

(2)讀者亦可以簡單的認定 Q_2 等同於中位數 Me，Q_1 是不大於中位數 (Q_2) 的所有數值 $(x_i \leq Me)$ 的中位數，而 Q_3 是不小於中位數 (Q_2) 的所有數值 $(x_i \geq Me)$ 的中位數。若為分組資料，解釋亦如同百分位數，當 k 取 25、50、75。

- -

例16 四分位數的例子——非分組資料

假設我們有一組數據：

$$3 \text{、} 63 \text{、} 15 \text{、} 43 \text{、} 41 \text{、} 7 \text{、} 39 \text{、} 42 \text{、} 41 \text{、} 36$$

解析

共十個數值。排序後資料如：

$$\underset{x_{(1)}}{3} \text{、}\quad 7 \text{、}\quad 15 \text{、}\; 36 \text{、}\; 39 \text{、}\; 41 \text{、}\; 41 \text{、}\; 42 \text{、}\; 43 \text{、}\; \underset{x_{(10)}}{63}$$

則中位數 $Me = \dfrac{(39+41)}{2} = 40$ 即第 2 四分位數 Q_2。此時前半段資料 3, 7, 15, 36, 39 的中位數為 15，即 Q_1；此時後半段資料 41, 41, 42, 43, 63 的中位數為 42，即 Q_3。

- -

例17 四分位數的例子——分組資料

利用資料表 3.11，計算第 1 四分位數和第 3 四分位數，即 Q_1 和 Q_3。

解析

首先計算 Q_1、Q_3 座落的組別，因為 $(\frac{100}{100}) \times 25 = 25$, $(\frac{100}{100}) \times 75 = 75$。檢查累加次數知道 Q_1、Q_3 位於第二組和第四組。

表 3.11　薪資分配表

組　別	工資(千元)	人　數	累加次數	
1	30～40	7	7	
2	40～50	25	32	← Q_1 所在
3	50～60	32	64	
4	60～70	20	84	← Q_3 所在
5	70～80	11	95	
6	80～90	3	98	
7	90～100	2	100	

計算 Q_1，第二組的下界 $l_2 = 40$，次數 f_2 為 25。累積至第一組為 $F_1 = 7$，組距 $d = 10$。

$$P_{25} = Q_1 = 40 + \frac{0.25 \times 100 \times 1 - 7}{25} \times 10 = 47.2$$

計算 Q_3，第四組的下界 $l_4 = 60$，次數 f_4 為 20。累積至第三組為 $F_3 = 64$。

$$P_{75} = Q_3 = 60 + \frac{0.25 \times 100 \times 3 - 64}{20} \times 10 = 65.5$$

二　四分位距

有了四分位數的觀念後，四分位距只是一個簡單的定義。四分位距簡稱

> **定義** *IQR* (Inter-Quartile Range)，定義為資料的第 3 四分位數（或 75% 分割數）與第 1 四分位數（或 25% 分割數）的差距。
>
> $$IQR = Q_3 - Q_1$$　　　　　　(22)

依定義在 *IQR* 這段長度中包含著排序資料中間的 50% (25%〜75%)。因此資料裡數值較小（最小的前 25%）或較大（最大的 25%）的部分很自然不納入考慮。人們利用 *IQR* 來測量統計資料的分散程度。當資料中間的 50% 愈集中，*IQR* 愈短。很清楚的，以受極端值影響的程度而言，四分位距比全距來得穩定許多，因此較為常用。

 例18 四分位距的例子

仔細觀察下列兩組數據，直覺上數據二的資料較數據一集中。請利用全距與四分位距說明之。

表 3.12 數據資料表

數據一	6、7、15、36、39、41、41、43、43、47、49
數據二	6、7、11、11、13、13、15、16、17、19、49

解析

我們計算兩組資料的全距與四分位數資料。

表 3.13 相關統計量

	Q_1	Q_2	Q_3	四分位距	全 距
數據一	15	41	43	28	43
數據二	11	13	17	6	43

兩資料全距均為 43，受極端值影響無法分別差異；但四分位距則清楚的區分兩者間的特徵。第二組變異程度較小。

 ## 3.4.4 變異數

全距或四分位距雖然簡單易懂，但缺點是，這些量數都只用到資料的少數個數值來表示資料的變異程度，而未能充分利用所有的資料或沒有告訴我

們資料中之平均變化或呈現所有數值間的變化。

變異數是在統計上最常被使用的差異量數，可以改進上述的缺點。因為平均數（μ 或 $\bar{x}$），代表一組資料的中心位置，所以資料和平均數的差距 $(x_i - \mu)$ 或 $(x_i - \bar{x})$ 可用以量測資料的離散程度。但為避免正、負相抵消的問題，定義變異數是將各個資料和平均數的差距先取平方後加總，再取平均。其數學式表示如下：

 假設給予數據 $x_1, \cdots, x_N$，定義母體變異數為：

$$\sigma^2 = \frac{(x_1 - \mu)^2 + (x_2 - \mu)^2 + \cdots + (x_N - \mu)^2}{N}$$

$$= \frac{\sum\limits_{i=1}^{N}(x_i - \mu)^2}{N} \qquad (23)$$

若資料為母體中的一組樣本，樣本變異數為：

$$s^2 = \frac{(x_1 - \bar{x})^2 + (x_2 - \bar{x})^2 + \cdots + (x_n - \bar{x})^2}{n-1}$$

$$= \frac{\sum\limits_{i=1}^{n}(x_i - \bar{x})^2}{n-1} \qquad (24)$$

兩者差異除符號外，差別在於分母。樣本變異數的分母是 $(n-1)$。N 或 $n-1$ 稱為此變異數的自由度。

想像，若資料很集中，那麼資料對它們平均數的差距一定很小。如此變異數也小。相反的，若資料與平均數的差距大時，資料比較分散；變異數變大。

例19 變異數的例子

以先前資料（假設為母體）78、68、72、75、83、74 做計算範例。

解析

$\mu = 75$

$$\sum\limits_{i=1}^{6}(x_i - \mu)^2 = (78 - 75)^2 + (68 - 75)^2 + (72 - 75)^2 + (75 - 75)^2$$

$$+(83-75)^2+(74-75)^2$$

$$=132$$

$$\sigma^2=\frac{132}{6}=22$$

一 標準差

變異數的平方根稱為標準差,是統計學常用的一差異量數。即

$$\sigma=\sqrt{\frac{\sum_{i=1}^{N}(x_i-\mu)^2}{N}}>0$$

上例的標準差為 $\sigma=\sqrt{22}$。

我們可以注意到變異數的單位是平均數(數值)單位的平方,而平均數和標準差是同單位。 例如班上同學體重平均數是 54 公斤,變異數的值是 4(單位為公斤的平方)。也可描述成平均體重是 54 公斤,標準差是 2 公斤。兩者包含相同資訊,但後者和平均數單位相同顯然較自然。

當變異數(標準差)為 0 時,代表所有數值均等於平均數。代表此組數值間對集中趨勢「算術平均數」沒有變異。

◆ 二 平均數與變異數的性質

若原資料以 $\{x_i\}$ 表示,新資料以 $\{y_i\}$ 表示,c, c_1, c_2 表示常數,$\mu_x, \mu_y,$ σ_x^2, σ_y^2 分別表示資料 $\{x_i\}$ 和資料 $\{y_i\}$ 的平均數與變異數。如下是一些新舊資料間的關係:

資料轉換的變異數計算:

若 $y_i=x_i+c$,則 $\mu_y=\mu_x+c, \sigma_y^2=\sigma_x^2$ (27)

若 $y_i=cx_i$,則 $\mu_y=c\mu_x, \sigma_y^2=c^2\sigma_x^2$ (28)

若 $y_i=cx_i$,則 $\sigma_y=|c|\sigma_x$ (29)

若 $y_i=c_1x_i+c_2$,則 $\mu_y=c_1\mu_x+c_2, \sigma_y^2=c_1^2\sigma_x^2$ (30)

我們推導公式(27)、(28)變異數的關係如下,其他式子留給讀者練習。

$$\sigma_y^2 = \frac{\sum_{i=1}^{n}(y_i - \mu_y)^2}{n}$$

$$= \frac{\sum_{i=1}^{n}(x_i + c - (\mu_x + c))^2}{n}, \quad \mu_y = \mu_x + c$$

$$= \frac{\sum_{i=1}^{n}(x_i - \mu_x)^2}{n} = \sigma_x^2$$

$$\sigma_y^2 = \frac{\sum_{i=1}^{n}(y_i - \mu_y)^2}{n}$$

$$= \frac{\sum_{i=1}^{n}(cx_i - c\mu_x)^2}{n} = \frac{\sum_{i=1}^{n}c^2(x_i - \mu_x)^2}{n}$$

$$= c^2 \frac{\sum_{i=1}^{n}(x_i - \mu_x)^2}{n} = c^2\sigma_x^2$$

例20 變異數性質的例子

假設有一組資料 (x_i)，其資料轉換後得 $y_i = 1.2x_i$，求 y_i 的變異數。又一轉換資料為 $z_i = x_i + 1.2$，求 z_i 的變異數。

解析

假設有一組資料 (x_i) 的變異數為 4^2，做資料轉換後得 $y_i = 1.2x_i$。依上述性質可知，y_i 的變異數為 $1.2^2 \times 4^2$。若做資料轉換後得 $z_i = x_i + 1.2$，則 z_i 的變異數依舊為 4^2。

例21 變異數與平均數應用的例子

在學習「集中趨勢」與「差異量數」後，我們應能一起觀察兩者在資料分析中的角色。以下雖然是一虛擬的故事，但足以說明變異數與平均數兩者的重要性。

解析

臺灣的經濟體質存在許多中小企業，有許多都只是幾個人的公司。假設

有 *A, B* 兩家小公司，和剛踏出校門正要進入職場的甲，乙兩人。甲同學申請了 *B* 公司時，老闆告訴她公司的薪資不錯，平均有 6 萬元的水準。甲一聽大喜，馬上告訴老闆隔天就要來奉獻心力。相同的故事對話也發生在乙同學和 *A* 公司。一個月後發薪日到了。兩人結局大不相同！乙得到薪水 5 萬元；而甲得 2 萬元。

經過調查後，*A*、*B* 兩公司各有 3 人：員工一是資淺的員工，員工二是資深的員工，而員工三是老闆。我們把具體的資料和統計量表列如下：

表 3.14　員工平均薪資

	員工一	員工二	員工三	平均薪資
A 公司	5 萬	6 萬	7 萬	6 萬
B 公司	2 萬	6 萬	10 萬	6 萬

表 3.15　員工平均薪資變異數

	平均薪資	變異數
A 公司	6 萬	$\dfrac{(5-6)^2+(6-6)^2+(7-6)^2}{3}=\dfrac{2}{3}$
B 公司	6 萬	$\dfrac{(2-6)^2+(6-6)^2+(10-6)^2}{3}=\dfrac{32}{3}$

你發現了嗎？*B* 公司的老闆有騙人嗎？*B* 公司的老闆並沒有騙人，只是未具體反映內涵！你是不是發現統計學讓你的生活更真實。

三　變異數的計算公式

觀察變異數公式中分子部分的計算過程，可以知道我們須先計算平均數 $\bar{x}$，再處理 n 次的減法，即 $(x_i-\bar{x}), i=1, \cdots, n$，接著再做平方總和 $\sum_{i=1}^{n}(x_i-\bar{x})^2$。可看出過程中並不便利，易產生計算誤差。幸運的是，我們可以推導便利計算的形式改進這些缺點。建議讀者善用公式(31)或公式(32)。往後處理有關變異數的主題時，我們會再次引用。

變異數的轉換：

$$\sigma^2 = \frac{\sum\limits_{i=1}^{n}(x_i - \mu)^2}{n}$$

$$= \frac{1}{n}\sum_{i=1}^{n}(x_i^2 - 2x_i\mu + \mu^2)$$

$$= \frac{1}{n}(\sum_{i=1}^{n} x_i^2 - \sum_{i=1}^{n} 2x_i\mu + \sum_{i=1}^{n} \mu^2)$$

$$= \frac{1}{n}(\sum_{i=1}^{n} x_i^2 - 2\mu \cdot \sum_{i=1}^{n} x_i + n\mu^2), \sum_{i=1}^{n} x_i = n\mu$$

$$= \frac{1}{n}(\sum_{i=1}^{n} x_i^2 - n\mu^2) \tag{31}$$

$$= \frac{1}{n}(\sum_{i=1}^{n} x_i^2 - \frac{(\sum\limits_{i=1}^{n} x_i)^2}{n}) \tag{32}$$

而樣本變異數的計算亦類似於上式

$$s^2 = \frac{1}{n-1}(\sum_{i=1}^{n} x_i^2 - n\bar{x}^2)$$

四 利用計算公式重算變異數

重新利用上例 78、68、72、75、83、74 做計算示範。

$$\sum x_i^2 = 78^2 + 68^2 + 72^2 + 75^2 + 83^2 + 74^2$$

$$= 6,084 + 4,624 + 5,184 + 5,625 + 6,889 + 5,476 = 33,882$$

$$\sum x_i = 78 + 68 + 72 + 75 + 83 + 74 = 450$$

所以變異數為：

$$\sigma^2 = \frac{(33,882 - \frac{450^2}{6})}{6} = 22$$

我們注意到過程中只做過一次減法。

分組資料的變異數與未分組資料的計算是一樣的。各組以組中點取代組內其他資料，分子依舊是資料和平均數差異平方總和。讀者可參閱習題第 11 題。

🥧 3.4.5　變異係數

變異係數是衡量資料中各觀測值變異程度的另一個統計量。如果兩組或多組資料做變異程度的比較時，當度量單位與平均數相同，直接利用變異數或標準差來比較。但如果單位和（或）平均數不同時，變異程度的比較就不能只考慮變異數或標準差。一般須採用標準差與平均數的比值來比較。標準差與平均數的比值稱為變異係數，記為 *CV* (Coefficient of Variance)。

$$CV = \frac{\sigma}{\bar{x}} \quad 或$$

$$CV = \frac{\sigma}{\bar{x}} 100\% \quad 百分比表示法 \tag{33}$$

變異係數是一種相對差異量數，用以比較單位不同或單位相同但資料差異甚大的資料分散情形。變異係數較大，表示這組資料的差異較大，則這組資料的平均數較不能反映集中趨勢。變異係數可以消除單位和（或）平均數不同，因而對兩個或多個資料變異程度比較的影響。注意，變異係數的大小，同時受平均數和標準差兩個統計量的影響，但與資料單位無關。利用變異係數表示資料的變異程度時，最好將平均數和標準差也列出。

💬**例22**　變異係數的例子

假設有木田與怒川兩位握壽司達人，木田製作出的握壽司平均重量為24公克、標準差為0.70公克；而怒川則為26公克與0.88公克。就兩人製作壽司重量大小的觀點而言，何者品質較佳？

解析

此例資料雖然都是壽司重量，單位相同，但製作規格不同（它們的平均數不相同），用變異係數來比較其變異程度的大小較為適當。

木田的變異係數為 $(\frac{0.70}{24}) \times 100\% = 2.91\%$，而怒川為 $(\frac{0.88}{26}) \times 100\% = 3.38\%$，所以木田的製作品質相對較好。

3.4.6　5–數字摘要

在探索性資料分析中，「5–數字摘要」(The Five-Number Summary) 是一種簡單常用的統計摘要，是指計算資料的五個重要敘述性統計量（即最小值、第 1 四分位數、中位數、第 3 四分位數及最大值）來探尋資料特徵。

5–數字摘要提供了快速簡單的判斷資料中是否有極端值的方法；或簡單的來說，資料的趨勢量數如平均數與變異數是否因極端值的存在而影響其代表性。第 2 章介紹的箱型圖即是將資料的 5–數字摘要，以圖形呈現出來。

例23　5–數字摘要的例子

以下是美國歷屆總統就職時的年齡紀錄，試計算 5–數字摘要。

57、61、57、57、58、57、61、54、68、51、49、64、50、48、65、52、56、46、54、49、50、47、55、55、54、42、51、56、55、51、54、51、60、62、43、55、56、61、52、69、64、46、54

解析

把歷屆總統就職時的年齡資料排序後可得：

42、43、46、46、47、48、49、49、50、50、51、51、51、51、52、52、54、54、54、54、54、55、55、55、55、56、56、56、57、57、57、57、58、60、61、61、61、62、64、64、65、68、69

我們得最小值為 42；最大值為 69。因資料個數 43 是奇數，所以中位數所在足標為中間。故 $Me = x_{(22)} = 55$。依四分位數的求法 $Q_1 = 51, Q_3 = 58$。所以 5–數字摘要為 (42, 51, 55, 58, 69)。

由這 5 個統計量數位置的間隔差異觀察。

$$(42\underbrace{\quad,\quad}_{9}51\underbrace{\quad,\quad}_{4}55\underbrace{\quad,\quad}_{3}58\underbrace{\quad,\quad}_{11}69)$$

我們可以體會到資料中沒有偏差太大的極端值，分佈蠻對稱的。有興趣的讀者可以繪製箱型圖與直方圖（圖 3.2）比對這些觀察。

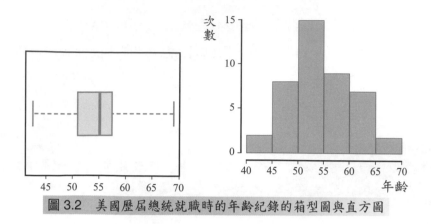

圖 3.2　美國歷屆總統就職時的年齡紀錄的箱型圖與直方圖

◆ 3.5　補充內容：平均數與標準差的應用

◐ 3.5.1　柴比雪夫不等式與經驗法則

　　資料的平均數與標準差是很有用的資訊。若知道一組樣本資料或母體資料的集中趨勢平均數與差異量數標準差，可以更清楚地以統計機率的角度描述大部分的資料分佈於何處。

　　有兩個著名的法則說明這些結論：一個是「柴比雪夫不等式」；另一個是鐘型分佈的「經驗法則」。

　1.柴比雪夫不等式

> 描述一組資料的觀察值 (x_i) 與平均數 $\bar{x}$ 的差距 $(x_i - \bar{x})$ 落在 k 倍的標準差 (s) 範圍內至少有 $(1 - \dfrac{1}{k^2})100\%$。
>
> $$|x_i - \bar{x}| \le ks,\ i = 1, \cdots, n$$

　　例如落在 $k = 2$ 倍標準差範圍內 $(|x_i - \bar{x}| \le 2s)$ 至少有 $(1 - \dfrac{1}{2^2})\% = 75\%$ 的資料；落在 $k = 3$ 倍標準差範圍內 $(|x_i - \bar{x}| \le 3s)$ 至少有 $(1 - \dfrac{1}{3^2})\% = 88.89\%$ 的

資料。在此我們要強調關鍵字「至少」在柴比雪夫不等式中的涵義，它等同於是一保守的估計。以 $k=2$ 為例，「75%」是一個最少的保證。資料的比例真實值可能不只 75%。

2. 經驗法則

> 如果資料分佈是鐘型分佈或接近鐘型分佈，則約有 68%、95% 和 99.7% 的資料與平均數的差距落在 1、2 和 3 倍的標準差範圍內。

參閱圖 3.3。圖形中線代表平均數 μ，以標準差 σ 的長度往左、右兩邊擴充 1、2、3 倍。

我們應指出使用柴比雪夫不等式時，並不限定資料分佈須有特定的條件，如鐘型對稱。因此它的結論較寬鬆，有時實用性不大。

經驗法則加強了條件：假設資料分佈是鐘型對稱的形狀。因為有較強的條件，它的結論就更加精確了。以 $k=2$ 倍標準差範圍為例，柴比雪夫不等式承諾至少包含 75%，而經驗法則說包含約 95%。同理，$k=3$ 時，柴比雪夫不等式提升至 88.89%；但當條件符合時，經驗法則說是 99.7%。

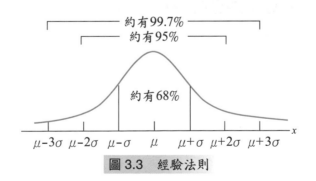

圖 3.3 經驗法則

 柴比雪夫不等式與經驗法則的例子

抽查一連鎖寵物美容沙龍上月營業額（萬元）資料如下，試利用柴比雪夫不等式與經驗法則計算區間

$$(\bar{x} - ks, \bar{x} + ks), k = 1, 2, 3$$

所包含的店家營業額資料比例並計算真實的比例。

$$32 、 35 、 35 、 45 、 25 、 36 、 36 、 34 、 39 、 40 、$$
$$33 、 28 、 33 、 32 、 34 、 24 、 46 、 38 、 30 、 37 、$$
$$32 、 37 、 40 、 28 、 38 、 31 、 37 、 34 、 39 、 29 、$$
$$42 、 42 、 33 、 44 、 40 、 30 、 39 、 34 、 34 、 37$$

解析

建構區間須計算這組資料的平均數與標準差。

$\bar{x} = 35.3, s = 5.115$。

因此 1 倍、2 倍和 3 倍標準差範圍分別為（參閱圖 3.3）：

$(35.3 - k \times 5.12, 35.3 + k \times 5.12), k = 1, 2, 3$

我們表列比例的理論值與實際值如下：

表 3.16 理論值與實際值比較表

	柴比雪夫不等式	經驗法則	真實值結果
(30.2, 40.4)	≥ 0%	68%	70%
(25.1, 45.5)	≥ 75%	95%	92.5%
(19.9, 50.7)	≥ 88.89%	99.7%	100%

我們對照柴比雪夫不等式理論值與真實值結果，真實值結果均符合柴比雪夫不等式的結論。經驗法則和真實值結果也大致相符。

柴比雪夫不等式不受限於特殊的資料分佈。但在這組資料裡，我們使用經驗法則有意義嗎？讓我們繪製直方圖。

檢視資料的直方圖，參閱圖 3.4，可以發現資料的分佈雖非完美的鐘型對稱，但基本上尚稱對稱分佈。因此若採用經驗法則來分析是合理的。

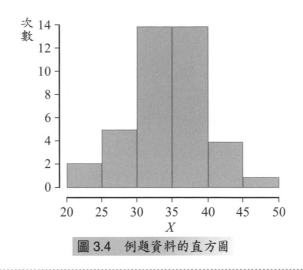

圖 3.4　例題資料的直方圖

3.5.2　與平均數有關的大數法則

擲骰子、丟硬幣等等試驗的結果在機率學裡稱為「事件」。這些試驗的共同特徵是可能的結果是清楚的。例如說，擲骰子可能的結果是 1、2、3、4、5 或 6 點；而丟硬幣可能的結果是正面或反面。

但擲骰子或丟硬幣試行一次所實現的結果是什麼，卻是不確定的。例如說實現的結果可能是點數 2，可能是出現反面。這種事件稱為「隨機事件」。

現實生活中我們發現，在隨機事件的大量出現中往往呈現幾乎一致的規律性。此稱為「大數法則」。換句話說：

> 假設事件 A 發生的可能機率為 p。若可重複試驗很多次，例如 n 次，則事件 A 發生的總次數約等於 np。

大數法則說明如果可重複的隨機試驗做了夠多次，實際觀測到的現象會和母體的現象一致。例如，硬幣出現正面的機會是 $\frac{1}{2}$。若你丟 10 次，正面是 6 次。所以正面出現比例是 0.6，和 0.5 差距不小。但是如果做非常多次呢？

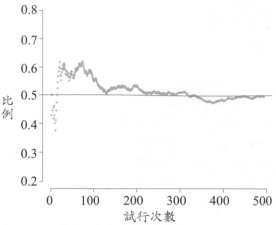

◆註：丟硬幣試驗，X 軸表示試行的次數由 1 到 500 次。
　　　Y 軸計算在每一次數下出現正面的比例。

圖 3.5　大數法則

　　我們就以丟銅板為例，試行的次數由丟硬幣 1 次到丟硬幣 500 次。每一次試行我們關心出現正面的比例（正面出現的次數除以試行的次數）。我們會發現試行的次數不大時正面出現的比例並不穩定；但當試行的次數夠大時，出現正面的比例差不多是 0.5（硬幣出現正面的機會）附近。模擬試驗結果如圖 3.5。試行的次數不大時曲線跳動得厲害。像這種情形次數少時看不出什麼法則，可是，經過許多次經驗之後會呈現出某種規則性，這就是大數法則。

　　大數法則常應用在保險精算上面。人的生死從整體來看也是一樣，雖然有的人長壽、有的人早死，但每年在同一性別、同一年齡死亡人數的比率大致是確定的。保險公司精算人員依據大數法則，依據預定死亡率來計算出保戶所應負擔的保費。

 個案討論

危險路段測速

　　　隨著機動車輛的快速成長，在機動車輛中，機車所占的比例接近六成三，道路交通安全在臺灣一直是民眾關心的重要議題。學生騎乘機車的人數也逐年增加，特別是某些連接學校區域的路段，機車往來更是絡繹於途；學生與行人的交通安全，成為各級學校關心的重點。若對於通學路段速度的危險程度，能事先進行評估並加以有效改善，必能減少學

生騎乘機車通學交通事故的發生。以下所示是針對在學校附近某一易發生意外事故的地點，來往機車速度做定點測速所觀察的 100 筆資料（單位：公里／小時）：

29.9 35.0 41.9 47.5 41.0 37.8 38.0 36.3 48.3 36.6 37.2 41.1 30.4 37.9 38.8
34.1 30.1 39.0 41.4 34.6 34.1 28.7 36.2 50.3 37.7 33.4 33.2 30.7 29.8 33.2
40.6 48.2 54.8 26.2 39.8 26.7 42.9 37.9 37.4 37.1 33.4 41.4 37.8 41.5 34.2
33.2 37.7 39.0 36.1 38.2 45.1 26.9 38.9 40.5 32.3 41.4 39.5 35.3 38.4 40.9
43.9 45.5 44.0 37.1 37.7 45.8 38.7 32.5 44.4 35.3 38.6 46.6 36.9 32.6 34.7
41.2 42.0 36.0 39.1 48.4 46.4 35.1 35.9 31.6 27.6 34.7 40.7 42.4 35.2 44.2
38.9 34.8 47.5 46.6 48.2 35.0 35.3 49.4 33.5 44.8

觀察者對測速資料計算了相關的摘要統計量如下：

最小值	第一四分位	中位數	平均數	第三四分位	最大值
26.20	34.70	37.85	38.36	41.45	54.80

由統計摘要表可看出，經過測速點的機車時速散佈在 26.20 到 54.80 的範圍內，而觀測樣本平均時速約 38.36 公里，中位數與平均數差距不大。若以交通事故的觀點來看，事故頻繁的原因可能是路段交通繁忙而非車輛速度過快。

在本章節中，我們學習到以標準差衡量資料的變異程度，計算此資料的標準差為 5.73 公里／小時。結合資料平均數與標準差的資訊，可以進一步使用柴比雪夫不等式或經驗法則來描述資料散佈的分布狀況；以柴比雪夫不等式當取 k＝2，告訴我們至少有 75%，或 (1－1／4)%，的測速紀錄資料落在平均數左右兩倍標準差的範圍內，[26.90, 49.82]。實際上，檢視資料顯示高達 95% 的資料落於該區間範圍。但為何比例是這麼高呢？

資料對稱性

若繪製資料直方圖，不難回答此問題，發現經驗法則更適合用來描述此資料分佈。

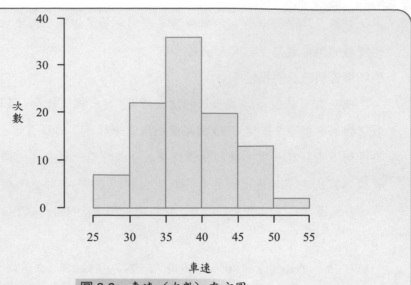

圖 3.6　車速（次數）直方圖

　　讀者可觀察出，基本上次數直方圖（圖 3.6）呈現的分佈形狀大致對稱，符合經驗法則的適用性，以經驗法則的各區間 (k = 1, 2, 3) 來描述資料散佈的範圍都是相當合理的且正確地做出適當的統計描述。我們進一步繪製資料的相對次數直方圖，並繪製概略的分布曲線如下。

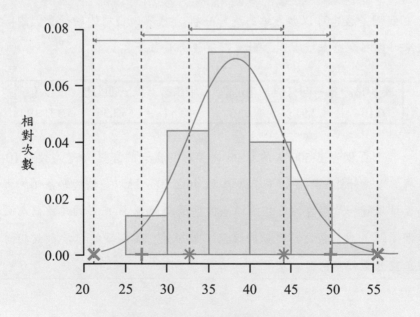

圖示：*, +, × 分別代表在平均數左右一倍、二倍及三倍標準差的數值位置

圖 3.7　車速（相對次數）直方圖

注意，因為資料分佈的對稱性，我們無論是以平均數或中位數來描述資料的集中趨勢並無太大差異。

但如果資料缺乏對稱性？

有一句笑話說「沒有對比就沒有傷害」。一個執行長 (CEO) 一年的薪資到底有多高？一個 CEO 的年薪經常是一線員工的幾百倍，何況收入有可能不止薪資一項。瞭解他們的收入分佈會是一個有趣的問題。以下資料為富比士某年度出版的前 500 大公司的 CEO 年薪資料調查的一部分。去除因某些原因不支薪之外，資料中實際包含 497 筆 CEO 年薪數據（單位：百萬）。

131.190	66.650	64.405	60.940	55.790	51.525	50.185	48.835
43.710	43.190	42.625	41.995	41.485	41.470	41.095	40.745
39.830	39.535	39.270	36.330	34.300	33.820	33.200	33.170

$$\vdots$$

1.320	1.256	1.236	1.190	1.175	0.915	0.900	0.860
0.780	0.760	0.700	0.685	0.680	0.500	0.490	0.185
0.160							

我們是否也可以如上述的統計分析，瞭解大公司的執行長們的薪資水準、變異與分佈狀況呢？計算摘要統計量如下：

最小值	第一四分位	中位數	平均數	第三四分位	最大值
0.16	3.91	6.97	10.54	13.36	131.19

我們可以看出 500 大的 CEO 在年薪有蠻大的差異。平均數為 10.54 百萬；經過計算，年薪的標準差為 11.46 百萬。所以若依經驗法則，我們是否可以說平均數左右 2 倍標準差的區間範圍包含 95% 的年薪值？回答這個問題，我們依之前討論的線索，繪製執行長薪資的（次數或相對次數）直方圖較易明白。

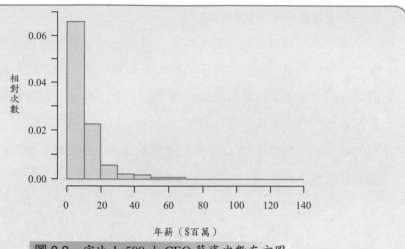

圖 3.8 富比士 500 大 CEO 薪資次數直方圖

從直方圖中，我們觀察到什麼呢？年薪資料明顯的呈現「非對稱」分布。因為這樣的資料分佈情形，導致集中趨勢的摘要統計量在引用時要特別謹慎，例如，平均年薪為 10.54 百萬，而年薪中位數只有 6.97 百萬，平均年薪因其他領取非常高薪的 CEO 而扭曲了。

此章節中說到資料的變異數（或標準差）容易受極端值的影響。仔細觀察，最大與最小的差距（全距）竟高達 131 百萬元。若觀察較穩健的變異趨勢「四分位距」（第三四分位數與第一四分位數差距）則縮減為 13.36 − 3.91 = 9.45 百萬，兩者差異頗大，資料中的離群值讓結果有如此驚人的差異，參見如下箱型圖（圖 3.9）。而利用平均數與標準差來描述資料分佈的經驗法則，它的前提是資料分佈接近鐘型分布，不適合應用在這資料分析中！

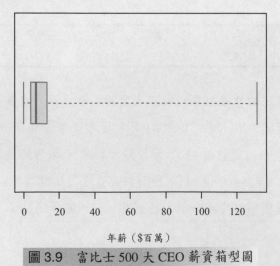

年薪（$百萬）

圖 3.9 富比士 500 大 CEO 薪資箱型圖

進一步處理資料──資料轉換

　　如何進一步分析此年薪資料呢？實務上，因為年薪資料本質上全距很大，對資料做「轉換」會是資料分析的第一步。如果可能的話，轉換的目標是希望把資料轉成接近「對稱」分布，如此再討論相關摘要統計量及其分析較有意義。

　　幸運地，我們將 CEO 年薪都取對數值，得到較滿意的相對次數直方圖，繪製如下。

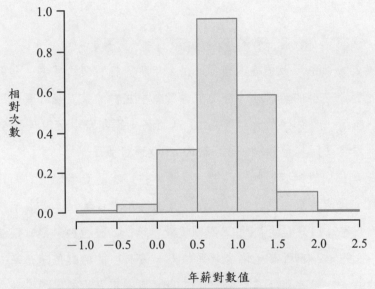

圖 3.10　富比士 500 大 CEO 薪資對數值直方圖

　　顯然地，轉換後資料趨向對稱。我們可以看其摘要統計量：

最小值	第一四分位	中位數	平均數	第三四分位	最大值
−0.7959	0.5922	0.8432	0.8445	1.1260	2.1179

　　轉換後資料的標準差為 0.4029，應用經驗法則，求算平均數左右兩倍標準差的區間為 [0.0386, 1.6504] 計數後可發現約有 95.97% 的比例落於其間。讀者可以逆轉換 (10^x) 回原始年薪值，依經驗法則算得區間為 $[10^{0.0386}, 10^{1.6504}] = [1.09, 44.71]$，得到相當合理的估計值。

　　透過這兩個個案資料分析，我們可以得到簡單的結論。

1. 運用第二章「統計圖」的相關圖表瞭解資料分佈絕對是資料分析的第一步。

2. 當資料有離群值時，資料經常呈現「非對稱」分配，在使用平均數與標準差時須謹慎小心。在應用與平均數及標準差相關的統計描述資訊時，首要檢查是否符合對稱或鐘型分佈的假設。

3. 若是「非對稱」的資料分佈，可能需討論如何適當轉換資料，再做統計分析。

4. 平均數與標準差是描述資料集中與離散的重要量數，但適用的時機是資料無太大「偏離」時。在統計分析中，我們可能需有其他統計量數直接來衡量資料分布「偏離」對稱性的程度，直接由統計摘要來解讀資料的集中、離散與偏離等。我們將在下章節中討論這個問題。

📇 本章相關公式

若 a, b 為常數	$\sum\limits_{i=1}^{n}(ax_i \pm b) = a\sum\limits_{i=1}^{n}x_i \pm nb$
	$\sum\limits_{i=1}^{n}(ax_i \pm by_i) = a\sum\limits_{i=1}^{n}x_i \pm b\sum\limits_{i=1}^{n}y_i$
母體平均數	$\mu = \dfrac{x_1 + \cdots + x_N}{N} = \dfrac{\sum\limits_{i=1}^{N}x_i}{N} \leftrightarrow N\mu = \sum\limits_{i=1}^{N}x_i$
樣本平均數	$\bar{x} = \dfrac{x_1 + \cdots + x_n}{n} = \dfrac{\sum\limits_{i=1}^{n}x_i}{n} \leftrightarrow n\bar{x} = \sum\limits_{i=1}^{n}x_i \leftrightarrow \sum\limits_{i=1}^{n}(x_i - \bar{x}) = 0$
分組資料算術平均數	$\bar{x} = \dfrac{m_1 f_1 + \cdots + m_k f_k}{f_1 + \cdots + f_k} = \dfrac{\sum\limits_{i=1}^{k}m_i f_i}{\sum\limits_{i=1}^{k}f_i}$
加權平均數	$\bar{x}_w = \dfrac{w_1 x_1 + \cdots + w_n x_n}{w_1 + \cdots + w_n} = \dfrac{\sum\limits_{i=1}^{n}w_i x_i}{\sum\limits_{i=1}^{n}w_i}$
排序資料	$x_{(1)} \le x_{(2)} \le \cdots \le x_{(n)}$, 中位數 $Me = \begin{cases} x_{(\frac{n+1}{2})}, & \text{當 } n \text{ 為奇數} \\ \dfrac{x_{(\frac{n}{2})} + x_{(\frac{n}{2}+1)}}{2}, & \text{當 } n \text{ 為偶數} \end{cases}$

給予 $x_1, x_2, \cdots, x_n$	調和平均數	$H = \dfrac{n}{\dfrac{1}{x_1} + \dfrac{1}{x_2} + \cdots + \dfrac{1}{x_n}}$
	幾何平均數	$G = \sqrt[n]{x_1 x_2 \cdots x_n}$

$i = \dfrac{n}{100} \times k$，若 i 非整數，$\tilde{i} =$ 大於 i 的最小整數

$$P_k = \begin{cases} \dfrac{x_{(i)} + x_{(i+1)}}{2} \text{，} i \text{ 為整數} \\ x_{(\tilde{i})} \text{，} i \text{ 不為整數} \end{cases}$$

$$P_k = l_i + \dfrac{\dfrac{n}{100} \times k - F_{i-1}}{f_i} \times d, k = 1, \cdots, 99$$

k 取 25, 50, 75 產生四分位數 Q_1, Q_2, Q_3，k 取 50，則為中位數 $P_{50} = Q_2 = Me$

四分位距 $IQR = Q_3 - Q_1$

母體變異數	$\sigma^2 = \dfrac{\sum\limits_{i=1}^{N}(x_i - \mu)^2}{N} \rightarrow \sigma = \sqrt{\dfrac{\sum\limits_{i=1}^{N}(x_i - \mu)^2}{N}}$
樣本變異數	$s^2 = \dfrac{\sum\limits_{i=1}^{n}(x_i - \bar{x})^2}{n-1} \rightarrow s = \sqrt{\dfrac{\sum\limits_{i=1}^{n}(x_i - \bar{x})^2}{n-1}}$
樣本變異量的便捷計算	$\sum\limits_{i=1}^{n}(x_i - \bar{x})^2 = \sum\limits_{i=1}^{n} x_i^2 - n\bar{x}^2 = \sum\limits_{i=1}^{n} x_i^2 - \dfrac{(\sum\limits_{i=1}^{n} x_i)^2}{n}$
變異係數	$CV = \dfrac{\sigma}{\bar{x}}$ 或 $CV = \dfrac{\sigma}{\bar{x}} \times 100\%$

本章習題

一、選擇題

( ) 1. 一般社會大眾,言談提及「平均」最有可能的意思是指 (A)中位數 (B)眾數 (C)幾何平均數 (D)算術平均數

( ) 2. 若有一資料集,得知其平均數是 25,變異數為 0,你將有何結論? (A)計算錯誤 (B)資料集中只有二數值 (C)變異數為 0,表資料即為空集合 (D)所有資料的值均為 25

( ) 3. 假設會計學期中考試成績,平均成績 48 分,標準差為 8 分。教授決定將分數做一調整如下:原始成績乘以 1.25 倍再加 5 分當成新登錄的成績。則新成績的平均數與標準差應為多少? (A)平均分數 65,標準差 12.5 (B)平均分數 65,標準差 10 (C)平均分數 75,標準差 12.5 (D)平均分數 60,標準差 10

( ) 4. 何種集中趨勢量數容易受離群值(偏離資料一般模式的數值)的影響? (A)中位數 (B)眾數 (C)算術平均數 (D)加權平均數

( ) 5. 下列何者不為描述資料離散程度的統計量? (A)標準差 (B)中位數 (C)四分位距 (D)全距

( ) 6. 若有一資料集共有 12 數值,若其中的最大值增加 36 分,對此資料集的平均數將有何影響? (A)平均數增加 36 分 (B)平均數增加 12 分 (C)平均數增加 3 分 (D)需其他數值的資訊

( ) 7. 下列何種統計值無法指出血壓與膽固醇兩種資料的變異程度? (A)變異係數 (B)第 75 百分位數 (C)四分位距 (D)標準差

( ) 8. 下列何種量度法可以指出人群中體重的變異度大於身高的變異度? (A)變異係數 (B)標準差 (C)四分位距 (D)全距

( ) 9. 觀察下列各組資料,何者具有最大的標準差? (A) 100、101、102、103 (B) 7、8、9、10 (C) 5、5、5、5 (D) 0、0、10、10

( ) 10. 若想決定一組觀察值的眾數,則此組資料分類屬性應 (A)至少名目尺度 (B)至少順序尺度 (C)至少區間尺度 (D)比例尺度

( ) 11.統計學老師計算班上考試平均成績 $\bar{x}$ 後，將每人成績 x_i 減去平均成績 $\bar{x}$，下列何者不正確？ (A) $x_i - \bar{x}$ 總和為 0 (B) $x_i - \bar{x}$ 均為正 (C) $x_i - \bar{x}$ 平方總和會最小 (D)平方總和取平均後開根號為標準差

( ) 12.下列有關算術平均數的敘述，何者錯誤？ (A)所有觀察值皆被利用計算 (B)至少有一半觀察值大於平均數 (C)容易受極端值的影響 (D)與標準差一樣，其單位與原來測量單位相同

( ) 13.國民所得常有貧富差距大的現象，則以下何種統計量數能較準確地顯示出一國的國民所得？ (A)加權平均數 (B)算術平均數 (C)第 25 百分位數 (D)中位數

( ) 14.若定義一個資料的第 30 百分位數與第 70 百分位數當成摘要統計量數，你認為此統計量數揭露資料的何種特徵？ (A)集中趨勢 (B)離散量數 (C)相對位置 (D)對稱性

( ) 15.有一問卷調查想研究學生是否滿意系上課程的安排。此題項有五個選項分數可供選擇：非常滿意 (5)、滿意 (4)、普通 (3)、不滿意 (2) 及非常不滿意 (1)。試問下列何種集中量數較適合表示此調查結果？ (A)平均數與中位數 (B)平均數與眾數 (C)眾數與中位數 (D)截斷與加權平均數

( ) 16.有一醫院研究心臟病病人住院天數，資料如下：21、10、32、36、8、26、29、5、13、26、32、44、338。請問下列何種量數較適合表示此調查結果？ (A)平均數與標準差 (B)中位數與標準差 (C)眾數與標準差 (D)中位數與四分位距

二、問答題

1.給予 $x_1 = 5$、$x_2 = 7$、$x_3 = 7$、$x_4 = 6$、$x_5 = 8$，求：

(1) $\sum_{i=1}^{5} x_i$; $\sum_{i=1}^{5} x_i^2$。

(2) $\sum_{i=3}^{5} x_i$。

(3) $\sum_{i=1}^{3} x_i$。

(4) $\sum_{i=1}^{5} x_i - 3$。

2. 試化簡下面的式子：

(1) $\sum_{i=1}^{7} (x_i + 3)$。

(2) $\sum_{i=1}^{12} f_i (x_i - 8.5)^2$。

(3) $\sum_{i=1}^{9} (x_i - 3y_i)^2$。

(4) $\sum_{i=1}^{4} (x_i + 3y_i)$。

3. 給予 $x_1 = 5$、$x_2 = 7$、$x_3 = 7$、$x_4 = 6$、$x_5 = 8$; $y_1 = 6$、$y_2 = 7$、$y_3 = 8$、$y_4 = 7$、

$y_5 = 8$，求：

(1) $\sum_{i=1}^{5} (x_i + y_i)$。

(2) $\sum_{i=1}^{5} x_i + y_1$。

(3) $\sum_{i=1}^{5} (x_i + y_i)^2$。

(4) $\sum_{i=1}^{5} (2x_i - 3y_i)$。

4. 當極端分數對於平均數的影響太大時，使用中位數或平均數何者較為恰當？

5. 給予一組資料如下：

$$8 \, \text{、} \, 9 \, \text{、} \, 1 \, \text{、} \, 2 \, \text{、} \, 2 \, \text{、} \, 4 \, \text{、} \, 5 \, \text{、} \, 6 \, \text{、} \, 7 \, \text{、} \, 10$$

⑴求算術平均數 $\bar{x}$，中位數 Me，眾數 Mo。

⑵若將每個值同時加上 10，求算術平均數 $\bar{x}$，中位數 Me，眾數 Mo。

⑶如果將每個值同時乘以 5，求算術平均數 $\bar{x}$，中位數 Me，眾數 Mo。

⑷參考上述小題，將一組資料的每一個值同時加入一個共同常數或同時乘以一個共同常數，會對該組數據的平均值有何影響？

6. 若某班級 45 名學生的體重算術平均數是 52 公斤，則全班的總重量是多少？若當初計算平均體重時，誤將一名學生的體重 56 看成 65，則正確的平均體重應為多少？

7. 「平均」或「平均數」是「算術平均值」的簡稱，是一個有用的統計學的度量指標。如果今天報紙上有一則報導說有一個人在一條河中淹死了，又說這條河的平均深度僅 90 公分深。這報導是否有誤導民眾的嫌疑？

8. 下列資料是某班統計學期中考的結果：

68、 64、 69、 65、 67、 64、 70、 59、 67、 69、
66、 67、 62、 65、 63、 64、 59、 34、 68、 65

⑴試計算班上統計學成績的全距、平均數、變異數與標準差。

⑵因分數偏低，老師給每人成績加 4 分。試算出成績轉換後的平均數、變異數與標準差。

⑶若老師要求成績最後的 5 位同學留校加強複習，試問成績轉換前、轉換後，最後的 5 位同學是否有變動？

9. 假設一排球隊 6 位選手的之身高及體重如下：

身高：172、168、164、170、176、171（公分）

體重：62、57、58、64、64、55（公斤）

⑴計算身高與體重的標準差。

（變異數簡易計算公式：$\sigma^2 = \dfrac{1}{6}[\sum_{i=1}^{6} x_i^2 - \dfrac{(\sum_{i=1}^{6} x_i)^2}{6}]$）

⑵試比較身高與體重的分散程度。

10. 假設 $x_1, x_2, \cdots, x_n$ 為觀察值；$x_{(1)} \leq x_{(2)} \leq \cdots \leq x_{(n)}$ 為排序資料，則「第 k 個截取平均數」$\bar{x}_k$ 定義為 $\bar{x}_k = \dfrac{x_{(k+1)} + \cdots + x_{(n-k)}}{n - 2k}$。有一組數據如下 ($n = 16$)：

13.6、 7.2、 14.7、 11.5、 10.4、 35.6、 36.5、 14.3、
8.8、 10.3、 10.1、 5.9、 14.6、 13.6、 11.4、 13.4

求 $\bar{x}_2$。

11. 在跳水比賽中，7 位裁判各給運動員一個成績，並規定在同一運動員的成績中，要把最高和最低各去掉一個，再以其餘成績的算術平均數做為該運動員的成績。假設某次比賽中，7 位裁判給佐木選手的成績分別是 92、86、80、84、92、78、84；則佐木選手該次成績為 _____。

12. 下表是五家熱狗生產商的樣本資料及相關的統計量數:

表 3.17

	長度（吋，可能來自不同品項）	平均數	變異數	標準差
A	5、5、5、5、5	5	0.00	0.000
B	6、5、5、5、4	5	0.50	0.707
C	9、9、5、1、1	5	16.00	4.000
D	9、5、5、5、1	5	8.00	2.830
E	9、5、5、5、5、5、5、5、5、1	5	3.55	1.890
F	9、9、9、4、4、3、3、3、3、3	5	7.78	2.790

假設所有廠商的熱狗單價均相同，你會向誰購買？為什麼？

13. 下列資料是某新生班性向測驗後的結果:

107、 91、 117、 125、 117、 104、 157、 152、 102、
109、 138、 124、 110、 108、 93、 94、 86、 102、
117、 107、 99、 78、 69、 104、 87、 123、 96、
118、 125、 122、 101、 110、 102、 99、 92、 99、
109、 136、 121、 111、 102、 99、 110、 115、 108、
138、 75、 137、 114、 119、 126、 114、 72、 122

(1) 性向測驗結果的算術平均數是多少？第二個截斷平均數是多少？可以用
幾何平均數嗎？

(2) 試計算性向測驗的 Q_1 及 P_{80}。

(3) 計算此班性向測驗的 5–數字摘要和四分位距 IQR。

(4) 試將性向測驗的結果分組。假設分 10 組，組距為 10。

(5) 利用上述分組結果，繪製直方圖。說出此圖的特徵，如資料差異大嗎？
偏向一邊或對稱？若大約對稱，那對稱的中心在哪？

14. 若分組資料共有 k 組；每一組的次數為 $f_i, i = 1, \cdots, k$。樣本變異數如下:

$$s^2 = \frac{\sum_{i=1}^{k}(m_i - \bar{x})^2 f_i}{\sum_{i=1}^{k} f_i - 1}$$

表 3.18 是根據環保署公佈 3 月在南投埔里下午 6 點監測 *PM* 2.5 濃度資
料，分組資料的結果。

表 3.18　PM2.5 濃度

單位：微克／立方公尺

組　界	次數 (f_i)
$0 < x \le 10$	4
$10 < x \le 20$	4
$20 < x \le 30$	10
$30 < x \le 40$	6
$40 < x \le 50$	2
$50 < x \le 60$	3
$60 < x \le 70$	1

試就此分組資料計算 $PM\,2.5$ 濃度的變異數。

15. 下列資料是美國電影學會舉辦的奧斯卡獎項中歷屆最佳女主角得獎人得獎時的年齡紀錄：

50、44、35、80、26、28、41、21、61、38、49、33、
74、30、33、41、31、35、41、42、37、26、34、34、
35、26、61、60、34、24、30、37、31、27、39、34

試計算 5–數字摘要並繪製直方圖與簡易箱型圖。說出這些圖形的特徵。

16. 億大牧場甲區有豪斯登乳牛 1,500 頭，其平均體重為 750 公斤，而乙區有豪斯登乳牛 1,200 頭，平均體重為 725 公斤，如果將這兩個牛群混合在一起，其混合後平均體重為多少？

17. 假設有一條路線往返「嘉義——臺中」。假設你駕車走這路程時「前半段」是以每小時 60 公里的速度前進，「後半段」以每小時 74 公里的速度行駛，則整個路程平均速度是多少？即整個路程所花的時間會等於以此「平均速度」行駛路程所花的時間。

18. 某生第一次期中考各科成績分別為 82、84、86、76、72，各科學分數依序為 5、5、6、4、4。若總成績的計算方式為各科期中考成績乘以該科學分數加總後，除以學分總數。所以該生的總成績為多少分？

19. 嘗試推導變異數的公式：公式⑳和㉚。

20. 下表顯示奧斯卡歷居最佳女主角獎項得獎人得獎時的年齡紀錄之分組資料，試計算第 3 四分位數 Q_3 與 P_{35}。

表 3.19 得獎年齡紀錄次數分配表

組 界	次 數
20〜30	9
30〜40	15
40〜50	7
50〜60	1
60〜70	2
70〜80	2

21. 某班段考的數學成績經統計後，得到平均分數為 48 分，而且最高分也只有 60 分，因此老師決定將每人的成績乘以 1.5 後，再加 10 分，求經此調整後，平均分數為多少分？

22. 設某人將一筆錢存在銀行八年，這八年的每一年淨得利率如下：

$$4.5\% \ 、 4.8\% \ 、 5.2\% \ 、 6.0\% \ 、 6.2\% \ 、 6.5\% \ 、 6.4\% \ 、 6.2\%$$

試求平均每年的年終時，該筆存款的淨值是其前一年的幾倍？

23. 設甲、乙兩班某次數學考試成績如下：甲班樣本平均數為 60 分，樣本標準差為 18 分；乙班樣本平均數為 65 分，樣本標準差為 13 分。試求甲、乙兩班成績何者較為平均？

24. 若已知某資料分配約略為對稱且呈現鐘型，我們可以期待有多少百分比的觀察值，會落在平均的兩個標準差之間？

25. 假設籃球夏令營的學員體重資料呈現鐘型分佈，平均數為 68 公斤，標準差為 9 公斤。試使用經驗法則，學員中體重超過 77 公斤的比例是多少？

26. 對於「給予一個資料集及其分佈，只有少部分 (5%) 的資料會落於與平均數差距 2 倍的標準差之外」，你認為是對的說法嗎？

27. 番茄醬裝瓶工廠的機器每瓶可裝 340 克，其變異數為 14 克。

(1) 若該機器按照設計運作，且此數量分配是呈鐘型對稱，可以預期有多少比例的瓶子，其裝填量介於 326 至 354 克之間？

⑵若該機器按照設計運作，但此數量分配相對而言並非鐘型對稱，可以預期有多少比例的瓶子，其裝填量介於 312 至 368 克之間？

28.某次插大考試共 625 名考生參加，已知考試的平均數為 153 分，標準差為 18 分，若使用柴比雪夫不等式，則成績介於 117 至 189 間共有多少人？若錄取率是 7%，某生考 210 分是否錄取？

29.某公司有 16 位員工，其中 10 位在去年投資股票，1 年的獲利率如下（單位：%）：

7.6、3.9、15.6、28.3、1.2、10.8、35.3、45.6、10.2、0.5

另外 7 位員工投資買公債，1 年內獲利率如下（單位：%）：

6.8、7.2、6.8、7.5、6.9、7.1、7.2

試分別求此公司的員工投資股票與公債的獲利率變異係數。何者風險較小？

第 4 章
偏態與峰態

→ **學習重點**

1. 何謂資料分佈的對稱性與常態性。
2. 資料分佈不對稱程度的測量與判斷。
3. 資料分佈扁平程度的測量與判斷。

統計分析的基本工作在尋找資料的特徵。例如資料主要集中分佈於何處？資料分散的情形如何？前者的特徵以集中趨勢量數如資料的平均數、中位數等表示；後者以差異量數如變異數、四分位距來表示變異。這些都是資料特徵的一部分。

若將資料繪製成次數分佈圖，觀察入微的讀者一定會看出分佈圖常會偏向某一邊（左邊、右邊），或看起來比經驗上一般的鐘型圖來得扁平或高聳。

舉例而言，行為科學研究者若注意到其研究資料有呈現嚴重偏向時，這個觀察會引起他們對極端值的注意，換句話說，如果想對平均數估計或推論時，就會質疑極端值對推論結果的可靠性。在財金實務上，也常探討股票報酬分佈的扁平或偏斜情形，研究指出，其資產報酬常具有厚尾的現象，表示多頭部位的下檔風險大。因此不對稱的傾向與分佈的扁平程度，也是我們需要知道的資料特徵。

以下我們將針對這些特徵概念，學習如何計算這些統計量。

4.1 資料分配的特徵

我們用以下資料說明前面章節的統計量數，有時候是不足以描述資料全部的故事。例如，想探求如下四組資料的特徵或其異同。觀察與計算集中趨勢和差異量數是分析的起步。我們試著為各組資料計算平均數和中位數以比較集中量數是否有不同，計算標準差以比較四組資料變異的異同。結果如表4.2。

表 4.1　四組資料數據表

資料一	資料二	資料三	資料四
8.04	9.14	7.46	6.58
6.95	8.14	6.77	5.76
7.58	8.74	12.74	7.71
8.81	8.77	7.11	8.84
8.33	9.26	7.81	8.47
9.96	8.10	8.84	7.04

7.24	6.13	6.08	5.25
4.26	3.10	5.39	12.50
10.84	9.13	8.15	5.56
4.82	7.26	6.42	7.91
5.68	4.74	5.73	6.89

表 4.2 四組資料的統計量數				
統計量數	資料一	資料二	資料三	資料四
平均數	7.501	7.501	7.500	7.501
中位數	7.580	8.140	7.110	7.040
標準差	2.032	2.032	2.030	2.031

　　我們可以發現四組資料無論平均數或標準差都蠻接近的。這個結果是否代表這四組資料具有的趨勢特徵相同呢？我們可以繪製四組資料個別的直方圖或次數分配圖，看看是否有更多的發現？

　　繪製並參考四組資料的次數直方圖，如圖 4.1，很清楚的發現表 4.2 的集中趨勢量數或差異量數並不足以表達全部的觀察。

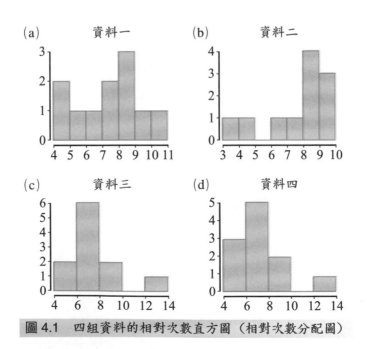

圖 4.1　四組資料的相對次數直方圖（相對次數分配圖）

基本上，圖 4.1 顯示資料分佈間有許多的差異。有些偏向一邊，有些形

如對稱,有些分佈平坦。所以嚴格來說,這四組資料的特徵是不相同的。

　　除非資料大致是對稱分佈,否則集中趨勢與差異趨勢是不夠用來描述資料的。因此資料分佈的形狀也是特徵之一。例如,學測某科的成績我們除了獲取平均數、百分位值與變異數的統計量數外,若圖形的分佈偏向左、右方,我們窺知此科出題的難易情形。又如財務金融的資料,報酬率是否為厚尾分佈對問題的假設與後續的處理非常重要。

　　簡單的說,我們可由四個構面方向來探討資料:⑴資料的集中趨勢;⑵資料的差異量數;⑶資料的偏斜情形;⑷資料的峰態情形。這章節中我們將介紹後兩者。

📈 4.2　偏　態

　　對稱概念或形態充滿在我們四周,觀察到對稱是人類與生俱來的本能,對稱是指資料點散佈在資料中心或平均數兩側的位置或頻率是相同的。圖4.2(a)、(b)兩圖,直覺上在資料分佈的中心對摺時,兩側的資料將吻合。相反的,以次數分佈圖而言,不對稱時以平均數為中心,在相同距離下,其左右兩邊次數分配之高度不相同,即產生分佈偏斜的情形,如圖4.2(c)、(d)兩圖。

　　我們可進一步區分偏斜的情形。如果分佈的右邊尾巴比較長,表示有較多的數據偏離在中心的右方。因為數據在數線的右方或正向,稱為右偏分佈或正向分佈。以圖4.2(c)為例,讀者或可想像,資料分佈的「主體」在座標平面的左方,但因有些偏離的資料在右邊形成向右的拉力,導致右偏分佈。

　　同理,如果左邊尾巴比較長稱為左偏分佈或負向分佈。以圖4.2(d)為例,資料分佈的「主體」在座標平面的右方,因有偏離的資料在左邊向左拉,形成左偏分佈。

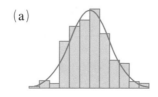
(a)
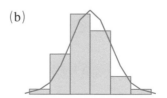
(b)

◆註：(a)、(b)兩圖為對稱或近似對稱的分佈示意圖，資料基本
上散佈於中心的兩側且頻率相同。藍曲線為參考曲線。
圖(c)是右偏分佈示意圖，以次數分配而言，右邊尾巴拉
長。而圖(d)為左偏分佈示意圖，明顯左邊尾巴拉長。

圖4.2 不同資料的分佈圖

一 偏態係數

　　雖然分佈的對稱與否，由直方圖可大約表現；但以適當測度做為資料分佈的對稱性（或不對稱性）的衡量實屬必要，透過它客觀的顯示資料偏斜的方向，也揭露資料偏斜的程度。

 假設給予一組資料 $x_1, x_2, \cdots, x_n$ ，則資料的偏態係數定義如下：

$$\text{母體偏態係數 } SK = \frac{\sum\limits_{i=1}^{n}(x_i - \mu)^3}{n\sigma^3}$$

$$\text{樣本偏態係數 } SK = \frac{\sum\limits_{i=1}^{n}(x_i - \bar{x})^3}{(n-1)s^3} \qquad (1)$$

其中 n 為資料個數；μ 和 σ 為母體資料的平均數和標準差；$\bar{x}$ 和 s 為樣本資料的平均數和標準差。母體偏態係數和樣本偏態係數兩者形成的意義相同。

　　當無混淆的時候，我們一般以樣本偏態係數做說明。為讓討論的主題在學習上更簡明，我們把分組資料偏態係數的計算透過例子來說明。

　　由公式(1)看，分子主要是計算資料點 x_i 與平均數差距的 3 次方。理論上不難看出，對於一對稱的分佈而言，因為平均數左邊與右邊的次數分佈相同，所占分量一樣。如此公式(1)中分子為 0，即：

$$\sum_{i=1}^{n}(x_i - \bar{x})^3 = 0$$

偏態係數應為 0；對於一個接近對稱的資料分配來說，平均數左邊與右邊的次數分佈差異不大，其偏態係數也應接近 0。

若資料中相對的有較多部分散佈在平均數的右方時，則公式⑴之分子的值為正，偏態係數為正值，則為右偏資料。相反的，若資料中相對的偏離在平均數的左方，則分子為負。此為左偏資料，偏態係數為負值。而偏態係數愈大，資料右尾愈長；係數愈小，資料左尾愈長，偏斜愈厲害。也就是說，偏態係數的正負值代表偏斜的方向，偏態係數的絕對數值代表偏斜程度大小。

> $SK > 0$，資料呈右偏分佈；$SK < 0$，資料呈左偏分佈。

另外幾點建設性的想法須指出。依公式稍微改寫成：

$$偏態係數 = \frac{\dfrac{\sum_{i=1}^{n}(x_i - \bar{x})^3}{n-1}}{s^3}$$

我們可看出，上面公式的分子因取平均的關係，偏態係數和資料個數 (n) 多少無關。資料標準差大則資料和平均數變異較大，但公式的分母因依資料標準差 (s) 做平準，所以不受資料離差程度大小之影響。又因為分子、分母均為單位的 3 次方互為抵消，偏態係數為無單位之係數，不同資料間方便相互比較。

二 偏斜和集中量數間的關係

依集中量數定義，思考一對稱的資料分佈時，它的平均數、中位數或眾數應在同一位置。但就偏斜分佈的資料而言，平均數、中位數和眾數的值或位置往往是不相同的。例如說，設想一資料中有少數幾個比較大值，則這少數幾個值對算術平均數的影響將比對中位數的影響大；眾數則不受其影響。結果是產生了眾數小於中位數且中位數小於算術平均數的現象。所以當資料分佈是：

> 右偏斜分佈時，有「眾數 < 中位數 < 算術平均數」的特徵
> 左偏斜分佈時，有「算術平均數 < 中位數 < 眾數」的特徵

所以，當 $\bar{x} > Mo$ 或 $\bar{x} > Me$，則 $SK > 0$，表示右偏資料；當 $\bar{x} < Mo$ 或 $\bar{x} < Me$，則 $SK < 0$，表示左偏資料；當 $\bar{x} = Mo$ 或 $\bar{x} = Me$，表示對稱分佈。因此，給予一組單變項資料 $x_i, i = 1, \cdots, n$，若只著重偏斜的檢驗，可簡單的運用資料的統計量數、眾數、中位數和平均數的相對位置關係來做資料偏斜性的判斷。

為讓讀者體會偏態係數的計算值與其相應圖形的呈現，圖 4.3 是應用偏態係數公式(1)針對一些模擬的資料計算偏態係數的結果。

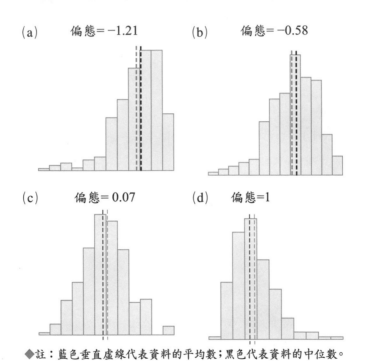

◆註：藍色垂直虛線代表資料的平均數；黑色代表資料的中位數。
　　　注意兩者間相對位置因偏斜情形不同而異。

圖 4.3　偏態分佈圖與相對應之偏態係數值

三 資料偏斜的本質

值得注意的是，資料常是偏斜的。舉例來說，在醫學統計中的資料通常是偏斜的，如病人完成重大手術後的前 72 小時之死亡率可能相當高，但 72 小時以後或者離開加護病房 (ICU) 後，其死亡率逐漸下降，並且在數個月後呈現穩定。示例如表 4.3。所以在存活分析的資料中多為右偏分佈。

表 4.3　手術後存活分析

存活日數	3 天	30 天	90 天	1 年	5 年
死亡人數	12	5	2	1	1

偏斜資料往往也是因資料的本質存在著上界或下界。也就是說，當資料的本身存在著下界，則其資料分佈會往右偏；當資料的本身存在著上界，則其資料分佈會往左偏。如工程或科學分析中，資料的測度常是從 0 開始（下界為 0）；故其資料分佈往往是向右偏斜。讀者日後會發現，在實務上右偏的資料也比左偏來得多。

 例1　偏態的例子——未分組資料

假設有一組資料 x_i：

> 0.95、　0.50、　0.35、　0.65、　1.05、　0.60、　1.20、　1.15、　1.15、　0.75、
> 0.80、　0.90、　2.15、　0.30、　0.50、　0.55、　0.30、　0.55、　1.70、　0.45

計算偏態係數 SK。

解析

計算相關統計量數平均數 $\bar{x}$ 與標準差 s：

$$\bar{x} = \frac{0.95 + \cdots + 0.45}{20} = 0.8275$$

$$s^2 = \frac{(0.95 - 0.8275)^2 + \cdots + (0.45 - 0.8275)^2}{19}$$

$$= 0.2269671$$

$$s = \sqrt{s^2} = 0.4764106$$

$$\sum_{i=1}^{n} (x_i - \bar{x})^3 = (0.95 - 0.8275)^3 + \cdots + (0.45 - 0.8275)^3$$

$$= 2.522188$$

$$SK = \frac{2.522188}{(20 - 1) \times 0.4764106^3} = 1.227664 > 0$$

所以依公式(1)，屬於右偏資料。

四 分組資料的算法

 例2 偏態的例子——分組資料

假設班上有 30 名學生，期中考統計學成績經統計如下表，試求偏態係數並說明其分配之類型。

表 4.4 統計學成績

成 績	40～50	50～60	60～70	70～80	80～90	合 計
人 數	1	5	10	9	5	30

表 4.5

成 績	人數 f_i	m_i	$m_i f_i$	$(m_i - \mu)^2$	$(m_i - \mu)^2 f_i$
40～50	1	45	45	576	576
50～60	5	55	275	196	980
60～70	10	65	650	16	160
70～80	9	75	675	36	324
80～90	5	85	425	256	1,280
合 計	30		2,070		3,320

解析

依分組資料的方法，我們先整理相關計算的數據如下，以方便求取資料的平均數與變異數。m_i 及 f_i 分別代表各組的組中點與次數。

由上表的第 4 欄位與第 6 欄位計算平均數與變異數。

$$平均數 \ \mu = \frac{\sum_{i=1}^{5} m_i f_i}{\sum_{i=1}^{5} f_i} = \frac{2,070}{30} = 69$$

$$變異數\ \sigma^2 = \frac{\sum\limits_{i=1}^{5}(m_i-\mu)^2 f_i}{\sum\limits_{i=1}^{5}f_i}$$

$$= \frac{(45-69)^2 \times 1 + \cdots + (85-69)^2 \times 5}{30}$$

$$= \frac{3,320}{30} = 110.6667$$

$$標準差\ \sigma = \sqrt{110.6667}$$

根據分組資料，計算偏態係數：

$$偏態係數 = \frac{\sum\limits_{i=1}^{5}(m_i-\mu)^3 f_i}{(\sum\limits_{i=1}^{5}f_i)\sigma^3}$$

$$= \frac{(45-69)^3 \times 1 + \cdots + (85-69)^3 \times 5}{30 \times (\sqrt{110.6667})^3}$$

$$= \frac{-5,760}{30 \times (\sqrt{110.6667})^3} = -0.1649 < 0$$

所以這是一左偏資料。注意，分組資料與未分組資料的計算規則是相同的。

4.3　峰　態

　　峰態指的是資料分佈外型的高峰或高聳程度的測度。判斷一個資料分佈或次數分配外型高聳與否，是以鐘型對稱分佈的外型（峰態）當比較的標準。什麼是高聳或高峰態？其代表的意義是：資料若有高峰態的現象，代表資料在其平均數附近較高聳，次數頻率往兩邊快速下降，雙邊尾巴部分會稍厚重些。資料若有呈現低峰態的現象，代表資料在其平均數附近有較平坦的頂部。

　　讓我們先以資料分佈的外型來做觀察與說明。如下藍、黑線代表資料的分佈，它們的特徵都對稱於 0 點，且變異數是一樣。我們把黑線當成是一個「標準的外型」，用它來和其他做比較。圖 4.4(a)，藍線的圖形和黑線比較起

來，顯然中間比較高聳，且值得注意的是兩邊尾巴部分，藍線比黑線的值大，即藍線在黑線之上。這是「高峰態」特徵。圖 4.4(b)則相反，是所謂的「低峰態」特徵。

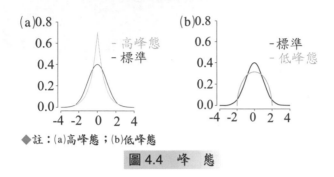

◆註：(a)高峰態；(b)低峰態

圖 4.4　峰　態

一 峰態係數的定義

假設給予一組資料 $x_1, x_2, \cdots, x_n$，則此組資料的峰態係數定義如下：

$$母體峰態係數 = \frac{\sum_{i=1}^{n}(x_i - \mu)^4}{n\sigma^4}$$

$$樣本峰態係數 = \frac{\sum_{i=1}^{n}(x_i - \bar{x})^4}{(n-1)s^4} \tag{2}$$

其中 n 為資料個數；μ 和 σ 為母體資料的平均數和標準差；$\bar{x}$ 和 s 為樣本資料的平均數和標準差。

依往例如無混淆時，我們都以樣本峰態係數做說明。

二 相對於常態分配的峰態係數

理論上依前述定義，鐘型的對稱分佈❶其峰態係數可計算出值為 3（計算過程省略）。當論及一個資料分佈是高峰或平坦時，是以相對於鐘型對稱分佈來做比較。所以，我們把峰態係數重新定義為：

---

❶正確的說，此處指常態分配，稍後章節將提及此重要分佈。

定義 ✓

$$峰態係數 = \frac{\sum_{i=1}^{n}(x_i - \bar{x})^4}{(n-1)s^4} - 3 \qquad (3)$$

其中，減「3」是指相對於常態分配的峰態而言。

　　由公式(3)的分子可看出，若資料愈往平均數位置集中，差距 4 次方的總和愈小；反之，其值愈大。但注意，峰態係數的計算仍須對樣本標準差做平準，即除以 s^4。以圖 4.5 資料次數分佈圖為例，如圖(c)，若分佈接近鐘型對稱，不特別高聳或平闊，則峰態係數值近似為 0。而正的峰態係數代表資料分佈相對於資料的變異而言是較「尖銳」的，見圖(d)。對於初學者的你，是否看得出兩邊尾巴較厚？答案應是肯定的。而峰態係數為負時，代表其分佈相較於常態分配較為「平坦」，如圖(a)和(b)。峰態係數愈大，代表分配愈高聳。運用公式(3)：

峰態係數 >0，資料為高峰態分佈；峰態係數 <0，資料為低峰態分佈。

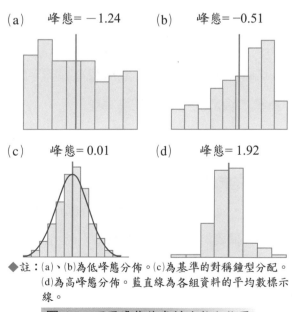

(a)　峰態 $= -1.24$　　(b)　峰態 $= -0.51$

(c)　峰態 $= 0.01$　　(d)　峰態 $= 1.92$

◆註：(a)、(b)為低峰態分佈。(c)為基準的對稱鐘型分配。(d)為高峰態分佈。藍直線為各組資料的平均數標示線。

圖 4.5　不同峰態的資料次數分佈圖

如偏態係數一般。「峰態係數」定義可改寫成：

$$峰態係數 = \frac{\frac{\sum_{i=1}^{n}(x_i - \bar{x})^4}{n-1}}{s^4} - 3$$

從上式可看出，分子因取平均的關係，峰態係數不受資料多寡之影響。分母因依資料標準差 (s) 做平準，所以不受資料離差程度大小之影響，且因為分子、分母均為單位的 4 次方可互相抵消，峰態係數為無單位之係數，不同資料間方便相互比較。

 峰態的例子——低峰態

假設有一組資料 x_i：

> 0.24 、0.14 、0.00 、0.96 、0.79 、0.74 、0.12 、0.48、
> 0.63 、0.48 、0.68 、0.36 、0.47 、0.96 、0.00 、0.65

試計算此組資料的峰態係數。

解析

我們計算其平均數 $\bar{x}$ 為 0.48125；變異數 s^2 為 0.09959833，s 為 $\sqrt{0.09959833} = 0.315592$。相關數值計算如下：

$$\sum_{i=1}^{16}(x_i - \bar{x})^4 = (0.24 - 0.4813)^4 + (0.14 - 0.4813)^4 + \cdots$$

$$+ (0.65 - 0.4813)^4$$

$$= 0.2630$$

$$峰態係數 = \frac{\sum_{i=1}^{16}(x_i - \bar{x})^4}{(16-1)s^4} - 3 = \frac{0.262971}{15 \times 0.315592^4} - 3 = 1.76731 - 3$$

$$= -1.23269$$

資料分配圖見圖 4.6 中(a)。相較於集中趨勢而言，分佈的兩邊尾巴消失較慢而產生低闊峰態。

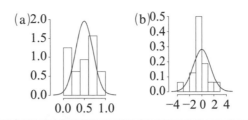

圖 4.6　例 3 與例 4 分佈圖——低峰態與高峰態

 峰態的例子——高峰態

今若另一組資料：

　　−3.54、　−1.15、　　0.65、　−0.57、　0.51、　−0.09、　−0.09、　−1.65、

　　−0.01、　　0.19、　−0.14、　　2.28、　1.29、　−0.73、　　0.26、　　0.29

試計算此組資料的峰態係數。

解析

我們計算其平均數 $\bar{x}$ 為 -0.225；變異數 s^2 為 1.626213；s 為 $\sqrt{1.626213}$ $= 1.275231$。相關數值計算如下：

$$\sum_{i=1}^{16}(x_i - \bar{x})^4 = [-3.54-(-0.225)]^4 + [-1.15-(-0.225)]^4 + \cdots +$$

$$[-0.29-(-0.225)]^4$$

$$= 171.2524$$

$$峰態係數 = \frac{\sum_{i=1}^{16}(x_i - \bar{x})^4}{(n-1)s^4} - 3 = \frac{171.2524}{15 \times 1.275231^4} - 3$$

$$= 4.317083 - 3 = 1.317083$$

　　圖 4.6 是將例 3、例 4 的資料繪製而成的相對次數分佈圖，並加上相對應的常態分配曲線以做比較。例 3 的峰態係數是負值 (−1.23) 屬低峰態，其資料的次數分佈圖見圖 4.6(a)，可看出分佈相較於實線（常態）平坦些；而例 4 的峰態係數是 1.32 屬高峰態的外觀；圖 4.6(b)可看出分佈的左尾巴相較於

實線較厚而中間產生高聳峰態。

　　圖 4.7 (a)、(b)各為模擬資料所繪製出的直方圖並計算出偏態係數與峰態係數。黑虛線與藍虛線標示處分別為資料之中位數與算術平均數。除非偏態與峰態特徵明顯，否則讀者有時單從資料分配圖可能不容易說出偏態與峰態統計量的程度大小。

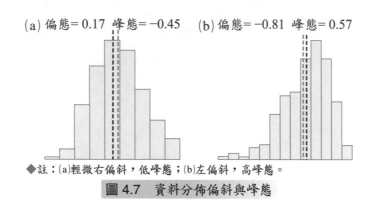

(a) 偏態＝ 0.17　峰態＝ −0.45　　(b) 偏態＝ −0.81　峰態＝ 0.57

◆註：(a)輕微右偏斜，低峰態；(b)左偏斜，高峰態。

圖 4.7　資料分佈偏斜與峰態

三　資料峰態的本質

　　我們指出幾個峰態值得釐清的觀念：(1)峰態不是只顯示資料分佈是否有高聳的外型而已，它還有「尾巴」特徵的問題；(2)高峰態分佈的特徵是中間高聳 (peakness) 且兩端厚 (heavy tails)；低峰態分佈的特徵是中間較平坦 (flatness) 且兩端尾巴輕 (light tails)；(3)你可能把「高聳的資料分佈」特徵和「變異數的值大」(衡量資料的離散程度)混淆在一起。換句話說，誤以為高峰態代表變異數大。如前面說明的，峰態是不受資料離差程度大小之影響。以上這些都是初學者可能忽略的錯誤。

例5　峰態的例子——分組資料的算法

　　利用例 2 的分組資料，計算其峰態係數。

解析

根據分組資料，計算峰態係數：

$$\text{峰態係數} = \frac{\sum_{i=1}^{5}(m_i - \mu)^4 f_i}{(\sum_{i=1}^{5} f_i)\sigma^4} - 3$$

$$= \frac{(45-69)^4 \times 1 + \cdots + (85-69)^4 \times 5}{30 \times (\sqrt{110.6667})^4} - 3$$

$$= \frac{865,760}{30 \times (\sqrt{110.6667})^4} - 3 = -0.6436$$

所以這是低峰態資料分佈。

例6 偏態與峰態分析

假設有一抽樣資料如下，20 位同學一個星期所花的零用錢各為：

957、 313、 1,066、 1,101、 1,120、 1,120 1,036、 1,116、 1,105、 1,119、
632、 1,120、 1,056、 896、 1,094、 759 946、 1,096、 1,120、 666

試做一般的資料分析。

解析

資料對稱嗎？如果分佈對稱的話，平均數與標準差應已足夠描述資料的特徵，如資料集中在何處或資料變異的分散程度。如果資料不對稱，可能須要更進一步的觀察。

計算樣本平均數 $\bar{x}$ 與標準差 s。

$$\bar{x} = \frac{957 + 313 + \cdots + 666}{20} = 971.9$$

$$s^2 = \frac{(957-971.9)^2 + (313-971.9)^2 + \cdots + (666-971.9)^2}{20-1}$$

$$= 47,900.09 \rightarrow s = \sqrt{s^2} = 218.86$$

瞭解資料是否對稱的方法有許多。一個方法是觀察平均數和中位數相對的關係；另一可能的方法是觀察資料並計算簡單的差異量數，如全距。我們

發現全距 $R = 1,120 - 313 = 807$。顯然的，最小值 313 和最大值 1,120，以標準差 218.86 來衡量和平均數 971.9 位置的差距呈現不對稱或極端值發生的情形。所以，我們須加以觀察其他形態的輔佐量數來描述資料特徵。如果讀者瞭解偏態與峰態的圖形特徵，觀察資料的直方圖或次數分配圖是最有效率的方法（這部分留給讀者做練習），否則求算偏態與峰態是最直接的方法。

計算結果如下：

$$偏態係數 = \frac{(957 - 971.9)^3 + \cdots + (666 - 971.9)^3}{(20 - 1) \times 218.86^3} = -1.6817$$

$$峰態係數 = \frac{(957 - 971.9)^4 + \cdots + (666 - 971.9)^4}{(20 - 1) \times 218.86^4} - 3 = 1.9709$$

因為偏態係數為負，所以是一左偏分配；峰態係數大於 0 呈現高峰態的情形。一般而言，統計軟體都可以計算出各種統計量數。學會解讀這些量數就足夠做初步的分析。

四 統計量數的應用

回顧學習的內容，我們學習了集中趨勢、差異趨勢、偏斜與峰態，這些特徵讓我們瞭解資料分佈的特性。例如在財務的資料中，有許多場合會假設資料為鐘型對稱的分佈。今若資料呈現嚴重的偏態時，原本常態形態的假設即不成立，故在分析資料的過程中，瞭解資料的形態是否符合模型的假設是非常重要的；又顯著的峰態特性可能導因於資產價格受外在訊息衝擊、投機客攻擊或投資者對訊息的過度反應等，導致市場出現大幅度變動的可能性增加，使得分佈產生厚長尾的特徵。

在問卷調查方面，測驗之品質愈差，其偏離之程度也愈大，因此判定回收的調查資料之次數分配是否為常態分配是必做的檢查。如上所述，可以利用資料分佈的偏態與峰態係數來觀察，當答題情況相對於常態分配偏離太大，應將之刪除。

以股票市場做例子，對於相同大小的報酬而言，右偏分佈代表發生正向報酬的可能要大於負向報酬的機會，隱含較大低買高賣的套利空間。利用偏態特性可用來衡量市場上漲、下跌風險機率的大小。讀者當可發現這統計量數正在描述著我們該注意到的一切。

個案討論

除了平均數與變異數外，你還需觀察什麼？

也許不是每人都有賺大錢的機會，但每人都要學會理財。以指數型基金如 S&P 500 或相關理財產品為例，投資損益與指數走勢是有相關的。如前章所述，想對 S&P 500 指數有所瞭解，閱讀報酬率的分佈是重點之一。

我們曾指出觀察的重點：報酬率的分佈集中在哪裡？相對於集中位置的離散或偏離情形如何？亦即，分佈集中在右（左）邊代表報酬率的正（負）；離散情形的大小則代表風險波動的狀況。

左右拉扯（偏斜）

對稱的資料分佈是常見的，但有時候我們注意到分佈可能不一定是對稱的。

首先想像的情形：報酬率分佈不是對稱而是偏向左邊。相對於對稱於平均報酬為 0 的分佈來說，「偏向左邊」就是報酬率散落於 0 的左方或甚至更遠的可能性會比想像得更高，此時顯然投資報酬為負的機會大增。因此分佈是否不對稱是一個觀察重點，偏向左邊或右邊？統計學的說法是報酬率的分配是否「偏斜」？

高聳重尾（峰態）

另一種經常遇見的情形是：投資所引發的損失或獲利可能比預期來得大。統計的說法，報酬率的分佈可能在平均數附近高聳但快速滑落；而且兩邊尾巴分佈的機會又較「正常」高。簡單以圖 4.8 為例，黑線代表你以為「正常」的報酬率分佈，藍線代表實際碰到的狀況。圖 4.8(a)，藍線代表實際的報酬率分佈比你以為正常的狀況為「矮胖」些；圖 4.8(b)，代表實際的報酬率超乎你的想像，因為兩邊尾巴較「正常的期盼」為厚（兩邊藍色尾巴線條在黑色線條上方），代表雖然遠離中心，但低或高報酬發生的可能性還是高的。

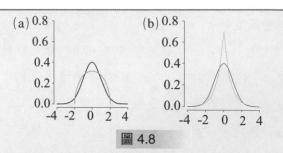

圖 4.8

以臺灣品牌手機廠報酬率資料為例

　　我們以近兩年臺灣某知名品牌手機廠報酬率表現資料做分析。圖 4.9 為此期間的報酬率資料分配繪製的直方圖。 圖 4.9 (a)假設資料是鐘型對稱，加上統計方法估計的鐘型對稱分佈曲線（黑線）；圖 4.9 (b)，除原有的圖與鐘型對稱分佈曲線（黑線）外，若假設資料不是對稱，我們加上統計估計的分佈曲線（藍線）。我們注意觀察圖 4.9 (b)，中央部分快速下降（藍線於黑線下方，左、右邊尾巴藍色曲線落在黑色的上面，代表報酬率偏低的可能性比想像的高。我們可以實際計算出報酬率低於 −8% 的機會約 1.6% ；若以報酬率是鐘型對稱分佈來估計計算的話，報酬率低於 −8% 的機會約 0.3%，顯然低估了風險。

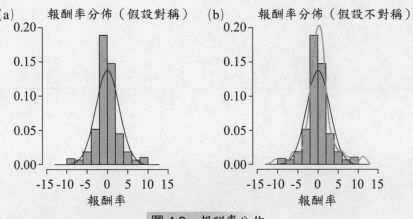

圖 4.9　報酬率分佈

　　若計算資料偏態係數與峰態係數為 0.1681 及 2.8012；報酬率呈現一個右偏且高峰態的分佈。

表現在成績的分布摘要

在閱讀教育相關的期刊或雜誌報導時，我們常可看到主題探討後的結論摘要。例如，CSEPT 在「2001～2003 年成績統計報告」中對進階級 10,625 位應試學生成績統計分析表的「用法測驗」作了如下的陳述：「峰態結果表示用法測驗成績差異較鐘形分布來得大，偏態顯示分數集中於低分區」。若對比此報告中統計摘要寫的 「平均成績 61.59 分，標準差 19.63 分，峰度 −0.48，偏態值 0.41」。相信在閱讀完這一章節後，你將會更瞭解這些解釋與數字所代表的意義。

📊 本章相關公式

偏態係數	母體資料	$SK = \dfrac{\sum\limits_{i=1}^{n}(x_i - \mu)^3}{n\sigma^3}$
	樣本資料	$SK = \dfrac{\sum\limits_{i=1}^{n}(x_i - \bar{x})^3}{(n-1)s^3}$, $s^2 = \dfrac{\sum\limits_{i=1}^{n}(x_i - \bar{x})^2}{(n-1)}$
峰態係數	母體資料	$Kurt = \dfrac{\sum\limits_{i=1}^{n}(x_i - \mu)^4}{n\sigma^4}$
	樣本資料	$Kurt = \dfrac{\sum\limits_{i=1}^{n}(x_i - \bar{x})^4}{(n-1)s^4} - 3$ 其中減「3」是指相對於常態分配的峰態而言

本章習題

一、選擇題

( ) 1. 若有一資料分佈的平均數、中位數與眾數分別為 5、6、7，則判斷此分配有何特徵？ (A)左偏斜分佈 (B)高峰態分佈 (C)右偏斜分佈 (D)低峰態分佈

( ) 2. 假設微積分大會考成績平均數為 78 分，中位數為 65 分。我們約略可判斷成績分佈的特徵為？ (A)右偏斜分佈 (B)鐘形分佈 (C)左偏斜分佈 (D)單峰分佈

( ) 3. 有一個右偏斜（單峰）分配，其曲線最高點值為 16，算術平均數為 19，則下列何者可能為其中位數？ (A) 16 (B) 20 (C) 15 (D) 18

( ) 4. 下列箱型圖資料，何者呈現左偏態的資料分佈？ (A)甲 (B)乙 (C)丙 (D)丁

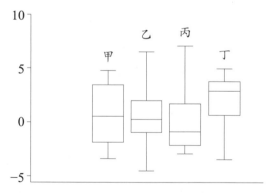

( ) 5. 下列箱型圖資料，何者偏態係數接近 0？ (A)甲、丙 (B)甲、丁 (C)乙、戊 (D)丁、戊

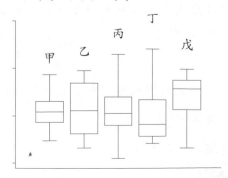

（　　）6.下列有關「左偏斜的資料分佈」的敘述，何者正確？　(A)分佈的右尾較左尾短　(B)半數的觀察值小於平均數　(C)中位數小於平均數　(D)眾數小於平均數

（　　）7.一組數據資料中，若平均數減去中位數的值是很大的正數時，則下列敘述何者正確？　(A)中位數必須小於零　(B)平均數必須是大的正數　(C)中位數必須小於零同時平均數必須大於零　(D)資料分佈呈右偏

（　　）8.如果一資料分佈，左側快速下降，右側資料尾巴拉得較長；此資料分佈呈現　(A)正偏斜　(B)高峰態　(C)負偏斜　(D)低峰態

（　　）9.若資料分佈呈現高峰態，則和鐘型的對稱（常態）分佈做比較，具有何特點？　(A)中間有較多觀察值而尾巴較少　(B)中間有較少觀察值而尾巴較多　(C)中間有較多觀察值且尾巴較多　(D)中間有較少觀察值且尾巴也較多

（　　）10.某機構研究大專英語能力測驗指出基礎級 11, 270 位應試學生中，聽力測驗平均成績為 58.78 分，標準差 22.96 分，峰度為 -0.49，偏態為 0.41。下列何者解釋可能有誤？　(A)成績分佈曲線較常態分配平坦　(B)高分與低分人數分佈相當　(C)聽力成績低分的人數較多　(D)考生間的程度差異稍大

題組：利用資料 2、3、7、8、9、9、11 回答問題 9～10。

（　　）11.其平均數、中位數與眾數之關係為　(A)平均數 > 中位數 > 眾數　(B)中位數 < 平均數 < 眾數　(C)平均數 < 中位數 < 眾數　(D)中位數 > 平均數 > 眾數

（　　）12.研判此組資料分佈情形為一　(A)左偏斜分佈　(B)對稱分佈　(C)右偏斜分佈　(D)以上皆有可能

二、問答題

1.若某一群體分數測驗之資料經計算後得偏態係數 = 1.35；峰度係數 = 1.65 時，則其群體分數分配將會形成：(左，右) 偏態（高，低）狹峰的分佈。

2.一份研究早產兒猝死的資料顯示，猝死的早產兒自出生後的存活天數呈右偏分佈，對此存活資料，我們知道 $\overline{X}$、Mo、Me 三者間的關係為何？

3. 給於一資料集的摘要如右：第一四分位數 30，第三四分位數 75，中位數 40。依據上述統計量你認為資料分佈的偏斜情形應如何？

4. 某母群體左偏分佈時，已知其中位數 Me 是 40，眾數 Mo 是 60，則 35、45、55、65 四數中，何者可能是該分佈之平均數？

5. 某次期中考，若班上有過半數同學的成績低於平均數，那麼這次考試結果的分配可猜測其分佈的偏態為何？

6. 設有一著名的打擊手過去 12 年間的全壘打次數統計如下：

$$49、32、33、39、22、42、9、9、39、52、58、70$$

　(1) 試計算偏態係數 SK。

　(2) 假設 Bowley 偏態係數定義為 $SK_B = \dfrac{(Q_3 - Q_2) - (Q_2 - Q_1)}{(Q_3 - Q_2) + (Q_2 - Q_1)}$。則當資料是右偏的分佈時，因 $Q_3 - Q_2 > Q_2 - Q_1$，$SK_B > 0$；反之，當資料是左偏時，$SK_B < 0$。$|SK_B|$ 值愈大，偏斜愈大。試計算 Bowley 偏態係數。

7. 學者皮爾生 (*Pearson*) 利用平均數 μ，中位數 Me，眾數 Mo 及標準差 σ 的關係來描述偏態分佈。定義單峰資料分佈的皮爾生第一偏態係數定義為：$\dfrac{3(\mu - Mo)}{\sigma}$ 及第二偏態係數定義為：$\dfrac{3(\mu - Me)}{\sigma}$。試利用本章例 1 的資料計算皮爾生第二偏態係數。

8. 悠真每次罰球投籃 10 次，共做 11 次試驗，投中次數分別記錄為：

$$3、2、3、7、4、3、6、4、3、3、6$$

計算悠真投中次數資料分布的皮爾生第二偏態係數 $\dfrac{3(\mu - Me)}{\sigma}$？

9. 繼上題，悠真投中次數資料分布的峰態係數為何？

10. 設有一問卷題目（答項區分為：非常不同意(1)、不同意(2)、沒意見(3)、同意(4)、非常同意(5)），整理參與回答該問題的資料如下：

$$3、2、4、3、2、3、2、3、2、2、2、2、3、2、2、1、$$
$$3、2、2、2、3、3、4、2、3、2、2、3、2、2、$$
$$2、2、2、3、3、3、3、2、2、2、2、2、4、2、$$
$$2、3、2、2、3、2、3、2、3、2、3、2、3$$

⑴計算其偏態係數與峰態係數。

⑵試以皮爾生法計算資料的第一偏態係數，$\dfrac{3(\mu - Mo)}{\sigma}$。

11.有一份對新生女生入學的學習態度調查的樣本資料：

154、 109、 137、 115、 152、 140、 154、 178、 101、
103、 126、 126、 137、 165、 165、 129、 200、 148

試以平均數和中位數的關係瞭解資料的偏態情形。

12.給予一分組資料及相關計算表格陳列如下，計算偏態係數與峰態係數（m_i, f_i 代表各組組中點與次數）。

表 4.6

組 別	組 界	次數 f_i	組中點 m_i	$m_i f_i$	$m_i - \mu$	$(m_i - \mu)^2 f_i$
1	30～40	1	35	35	−63	3,969
2	40～50	0	45	0	−53	0
3	50～60	0	55	0	−43	0
4	60～70	2	65	130	−33	2,178
5	70～80	1	75	75	−23	529
6	80～90	1	85	85	−13	169
7	90～100	2	95	190	−3	18
8	100～110	5	105	525	7	245
9	110～120	8	115	920	17	2,312
Σ		20		1,960		9,420

表 4.7

組 別	$(m_i - \mu)^3$	$(m_i - \mu)^4$
1	−250,047	15,752,961
2	−148,877	7,890,481
3	−79,507	3,418,801
4	−35,937	1,185,921
5	−12,167	279,841
6	−2,197	28,561
7	−27	81
8	343	2,401
9	4,913	83,521
Σ	−523,503	28,642,569

13.給予下面兩組隨機樣本資料：

資料一：

9.14、8.14、8.74、8.77、9.26、8.10、6.13、3.10、9.13、7.26、4.74

資料二：

6.58、5.76、7.71、8.84、8.47、7.04、5.25、5.56、7.91、6.89、12.50

(1)資料一分七組，組距為 1，繪製直方圖；資料二分五組，組距為 2，繪製直方圖。

(2)就兩資料以動差法計算樣本偏態係數與樣本峰態係數。

14.(1)假設這是從一本簡易英文小說中隨機抽取出六十個字的字母長度紀錄：

7、3、10、14、5、6、6、7、2、6、2、4、3、5、6、
7、2、10、2、11、10、4、4、3、9、5、2、5、3、5、
4、2、4、8、5、9、4、4、3、2、3、5、2、2、6、
7、4、3、2、1、2、4、3、6、3、8、5、3、1

試以組界 (0, 2, 4, 6, 8, 10, 12, 14) 繪製直方圖，並計算資料的動差偏態係數。

(2)假設這是從另一本英文小說中隨機抽取出五十個字的字母長度紀錄：

10、12、14、5、13、13、13、9、12、13、13、7、9、
12、10、3、12、12、13、9、5、9、14、9、12、15、
12、10、15、15、12、12、13、8、13、10、13、10、11、
10、13、13、10、11、13、14、13、10、13、10

繪製直方圖並計算資料的偏態係數。

(3)比較兩本小說抽樣的結果。

15.這是隨機抽出 26 部車的行駛效率（每公升里程數）的紀錄資料：

17、18、21、16、18、21、22、20、20、21、19、20、15、
15、17、18、25、21、18、16、20、18、8、17、22、17

若為節約燃料和環境保護考慮，打算實施燃料汙染課稅。試繪製直方圖觀察、計算資料的偏態係數並寫出考慮的政策。

16. 假設這是一問卷調查中某一項意見調查（答項區分為：非常不同意(1)、不同意(2)、沒意見(3)、同意(4)、非常同意(5)）的結果。為判定調查資料的次數分配是否為常態分配，以資料之偏態 (skewness) 與峰態 (kurtosis) 觀察；假若偏態及峰態絕對值有任一數值大於 1，代表本題項回答情況與常態分配偏離太大，將予以刪除。

5、4、4、3、5、4、4、4、4、4、5、5、4、5、
4、4、5、2、2、5、4、4、4、3、4、1、1、4、
5、3、5、4、4、2、4、4、5、5、5、3、4、
5、5、1、4、5、4、4、3、4、3、4、5、4

試判斷此題項是否須刪除？

17. 假設一班級考英文期中測驗，試以各種統計方法瞭解此次考試的難易程度或是否測出同學的學習努力？出題是否適當？

24、41、42、12、27、31、22、22、18、63、
35、23、24、79、50、20、23、14、34、38、
38、28、33、26、19、53、23、39、19、23

18. 1879 年 A. A. Michelson 教授使用法國物理學者 Foucault 提出的一測量光速的方法，做光在空氣中的速度測量的實驗。以下是五次結果（每次 20 回）中的二次資料：

第一次：

850、740、900、1,070、930、850、950、980、980、880、
1,000、980、930、650、760、810、1,000、1,000、960、960

第四次：

890、810、810、820、800、770、760、740、750、760、
910、920、890、860、880、720、840、850、850、780

試就每一次資料計算摘要統計量數（最小值，第一四分位數，中位數，平均數，第三四分位數，最大值）。試用中位數與平均數概略判斷分佈的偏斜情形。

第 5 章
機率概論

→ 學習重點

1. 機率在統計上的應用。
2. 機率的定義、機率的基本觀念及機率的運算。
3. 何謂隨機變數?隨機變數的機率分配為何?連續型隨機變數和離散型隨機變數有何差異?
4. 期望值和變異數的意義、重要性及其應用。

統計推論在下結論前，一定要交代「如果重複使用這個統計方法，則此法得到正確結論的頻率有多少？」統計推論要有效的前提是資料必須由隨機抽樣或隨機試驗而得。因為利用隨機性而得的資料，才能根據機率理論回答：「如果重複這個方法很多次，會發生什麼情況？」

以下幾節中，我們將介紹一些機率的基本概念，而這些概念將有助於未來統計推論過程中，機率的計算與瞭解。

5.1 機率在統計上的角色

我們以一個簡單的例子，說明機率在統計上所扮演的角色。假設你的手上有一枚硬幣，丟這個硬幣一次，結果不是正面就是反面，如果你重複丟了上百萬次，而且假設硬幣是公正的，則你可以期望上百萬次的投擲結果中，大約 $\frac{1}{2}$ 的次數出現正面，$\frac{1}{2}$ 的次數出現反面。這就是機率學家假設母體已知，就可以推論得到某個樣本結果的機率，譬如說，假設手上的硬幣是公正的（這就是母體的假設），連丟這個硬幣兩次，便可以計算連續得到兩次正面（這就是樣本）的機率為 $\frac{1}{4}$ $(=\frac{1}{2} \times \frac{1}{2})$。

與機率學家相反地，統計學家則是要由已知的樣本，推論未知的母體。那機率到底如何應用在統計推論上呢？想想下面的例子。假設你手上有一個硬幣，但你並不知道這個硬幣是否是公正的（這就是母體未知），若你想知道硬幣是不是公正的，很自然地，你必須重複丟這個硬幣數次，假設你重複丟了十次，結果十次都是正面（這就是一個樣本）。統計推論就是利用樣本所得的資訊，對母體做推論，以這個例子來說，我們想要推論這個硬幣是否為公正的。重複丟了硬幣十次，結果得了十次都是正面，很自然地，你應該不會接受：「這個硬幣是公正」的假設吧！道理是，如果我們假設硬幣是公正的，則連得十次正面，是最不可能出現的結果。換句話說，實際情況只有兩種，一種是「硬幣的確是公正的」，很不幸的，卻出現了最不可能的結果，另一種是「硬幣是公正」的假設是錯的。以機率理論來看，因為在公正的假設下，得到此種樣本的機率太低了，所以，我們的結論是傾向於後者：「『硬幣是公正』的假設是錯的」。

5.2　機率是什麼？

在日常生活中，我們常使用「機率」這個字眼。例如，我們常說買一張公益彩券中獎的機率多大，另一方面，我們也會說，這輩子我可以買一間上億元的豪宅的機率多大，這兩個例子所說的「機率」，涵義一樣嗎？前面的例子，可以較客觀的方式決定機率大小，而後者的機率大小，則是個人根據未來生涯發展的評價決定的。因此，機率的解釋可分為以下兩種。

5.2.1　機率是相對頻率

丟硬幣、丟骰子、買彩券、生小孩等等，這些事的共同特性是在發生前都不知道結果會如何，但如果重複做這些事情很多次，就會出現規則的形態。例如丟一硬幣，只丟一次、二次、十次很難事先預料結果會如何，如表 5.1 是利用電腦模擬丟擲硬幣的情形，丟擲的次數在十次以下，正面出現的比例差別頗大，但當次數增加時，正面出現的比例亦隨著趨近於 0.5。因此我們可以說丟擲這個硬幣，得到正面的機率為 0.5。

表 5.1　丟擲硬幣實驗

丟擲次數	1	2	5	10	100	500	1,000	2,000	5,000	10,000
正面出現比例	1	1	0.4	0.4	0.57	0.49	0.477	0.512	0.493	0.505
反面出現比例	0	0	0.6	0.7	0.56	0.432	0.496	0.518	0.496	0.498

統計上，我們稱得到觀察值（或測量值）的過程為實驗，例如上例丟硬幣，觀察其結果是正面或反面的過程就稱為實驗，因其結果無法事先預料，通常稱為隨機實驗。實驗的一個或多個可能結果所成的集合稱為事件，通常以大寫英文字母表示。

隨機實驗的例子

丟一個六面骰子二次的實驗，令 A 表示二次點數和為 4 的事件，則事件 A 可表為：

$A = \{(1, 3), (2, 2), (3, 1)\}$

如令 B 表示二次點數相同的事件，則 B 可表為：

$B = \{(1, 1), (2, 2), (3, 3), (4, 4), (5, 5), (6, 6)\}$

我們想知道一事件發生的機率，例如上述事件 A，我們以 $P(A)$ 表示事件 A 發生的機率。由上面的討論，一事件發生的機率可定義如下：

 重複相同的實驗非常多次後，定義一事件出現的比例為此事件發生的機率。

決定機率的方法主要有兩種：

1. 對自然的事物做假設，以決定事物的機率

例如我們常假設硬幣是公正的，也就是丟擲此硬幣時，正、反面出現的可能性相等，因此，我們推論丟此硬幣一次，得到正面的機率為 $\frac{1}{2}$。又例如某一種彩券可以由 0 到 9 中，自由選擇三個數字，所以頭獎就有一千種可能 $(000, 001, 002, \cdots, 999)$，如果抽獎的方式是公平的，也就是每一種組合出現的可能性都相等，那麼每次你買一張彩券中獎的機率便是 $\frac{1}{1,000}$。所以，長期而言，大概每一千次會有一次中獎，當然不是指恰好每一千次有一次中獎。

2. 由很多次重複中，觀察其相對頻率

我們可以觀察一地區一年內出生男嬰的相對頻率，利用此方法，我們可以得到蠻準確的數字，代表一出生嬰兒是男嬰的機率。例如根據內政部統計，×6 年臺灣的新生兒有 204,459 人，其中男嬰有 106,936 人，因此，×6 年，

一新生兒是男嬰的機率為 $\frac{106{,}936}{204{,}459} = 0.523$。

關於機率是相對頻率的定義，幾項說明如下：

⑴這個定義只適用於實驗可重複任意多次，且每次實驗都可以觀察到結果。

⑵當實驗次數足夠多時，一事件發生的頻率會趨於一常數值，那麼我們就可以定此數值為事件發生的機率。

⑶每次的實驗都是獨立的。意思是每次實驗的結果不受任何一次實驗結果影響。

⑷機率不適用於預測少數幾次實驗的結果，例如丟一硬幣，得到正面的機率為 $\frac{1}{2}$，並不代表丟二次硬幣，其中會有一次出現正面。機率是適用於當重複實驗非常多次之後，預測事件發生的比例。

5.2.2　主觀機率

上節機率是相對頻率的定義只適用於相同實驗可重複的情況，然而有些事件一樣具有不確定的特性，但不可能重複發生，此時只能由決策者本身認為事件發生的機會多少來定其機率，稱為主觀機率。例如張三認為某一球隊拿冠軍的機率為 30%，經濟學家預測明年景氣轉好的機率是 50%，氣象播報員預測臺中市明天下雨的機率為 10% 等等，都屬於主觀機率。主觀機率主要是個人的主觀意識判斷，當然仍要滿足機率的一般規則，例如機率值要介於 0 和 1 之間，而且要一致，也就是若臺中市明天下雨的機率是 10%，則不下雨的機率就是 90%。主觀機率是人為判斷，機率理論並不適用，但日常生活中仍舊有許多情況須要利用主觀機率來做決策。

5.3　計數方法

由前一節的定義，一事件發生的機率為重複相同的實驗多次後，此事件出現的相對次數，因此，在計算機率時常須用到計數方法。

5.3.1 包含多個實驗步驟的計數規則

假設一隨機實驗包含 k 個步驟，其中第一個步驟有 n_1 種可能的結果，第二個步驟有 n_2 種可能的結果，依此類推，至第 k 個步驟有 n_k 種可能的結果，則整個隨機實驗所有可能的結果總數為 $n_1 \times n_2 \times \cdots \times n_k$。由此可以延伸為計數排列方法，從 n 個相異物中，任意選取 m（m≤n）個做排列，則所有可能的排列方法總數為：

$$n \times (n-1) \times (n-2) \times \cdots \times (n-m+1) = \frac{n!}{(n-m)!}$$

其中 $n! = n \times (n-1) \times (n-2) \times \cdots \times 2 \times 1$ 且 $0! = 1$。

5.3.2 組合的方法數

從 n 個相異物中，任意選取 m（$m \leq n$）個為一組，若不考慮選取的前後順序，此種選取物件的方法稱為 n 取 m 的組合。可利用排列方法算出所有可能的組合數。因為由 n 個相異物取出 m 個且考慮順序相當於是從 n 個相異物中，任意選取 m（$m \leq n$）個做排列，因此 n 取 m 且考慮選取順序的所有可能取法有 $n \times (n-1) \times (n-2) \times \cdots \times (n-m+1) = \frac{n!}{(n-m)!}$ 種，但 m 個相異物共有 $m!$ 種排列法，所以若不考慮順序，每 $m!$ 種排法應視為同一種組合，因此 n 取 m 的組合總數為：

$$\frac{n!}{(n-m)!m!}$$

以符號 $\binom{n}{m}$ 或 C_m^n 表示，也就是：

$$\binom{n}{m} = C_m^n = \frac{n!}{(n-m)!m!}$$

例2

(1)由 6 位男生中選出 4 人組成委員會，則共有幾種可能的選法？

(2)延續(1)，若選出的 4 人，1 人當主委，1 人當副主委，另 2 人分別當財務
及事務委員，則共有幾種可能的選法？

解析

(1)此問題由 6 人中選取 4 人，不考慮順序，所以可能的選法有 $C_4^6 = \dfrac{6!}{4!2!}$
$= 15$ 種。

(2)因為選出的 4 人職務都不同，所以屬於排列問題，可能的選法有 $6 \times 5 \times 4 \times 3 = 360$ 種。

5.4　機率的基本觀念

實際應用上，當我們知道一簡單事件的機率時，常希望能藉此求出更複雜事件的機率。例如我們知道丟擲一硬幣 1 次，得正面的機率是 $\dfrac{1}{2}$，那麼如果總共丟了三次後，至少一次是正面的機率為何？藉由機率的一些基本規則，便可計算較複雜事件的機率。

5.4.1　機率的基本規則

1. 規則 1：任何事件發生的機率不可能小於 0，也不可能大於 1。亦即，對任一事件 A 而言：

$$0 \le P(A) \le 1$$

機率值為 0 的事件，表示此事件不可能發生，而機率為 1，則表示此事件必定發生。

2. 規則 2：事件 A 發生的機率和事件 A 不發生的機率和為 1。亦即：

$$P(A) + P(A^c) = 1$$

其中 A^c 表示不屬於 A 中的結果所成的集合，例如丟一個公正的六面骰子，若 A 代表得到偶數點的事件，亦即 $A = \{2, 4, 6\}$，則 $A^c = \{1, 3, 5\}$，表示所得點數不為偶數點的事件，很顯然地，得到偶數點和沒得到偶數點的機率和為 1。若是主觀定出來的機率，仍必須滿足基本的機率規則，例如某人預

估他一生中，有 70% 的機率，可以買上億元的豪宅，相對地，他一生中，有 30% 的機率，無法買上億元的豪宅。

3.規則 3：兩事件若不可能同時發生，我們稱兩事件互斥。兩互斥事件中，至少有一事件發生的機率為兩事件發生的機率和。

以符號說明如下，令 A、B 分別代表兩事件，則至少有一事件發生的機率，也可以說，A 或 B 發生的機率可寫成 $P(A \cup B)$。若事件 A 和 B 互斥（也就是 $A \cap B = \phi$），則

$$P(A \cup B) = P(A) + P(B)$$

 例3 互斥事件的例子

志玲預定一星期中任選一天到賣場採購，則剛好選到週末的機率為何？

解析

$$P(\text{星期六或星期日}) = P(\text{星期六}) + P(\text{星期日}) = \frac{1}{7} + \frac{1}{7} = \frac{2}{7}$$

 例4 非互斥事件的例子

小明預估數學期中考拿到班上最高分的機率是 50%，拿到第二高分的機率是 30%，所以小明數學期中考是第一名或第二名的機率是 80%。又小明預估英文期中考最高分的機率是 60%，那小明期中考數學或英文拿到第一名的機率是 50% + 60% = 110% 嗎？

解析

當然不是，因為機率不可能超過 100%。這裡的問題是小明的數學和英文可以同時是第一名，所以規則 3 在此不適用，必須利用一般的加法規則，將兩事件機率和減去兩事件同時發生的機率。

交集合的例子

同例 1，連續丟一公正的六面骰子二次，令 A 表示二次點數和為 4 的事件，事件 B 表示二次點數相等，我們以 $A \cap B$ 表示 A、B 同時發生的事件。則 $P(A \cap B)$ 為何？

解析

因為 A 和 B 中只有 $(2, 2)$ 是共同的元素，$A \cap B = \{(2, 2)\}$，所以 $P(A \cap B) = \dfrac{1}{36}$。

計算兩事件同時發生的機率，如果兩事件不會互相影響，亦即知道其中一個事件發生的機率並不會改變另一個事件發生的機率，此時我們稱兩事件互相獨立且兩事件同時發生的機率等於兩事件個別機率的乘積。

4. 規則 4：假設事件 A 和 B 互相獨立，則 $P(A \cap B) = P(A) \cdot P(B)$。

例6 獨立事件的例子

同例 5，令 C、D 分別代表第一次和第二次點數為 2 的事件，則 $P(C \cap D)$ 為何？

解析

很顯然地，第一次和第二次的投擲結果並不會互相影響，因此事件 C 和 D 是獨立的，所以：

$$P(C \cap D) = P(C) \cdot P(D) = \frac{1}{6} \times \frac{1}{6} = \frac{1}{36}$$

若以實際 C、D 中的元素來看：

$$C = \{(2, 1), (2, 2), (2, 3), (2, 4), (2, 5), (2, 6)\}$$
$$D = \{(1, 2), (2, 2), (3, 2), (4, 2), (5, 2), (6, 2)\}$$

從上述可知，$C \cap D = \{(2, 2)\}$，所以 $P(C \cap D) = \dfrac{1}{36}$，和上面的結果是相吻合的。但例 5 中，$P(A \cap B) = \dfrac{1}{36}$, $P(A) = \dfrac{3}{36}$, $P(B) = \dfrac{6}{36}$，則 $P(A \cap B) \neq P(A) \cdot P(B)$，因此事件 A、B 不獨立。

以下例 7 介紹乘法規則的應用。

例7　乘法規則推廣的例子

根據內政部人口統計，×6 年新生兒是男嬰的機率為 0.523，今隨機抽取五個×6 年出生的嬰兒，則⑴五個都是男嬰的機率為何？⑵至少一個是女嬰的機率為何？

解析

⑴令 A_1 代表第一個是男嬰的事件，A_2 代表第二個是男嬰的事件，……，則：

P(五個都是男嬰)

$= P(A_1 \cap A_2 \cap \cdots \cap A_5)$

$= P(A_1) \cdot P(A_2) \cdot \cdots \cdot P(A_5) = 0.523^5 = 0.039$

⑵P(至少一個是女嬰)

$= 1 - P$(五個都是男嬰)

$= 1 - 0.039 = 0.961$

---

5. 一般加法規則：當兩事件不互斥時，無法利用規則 3 求兩事件中，至少有一事件發生的機率，而須利用一般的加法規則。

令 A、B 為任意兩事件，則：

$$P(A \cup B) = P(A) + P(B) - P(A \cap B)$$

上面等式由下面文氏圖（圖 5.1），便很容易瞭解。外框表示所有可能的結果所成的集合，稱為樣本空間，以 S 表之，而兩橢圓重疊部分即是 $A \cap B$。

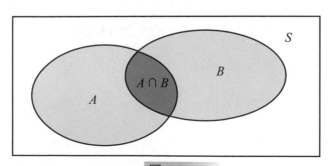

圖 5.1

例8　加法規則的例子

　　根據一項關於成人飲食習慣的調查，有 40% 的人喝茶，45% 的人喝咖啡，15% 的人咖啡和茶都喝，今隨機抽問一個成人，則⑴此人喝茶或咖啡的機率為何？⑵此人不喝茶也不喝咖啡的機率為何？

解析

　　令 T 代表此人喝茶的事件，C 代表此人喝咖啡的事件，則 $P(T)=0.4$，$P(C)=0.45$，$P(T\cap C)=0.15$，所以：

⑴ $P(T\cup C)=P(T)+P(C)-P(T\cap C)=0.7$。

⑵ $P($此人不喝茶也不喝咖啡$)=1-P(T\cup C)=0.3$。

5.4.2　條件機率

　　前面我們談到若事件 A、B 互相獨立，則 A、B 兩事件同時發生的機率為個別機率的乘積。另一方面，若兩事件不獨立，也就是其中一事件發生與否，會影響另一事件發生的機率，如何求兩事件同時發生的機率呢？此時必須利用條件機率。所謂條件機率是指給定某種條件下，一事件發生的機率，例如已知事件 A 發生的條件下，事件 B 發生的機率，寫成 $P(B|A)$。我們以下面例子做說明。

例9　條件機率的例子一

　　大友公司對員工做健康方面的調查，公司共有 900 名員工，其中男性員工有 600 名，女性員工有 300 名，而男員工中抽菸者有 270 人，女員工中抽菸者有 30 人。年終尾牙公司摸彩，第一特獎有一位，若已知抽到第一特獎的是男性，則此人會抽菸的機率為何？

解析

將上述資料列表如下：

表5.2 抽菸與性別之調查

性　別 ＼ 抽菸與否	抽　菸	不抽菸	合　計
男　性	270	330	600
女　性	30	270	300
合　計	300	600	900

令 M 表示男員工的事件，S 表示員工抽菸的事件。此題要求的機率便是條件機率，以符號表示為 $P(S|M)$，因為已知抽到第一特獎的是男性，所以只須考慮男性員工中抽菸的比例，所以：

$$P(S|M) = \frac{270}{600} = \frac{9}{20}$$

上例中，$P(S) = \frac{300}{900} = \frac{1}{3}$，$P(S) \neq P(S|M)$，換句話說，事件 M 發生與否會影響事件 S 發生的機率，此時我們稱事件 M 和 S 不互相獨立或稱兩事件為相依事件。以上述乘法規則來看，$P(M) = \frac{600}{900}$，$P(S \cap M) = \frac{270}{900}$，所以 $P(S \cap M) \neq P(S) \cdot P(M)$，亦顯示 M 和 S 這兩事件不獨立，也就是抽菸和性別是相依的。上列式子可以改寫為：

$$P(S|M) = \frac{\frac{270}{900}}{\frac{600}{900}} = \frac{P(S \cap M)}{P(M)}$$

意思是已知事件 M 發生了，事件 S 也發生的機率，也就是事件 S 在事件 M 中所占的比例。

任意兩事件 A、B，已知事件 A 發生的條件下，事件 B 發生的機率為：

$$P(B|A) = \frac{P(A \cap B)}{P(A)} \text{，已知 } P(A) > 0$$

或已知事件 B 發生的條件下，事件 A 發生的機率為：

$$P(A|B) = \frac{P(A \cap B)}{P(B)} \text{，已知 } P(B) > 0$$

由上列定義可得一般的**乘法規則**：

$$P(A \cap B) = P(A) \cdot P(B|A) = P(B) \cdot P(A|B)$$

例10 條件機率的例子二

假設一箱中有六個紅球，四個白球，今由箱中隨機抽取二個球，一次抽一個球且抽完不放回。請問抽到的二個球皆是紅球的機率為何？第二次抽到紅球的機率為何？

解析

令 R_1, R_2 分別代表第一次及第二次抽到紅球的事件。很顯然地，第一次抽到紅球的機率為 $P(R_1) = \frac{6}{10}$，而且在第一次抽到紅球的條件下，第二次抽到紅球的機率為 $P(R_2|R_1) = \frac{5}{9}$。因為抽完不放回，二次抽球是相依事件，所以要求二次都抽中紅球的機率，必須利用條件機率求解。二次都抽到紅球，也就是第一次抽到紅球，而且在此情況下，第二次也抽到紅球。以機率的式子表示為：

$$P(R_1 \cap R_2) = P(R_1) \cdot P(R_2|R_1) = \frac{6}{10} \times \frac{5}{9} = \frac{1}{3} \text{。}$$

因為第二次抽球的結果和第一次抽球相依，所以我們必須利用條件機率來求第二次抽到紅球的機率。直覺上可以理解，第二次抽到紅球的機率等於第一次抽到紅球且第二次抽到紅球的機率加上第一次沒有抽到紅球但第二次抽到紅球的機率，也就是：

$$P(R_2) = P(R_1 \cap R_2) + P(R_1^c \cap R_2)$$
$$= P(R_1) \cdot P(R_2|R_1) + P(R_1^c) \cdot P(R_2|R_1^c)$$
$$= \frac{6}{10} \times \frac{5}{9} + \frac{4}{10} \times \frac{6}{9} = \frac{3}{5}$$

◆註：同學注意到了嗎？第二次抽到紅球的機率和第一次抽到紅球的機率是一樣的！若再抽一次球，則第三次抽到紅球的機率也會是 $\frac{6}{10}$ 嗎？

二次抽球結果的機率可以樹枝圖表示，更為簡單明瞭。

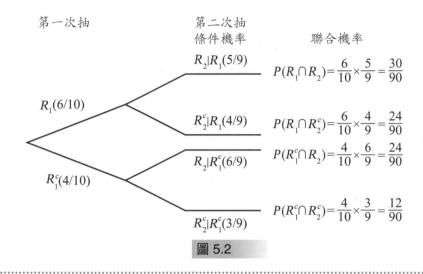

圖 5.2

以下另再補充條件機率的一些觀念：

⑴ $P(A|B)$ 和 $P(A \cap B)$ 的區別，主要是事件發生的先後順序不同，$P(A|B)$ 是指事件 B 已發生，事件 A 再發生的機率，而 $P(A \cap B)$ 是兩事件同時發生的機率。

⑵ 由一般的乘法規則，$P(A \cap B) = P(A) \cdot P(B|A) = P(B) \cdot P(A|B)$，而當 A、B 獨立時，$P(A \cap B) = P(A) \cdot P(B)$，所以此時 $P(A|B) = P(A)$（當 $P(B) \neq 0$），已知 B 事件發生並不影響事件 A 發生的機率，同理 $P(B|A) = P(B)$（當 $P(A) \neq 0$），已知事件 A 發生並不影響事件 B 發生的機率。

例11 判斷獨立或相依的例子

全虹公司最近提出一項新的福利措施，想瞭解員工的意見，做了一項調查，資料如下：

表5.3　福利措施意見調查表

	贊　成	不贊成	合　計
男　性	450	150	600
女　性	300	100	400
合　計	750	250	1,000

今隨機抽問一員工，令 M 表示此員工為男性的事件，A 表示此人贊成的事件，則 M 和 A 獨立或相依呢？

解析

$P(M) = \dfrac{600}{1,000} = \dfrac{3}{5}$，$P(A) = \dfrac{750}{1,000} = \dfrac{3}{4}$，$P(M \mid A) = \dfrac{450}{750} = \dfrac{3}{5}$，$P(M \cap A) = \dfrac{450}{1,000} = \dfrac{9}{20}$，所以 $P(M) = P(M \mid A)$ 且 $P(M \cap A) = P(M) \cdot P(A)$，都表示事件 M 和 A 互相獨立。

例12 利用樹枝圖計算條件機率

根據以往的經驗，某公司發現參加行銷訓練課程的人員中，有 85% 的人會完成全部的課程，完成課程的人中，有 60% 變為成功的業務員，相對地，沒有完成全部課程的人中，只有 10% 的人，變為成功的業務員。試問：

⑴如果有一人剛加入訓練課程，則此人變成一個成功的業務員的機率為何？

⑵若有一人被認為是成功的業務員，則此人曾經完成訓練課程的機率為何？

解析

令 A 代表某人完成訓練課程的事件，B 代表某人是成功業務員的事件。利用上述資訊可用樹枝圖將之表達如下（圖 5.3）：

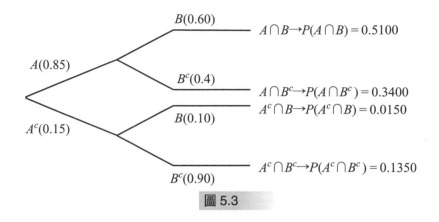

圖 5.3

(1)此人成為一個成功的業務員的機率為:

$$P(B) = P(A \cap B) + P(A^c \cap B) = 0.5100 + 0.0150 = 0.5250$$

(2)被認為是成功的業務員,則此人曾完成課程訓練的機率為:

$$P(A \mid B) = \frac{P(A \cap B)}{P(B)} = \frac{0.5100}{0.5250} = 0.9714$$

5.5 隨機變數

很多隨機實驗的結果並不是數字。例如丟一公正的硬幣四次,其結果是正、反兩字形成的字串,譬如說「正反反正」。在統計上,我們習慣將實驗的結果數值化,以便於表達。例如上述丟硬幣的實驗中,令 X 表示四次投擲中正面的個數,若實驗結果為「正反反正」,則 $X = 2$,很顯然地,X 的可能值有 0、1、2、3 或 4。我們稱 X 為隨機變數。

定義 隨機變數是一種函數,將隨機實驗的每一個結果都指定一數值與之對應。

隨機變數通常以大寫英文字母表示,例如 X、Y、Z 等等。一隨機變數的所有可能值所成的集合,稱為樣本空間,通常以 S 表之。如上述丟硬幣的例子,X 的樣本空間為 $S = \{0, 1, 2, 3, 4\}$。

一般隨機變數分離散型和連續型兩種。所謂離散型隨機變數是指變數的值是可數的，可以一一列出，如上例 X 的可能值 $S = \{0, 1, 2, 3, 4\}$，若把這些 X 的可能值畫在數線上，這些值會被其他不屬於 S 的值（如 0.3, 1.2, …）所隔開，所以稱 X 為離散型隨機變數。而連續型的變數其樣本空間則是一連續的區間。例如某人每天準時於早上七點到家裡附近的公車站牌等公車上班，但由於路上交通常有不確定因素，每天等車的時間不確定，可以確定的是等候的時間不會超過 30 分鐘，因此若以 X 代表某日早上此人須候車的時間，則 X 便是一個隨機變數，而且 X 的可能值為 0 到 30 之間的任一個數，以圖形表示，X 的樣本空間就是 0 到 30 的線段，很顯然這個線段是連續的，所以 X 是一個連續型的隨機變數。

5.5.1　機率分配

由於隨機變數較易於表達，後面的章節，我們將主要以隨機變數做說明，首先我們要先定義隨機變數的機率分配。

> **定義**　隨機變數 X 的機率分配是一列表或一個公式，說明 X 有哪些可能值，而且如何指定機率給每一個值。

由於離散型和連續型隨機變數的樣本空間，在本質上不同，所以我們分開討論兩種變數的機率分配。

● 離散型隨機變數的機率分配

> **定義**　 一個離散型隨機變數的機率分配是一個表或函數，以表示出隨機變數的所有可能值及其機率。

通常以 $P(x)$ 表示隨機變數 X 的數值等於 x 時的機率，須注意的是，一隨機變數的機率分配須滿足兩個條件：

(1) $0 \le P(x) \le 1$。

(2) $\sum\limits_{\text{所有 } x \text{ 的可能值}} P(x) = 1$。

例如上述丟一公正硬幣二次，X 代表二次中所得正面的次數，則 X 的機率分配可列表為：

表5.4　X 的機率分配表

X	0	1	2
$P(x)$	$\frac{1}{4}$	$\frac{1}{2}$	$\frac{1}{4}$

也可以機率分配圖表示 X 的機率分配，每一長條的高度代表機率值，如圖 5.4。

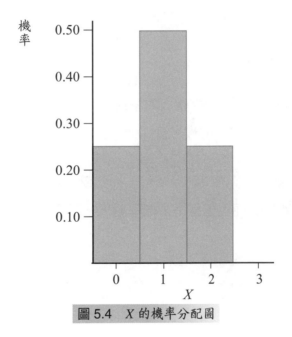

圖5.4　X 的機率分配圖

有時也可以函數表示隨機變數 X 的機率分配。例如丟一公正的骰子二次，令 X 代表二次的點數和，則 X 的可能值有十一種，2、3、4、5、6、…、11、12，除了將其值及機率一一列出外，也可以下列之函數形式表示：

$$P(x) = \begin{cases} \dfrac{6-|x-7|}{36} & x = 2, 3, \cdots, 12 \\ 0 & \text{其他} \end{cases}$$

◆註：讀者可以數字代入驗算得出各種結果的機率值。

二 連續型隨機變數的機率分配

因為連續型隨機變數的可能值是在一個連續的區間或區域上的任一個數值，包含無限多種可能值。當連續型隨機變數的值發生在樣本空間的某一數值時，相當於是無限多種可能值中的一個，以傳統計算機率的觀點來看，連續型隨機變數等於此一數值的機率是無限多分之一，也就是 0。因此，要敘述連續型隨機變數的機率分配就不能像離散型一樣，一一列出隨機變數的每個可能值的機率。只能以函數曲線來描述變數值在某一區間的機率，此函數通常以 $f(x)$ 表示，$f(x)$ 的圖形為一平滑曲線，稱為機率密度曲線，而隨機變數的值介於任意兩數 a、b 之間的機率，即為密度曲線和 X 軸所圍區域的面積，如圖 5.5 陰影部分的面積。

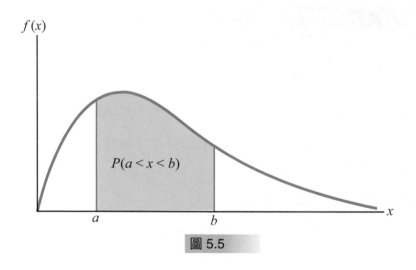

圖 5.5

注意 $f(x)$ 的曲線下，$a < x < b$ 部分的面積等於 $a \leq x < b$ 部分的面積，所以 $P(x = a) = 0$，換句話說，連續型隨機變數的值可能發生在連續區間或區域上的任一個數值，但若指定連續型變數等於區域內的某數值，則此事件發生的機率為 0。

5.5.2 隨機變數的期望值

機率是指一隨機現象長期所出現的規則形態，所以可以用來預測一個隨機實驗重複很多次之後的結果，應用這個觀念，我們可求長期的得或失。

例13 期望值的例子一

某一簡單的樂透彩，買者可以由 0, 1, 2, …, 9 中任選三個數字，最後由主辦單位隨機抽出一組數字，若你簽中了，可得 10,000 元。如果你買了很多張，譬如說一萬張，則平均而言，每一張的報酬率是多少元？

解析

因為三個數字的組合共有一千種，所以每買一張中獎的機率是 $\frac{1}{1,000}$。令 X 代表買一張彩券的報酬，則 X 的機率分配為：

表5.5 X 的機率分配表

X	0	10,000
$P(x)$	0.999	0.001

一張彩券的報酬有兩種，0 或 10,000 元，以一般平均數的算法，0 和 10,000 的平均是 5,000，以此為買一張彩券的平均報酬是沒有意義的，因為得到 10,000 元的可能性比得到 0 元的可能性小很多。但長期而言，大約每 1,000 張會有一張中 10,000 元，其餘 999 張則得 0 元，所以長期來說，每買一張的報酬為 10 元，稱為隨機變數 X 的期望值。

$$0 \times 0.999 + 10,000 \times 0.001 = 10$$

所以，如果彩券一張 15 元，那長期而言，每一張彩券是賠 5 元的！

 定義 一離散型隨機變數 X 的期望值（或稱平均數）定義為：

$$\mu = E(X) = \sum_{\text{所有可能值 } x} x \cdot P(x)$$

由期望值的定義可知，期望值就是隨機變數的所有值的加權平均數，其權數為每個可能值的機率。由平均數的概念，不難瞭解期望值不是隨機變數 X 的一個可能值，甚至 X 的值也不一定要在期望值附近。

例14 期望值的例子二

小明和爸爸玩丟骰子的遊戲，以骰子的點數決定零用錢多寡。令 X 為丟公正的骰子一次的點數，$Y = 5X + 50$ 為小明可得的零用錢。求：

(1) X 的期望值。

(2) Y 的機率分配及期望值。

(3) 若再加丟公正的硬幣一次，得正面則爸爸再多給小明 10 元，若得反面則維持原來的錢數，則小明總共可期望拿到多少零用錢？

解析

(1) 因為每一個點數的機率都是 $\dfrac{1}{6}$，所以 $E(X) = \dfrac{1}{6} \times (1 + 2 + \cdots + 6) = 3.5$。

(2) Y 的機率分配可表示如下：

表 5.6 Y 的機率分配表

X	1	2	3	4	5	6
$Y = 5X + 50$	55	60	65	70	75	80
$P(y)$	$\dfrac{1}{6}$	$\dfrac{1}{6}$	$\dfrac{1}{6}$	$\dfrac{1}{6}$	$\dfrac{1}{6}$	$\dfrac{1}{6}$

$$E(Y) = \frac{1}{6} \times 55 + \frac{1}{6} \times 60 + \frac{1}{6} \times 65 + \frac{1}{6} \times 70 + \frac{1}{6} \times 75 + \frac{1}{6} \times 80$$

$$= \sum_{x=1}^{6}(5x + 50) \cdot P(x)$$

$$= 67.5$$

(3) 令 Z 代表丟硬幣所得的零用錢，則 Z 的機率分配為：

表 5.7 Z 的機率分配表

Z	10	0
$P(z)$	0.5	0.5

$$E(Z) = 10 \times 0.5 + 0 \times 0.5 = 5$$

所以小明總共可期望得的零用錢為：

$$E(Y + Z) = E(Y) + E(Z) = 67.5 + 5 = 72.5$$

期望值的性質：

(1)設 G 為 X 的任一函數，則定義 $G(X)$ 的期望值為：

$$E(G(X)) = \sum_{\text{所有可能值 } x} G(x) \cdot p(x)。$$

(2) a, b 為任意常數，則 $E(aX + b) = aE(X) + b$。

(3) X 和 Y 為任意二隨機變數，則 $E(X + Y) = E(X) + E(Y)$。

 例15 期望值的例子三

大家樂超市為刺激買氣，發行了 8,000 張彩券，每張 5 元，唯一的獎品是一部價值 12,000 元的相機，若你買了兩張，則你的期望所得是多少？

解析

一、同時考慮兩張彩券的所得

令 X 表示兩張彩券的最後所得，X 只有兩種可能值，一種可能是你輸了 10 元，另一種可能是贏了 11,990 元，X 的機率分配如下：

表 5.8　X 的機率分配表

X	-10	$11,990$
$P(x)$	$\dfrac{7,998}{8,000}$	$\dfrac{2}{8,000}$

所以：

$$E(X) = (-10) \times \frac{7,998}{8,000} + 11,990 \times \frac{2}{8,000} = -7$$

意思是如果重複買了很多次，平均每兩張彩券賠了 7 元。

二、先考慮一張彩券的所得

令 X 表示一張彩券的所得，則 X 的值只有兩種可能，一種可能是輸了 5 元，另一種可能是贏了 11,995 元，X 的機率分配如下：

表 5.9　X 的機率分配表

X	-5	$11,995$
$P(x)$	$\dfrac{7,999}{8,000}$	$\dfrac{1}{8,000}$

所以：

$$E(X) = (-5) \times \frac{7,999}{8,000} + 11,995 \times \frac{1}{8,000} = -3.5$$

因為兩張彩券的總所得為 $2X$，買兩張的期望所得為：

$$E(2X) = 2E(X) = 2 \times (-3.5) = -7$$

例16　期望值的例子四

保險公司發行一項新的保險產品，保險時期一年，賠償金 100,000 元，保險發生理賠的機率是 0.02。一年的保費應定為多少錢才能使保費和保險賠償金達到平衡？（註：一般保費的計算還要加上保險公司的行政費和利潤，本題為簡化計算，捨棄行政費和利潤不計）

解析

令 C 為年繳保費，若一年內沒有申請理賠，則保險公司賺 C 元，若申請理賠，則保險公司損失 $(100,000-C)$ 元，令 X 為保險公司一年內的所得，X 的機率分配為：

表 5.10　X 的機率分配表

X	C	$-(100,000-C)$
$P(x)$	0.98	0.02

$$E(X) = C(0.98) + [-(100,000 - C)](0.02) = 0$$
$$C = 2,000$$

如果不考慮保險公司的行政費用和利潤，保險公司每年須向保險人收取 2,000 元保費，才能使保費和保險賠償金達到平衡。

....

 ### 5.5.3 隨機變數的變異數

假設 A、B 兩種股票目前的股價相同，但根據預測，兩種股票未來一個月內的報酬如下：

表 5.11　A、B 股票報酬

項目＼股票	A			B		
每股報酬	5	10	15	0	10	20
機　率	$\frac{1}{3}$	$\frac{1}{3}$	$\frac{1}{3}$	$\frac{1}{3}$	$\frac{1}{3}$	$\frac{1}{3}$

未來一個月內，兩種股票每股的平均報酬都是 10 元，股價也一樣，你要買哪一種呢？很顯然地，B 股票每股報酬的變異性比 A 股票大，在機率理論上，我們以變異數來衡量一個隨機變數的變異程度。

 定義　隨機變數 X 的變異數定義為

$$\sigma^2 = Var(X) = E(X - \mu)^2，其中 \mu = E(X)$$

因為 μ 代表 X 所有可能值的中心位置，所以變數的值和 μ 的差距即代表 X 的所有可能值的離散程度，取平方是為了避免正負相互抵消。另一種表達方式是取變異數的平方根，$\sigma = \sqrt{Var(X)}$，稱為 X 的標準差，和變異數等價，都可以用來表示一個隨機變數的離散程度。而計算變異數的方式有兩種：

(1)根據變異數的定義，$Var(X) = \sum\limits_{\text{所有可能值 } x} (x - \mu)^2 \cdot P(x)$。

(2)由(1)進一步推導可得 $Var(X) = E(X^2) - \mu^2$。

因為：

$$Var(X) = \sum_{\text{所有可能值 } x} (x-\mu)^2 \cdot P(x)$$

$$= \sum_x (x^2 - 2x\mu + \mu^2) \cdot P(x)$$

$$= \sum_x x^2 \cdot P(x) - 2\mu \sum_x x \cdot P(x) + \mu^2 \sum_x P(x) \quad (\text{因為 } \sum_x xP(x) = \mu,$$

$$\sum_x P(x) = 1)$$

$$= E(X^2) - \mu^2$$

通常(2)較容易計算。

 例17 變異數的例子一

如例 14，X 為投一公正骰子的點數，試求 X 的期望值和變異數和。

解析

$$E(X) = 1 \times \frac{1}{6} + 2 \times \frac{1}{6} + \cdots + 5 \times \frac{1}{6} + 6 \times \frac{1}{6} = 3.5$$

$$E(X^2) = 1^2 \times \frac{1}{6} + 2^2 \times \frac{1}{6} + 3^2 \times \frac{1}{6} + 4^2 \times \frac{1}{6} + 5^2 \times \frac{1}{6} + 6^2 \times \frac{1}{6} = \frac{91}{6}$$

由 $Var(X) = E(X^2) - \mu^2$ 可知：

$$Var(X) = E(X^2) - \mu^2$$

$$= \frac{91}{6} - (3.5)^2 = \frac{35}{12}$$

$$= 2.9167$$

變異數運算性質：

(1) a, b 是任意常數，$Var(aX+b) = a^2 Var(X)$。

(2) X 和 Y 是兩個獨立的隨機變數，則：

$$Var(X+Y) = Var(X) + Var(Y)$$

$$Var(X-Y) = Var(X) + Var(Y)$$

例18 變異數的例子二

如例 14，求 $Var(Y)$ 及 $Var(Y + Z)$。

解析

(1)(a)直接由 Y 的分配求：

$$Var(Y) = E(Y^2) - \mu_Y^2$$

$$= \frac{1}{6} \times (55^2 + 60^2 + 65^2 + 70^2 + 75^2 + 80^2) - (67.5^2)$$

$$= 72.9167$$

(b) $Var(5X + 50) = 5^2 Var(X) = 25 \times 2.9167 = 72.9175$

((a)，(b)的答案有些微的差距是因四捨五入造成的。)

(2)因為丟骰子和丟硬幣是兩個獨立的實驗，所以 Y 和 Z 互相獨立。

$$Var(Z) = E(Z^2) - \mu_Z^2$$

$$= 10^2 \times \frac{1}{2} + 0 \times \frac{1}{2} - 5^2$$

$$= 25$$

$$Var(Y + Z) = Var(Y) + Var(Z) = 72.9167 + 25 = 97.9167$$

 例19 變異數的例子三

假設 A、B 兩種股票一個月後的報酬如下：

表 5.12 A、B 股票的報酬

股票 項目	A			B		
每股報酬	5	10	15	0	10	20
機 率	$\frac{1}{3}$	$\frac{1}{3}$	$\frac{1}{3}$	$\frac{1}{3}$	$\frac{1}{3}$	$\frac{1}{3}$

　　每張股票共有 1,000 股，若莉莉兩種股票各買一張，分別以 X、Y 表示 A、B 兩種股票未來一個月每股的報酬。試求一個月後：

⑴莉莉平均報酬有多少？

⑵若這兩種股票的漲跌不相關，則其報酬的標準差為多少？

⑶若兩種股票的股價相同，你會選擇買哪一種？

解析

⑴ A、B 兩種股票未來一個月每股的報酬分別為：

$$E(X) = 5 \times \frac{1}{3} + 10 \times \frac{1}{3} + 15 \times \frac{1}{3} = 10$$

$$E(Y) = 0 \times \frac{1}{3} + 10 \times \frac{1}{3} + 20 \times \frac{1}{3} = 10$$

　　一個月後，莉莉的平均報酬為：

$$E(1,000X + 1,000Y) = 1,000E(X) + 1,000E(Y) = 20,000$$

⑵兩種股票報酬的變異數分別為：

$$Var(X) = \frac{1}{3} \times (5^2 + 10^2 + 15^2) - 10^2$$
$$= 16.6667$$

$$Var(Y) = \frac{1}{3} \times (0^2 + 10^2 + 20^2) - 10^2$$
$$= 66.6667$$

$$Var(1,000X + 1,000Y) = 1,000^2 Var(X + Y)$$
$$= 1,000^2 [Var(X) + Var(Y)]$$
$$= 1,000^2 \times 83.3334$$

　　所以報酬的標準差為 $\sqrt{1,000^2 \times 83.3334} = 9,128.7129$。

⑶兩種股票的平均報酬相等，但 B 股票的變異數比 A 股票的變異數大很多，表示 B 股票的漲跌起伏波動較大，也就是買 B 股票的投資風險較大，所以若兩股票的股價相等，保守的投資人應選擇買 A 股票。

關於變異數有幾點註解：

(1)由變異數的計算公式 $Var(X) = \sum\limits_{\text{所有可能值 } x} (x - \mu)^2 \cdot P(x)$ ，因為 $(x - \mu)^2$ 不可能是負數，所以變異數永遠不可能是負數。

(2)由上面(1)的結果及變異數的簡化公式 $Var(X) = E(X^2) - \mu^2$，X 的平方之期望值 $E(X^2)$，和 X 的期望值的平方 $(E(X))^2$，不相等，而且 $E(X^2) \geq (E(X))^2$。

(3)一隨機變數的變異數為 0，則此隨機變數為一常數。

個案討論

您真的被檢驗出乳癌了嗎？——貝氏定理應用

乳癌是全世界女性最常見的癌症之一，在歐美國家，平均每 4 名女性癌症患者中就有一個罹患的是乳癌。近年來，國人飲食西化及生活型態的改變，使得女性乳癌發生率節節上升。美麗是一位 43 歲的職業婦女，由於她最近一次健康檢查的乳房攝影結果出現乳癌陽性反應，使她的生活頓時陷入愁雲慘霧中。試問在這種情況下，美麗真正罹患乳癌的機率到底有多高呢？

根據衛福部國民健康署 2014 年的調查顯示，臺灣地區，40～44 歲婦女得乳癌的機率約為 0.118%。此外，有研究顯示，如果女性沒有罹患癌症，而乳房攝影錯誤，斷言說她有癌症的機率大約只有 2%；但如果女性確實罹患癌症，則有 95% 的機會可以偵測出來。光看這些表面的統計數字，陽性的乳房攝影結果的確讓人心驚，但若能利用統計學中的貝氏定理確實計算出美麗真正得乳癌的機率，將可大大減低她心中的不安。

若我們以 A 代表一個 40～44 歲婦女得乳癌的事件，以 B 代表乳房攝影結果為陽性的事件，則上述的資料可以機率式子表示如下：

$$P(A) = 0.00118，則 P(A^c) = 1 - 0.00118 = 0.99882$$

$$P(B|A^c) = 0.02，P(B|A) = 0.95$$

所以，我們可算出乳房攝影結果為陽性的機率為：

$$P(B) = P(B \cap A) + P(B \cap A^c)$$
$$= P(A) \times P(B|A) + P(A^c) \times P(B|A^c)$$
$$= 0.00118 \times 0.95 + 0.99882 \times 0.02$$
$$= 0.0210974$$

我們可以更進一步算出，一個 40~44 歲婦女乳房攝影結果為乳癌陽性的情況下，她確實罹患乳癌的機率為：

$$P(A|B) = \frac{P(B \cap A)}{P(B)} = \frac{0.001121}{0.0210974} = 0.0531$$

從上述結果可知，雖然美麗的乳房攝影結果為陽性，而且乳房攝影檢驗的準確性很高，但美麗真正得乳癌的機率其實只有 5.31%！比表面上看到的驗出機率 95% 低很多，差異如此之大的原因是因為「機率 95%」是在此人已患有乳癌的情況下，被驗出的條件機率。但實際上，得乳癌的驗前機率只有 2%，因此，即使美麗的檢驗結果呈現陽性，但她真正患有乳癌的機率實際上只有 5.31%！這就是所謂的「偽陽性詭論」。

抽籤真的公平嗎？

某小型公司共有 50 位員工，今公司提供三張機票給員工出國旅遊，為公平起見，公司決定用抽籤方式決定。在一箱中有 50 支籤，其中有三支有作記號，由員工一一來抽，抽中有記號者可得機票。這個決定方式真的公平嗎？第一個抽的人和最後一個抽的人抽中的機率一樣嗎？

令 A_i 代表第 i 個員工抽中的事件。顯然 $P(A_1) = \frac{3}{50}$。要求第 2 位抽中的機率 $P(A_2)$，則須應用條件機率並依第 1 位抽中與否做計算。

(1) E_0：第 1 位沒抽中 $P(E_0) = \frac{47}{50}$

(2) E_1：第 1 位抽中 $P(E_1) = \frac{3}{50}$

$$P(A_2) = P(E_0)P(A_2|E_0) + P(E_1)P(A_2|E_1)$$
$$= \frac{47}{50} \times \frac{3}{49} + \frac{3}{50} \times \frac{2}{49} = \frac{3}{50}$$

第 4 位抽中的機率 $P(A_4)$ 如何求呢？首先仍須依據前 3 位抽出的四種可能結果，求出第 4 位抽中的機率。以下是四種可能的結果及其發生的機率：

(1) E_0：前 3 位皆沒抽中 $P(E_0) = \dfrac{C_3^{47}}{C_3^{50}}$

(2) E_1：前 3 位只有 1 位抽中 $P(E_1) = \dfrac{C_1^3 C_2^{47}}{C_3^{50}}$

(3) E_2：前 3 位有 2 位抽中 $P(E_2) = \dfrac{C_2^3 C_1^{47}}{C_3^{50}}$

(4) E_3：前 3 位都抽中 $P(E_3) = \dfrac{C_3^3}{C_3^{50}}$

$$P(A_4) = P(E_0)P(A_4|E_0) + P(E_1)P(A_4|E_1) + P(E_2)P(A_4|E_2) + P(E_3)P(A_4|E_3)$$
$$= P(E_0)$$
$$= \frac{C_3^{47}}{C_3^{50}} \times \frac{3}{47} + \frac{C_1^3 C_2^{47}}{C_3^{50}} \times \frac{2}{47} + \frac{C_2^3 C_1^{47}}{C_3^{50}} \times \frac{1}{47} + \frac{C_3^3}{C_3^{50}} \times \frac{0}{47}$$
$$= \frac{3}{50}$$

同樣道理，不管是要求第幾位員工抽中的機率，如同上面求法，先求出前面抽過的四種可能結果的機率，再利用乘法規則，即可求出任一位員工抽中的機率。而且可以得到「不管抽籤順序，每位員工抽中的機率都等於 $\dfrac{3}{50}$」，所以抽籤是公平的。

一夕致富的機率多大？大樂透發財夢

樂透遊戲盛行於世界各地，只要投注少許的金額，便可能獲得巨額彩金，因此樂透彩為許多普羅大眾喜愛。臺灣樂透彩券於 2002 年發行，立即引起購買熱潮，隨後更衍生出許多不同的樂透遊戲。至今，隨時經過投注站幾乎都有人排隊買樂透，尤其是累積數期未開出的高額獎金時，排隊購買的人潮更形成一條長龍。到底樂透彩中獎機率多大呢？只要持續一直買，總有一天夢想就會成真嗎？我們以大樂透為例，投注 50 元，中獎的機率多大呢？

　　大樂透的遊戲規則是購買者可由 01～49 中任選六個號碼投注，開獎時由此四十九個號碼隨機開出六個號碼加一個特別號，若投注者的六個選號中有三個以上（含三個）和當期開出的獎號相同，即為中獎，可依下列中獎方式領取獎金。

表 5.13　大樂透的中獎方式及中獎機率

獎　項	中獎方式	中獎機率
頭　獎	與當期六個獎號完全相同者	$\dfrac{1}{C_6^{49}}=\dfrac{1}{13,983,816}$ $=0.0000000715112$
貳　獎	對中當期獎號之任五個及特別號	$\dfrac{C_5^6 C_1^1}{C_6^{49}}=\dfrac{6}{13,983,816}$ $=0.000000429067$
參　獎	對中當期獎號之任五個	$\dfrac{C_5^6 C_1^{42}}{C_6^{49}}=\dfrac{6\times42}{13,983,816}$ $=0.0000180208$
肆　獎	對中當期獎號之任四個及特別號	$\dfrac{C_4^6 C_1^1 C_1^{42}}{C_6^{49}}=\dfrac{15\times42}{13,983,816}$ $=0.0000450521$
伍　獎	對中當期獎號之任四個	$\dfrac{C_4^6 C_2^{42}}{C_6^{49}}=\dfrac{15\times861}{13,983,816}$ $=0.000923568$
陸　獎	對中當期獎號之任三個及特別號	$\dfrac{C_3^6 C_1^1 C_2^{42}}{C_6^{49}}=\dfrac{20\times861}{13,983,816}$ $=0.001231424$
普　獎	對中當期獎號之任三個	$\dfrac{C_3^6 C_3^{42}}{C_6^{49}}=\dfrac{20\times11,480}{13,983,816}$ $=0.01641898$

　　看了上列的中獎機率，你還做發財夢嗎？中頭獎的機率幾乎是 0，即便最小的普獎中獎的機率也只有 1.6419%，事實上整個中獎機率只有 1.8638%，也就是摃龜的機率高達 98.1362%！為什麼還有那麼多人買樂透呢？俗話說：「有夢最美」！有買才有機會，花小小的「50」元買一個「希望」是值得的！更何況自樂透彩發行以來，還是有人中頭獎的啊！

本章習題

一、選擇題

( ) 1. 下列何者代表事件 A、B 為相依事件？ (A) $P(A)=0.7, P(B)=0.5$, $P(A \cap B)=0.35$ (B) $P(A)=0.6$ 且 $P(A|B)=0.6$ (C) $P(A \cap B)=0$ (D) $P(A)=0.1, P(B)=0.4, P(A \cup B)=0.46$

( ) 2. 已知 $P(A)=0.1, P(B)=0.4$ 且 $P(A \cap B)=0$。下列敘述何者正確？ (A)事件 A、B 互相獨立但不互斥 (B)事件 A、B 互斥且為相依事件 (C)事件 A、B 不互斥也不互相獨立 (D)事件 A、B 互斥且互相獨立

( ) 3. 假設 $P(A)=0.3, P(A \cap B)=0.1, P(B)=0.4$。下列敘述何者正確？ (A)事件 A 和 B 互相獨立 (B) $P(A|B)=\dfrac{1}{3}$ (C) $P(B|A)=\dfrac{1}{3}$ (D) $P(A \cup B)=0.7$

( ) 4. 下列何者為有效的機率分配？

(A)

x	-1	1	2
$P(x)$	0.2	0.9	-0.1

(B)

x	0	1	2	3
$P(x)$	0.1	0.2	0.3	0.3

(C)

x	$\dfrac{1}{2}$	$\dfrac{1}{4}$	1
$P(x)$	$\dfrac{1}{2}$	$\dfrac{1}{4}$	$\dfrac{1}{4}$

(D)

x	0	1	2	3
$P(x)$	0.1	0.2	0.3	0.5

題組 1：利用下列機率表回答問題 5～8。

	有運動的習慣	無運動的習慣	總　和
50 歲以下	0.48	0.27	0.75
50 或 50 歲以上	0.15	0.10	0.25
總　和	0.63	0.37	1.00

（　　）5.隨機抽取 1 人 ， 則此人有運動習慣的機率為　(A) 0.15　(B) 0.48　(C) 0.63　(D) 0.5

（　　）6.隨機抽取 1 人，則此人 50 歲或 50 歲以上且有運動習慣的機率為 (A) 0.10　(B) 0.15　(C) 0.25　(D) 0.63

（　　）7.隨機抽取 1 人 ， 則此人 50 歲以下但沒有運動習慣的機率為　(A) 0.27　(B) 0.36　(C) 0.75　(D) 0.48

（　　）8.已知某人 50 歲 ， 則此人有運動習慣的機率為　(A) 0.15　(B) 0.48　(C) 0.25　(D) 0.6

題組 2：利用下列機率表回答問題 9～12。此機率表是一新研發的感冒藥藥效和年齡的關係。

	有　效	無　效	總　和
50 歲以下		0.21	0.24
50 或 50 歲以上			
總　和	0.17		

（　　）9.此新藥對某人沒效的機率為　(A) 0.21　(B) 0.62　(C) 0.65　(D) 0.83

（　　）10.已知某人 45 歲，此人使用此藥有效的機率為　(A) 0.03　(B) 0.125　(C) 0.875　(D) 0.17

（　　）11.隨機抽取 1 人 ， 則此人 50 歲以下或者他使用新藥無效的機率為 (A) 0.21　(B) 0.83　(C) 0.83　(D) 0.86

（　　）12.隨機抽取 1 人，則此人 50 歲或 50 歲以上且使用新藥有效的機率為　(A) 0.14　(B) 0.17　(C) 0.62　(D) 0.82

二、問答題

1.某銀行過去一年來，各美金支票帳戶所開出支票的總金額之分配如下：

表 5.14　開出支票總金額的分配

金　額	$1,000 以下	$1,000～2,999	$3,000～4,999	$5,000～7,999	$8,000 以上
百分比	17%	43%	28%	?	3%

今隨機抽取一帳戶,事件如下:

A:此帳戶開出的支票總金額小於 $3,000。

B:此帳戶開出的支票總金額在 $1,000~4,999 之間。

C:此帳戶開出的支票總金額超過 $4,999。

試問:

(1)帳戶開出的支票總金額在 $5,000~7,999 的百分比為多少?

(2)事件 A、B 和 C 的機率分別為多少?

(3)$P(B \cup C) = ?$

(4)$P(A \cap B) = ?$

(5)事件 A、B 和 C 互斥嗎?為什麼?

2. 圖書館提供討論室給同學使用,但欲使用者須先登記。根據以往的經驗,一天中借用的次數分配如下:

表 5.15　一天中使用次數分配

次　數	0	1	2	3	4
機　率	0.35	0.2	0.25	0.15	0.05

試求下列事件的機率:

(1)某日至少借用一次的機率。

(2)某日借用次數不超過兩次的機率。

(3)假設圖書館共有兩間討論室,且容許借用一整天的時間,則某日發生借不到的機率為何?

3. 咖啡因的主要來源是咖啡、茶及可樂。根據這三項來源調查發現,55% 的成人喝咖啡,25% 的成人喝茶,35% 的成人喝可樂,15% 同時喝咖啡和茶,25% 同時喝咖啡和可樂,5% 只喝茶,5% 三種飲料都喝。利用文氏圖將上面資料表達出來,並求下列事件的機率:

(1)只喝可樂的人占多少比例?

(2)多少比例的人不喝這三種飲料的任何一種?

4. 有價證券的「漫步理論」是指其價格在不同時期是不相關、互相獨立的。

假設我們只記錄每年證券價格是漲或跌，根據紀錄每年證券上漲的機率是 0.65。試問：

(1)我們的證券連續三年上漲的機率為何？

(2)若我們的證券已連續漲了兩年，則下一年下跌的機率為何？

(3)連續兩年我們的股票漲或跌的方向一樣的機率為何？

5. 假設生男生女的機率相等。某家庭有 2 個小孩，試問：

(1)已知老大為女孩，求老二為女孩的機率。

(2)已知有一女孩的條件下，求兩個小孩均為女孩的機率。

6. 將 aabbcd 排成一列，令 A 表 b 排末的事件，B 表兩個 a 相鄰的事件，試求 $P(B|A)$。

7. 某生打算投擲一公正的銅板來決定要選修的課，若出現正面則選修法文課；若出現反面則選修德文課。根據過去之資料，選修法文課有 0.6 的機率會得到 90 分以上，而選德文課則只有 0.4 的機率會得到 90 分以上。試求此生選修法文課會得到 90 分以上的機率為何？

8. A 袋中有黑球 5 個，白球 3 個；B 袋中有黑球 3 個，白球 2 個。先隨機地選出一袋，再自選出的袋中取出一球，試求取出白球的機率。

9. 人的血型分 O、A、B 及 AB 四種，假設其分佈情況如下：

表 5.16　人的血型分佈情況

血　型	O	A	B	AB
機　率	0.45	0.4	0.11	0.04

現在隨機抽取一對夫妻，且我們可以合理地假設夫妻的血型是獨立的。試問：

(1)一個 B 型的人輸血時只能接受 B 型或 O 型的血。假設一血型為 B 的婦女，其先生可以輸血給她的機率有多少？

(2)一對夫妻血型相同的機率有多少？

(3)夫妻中 1 人是 A 型，而另 1 人是 B 型的機率為多少？

(4)血型除了以 O、A、B 及 AB 區分外，另一種分法是 Rh–陰性和 Rh–陽

性，大約有 84% 的人是 Rh–陽性。隨機抽取 1 人，則此人是 Rh–陰性，A 型的機率為何？

10.某大型研究機構對其員工的學歷和性別的調查結果如下：

表 5.17　員工學歷與性別調查表

	專 科	大 學	碩 士	博 士	合 計
女	32	645	227	18	922
男	40	505	161	26	732
合 計	72	1,150	388	44	1,654

今隨機選取 1 位員工，試問：

(1)此員工為女性的機率為何？

(2)若已知此員工擁有碩士學位，則此員工為女性的機率為何？

(3)事件 A：選取的員工是女性，事件 B：選取的員工擁有碩士學位，這兩個事件互相獨立嗎？為什麼？

11.某衣服郵購商有兩條產品線，第一條產品線的產品價位較高，第二條產品線則是一般價位。現在做了一項顧客性別和通路的調查，結果如下：

表 5.18　顧客性別和通路調查表

	通路 1	通路 2	合 計
女	516	205	721
男	132	147	279
合 計	648	352	1,000

令 A 為顧客是女性的事件，B 為顧客訂的產品屬於第一條產品線的事件。今有一顧客下單，求：

(1)此顧客是女性的機率為何？

(2)此顧客訂的產品屬於第一條產品線的機率為何？

(3)此顧客是女性或訂的產品屬於第一條產品線的機率為何？

(4)說明事件 A、B 不獨立，也就是事件 A 和事件 B 是相依的，而且事件 A、B 同時發生的機率滿足機率乘法規則，$P(A \cap B) = P(A)P(B|A)$。

12.(1)某公司有 A、B 兩條生產線，A 每天生產 3,000 件產品，不良率為 0.03，B 每天生產 2,000 件產品，不良率為 0.04，產品生產完後混合裝箱，某天出廠時發現一件不良品，試問此不良品出自於 A 生產線的機率為何？

(2)如果公司還有 C 生產線，每天生產 1,000 件產品，不良率是 0.01，三條線的產品混合裝箱，某天出廠時發現一件不良品，試問此不良品出自於 A 生產線的機率為何？

13.一百貨公司考慮一項新的信用卡管理措施以降低逾期不繳費的不良客戶數目。信用卡部門經理建議，未來若客戶有兩次超過每月繳費期限一個星期或以上仍沒有繳款的不良紀錄，公司將停止該客戶使用信用卡的權利。經理解釋他提出此建議的理由，因為根據他過去的觀察，在那些信用不良、未繳款的客戶中，90% 都至少有兩次逾時繳款的紀錄。假設公司的調查部門發現在所有信用卡客戶中，2% 真的是沒有繳款的不良客戶，而在有繳款的客戶中，有 45% 的客戶都曾經有至少兩次逾時繳款的紀錄。若已知一客戶至少有兩次逾時繳款的紀錄，則此客戶事實上是個不繳款、信用不良的客戶的機率為何？

14.若已知臺灣地區勞工中，有 60% 是男性，40% 是女性，而男性勞工中，有 5% 是外籍勞工，女性勞工中，有 3% 是外籍勞工。今隨機抽取一勞工，問：

(1)此人為外籍勞工的機率為何？

(2)若已知此人為外籍勞工，則此人是女性勞工的機率為何？

15.圖書館以電子儀器檢查欲離開圖書館者是否非法攜帶館內物品，若身上帶有未辦理借閱手續的物品，儀器偵測到的機率是 97%，有時身上即使沒有非法攜帶物品，也可能發出聲音，此機會是 4%，若一般進館者，有 10% 的人會非法攜帶物品出館 （可能是忘了辦理手續或其他原因）。某日共有 200 人在圖書館內，則：

(1)約有幾人出館時，電子儀器會發出聲音？

(2)若某人經過出口時，儀器發出聲音，則此人非法攜帶物品出館的機率為多少？

16. 某次考試有五個單選題，每題有五個選項，若東東完全不會，則：

⑴東東全對的機率為多少？

⑵東東不會得零分的機率為多少？

⑶若已知參加考試的學生中有 6 成答對第一題，但答對者中有些學生是猜的，那麼真正會做這題的學生有幾成？

17. 一價值 1,500,000 元的鑽石，投保全險。若一年內鑽石被偷的機率是 0.01 且保險公司期望有 30,000 元的利潤，則保險公司應收取多少保費？

18. 某公司生產烘碗機，根據過去的紀錄，每月市場需求的分配如下：

表 5.19 每月市場需求調查表

需求臺數	200	300	400	500
機 率	0.1	0.4	0.3	0.2

⑴該公司的烘碗機，市場平均每月需求多少臺？每個月市場需求的標準差為多少？

⑵若每臺烘碗機的成本是 3,000 元，售價是 5,000 元，則該公司平均每個月的利潤為多少？公司每個月利潤的標準差為多少？

19. 保險公司銷售一種定期壽險給 21 歲的男性，五年內若身亡，可拿到 100,000 元保險金。保險公司每年收取 250 元保費，不考慮利息的問題，則保險公司每年所得為 X，等於保費 250 減去 100,000（如果此人在當年內身亡）。X 的分佈如下：

表 5.20 死亡年齡與 X 分佈表

死亡年齡	21	22	23	24	25	≥26
所得 X	−99,750	−99,500	−99,250	−99,000	−98,750	1,250
機 率	0.00183	0.00186	0.00189	0.00191	0.00193	?

⑴完成上述機率表。

⑵某人剛加入此一保險，則保險公司平均可從此人身上賺得多少錢？

(3)內文中，我們介紹統計上的標準差可以表示一項投資的風險大小，同理，保險公司的風險也可以計算保險公司所得 X 的標準差來表示。試計算 X 的標準差。

(4)假設有兩個 21 歲男性投保而且他們的存活是獨立的。令 X_1 和 X_2 分別代表保險公司由這兩個保險所得的利潤，則保險公司由這兩個保險所得的平均利潤為：

$$Z = \frac{X_1 + X_2}{2}$$

求 Z 的平均數和標準差，比較 X, Z 的平均數和標準差。

(5)若有四個人投保，則保險公司由這四個保險所得的平均利潤為：

$$Z = \frac{X_1 + X_2 + X_3 + X_4}{4}$$

求 Z 的平均數和標準差，和(3)，(4)的結果比較，你有何發現？

(6)試利用(3)，(4)，(5)的結果說明之，如果有 10,000 人投保，此時保險公司的平均利潤所得為多少？標準差為多少？

(7)一個 21 歲的人五年內存活的機率高於死亡的機率許多，若一被保險人在投保期間存活，則保險公司可賺 1,250 元保費。但萬一被保險人在被保險期間死亡，則保險公司要賠 100,000 元。假設共有 10,000 人投保，你認為保險公司承做這個保險風險大嗎？試利用(6)的結果說明之。

第 6 章
常用的機率分配

→

學習重點

1. 二項實驗和二項分配的定義及應用。
2. 卜瓦松分配及其應用。
3. 二項分配、卜瓦松分配和超幾何分配的關係。
4. 均勻分配和指數分配的定義及應用。

第5章我們介紹一隨機實驗的結果可藉由隨機變數表示，而隨機變數的值落在某個區間或等於某些值的機率則可由其機率分配計算得知。之前我們主要討論一些簡單情況下的隨機變數，因此都以列表形式表示隨機變數的機率分配，其實，在機率論裡有很多機率模型常被應用於日常生活的問題上，本章中我們將介紹幾種常用的機率分配。我們先介紹離散型分配，再介紹兩個簡單的連續型分配，而最常用的常態分配則於第7章詳細介紹。

6.1 二項實驗

某一公司隨機抽問 100 名員工，是否工作壓力會影響私人生活，統計共有多少人回答「是」。一項新的抗癌藥物試用在 25 位病人身上，統計結果有多少人存活五年以上。一家電器行賣出 20 部冷氣機，保證期一年，則一年內有多少部須要修理？這幾個問題的共同點是每個問題都重複一個隨機實驗數次，而每次實驗的結果都只有兩種，是或不是、有效或沒有效、要修理或不要修理等。諸如此類的調查，日常生活中隨處可見，在統計上，我們將這些問題的共同特性，定義為二項實驗，而這些重複實驗中，成功的總次數之機率分配，稱為二項分配。

定義

二項實驗是指具有下列性質的隨機實驗。

⑴整個實驗包含 n 次相同的試驗。

⑵每次試驗的結果都只有兩種可能，通常稱其中一種為成功，以 S 表示，而另一種為失敗，以 F 表示。

⑶每次成功的機率都是相同的，以 p 表示，而失敗的機率就等於 $1-p$ 或以 q 表示。

⑷n 次的試驗是獨立的。

⑸我們有興趣的是 n 次試驗中成功的總次數。

例1　二項實驗的例子

　　欲從一付洗好的撲克牌中，隨機抽取 10 張，假設分 10 次抽，一次抽一張，則有兩種抽牌的方式：(1)抽完後，將牌放回再抽；(2)抽完後，牌不放回，繼續抽。若我們有興趣的是抽出的 10 張牌中，黑桃總共有幾張。請問這兩種抽牌方式，哪一種是二項實驗？哪一種不是？為什麼？

解析

　　一一檢驗二項實驗的條件如下：

　　若抽完後放回，則：

(1)實驗包含 10 次相同的試驗，每次都由撲克牌中，隨機抽一張出來。

(2)每次的結果都只有兩種可能，是黑桃或不是黑桃，若拿到黑桃，稱為成功，否則為失敗。

(3)每次拿到黑桃的機率都是 $\dfrac{13}{52} = \dfrac{1}{4}$。

(4)因為每次抽完後放回，所以任何一次抽的結果並不影響其他次抽的結果。

(5)我們有興趣的是 10 張中黑桃的張數，亦即 10 次試驗中，成功的總次數。

　　所以第一種抽牌方式，抽完後放回的實驗是屬於二項實驗。

　　若抽完後，不放回，很顯然地，10 次的試驗不是獨立的。因為當第 1 次抽到的是黑桃時，第 2 次再抽到黑桃的機率 $(\dfrac{12}{51})$（注意這是條件機率），不等於當第 1 次沒有抽到黑桃時，第 2 次抽到黑桃的機率 $(\dfrac{13}{51})$，所以 2 次的試驗不是獨立的。因此，抽完後不放回的實驗就不是二項實驗了。

6.1.1　二項分配

　　二項實驗中，令 X 代表 n 次試驗成功的總次數，則 X 的機率分配稱之為二項分配，我們以符號 $X \sim B(n, p)$ 表示之，其中 B 代表二項 Binomial 的第一個字母，n 表試驗的次數，p 表成功的機率。如何得到二項分配的機率分配呢？我們先看看下面的例子。

例2 二項分配的例子一

根據長期的觀察，某一位業務員和客戶第一次接觸便可成功賣出產品的機率是0.2。若這位業務員今天接觸了5位新的客戶，假設這5位客戶互相都不認識，則恰有2位顧客買了產品的機率是多少？

解析

如上述，我們以 S 代表成功賣出，以 F 代表沒有賣出。我們分兩個步驟來求此問題的機率。

一：求某特定二次成功的機率。例如第一次和第三次成功，以符號表示為 $SFSFF$。因為每次的試驗都是獨立的，所以：

$$P(SFSFF) = P(S) \cdot P(F) \cdot P(S) \cdot P(F) \cdot P(F)$$
$$= 0.2 \times 0.8 \times 0.2 \times 0.8 \times 0.8$$
$$= (0.2)^2 \times (0.8)^3$$

由此不難看出，無論是哪二次成功，機率都是 $(0.2)^2 \times (0.8)^3$。

二：求五次試驗中二次成功的所有可能的組合數。五次試驗中，二次成功三次失敗的所有可能的組合，相當於是二個 S 和三個 F 所有可能的排列數，而所有可能的排列如下：

SSFFF	SFSFF	SFFSF	SFFFS	FSSFF
FSFSF	FSFFS	FFSSF	FFSFS	FFFSS

共有十種可能，而每一種的機率都相等。所以五次試驗中，二次成功的機率為：

$$P(X=2) = 10 \times (0.2)^2 \times (0.8)^3 = 0.2048$$

事實上，上述的計算方式適用於任何一種二項分配機率的計算。令 $X \sim B(n, p)$，欲求 $P(X=k)$。任一特定的 k 次成功，例如前面 k 次試驗都成功，其機率都等於 $p^k(1-p)^{n-k}$。而 n 次試驗中，k 次成功的所有可能情況共

有 $\dfrac{n!}{k!(n-k)!}$ 種。因為 n 次試驗中，k 次成功相當於是在 n 個不同的空格中，取出 k 個空格填 S, 其餘填 F，此即為 n 個相異物取出 k 個的組合，而其組合數為 C_m^n，所以 n 次試驗中，k 次成功的機率為 $C_m^n P^k(1-p)^{n-k}$。

定義　二項分配機率：令 $X \sim B(n, p)$，則 $X = k$ 機率為：

$$P(X=k) = C_k^n p^k (1-p)^{n-k}, k = 0, 1, 2, \cdots, n$$

例3　二項分配的例子二

某公司做市場調查發現，公司的產品和其他廠牌類似的產品比較，消費者有 25% 的機率較喜歡此公司的產品，若我們隨機問了四個消費者，則：

(1)恰有二個消費者喜歡此公司產品的機率為何？

(2)至少二個消費者喜歡此公司產品的機率為何？

(3)四個消費者都喜歡此公司產品的機率為何？

解析

令 X 代表四個消費者中喜歡此公司產品的人數，則 $X \sim B(4, 0.25)$，所以：

(1)恰有二個消費者喜歡此公司產品的機率為：

$$
\begin{aligned}
P(X=2) &= C_2^4 \times (0.25)^2 \times (0.75)^{4-2} \\
&= \frac{4!}{2!2!} \times 0.0625 \times 0.5625 \\
&= 0.2109
\end{aligned}
$$

(2)至少二個消費者喜歡此公司產品的機率為：

$$
\begin{aligned}
P(X \geq 2) &= p(2) + p(3) + p(4) \\
&= 1 - P(X \leq 1) \\
&= 1 - p(0) - p(1) \\
&= 1 - C_0^4 \times (0.25)^0 \times (0.75)^4 - C_1^4 \times (0.25)^1 \times (0.75)^3 \\
&= 1 - \frac{4!}{0!4!} \times 1 \times (0.75)^4 - \frac{4!}{1!3!} \times 0.25 \times (0.75)^3 \\
&= 0.2617
\end{aligned}
$$

(3)四個消費者都喜歡此公司產品的機率為：

$$P(X=4) = C_4^4 \times (0.25)^4 \times (0.75)^0$$

$$= \frac{4!}{4!0!} \times (0.25)^4 \times 1$$

$$= 0.0039$$

6.1.2 二項分配機率圖形的形狀

二項分配的機率函數圖形有一共同特性，當 x 由 0 到 n，機率值 $p(x)$ 先是隨著 x 的增加而遞增，大約在 $x=(n+1)p$ 左右，$p(x)$ 達到最高點，而後 $p(x)$ 隨著 x 的增加而遞減，我們稱此種機率分佈為單峰。二項分配的形狀，可能對稱、左偏或右偏，主要依成功的機率 p 而決定。如果 $p=0.5$，圖形是對稱的，如圖 6.2。若 $p>0.5$，因為成功的機率較高，所以 X 的值等於較大值的機率較高，也就是 X 的機率分佈圖中，較高的長條落在 X 的值較大時，而較低的長條則落在 X 的值較小處，因此整個分佈圖形呈現左偏，如圖 6.1(a)。若 $p<0.5$，則因成功的機率較小，所以較高的長條會落在 X 的值較小處，而較低的長條則落在 X 的值較大時，所以分佈圖呈現右偏，如圖 6.1 (b)。當 p 的值愈偏離 0.5，圖形的偏態就愈大。

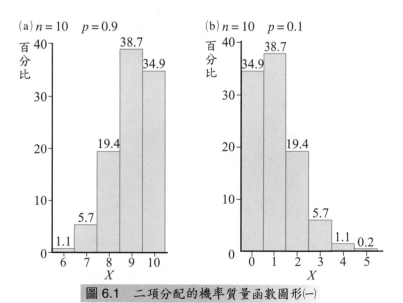

圖 6.1　二項分配的機率質量函數圖形(一)

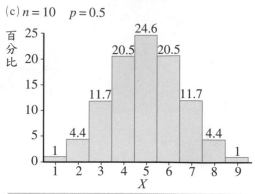

(c) $n = 10$　$p = 0.5$

圖 6.2　二項分配的機率質量函數圖形(二)

6.1.3　二項分配的期望值和變異數

> 設 $X \sim B(n, p)$，則 X 的期望值和變異數分別為：
> ⑴ $E(X) = np$
> ⑵ $Var(X) = np(1 - p)$

簡單說明上列公式如下，令 X_i 表示第 i 次試驗的結果，$X_i = 1$ 代表第 i 次成功，$X_i = 0$ 表失敗，則 $X = X_1 + X_2 + \cdots + X_n = \sum\limits_{i=1}^{n} X_i$，且任一 X_i 的期望值和變異數分別為：

$$E(X_i) = 1 \cdot p + 0 \cdot (1 - p)$$
$$= p$$
$$Var(X_i) = E(X_i^2) - (E(X_i))^2$$
$$= p - p^2$$
$$= p(1 - p)$$

所以：

$$E(X) = E(\sum_{i=1}^{n} X_i)$$
$$= \sum_{i=1}^{n} E(X_i)$$
$$= np$$

又每次的試驗都是獨立的，換句話說，$X_1, X_2, \cdots, X_n$ 都是獨立的，因此：

$$Var(X) = Var(\sum_{i=1}^{n} X_i)$$
$$= \sum_{i=1}^{n} Var(X_i)$$
$$= \sum_{i=1}^{n} p(1-p)$$
$$= np(1-p)$$

 例4 二項分配的例子三

例 3 中，四個消費者平均有幾個會較喜愛此公司的產品？其變異數為何？

解析

$$E(X) = 4 \times 0.25 = 1$$
$$Var(X) = 4 \times 0.25 \times 0.75 = 0.75$$

 例5 二項分配的例子四

大千玩具行為促銷一項新的玩具推出兩種方案。方案一：買此玩具的顧客可享八折優惠。方案二：玩投骰子遊戲，若投公正的六面骰子 1 次，得到 6 點則可以免費得到此玩具。假設此玩具原價 1,200 元，⑴對顧客而言，選哪一種方案較有利？⑵若有 30 位顧客選擇玩投骰子遊戲，則平均有多少人免費？

解析

⑴若選擇打折，則其購買價為 960 元。若參加遊戲，令 X 表顧客的支出的機率分配為：

表 6.1　顧客的支出機率分配

x	1,200	0
$P(x)$	$\frac{5}{6}$	$\frac{1}{6}$

所以顧客的平均支出為：

$$E(X) = 1,200 \times \frac{5}{6} + 0 \times \frac{1}{6} = 1,000$$

很顯然地，平均而言，顧客選擇打折較划算，玩遊戲不但要付的平均價格比較高且不確定性很大，其變異數為：

$$Var(X) = 1,200^2 \times \frac{5}{6} - (1,200 \times \frac{5}{6})^2 = 200,000$$

⑵令 Y 表 30 位顧客中，得到 6 點免費的人數，則 $Y \sim B(30, \frac{1}{6})$，且：

$$E(Y) = 30 \times \frac{1}{6} = 5$$

所以平均有 5 人免費。

例6　二項分配的例子五

一般由工廠直接大批進貨，無法一一檢驗每一個產品，都利用抽樣檢驗。隨機抽取一組樣本，檢查樣本中的每一個產品，記錄樣本中不良品的個數，令其為 x，若 x 的值小於或等於某一個預定的值 a，就接受此批貨。假設某檢驗員隨機抽取 10 個樣本做檢查，若不良品的個數小於或等於 1，則接受此批產品。若此批貨不良率為 5%，求此批貨被接受的機率為何？

解析

令 X 代表 10 個樣本中不良品的個數，則 $X \sim B(10, 0.05)$。所以：

$$p(x) = C_X^{10} \times (0.05)^x \times (0.95)^{10-x}$$

$$P(X \le 1) = p(0) + p(1)$$
$$= C_0^{10} \times (0.05)^0 \times (0.95)^{10} + C_1^{10} \times (0.05)^1 \times (0.95)^9$$
$$= 0.914$$

例7　二項分配的例子六

近來民宿非常流行，平日開放預約，但常有顧客訂房卻沒來，根據經驗，大約有 20% 的人訂房卻沒來。一民宿有 20 間客房，某一週末，接受了 25 位

顧客訂房，在沒有人候補的情況下，求：

  (1)有 1 間空房的機率是多少？

  (2)至少有 1 間空房的機率是多少？

  (3)有顧客訂房卻沒得住的機率是多少？

  (4)這 25 位訂房者，真正來住的平均人數和標準差各為多少？

解析

  令 X 為訂房且來住的人數，則 $X \sim B(25, 0.8)$。

  (1)有 1 間空房的機率為

$$P(\text{有 1 間空房}) = P(X = 19)$$
$$= C_{19}^{25} \times (0.8)^{19} \times (0.2)^{6}$$
$$= 0.1633$$

  (2)至少有 1 間空房的機率為：

$$P(X \leq 19) = 0.3833$$

  (3)有顧客訂房卻沒得住的機率為：

$$P(X \geq 21) = 1 - P(X \leq 20) = 0.4207$$

  (4)來住的平均人數為：

$$E(X) = 25 \times 0.8 = 20$$

  來住的人數標準差為：

$$\sigma = \sqrt{25 \times 0.8 \times 0.2} = 2$$

📈 6.2　卜瓦松分配

  日常生活中，常會遇到在一定的區間內，有關某一事件可能發生的次數之機率問題。例如一年內公司員工意外事件的次數，一個小時內打進總機的電話數，一頁文件中錯字的次數，一部汽車烤漆的缺點數等。在機率統計上，應用卜瓦松 (Poisson) 機率模型，求算事件發生一特定次數的機率，常可以得到不錯的結果。

6.2.1　卜瓦松過程

卜瓦松分配主要應用於在一特定的面積、體積、長度或時間內，一事件發生的次數問題。若事件的發生滿足下列情況，我們稱事件的發生為一近似的卜瓦松過程。

(1) 任何兩個不相重疊的區間內發生事件的次數互相獨立。例如上午 $9:00$ 到 $10:00$ 經過中正橋的汽車數與上午 $11:00$ 到中午 $12:00$ 經過中正橋的汽車數，互相獨立。

(2) 一區間內，事件發生一次的機率和區間的長度成比例。也可以說，一區間內，事件發生的平均數和區間大小成比例。例如 30 分鐘內平均有 50 部汽車通過中正橋，則一小時內平均有 100 部汽車通過中正橋。

(3) 當區間的長度愈來愈小，則在區間內發生 2 次或 2 次以上的機率趨近於 0。

我們令 X 代表一區間內事件發生的次數，若事件的發生為一近似的卜瓦松過程，則稱隨機變數 X 的機率分配為卜瓦松分配。

卜瓦松機率分配

一區間內，假設某事件的發生趨近於卜瓦松過程，且在區間內事件發生的平均次數為 λ（$\lambda > 0$），令 X 代表此區間內事件發生的次數，則：

$$P(X=k) = \frac{e^{-\lambda}\lambda^{x}}{x!},\ x = 0,\ 1,\ 2,\ \cdots$$

◆註：卜瓦松機率公式中的 e 在數學上是一個常數，大約等於 2.71828，大部分的計算機都有 e^x 函數。

我們以 $X \sim P(\lambda)$ 表示，其中 λ 為參數且卜瓦松分配的期望值和變異數都等於 λ，也就是：

$$\mu = E(X) = \lambda$$

$$\sigma^2 = Var(X) = \lambda$$

例8 卜瓦松分配的例子一

一鋼鐵工廠平均一年大約有 3 件嚴重的員工受傷事件。若工廠的安全設施在下一個年度維持不變,則員工受傷事件小於3 的機率為多少?

解析

令 X 代表下一年度發生的員工受傷事件個數,則 X~P(3):

$$p(x) = \frac{e^{-3}3^x}{x!}, x = 0, 1, 2, \cdots$$

所以:

$$P(X < 3) = P(X \leq 2)$$
$$= p(0) + p(1) + p(2)$$
$$= \frac{e^{-3} \times 3^0}{0!} + \frac{e^{-3} \times 3^1}{1!} + \frac{e^{-3} \times 3^2}{2!}$$
$$= 0.4232$$

卜瓦松分配的形狀是右偏的,但當 λ 的值變大,其形狀趨近於對稱,如圖 6.3。

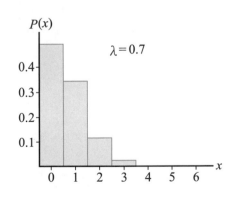
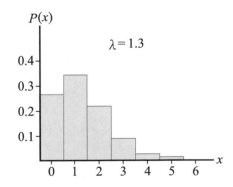

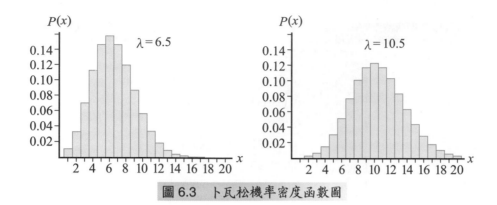

圖 6.3　卜瓦松機率密度函數圖

卜瓦松分配可說是在統計品質管制中，最常用的離散型分配，較典型的應用是做為單位產量中不合格數或缺點數的機率模型。

例9　卜瓦松分配的例子二

一地毯製造商由過去的經驗知道一特定材料的地毯平均每 2 平方碼約有 3 個瑕疵，且瑕疵數的分佈服從卜瓦松分配，今隨機抽查一塊 10 平方碼的地毯，缺點數為 20 的機率為多少？

[解析]

令 X 為此一 10 平方碼的地毯所含的瑕疵數，則 $X \sim P(15)$，所以：

$$P(X=20) = \frac{e^{-15} \times 15^{20}}{20!} = 0.04181$$

6.2.2　卜瓦松分配近似於二項分配

當二項分配的試驗次數 n 很大，成功機率 p 很小時，二項分配會近似於卜瓦松分配，因為當 p 趨近於 0 時，$1-p$ 會趨近於 1，二項分配的期望值 np 和變異數 $np(1-p)$ 幾乎相等，而此時參數 $\lambda = np$ 的卜瓦松分配會趨近於二項分配 $B(n, p)$。在應用時，n 須要多大？p 要多小呢？無一定標準，有些建議 $np < 7$，有些則建議 $np < 10$，依個人對誤差可接受的程度而定。表 6.2 我們以 $n=1,000, p=0.001$ 的二項分配和卜瓦松分配 $P(1)$ 的機率值做比較，可看出利用卜瓦松分配算出的機率值非常接近二項分配的機率值。

表 6.2　二項分配 $B(1,000, 0.001)$ 和卜瓦松分配 $P(1)$ 機率值之比較

k	二項分配	卜瓦松分配
0	0.367695	0.367879
1	0.368063	0.367879
2	0.184032	0.183940
3	0.061283	0.061313
4	0.015290	0.015328
5	0.003049	0.003066
6	0.000506	0.000511
7	0.000072	0.000073

例10 卜瓦松分配的例子三

已知某一生產製程的不良率為 0.05，今隨機抽取 50 件產品做檢查，試以卜瓦松分配求下列機率：

⑴樣本中沒有不良品的機率為何？

⑵樣本的不良率小於 0.05 的機率為何？

解析

令 X 代表 50 件樣本中不良品的個數，則 $X \sim B(50, 0.05)$，因為 $50 \times 0.05 = 2.5 < 7$，所以可取卜瓦松分配 $P(2.5)$ 近似於 $B(50, 0.05)$。

⑴樣本中沒有不良品的機率為：

$$P(X = 0) = \frac{e^{-2.5} \times (2.5)^0}{0!} = 0.0821$$

⑵樣本的不良率等於 $\frac{X}{50}$，所以樣本的不良率小於 0.05 相當於是 $X < 2.5$，

因產品為可數的，因此 $P(X < 2.5) = P(X \leq 2)$。所以：

$$P(X < 2.5) = P(X \leq 2)$$
$$= p(0) + p(1) + p(2)$$
$$= \frac{e^{-2.5} \times (2.5)^0}{0!} + \frac{e^{-2.5} \times (2.5)^1}{1!} + \frac{e^{-2.5} \times (2.5)^2}{2!}$$
$$= 0.5438$$

6.2.3 卜瓦松模型的性質

假設一事件的發生近似於卜瓦松過程，若我們將兩個不重疊的區間內事件所發生的次數相加，相當於在一個較大的區間內計數事件發生的次數，則此次數的分配亦為卜瓦松分配。 以機率的符號表示 ，若 $X \sim P(\lambda_1)$, $Y \sim P(\lambda_2)$ 且 X 和 Y 互相獨立，則 $X+Y \sim P(\lambda_1+\lambda_2)$。這個性質對使用卜瓦松模型非常重要。我們可以合併區間或只計算部分區間內事件發生的次數，卜瓦松分配仍然適用。

例11　卜瓦松分配的例子四

　　某廠牌的汽車，從過去的資料顯示，平均每部汽車的烤漆大約有 2 個缺點。若汽車烤漆缺點數的分佈近似卜瓦松分配，某公司買了 3 部同型的汽車，則 3 部汽車烤漆缺點數不超過一個的機率為多少？

解析

　　令 X 代表 3 部汽車的烤漆總缺點數，因為每部汽車平均有 2 個烤漆缺點且其缺點數的分佈服從卜瓦松分配，所以 $X \sim P(6)$。因此：

$$P(X \leq 1) = \frac{e^{-6} \times 6^0}{0!} + \frac{e^{-6} \times 6^1}{1!} = 0.0174$$

📊 6.3 其他常用的離散型機率分配

一 超幾何分配

　　超幾何分配與二項分配的架構類似,其隨機實驗亦包含 n 次的相同試驗,每次試驗的結果都只有兩種,但試驗之間不再是獨立的。例如例 1,從一副洗好的撲克牌中,隨機抽取 10 張,分 10 次抽,1 次抽 1 張,抽完後不放回。令 X 代表抽到黑桃的張數,則 X 的機率分配,因為 10 次抽牌的試驗,不互相獨立。我們稱 X 的機率分配為超幾何分配 (Hypergeometric Distribution),寫成 $X \sim H(52, 10, 13)$。我們以此例說明超幾何分配機率的算法。譬如說求 $P(X = 3)$,因為由 52 張牌中抽出 10 張,抽完後不放回的方式相當於一次抽出 10 張,則共有 C_{10}^{52} 不同的組合,若 10 張中有 3 張是黑桃,則表示須由原來母體中的 13 張黑桃取出 3 張,其餘的 7 張則由剩下的 39 張抽出,所以所有可能的組合數為 $C_3^{13} C_7^{39}$,每一種樣本出現的機率都相等,因此:

$$P(X = 3) = \frac{C_3^{13} C_7^{39}}{C_{10}^{52}}$$

同理可以求出 X 其他可能值的機率,寫成一般形式為:

$$P(X = k) = \frac{C_k^{13} C_{10-k}^{39}}{C_{10}^{52}}, k = 0, 1, 2, \cdots, 10$$

定義 超幾何分配

令 $X \sim H(N, n, r)$,其中 N 代表母體的個數,n 代表樣本數,r 代表母體中具有研究者有興趣的特性的元素個數如上例中的黑桃個數,k 代表從 r 取出的個數,則:

$$P(X = k) = \frac{C_k^r C_{n-k}^{N-r}}{C_n^N}$$

$$E(X) = n\frac{r}{N}$$

$$Var(X) = n\frac{r}{N}(1 - \frac{r}{N})(\frac{N-n}{N-1})$$

例12 超幾何分配的例子

　　省三國小六年七班 35 位學生，其中男生有 20 位，教務處隨機抽查 5 位同學的作業，試問：

　⑴抽到 3 位男生，2 位女生的機率為何？

　⑵抽到女多於男的機率是多少？

解析

　　令 X 代表抽到的男生人數，則 $X \sim H(35, 5, 20)$。

　⑴$X = 3$ 之機率：

$$P(X = 3) = \frac{C_3^{20} C_2^{35-20}}{C_5^{35}} = 0.3687$$

　⑵$X < 3$ 之機率：

$$P(X \leq 2) = P(0) + P(1) + P(2) = 0.3596$$

二　二項分配與超幾何分配

　　超幾何分配的變異數和二項分配變異數的公式很相似，只差了 $\frac{N-n}{N-1}$ 一項，事實上，當 n 相對於 N 很小時，$\frac{N-n}{N-1}$ 趨近於 1，亦即超幾何分配和二項分配的變異數幾乎相等，直覺上不難瞭解。當 n 相對於 N 很小時，比如說從 10,000 人中隨機抽取 100 人問其對市政滿意與否，很顯然地，前一次的結果對後一次的結果影響很小，因此二項分配可視為超幾何分配的近似分配。一般來說，若 $\frac{n}{N} < 0.05$，就可以二項分配 $B(n, \frac{r}{N})$ 求超幾何分配的近似機率。

　　實務上，抽樣方式都是不放回的情形，如從臺北市民中隨機抽取 1,200 人問其對市長施政的滿意度，或是由公司生產的成品中隨機抽取 100 個樣本瞭解產品的不良率等等，都是「不放回」的抽樣，準確的機率應以超幾何分配來做，但因為樣本數相對於母體個數都很小，所以通常以二項分配計算較簡便，算出的結果也很接近。

例13 超幾何分配與二項分配的例子

某校有學生 3,000 人，視力正常的學生有 300 人。今隨機抽取 20 人做檢查，分別以超幾何分配和二項分配求 20 人中 3 人視力正常的機率。

解析

令 X 代表 20 人中視力正常的人數，則 $X \sim H(3,000, 20, 300)$。

(1)以超幾何分配計算：

$$P(X = 3) = \frac{C_3^{300} C_{20-3}^{3000-300}}{C_{20}^{3000}} = 0.190685$$

(2)以二項分配計算 $X \sim B(20, 0.1)$：

$$P(X = 3) = C_3^{20}(0.1)^3(0.9)^{17} = 0.19012$$

由此例可以看出，當 $\frac{n}{N} < 0.05$ 時，二項分配計算所得的結果與超幾何分配所求得結果非常近似。

前節曾談到當二項分配的樣本數 (n) 夠大且成功的機率 (p) 很小時，二項分配的機率值近似於卜瓦松分配的機率值，所以如果超幾何分配中的 n 夠大，但相對於母體的個數 (N) 很小且成功的比例 $\frac{r}{N}$ 也很小時，超幾何分配亦可以卜瓦松分配求其機率的近似值，以下例 14 來比較此三種分配。

例14 超幾何分配、二項分配與卜瓦松分配的例子

一電子公司採購一批電子零件共三千個，若逐一檢查則太耗費人力，公司決定從中隨機抽查一百個，如果抽出的一百個中最多只有一個不良品就全部接受此批貨，若此批貨實際有 2% 是不良品，試求這批貨被接受的機率為何？

解析

令 X 代表抽出的一百個樣本中不良品的個數，其中不良品個數為六十個 $(3,000 \times 2\%)$，則 $X \sim H(3,000, 100, 60)$。

(1)以超幾何分配計算此批貨被接受的機率：

$$P(接受) = P(X \leq 1) = P(0) + P(1)$$

$$= \frac{C_0^{60} C_{100}^{3,000-60}}{C_{100}^{3,000}} + \frac{C_1^{60} C_{99}^{3,000-60}}{C_{100}^{3000}}$$

$$= 0.1281 + 0.2706$$

$$= 0.3987$$

◆註：可利用 EXCEL 的 HYPGEOM.DIST 函數求機率值。

(2)以二項分配求此批貨被接受的機率：

$$P(接受) = P(X \leq 1) = P(0) + P(1)$$

$$= C_0^{100} \times (0.02)^0 \times (0.98)^{100} + C_1^{100} \times (0.02)^1 \times (0.98)^{99}$$

$$= 0.1326 + 0.2707$$

$$= 0.4033$$

(3)以卜瓦松分配此批貨被接受的機率：

$$\lambda = 100 \times 0.02 = 2$$

$$P(接受) = P(X \leq 1) = P(0) + P(1)$$

$$= e^{-2} \times 2^0 + e^{-2} \times 2^1$$

$$= e^{-2} \times 3$$

$$= 0.4060$$

由例 14 可看出，超幾何分配中的 n 夠大但 $\frac{n}{N}$ 很小且 $\frac{r}{N}$ 也很小時，以超幾何分配、二項分配及卜瓦松分配所求得的機率值均很接近。

三 幾何分配

二項分配和超幾何分配都是重複相同的試驗 n 次，探討 n 次試驗中成功次數的機率，相反的，幾何分配探討的是重複相同的試驗直至出現一次成功所須的試驗總次數。在此情況下，試驗的次數是隨機變數，若每次試驗成功的機率都相等且試驗都是獨立的，此時出現一次成功為止所須的試驗總次數之機率分配便是幾何分配。

定義 幾何分配：假設 X 代表重複相同的試驗直至出現一次成功所須的試驗總次數，若每次試驗成功的機率為 p，失敗的機率為 $q = 1 - p$，則：

$$P(X = x) = pq^{x-1}, x = 1, 2, \cdots, \infty$$

$$E(X) = \frac{1}{p}, Var(X) = \frac{1-p}{p^2}$$

實務上，幾何分配可應用於探討一個投資客或賭客要贏一次所須投注的總次數。例如賭輪盤的遊戲，要贏一次所須下的賭注次數，即是服從幾何分配。又如鑽油井，並不是每一個可能的油井都可以挖得到石油，則要挖幾個油井才能挖到石油，亦是幾何分配的問題。

例15 幾何分配的例子

某健康產品資深業務員根據他過去的銷售紀錄，第一次接觸的客戶，大約有 25% 的可能會買產品。假設所有的客戶會買與否都是獨立的，則：

(1)此業務員必須連續接觸十個新客戶，而前面九個都沒買，直至第十個客戶才買產品的機率為何？

(2)此業務員在接觸第十個客戶或在第十個客戶之前就賣出產品的機率為何？

(3)此業務員平均要接觸幾個新的客戶才能賣出第一次產品？

解析

令 X 代表此業務員在第一次賣出產品所須接觸的客戶總人數。則：

(1)第十個客戶才買產品的機率為：

$$P(X = 10) = 0.25 \times (0.75)^9 = 0.0188$$

(2)第十個客戶或第十個客戶之前就賣出的機率為：

$$P(X \leq 10) = 1 - P(X > 10)$$

$X > 10$ 代表連續接觸十個新的客戶都沒人買產品，所以：

$$P(X > 10) = P(X = 11) + P(X = 12) + \cdots + P(X = \infty)$$

$$= 0.25 \times (0.75)^{10} + 0.25 \times (0.75)^{11} + \cdots$$

$$= 0.25 \times (0.75)^{10} \times (\frac{1}{1 - 0.75})$$

$$= (0.75)^{10}$$

$$P(X \leq 10) = 1 - (0.75)^{10} = 0.9437$$

可以判斷出此業務員在接觸第十個新客戶或之前就賣出產品的機率蠻高的 (0.9437)。

(3) $E(X) = \dfrac{1}{0.25} = 4$，此業務員平均要接觸四個新客戶才能賣出第一次產品。

📈 6.4 常用的連續型分配

第 5 章我們介紹連續型隨機變數，因其樣本空間為一連續的區間，包含無限多個可能值且為不可數，所以連續型隨機變數等於某一特定數值的機率為 0，其機率分配由機率密度函數決定。隨機變數的值落在區間 (a, b) 的機率等於機率密度函數曲線底下介於 a 和 b 之間的面積，也就是：

$$P(a < X < b) = \int_a^b f(x)$$

理論上，連續型隨機變數的機率問題必須利用積分來求，其實在應用上，很多常用的連續型機率分配已製成機率表，可以經由查表求出所須的近似機率。另外亦可利用電腦軟體找出所須的機率值。

常態分配可說是應用最多、最重要的連續型分配，我們留在下一章做較詳細的探討，這一節，我們介紹兩種簡單且常用的連續型分配——均勻分配和指數分配。

🔵 6.4.1 均勻分配

均勻分配是連續型分配中，最簡單的機率模型。令 X 為一連續型隨機變

數，a、b 為兩任意實數，假設 X 的可能值是 a 到 b 所形成的區間中的任一數，若 X 的機率密度函數圖形為介於 a 和 b 之間的矩形，如圖 6.4。

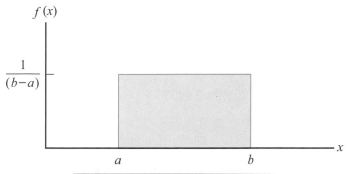

圖 6.4　均勻分配的機率密度函數

 以函數形式可表示為：

$$f(x) = \begin{cases} \dfrac{1}{b-a} & a \le x \le b \\ 0 & \text{其他} \end{cases}$$

我們稱之為「均勻分配」，寫成 $X \sim U(a, b)$，其平均數和變異數分別為：

$$E(X) = \frac{a+b}{2}$$

$$Var(X) = \frac{(b-a)^2}{12}$$

例16 均勻分配的例子

假設 262 號公車在早上 9：00 到 9：10 之間的任意時間點都可能到達頂溪站。若莉莉在早上 9：00 整到頂溪站，令 X 表示莉莉所須等待的時間（以分鐘為單位），則可以很合理地假設 X 的分配為 $U(0, 10)$。求(1)莉莉等待的時間在 3 分鐘之內的機率為何？(2)莉莉平均須等幾分鐘？等待時間的標準差為何？

解析

X 的機率密度函數為：

$$f(x) = \begin{cases} \dfrac{1}{10} & 0 \le x \le 10 \\ 0 & 其他 \end{cases}$$

⑴等候的時間在 3 分鐘以內：

$$P(X \le 3) = 3 \times \frac{1}{10} = 0.3$$

⑵平均須等候的時間為：

$$E(X) = \frac{0+10}{2} = 5,\ \sigma = \sqrt{\frac{(10-0)^2}{12}} = 2.8868$$

平均須等 5 分鐘，標準差為 2.8868 分鐘。

6.4.2 指數分配

指數分配常用於可靠度工程，主要做為有關時間分配的機率模型。例如一部剛維修好的影印機，到下次故障所經過的時間，櫃檯等待下一位顧客來結帳的時間，或某一種設備的使用壽命等問題。假設 X 為一連續隨機變數且其機率密度函數為：

$$f(x) = \begin{cases} \lambda e^{-\lambda x} & x > 0 \\ 0 & 其他 \end{cases}$$

其中 $\lambda\,(\lambda > 0)$ 為參數，我們稱 X 的分配為「指數分配」，寫成 $X \sim E(\lambda)$，其機率密度函數的形狀如圖 6.5。

定義 累積機率分配函數為：

$$F(x) = 1 - e^{-\lambda x},\ x \ge 0\ ;$$

指數分配累積機率分配推導：

由指數分配之機率密度函數，$f(x) = \lambda e^{-\lambda x},\ x \ge 0$。

$$F(x) = \int_0^x \lambda e^{-\lambda t}\, dt$$

$$= -e^{-\lambda t}\Big|_0^x$$

$$= -e^{\lambda x} - (-e^0)$$

$$= 1 - e^{-\lambda x}$$

所以：

$$P(X > x) = e^{-\lambda x},\ x \geq 0\ \text{且}\ \lambda > 0 \circ$$

X 的平均數和變異數分別為：

$$E(X) = \frac{1}{\lambda}$$

$$Var(X) = \frac{1}{\lambda^2}$$

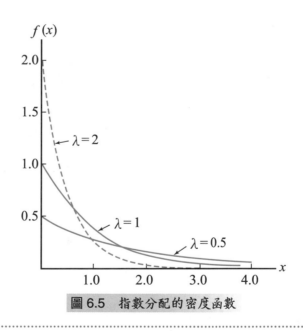

圖 6.5　指數分配的密度函數

例17　指數分配的例子

假設經由網路訂購電腦產品所須等待郵寄的時間服從指數分配，平均等待時間為 10 天，小明上網訂購一部網路攝影機，則從訂購當天起，要等三個星期以上才能收到貨的機率為何？

解析

令 X 代表小明所須等待的時間，則平均等待時間為 $E(X)=\dfrac{1}{\lambda}$，所以 $\dfrac{1}{\lambda}$

$=10, \lambda=\dfrac{1}{10}=0.1, X\sim E(0.1)$，要求的機率為：

$$P(X>21)=e^{-0.1\times 21}=e^{-2.1}=0.122456$$

6.4.3　卜瓦松分配和指數分配的關係

在任一時間區間內，若某一事件發生的次數服從卜瓦松分配 $P(\lambda)$，則兩事件發生相隔的時間服從指數分配 $E(\lambda)$，平均等待時間為 $\dfrac{1}{\lambda}$。例如平均每小時有 5 通電話打進總機且電話次數的分佈服從卜瓦松分配，則 2 通電話相隔的時間服從指數分配，平均相隔 12 分鐘（$\dfrac{1}{\lambda}=\dfrac{1}{5}$ 小時 $=12$ 分鐘）。

例18　卜瓦松分配和指數分配關係的例子

假設工廠中某一部機器的故障次數服從卜瓦松分配，且平均每運轉 80 小時有二次故障。則：

(1)二次故障相隔的時間分配為何？

(2)若機器剛修好，則機器在 48 小時之內又故障的機率為何？

解析

(1)由題目可知每 80 小時內，機器故障的次數分配為 $P(2)$，故二次故障相隔時間分配為指數分配，且平均相隔時間為 40 小時，所以 $\dfrac{1}{\lambda}=40$ 小時，也就是 $\lambda=\dfrac{1}{40}=0.025$。

(2)機器在 48 小時之內故障的機率為：

$$P(X<48)=1-P(X\geq 48)=1-e^{-0.025\times 48}=1-0.3012=0.6988$$

個案討論

買進的貨批是好或壞呢？

　　一電器製造廠商所須的電器開關通常向供應商購買，為確保買進的電器開關品質夠好，廠商須在確定購買前對貨品做檢驗，但一批貨常包括大量的電器開關，無法一一檢驗，廠商都採取抽樣檢驗的方法。也就是由貨批中隨機抽取一組樣本做檢驗，若樣本中出現太多不合格品，廠商就不會接受這批貨。

　　一批貨共包含十萬個電器開關，品管工程師利用隨機抽樣的方法從中抽取一百個做檢驗，若樣本中不合格率不超過5%，工程師就決定接受此批貨。如果實際上此批貨中有10%是不良品，則此批貨被退回的機率多大？

　　工程師是採取不放回抽樣，所以這個問題實際上是超幾何分配，但樣本個數只是母體0.1%，抽取如此小的樣本後，母體中合格品與不合格品的比例其實改變非常小，因此實務上，此問題可以二項分配來解決。若令 X 代表樣本中不合格品的個數，則 X 的分佈近似於 $B(100, 0.1)$，所以此批貨被退回的機率為：

$$P(X > 5) = 1 - \sum_{k=1}^{5} C_k^5 (0.1)^k (0.9)^{5-k} = 0.942423$$

　　同時一百個樣本中，平均有十個不良品（$E(X) = np = 100 \times 0.1 = 10$）且標準差為3（$\sigma = \sqrt{npq} = \sqrt{100 \times 0.1 \times 0.9} = 3$）。

📊 本章習題

一、選擇題

( ) 1.一家電商以往的紀錄顯示 25% 的顧客用現金購買電視。若隨機抽取四個購買電視的顧客，則恰有三個使用現金的機率為何？ (A) 0.0249 (B) 0.0801 (C) 0.0427 (D) 0.0469

( ) 2.假設一個 90 歲的人於次年過世的機率為 0.34，則十個 90 歲的老人，恰有五個於次年過世的機率為 (A) 0.1434 (B) 0.1744 (C) 0.2334 (D) 0.2558

( ) 3.某籃球員的命中率為 55%。若某次比賽他有五次投籃，則恰有三次命中的機率為 (A) 0.2908 (B) 0.3169 (C) 0.3369 (D) 0.3806

( ) 4.某一電話號碼一天內所接到的電話次數可能服從下列何種機率模型？ (A)幾何分配 (B)二項分配 (C)超幾何分配 (D)卜瓦松分配

( ) 5.假設某一電話號碼平均一天接到 3 通電話，則此電話號碼一天內接到的電話次數不超過 3 通的機率為 (A) 0.6472 (B) 0.4232 (C) 0.5 (D) 0.2240

( ) 6.假設某一停車場中有 10% 的車子是紅色的。若在停車場入口觀察連續進入的車子，則前 5 部都不是紅色，直到第 6 部才出現紅色車的機率為 (A) 0.1 (B) 0.059 (C) 0.6 (D) 0.0054

題組 1：問題 7～10 請參考以下敘述：已知某雜誌的訂閱者中，25% 的月薪資超過 40,000 元。今隨機訪問 20 個該雜誌的訂閱者，以瞭解他們的薪資收入。

( ) 7.這 20 個訂閱者中，沒有 1 個月薪資超過 40,000 元的機率為 (A) 0.0032 (B) 0.2 (C) 0.05 (D) 0.25

( ) 8.剛好一半的人月薪資超過 40,000 的機率為 (A) 0.5 (B) 0.25 (C) 0.01 (D) 100%

( ) 9.這 20 個訂閱者中，平均有幾個月薪資超過 40,000 元？ (A) 4 (B) 5 (C) 8 (D) 10

(　　) 10.這 20 個訂閱者中，月薪資超過 40,000 元的人數之變異數為　(A) 3.75　(B) 5　(C) 4　(D) 0.25

題組 2：問題 11～13 請參考以下敘述：已知某本書一頁平均有零點零一個打字錯誤。

(　　) 11.平均看幾頁會有一個打字錯誤？　(A) 10　(B) 50　(C) 100　(D) 200

(　　) 12.某一頁有一個打字錯誤的機率為　(A) 0　(B) 0.0099　(C) 0.001　(D) 0.009

(　　) 13.在書的前 500 頁中，有六個打字錯誤的機率為　(A) 0.0337　(B) 0.1755　(C) 0.2924　(D) 0.1462

題組 3：問題 14～15 請參考以下敘述：一店家買進 25 臺電腦，賣出 5 臺後，電腦製造廠商才告知在這 25 臺電腦中，5 臺有瑕疵。

(　　) 14.賣出的 5 臺電腦中，有 1 臺是瑕疵品的機率為　(A) 0.456　(B) 0.410　(C) 0.082　(D) 0.2

(　　) 15.賣出的 5 臺電腦中，平均有幾臺是有瑕疵的？　(A) 0　(B) 1　(C) 2　(D) 3

二、問答題

1.亂數表的每一個數字都是由 10 個阿拉伯數字 (0, 1, 2, …, 9) 隨機抽出，所以每個數字出現的機率一樣，而且數字彼此之間互相獨立。

(1)表中五個數字一組，則這五個數字至少包含一個 0 的機率為何？

(2)若一行有 50 個數字，平均應有幾個 0 出現？

2.某人 A 打靶命中率為 $p = 0.4$，令 X 表此人打 5 發命中個數。某人 B 打靶命中率為 $p = 0.4$，令 Y 表此人打 3 發命中個數。令 W 表 A，B 兩人命中個數總和。

(1)求 W 之分配。

(2)求兩人都沒命中之機率。

(3)求兩人命中個數期望值。

3.一個袋子有 10 個球，其中有 6 個黑球，4 個白球。今隨機抽出 3 個球，令 X 表抽出黑球個數，在下列情況下，求 $P(X = 2)$。

⑴抽出放回（利用二項式分配）。

⑵抽出不放回（利用超幾何分配）。

4.假設有一批產品，每 1,000 個產品中有 1 個不良品，今從此批產品隨機抽出 5,000 個產品，若 X 表此 5,000 個產品中不良品個數，則 X 的機率分配為何？試以卜瓦松分配求只有 2 個不良品的機率。

5.假設某人罰球命中率 $p = 0.4$，試求：

⑴此人在第 3 球投進第一次球的機率為何？

⑵此人平均需投幾球才投進第一次球？

6.假設在職場上的女性工作者，未曾結過婚的女性約占了 25%。今隨機抽取 10 位職場上的女性工作者，則：

⑴10 位中，恰有 2 位沒結過婚的機率為何？

⑵10 位中，沒結過婚的人數少於 3 人的機率為何？

⑶10 位中，沒結過婚的人之平均數和標準差各為何？

7.某專業訓練課程接受預約訂位，因為課程須要一些儀器輔助，所以課程只有十六個名額，根據經驗，訂位後會來的比例有 8 成，某次課程接受二十個訂位，試問：

⑴有人訂位而沒有位子的機率為何？

⑵至少有一個空位的機率為何？

⑶真正來上課的人不到預約人數 5 成的機率為何？

⑷預約的人中，平均有多少人會來上課？其標準差是多少？

8.省三國小四年四班有 40 位同學，男女各占一半，老師將學生分成 10 組，每組 4 位同學，2 男 2 女，今從每組隨機抽出 2 位同學玩比手畫腳，令 X 代表抽出來的 2 位同學都是女生的組數，則：

⑴$P(X = 1) = ?$

⑵$E(X) = ?$

⑶$Var(X) = ?$

9.假設某項調查顯示，71% 的日本人認為他們日本的產品優於美國的產品，42% 的日本人覺得在未來 50 年內，美國仍是經濟第一強國。今隨機抽取

50 位日本人，詢問他們的看法。則：

⑴ 50 人中超過 40 人認為日本產品優於美國的產品的機率為何？

⑵超過一半的人認為美國仍是經濟第一強國的機率為何？

⑶平均有多少人認為日本產品優於美國的產品？其標準差為何？

⑷如果 50 人中只有 5 人認為美國仍是經濟第一強國，你認為 42% 這個數據準確嗎？為什麼？請解釋。

10.明德大道大、小車禍意外頻傳，據統計平均每個星期有 3 次，若意外事件發生次數的分佈服從卜瓦松分配，則：

⑴在某個星期中沒有車禍發生的機率為何？

⑵一個星期發生 7 次以上的車禍可能嗎？請解釋。

⑶如果某一個星期發生 9 次車禍，你還相信統計數據平均每個星期只有 3 次嗎？為什麼？

11.某本書 1 頁大約有 600 字，其錯字的分佈趨近於卜瓦松分配，且每頁平均有三個錯字。隨機抽取 1 頁做檢查，則：

⑴都沒有錯字的機率為何？

⑵剛好有三個錯字的機率為何？

⑶如果連續檢查了 8 頁，試問平均大約有幾個錯字？8 頁中錯字分佈的標準差是多少？超過 15 個錯字的機率又是多少？

12.某電子公司購進一批電子零件，共有 2,300 個零件，為節省時間，公司決定隨機抽取 100 個做檢驗，如果這 100 個樣本中，至多發現一個不良品，就將此批貨全部接受。若實際上，這批貨有 5% 是不良品，令 X 代表 100 個樣本中，不良品的個數，則：

⑴ X 真正的機率分配為何？

⑵試分別以二項分配和卜瓦松分配計算此批貨被接受的機率。

13.某品牌的冰箱，過去資料顯示平均每臺冰箱有 2 個烤漆上的缺點，若冰箱烤漆缺點的分佈近似於卜瓦松分配，丁丁和東東各買 1 臺這廠牌的冰箱，則 2 臺冰箱最多有 2 個缺點的機率是多少？

14. 甲持續投擲一公正的骰子，直到 6 點出現才停止。令 X 代表甲必須投擲的總次數，則 X 的可能值為 1, 2, … 。

(1) $P(X=1)=?$　$P(X=2)=?$　$P(X=3)=?$　$P(X=4)=?$

(2) 由(1)的答案，你找出規則了嗎？試寫出 X 的機率分配的一般式，也就是 $P(X=k)=?$　$k=1, 2, …$ 。

(3) 平均要投幾次第一次才會出現 6 點呢？也就是 $E(X)=?$

(4) 在前面 10 次（包括第 10 次）試驗中，第一次就出現 6 點的機率為何？

15. 根據過去的經驗顯示，平均 10 個油井中只有 1 個可以鑿到石油。令 X 代表直到鑿到石油為止所鑿過的油井數，若每個油井是否能鑿到石油都是獨立的，求：

(1) 鑿到第五個油井才鑿到石油的機率為何？

(2) 試說明幾乎不太可能一直鑿到第 50 個油井都還沒有石油出現。

16. 某一加油站每星期石油的銷售量呈現 5,000 到 15,000 公升的均勻分配。

(1) 若某日加油站的儲油槽有 12,000 公升，則在一星期內，這些石油全部賣完的機率為多少？

(2) 若加油站固定每星期日加油至儲油槽中，試問儲油槽中要儲存多少油才能使得一星期內油不夠賣的機率小於 0.001？

17. 根據過去紀錄，某銀行服務臺每半小時約服務 3 位顧客，若服務的顧客數之分佈趨近於卜瓦松分配，則：

(1) 服務 1 位顧客所須時間的機率分佈為何？平均服務時間是多久？標準差為多少？

(2) 服務 1 位顧客的時間超過 20 分鐘的機率為多少？

(3) 半小時內都沒有顧客要求服務的機率為何？

第 7 章
常態分配及其應用

→ **學習重點**

1. 常態分配的定義及其重要性質。
2. 如何利用查表或電腦求得常態分配的機率。
3. 中央極限定理的意義及其應用。
4. 獨立的常態隨機變數相加或相減後的分配。

很多有關社會或自然界現象的資料，例如成年男性或女性的身高、人的智商、大學學測的成績、柳丁的重量等等，這些資料的共同特性是大部分的資料值集中於平均數附近，以平均數為中心，資料對稱地向兩邊分散，離平均數愈遠，資料個數就愈少，因此這些資料分佈圖的形狀都很相似，都呈現鐘型的樣子，也就是所謂的「常態分配」。也因其普遍性，常態分配可說是被應用最多且是最重要的分配。而在統計估計或統計檢定上，更常須要資料符合常態分配。

本章將詳盡介紹常態分配曲線的形態、分佈的性質，利用查表或電腦求出常態分配的機率，而中央極限定理更是常態分配最重要的應用，進而討論二項分配近似於常態分配。

7.1 常態分配簡介

常態分配 (Normal Distribution) 的機率密度函數為：

$$f(x) = \frac{1}{\sqrt{2\pi}\,\sigma} e^{\frac{-(x-\mu)^2}{2\sigma^2}}, \; -\infty < x < \infty$$

其中 e 和 π 分別代表兩個無理數，$e \approx 2.7183, \pi \approx 3.1416$，$\mu$ 為期望值，σ 為標準差，通常以 $X \sim N(\mu, \sigma^2)$ 表示（N 是 Normal Distribution 常態分配的簡寫）。其密度函數的圖形為一單峰、對稱的鐘型曲線，如圖 7.1。

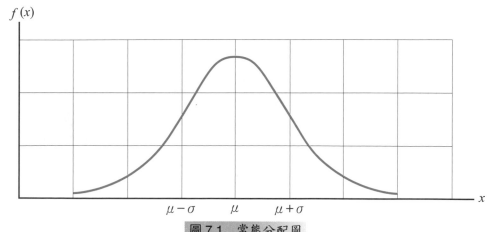

圖 7.1 常態分配圖

　　其機率密度函數對稱於平均數 μ，函數曲線底下的總面積等於 1。事實上，常態分配圖的形狀和位置主要由其平均數和標準差來決定。常態分配圖的中心位置主要和平均數有關，而常態分配圖的形狀主要和標準差有關。如圖 7.2。

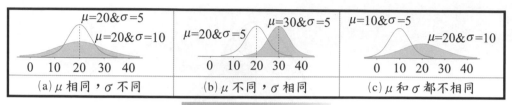

圖 7.2　常態分配的形狀

　　由圖 7.2 (a) 可看出當常態分配的標準差愈大，圖形愈往外擴展，表示離散程度愈大。(b) 圖則顯示平均數不同，中心位置不同，但標準差相等，所以形狀相同。而 (c) 圖兩常態分配的平均數和標準差都不相等，所以中心位置不同且形狀亦不相同。

📈 7.2　標準常態分配

　　理論上，常態分配的機率可由其機率密度函數積分而得，但實際上是無法直接計算求得機率，必須利用電腦軟體或查表法，找出常態分配的機率。在前一節中，我們知道不同的平均數和標準差，就會產生不同的常態分配，機率便不同，因此我們須有一個標準的常態表，以供查詢所有常態分配的機率，我們稱此表為標準常態分配表。

定義　標準常態分配

常態分配的平均數為 0，標準差為 1，稱之為標準常態分配，以 $Z \sim N(0, 1)$ 表示，其機率密度函數為：

$$f(z) = \frac{1}{\sqrt{2\pi}} e^{-\frac{z^2}{2}}, \ -\infty < z < \infty$$

其分佈圖形對稱於 0，所以 $P(Z \leq 0) = P(Z \geq 0) = 0.5$。利用附表二及常態分配的對稱性質，便可求出所需之機率值。

附表二的數值主要是標準常態分配下，0 和一正數 z 之間的區域之機率，也就是 $P(0 \leq Z \leq z)$，如圖 7.3 陰影區域的面積。

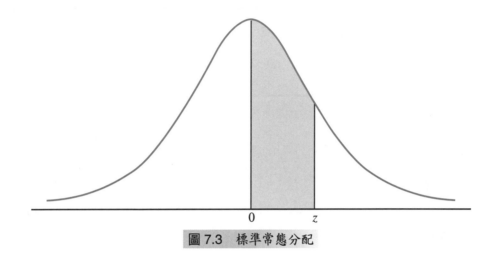

0　　　　　z

圖 7.3　標準常態分配

求標準常態分配的機率，須先將要求機率的區域圖示出來，再利用常態分配的對稱性質，便可求出機率了。以下我們以例子說明如何利用查表及對稱性求出標準常態分配的機率。

 標準常態分配的例子一

求 $P(0 \leq Z \leq 0.57)$。

解析

直接找下頁表中的 z 值，最左邊第一行表示 z 值的整數和小數第一位數，而上面第一列則表示 z 值的小數第二位數，所以先找到 0.5 那一列，然後對到 0.07 那一行，可得 $P(0 \leq Z \leq 0.57) = 0.2157$。

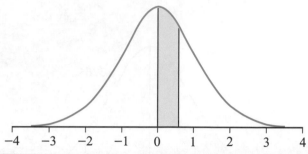

z	.00	.01	.02	.03	.04	.05	.06	.07	.08	.09
0.0	.0000	.0040	.0080	.0120	.0160	.0199	.0239	.0279	.0319	.0359
0.1	.0398	.0438	.0478	.0517	.0557	.0596	.0636	.0675	.0714	.0753
0.2	.0793	.0832	.0871	.0910	.0948	.0987	.1026	.1064	.1103	.1141
0.3	.1179	.1217	.1255	.1293	.1331	.1368	.1406	.1443	.1480	.1517
0.4	.1554	.1591	.1628	.1664	.1700	.1736	.1772	.1808	.1844	.1879
0.5	.1915	.1950	.1985	.2019	.2054	.2088	.2123	.2157	.2190	.2224
0.6	.2257	.2291	.2324	.2357	.2389	.2422	.2454	.2486	.2517	.2549
0.7	.2580	.2611	.2642	.2673	.2704	.2734	.2764	.2794	.2823	.2852

圖 7.4　標準常態分配部分表

 標準常態分配的例子二

求下列機率：

(1) $P(Z < 0.94)$

(2) $P(Z > -0.65)$

(3) $P(Z > 1.76)$

(4) $P(Z \leq -0.85)$

(5) $P(0.87 < Z \leq 1.28)$

(6) $P(-0.34 < Z \leq 0.62)$

解析

(1)

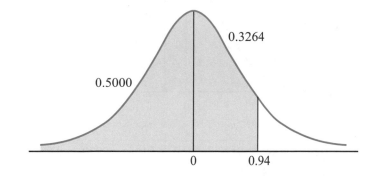

$$P(Z < 0.94) = 0.5 + P(0 < Z < 0.94) = 0.5 + 0.3264 = 0.8264$$

(2)

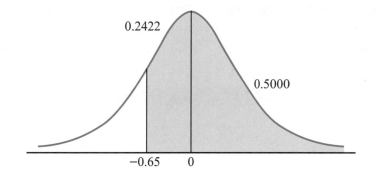

$$P(Z > -0.65) = P(-0.65 < Z < 0) + 0.5$$
$$= P(0 < Z < 0.65) + 0.5$$
$$= 0.2422 + 0.5$$
$$= 0.7422$$

(3)

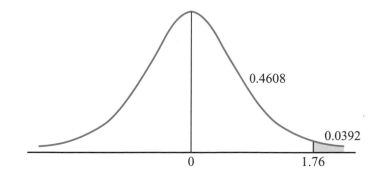

$$P(Z > 1.76) = 0.5 - P(0 < Z \leq 1.76)$$
$$= 0.5 - 0.4608 = 0.0392$$

(4)

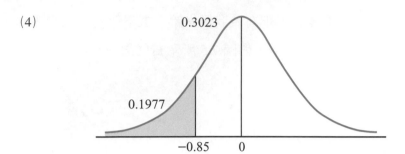

$$P(Z \leq -0.85) = 0.5 - P(-0.85 < Z < 0)$$
$$= 0.5 - P(0 < Z < 0.85)$$
$$= 0.5 - 0.3023 = 0.1977$$

(5)

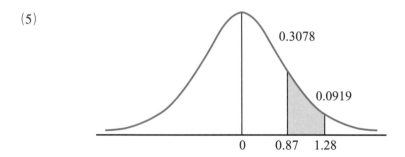

$$P(0.87 < Z \leq 1.28) = P(0 < Z \leq 1.28) - P(0 < Z \leq 0.87)$$
$$= 0.3997 - 0.3078$$
$$= 0.0919$$

(6)

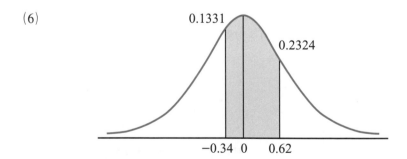

$$P(-0.34 < Z \leq 0.62) = P(-0.34 < Z < 0) + P(0 < Z \leq 0.62)$$
$$= P(0 < Z < 0.34) + P(0 < Z \leq 0.62)$$
$$= 0.1331 + 0.2324 = 0.3655$$

以上問題我們給 z 值求機率，但有時我們先給一機率值 α，反過來求 z 值，定義符號 z_α，滿足 $P(Z \geq z_\alpha) = \alpha$，如圖 7.5 所示右尾面積。

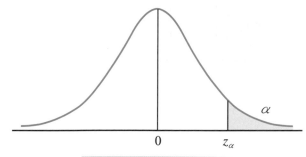

圖 7.5　給機率值 α 求 z_α

 標準常態分配的例子三

求 (1) $z_{0.01}$；　(2) $z_{0.025}$；　(3) $z_{0.05}$；　(4) $z_{0.1}$。

解析

(1) 由定義 $P(Z \geq z_{0.01}) = 0.01$，所以 $P(0 < Z < z_{0.01}) = 0.5 - 0.01 = 0.4900$，查表得最近的機率值是 0.4901 且其對應的 z 值是 2.33，所以 $z_{0.01} = 2.33$。同理可求其他 z 值。

(2) $z_{0.025} = 1.96$。

(3) $z_{0.05} = 1.645$。

　　（由查表知 P　$(0 < Z < 1.64) = 0.4495$，$P(0 < Z < 1.65) = 0.4505$，故取 $Z_{0.05} = \dfrac{1.64 + 1.65}{2} = 1.645$。）

(4) $z_{0.1} = 1.28$。

◆註：(1) 以上 z_α 值在統計上經常用到。
　　　(2) 因為常態分配的對稱性質，所以 $z_{1-\alpha} = -z_\alpha$。例如 $z_{0.95} = -z_{0.05} = -1.645$。

📈 7.3　一般常態分配

一般常態分配須先經過標準化後才能利用標準常態分配表計算機率值。

常態分配的性質：

假設 $X \sim N(\mu, \sigma^2)$，變數 X 經過如下的轉換：

$$Z = \frac{X - \mu}{\sigma} \text{（稱為 Z 分數）}, Z \sim N(0, 1)$$

此過程稱為標準化。如此便可求出一般常態分配的機率了。

例4　一般常態分配的例子一

　　根據調查，小型車每加侖可以跑的距離呈現常態分配，而且平均每加侖可以跑 30.5 哩，標準差 4.5 哩，則：

(1) 多少比例的小型車每加侖可以跑超過 35 哩？

(2) 若某廠牌的車商想開發一種新的小型車，主要訴求此新型小車省油程度超越市面上 95% 的小型車，則此新型車每加侖須跑幾哩，才能達到要求？

解析

(1) 令 X 代表一小型車的耗油量，則 $X \sim N(30.5, 4.5^2)$，所以：

$$Z = \frac{X - 30.5}{4.5} \sim N(0, 1)$$

$$\begin{aligned} P(X > 35) &= P(Z > \frac{35 - 30.5}{4.5}) \\ &= P(Z > 1.0) \\ &= 0.5 - 0.3413 \\ &= 0.1587 \end{aligned}$$

所以每加侖可以跑超過 35 哩的小型車占了 15.87%。

(2)令 x 代表此一新型車每加侖可跑的哩數，則 x 須滿足：

$$P(X < x) = 0.95$$

$$P(Z < \frac{x - 30.5}{4.5}) = 0.95$$

但 $P(Z < 1.645) = 0.95$，所以：

$$\frac{x - 30.5}{4.5} = 1.645$$

$$x = 37.9025$$

所以此一新型車每加侖須至少跑 37.9025 哩，省油程度才能超越市面上 95% 的小型車。

例5 一般常態分配的例子二

某種圓形零件直徑的規格是 20±1 公分，而廠商製造的產品直徑長呈常態分配，其平均數為 19.5 公分，標準差 0.8 公分，試問產品合格的比例為多少？產品直徑超過規格上限的比例為多少？

解析

令 X 代表任一產品的直徑，則 $X \sim N(19.5, 0.8^2)$，所以：

(1)產品合格代表 $19 \leq x \leq 21$：

$$P(19 \leq X \leq 21) = P(\frac{19 - 19.5}{0.8} \leq Z \leq \frac{21 - 19.5}{0.8})$$
$$= P(-0.63 \leq Z \leq 1.88)$$
$$= P(-0.63 \leq Z \leq 0) + P(0 \leq Z \leq 1.88)$$
$$= 0.2357 + 0.4699$$
$$= 0.7056$$

(2)產品直徑超過上限代表 $x > 21$：

$$P(X > 21) = P(Z > \frac{21 - 19.5}{0.8})$$
$$= P(Z > 1.88)$$
$$= 0.5 - 0.4699$$
$$= 0.0301$$

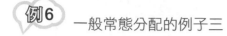 一般常態分配的例子三

根據統計每個家庭每個月約產生了 3 公斤的紙類垃圾，標準差為 0.550 公斤，假設每個家庭每個月的紙類垃圾量呈常態分配。今任選一家庭，其一個月產生的紙類垃圾量：

(1)在 2.5 公斤到 3.5 公斤之間的機率是多少？

(2)超過 4 公斤的機率是多少？

解析

令 X 代表此家庭一個月所製造的紙類垃圾，則 $X \sim N(3, 0.550)$，所以：

(1)紙類垃圾量在 2.5 公斤到 3.5 公斤的機率：

$$P(2.5 < X < 3.5) = P(\frac{2.5-3}{0.550} < Z < \frac{3.5-3}{0.550})$$
$$= P(-0.91 < Z < 0.91)$$
$$= 0.3186 + 0.3186$$
$$= 0.6372$$

(2)紙類垃圾量超過 4 公斤的機率：

$$P(X > 4) = P(Z > \frac{4-3}{0.550})$$
$$= P(Z > 1.82)$$
$$= 0.5 - 0.4656$$
$$= 0.0344$$

例7 一般常態分配的例子四

根據美國汽車道路救援服務調查報告，任何一緊急事件平均等待救援時間大約是 25 分鐘，標準差為 4.5 分鐘。若等待救援時間的分佈近似於常態分配，今隨機抽取過去 80 件服務的紀錄：

(1)平均大約有幾件等待的時間少於 15 分鐘？

(2)90% 的緊急事件等待時間超過多少分鐘？

解析

令 X 代表任何一件緊急事件等待救援的時間，則 $X \sim N(25, 4.5)$，所以：

(1)平均等待時間少於 15 分鐘的機率為：

$$P(X < 15) = P(Z < \frac{15 - 25}{4.5})$$
$$= P(Z < -2.22)$$
$$= 0.5 - 0.4868$$
$$= 0.0132$$

80 件服務的紀錄中，等待時間少於 15 分鐘的大約有 $80 \times 0.0132 = 1.056$ 件，也就是 80 件中，大約有 1 件等待時間在 15 分鐘內。

(2)假設 $P(X > a) = 0.90$，則：

$$P(Z > \frac{a - 25}{4.5}) = 0.9$$
$$\frac{a - 25}{4.5} = -1.28$$
$$a = 19.24$$

◆註：因為標準常態分配對稱於 0，所以 $Z_{0.9} = -Z_{0.1} = -1.28$。
90% 的緊急事件等待時間超過 19.24 分鐘。

📈 7.4 二項分配近似於常態分配

很多機率分配滿足某些條件時，其分配形狀會趨近於常態，二項分配便是其中之一。當二項實驗的試行次數 n 夠大，p 不會太接近 0 或 1 時，二項分配的形狀近似於平均數 np，變異數 npq 的常態分配。當 n 大時，二項分配機率的計算很麻煩，而利用近似的常態分配求其機率便可避免許多繁雜的計算，更顯出此性質的重要性。

前一章我們談到二項分配的形狀由 n 和 p 來決定，p 趨近於 0.5 時，二項分配的形狀趨近於對稱，而且當 n 增大時，其分配形狀愈近似於常態分配，由圖 7.6 亦可以很容易看出此一趨勢。

二項分配是離散型分配，而常態分配則是連續型分配，如何以常態分配計算二項分配的機率呢？以下面的例子來說明。令 $X \sim B(14, 0.5)$，不難想到 X 的分佈應該近似於一常態分配，其平均數和變異數分別為：

$$\mu = np = 14 \times 0.5 = 7$$

$$\sigma^2 = 14 \times 0.5 \times 0.5 = 3.5$$

例如 $X = 4$ 的機率，$P(X = 4)$，可以常態分配曲線下，介於 3.5 到 4.5 之間的機率為其近似機率（見圖 7.7）。也就是：

$$P(X = 4) \approx P(3.5 < X < 4.5)$$

$$= P(\frac{3.5 - 7}{\sqrt{3.5}} < Z < \frac{4.5 - 7}{\sqrt{3.5}}) = P(-1.87 < Z < -1.34)$$

$$= 0.4693 - 0.4099 = 0.0594$$

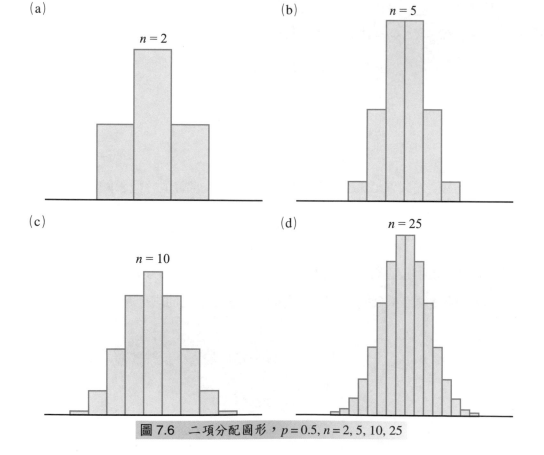

圖 7.6　二項分配圖形，$p = 0.5$, $n = 2, 5, 10, 25$

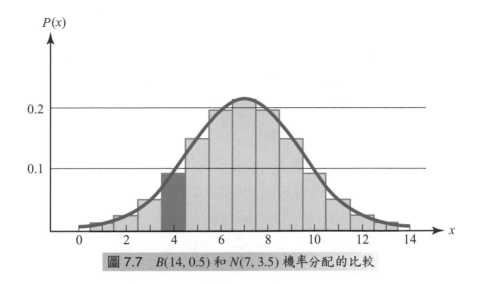

圖 7.7 $B(14, 0.5)$ 和 $N(7, 3.5)$ 機率分配的比較

同理若要求 $X = 2, 3$ 或 4 的機率，應求常態分配曲線下，介於 1.5 至 4.5 之間的機率，也就是：

$$P(2 \leq X \leq 4) = P(1.5 \leq X \leq 4.5)$$

$$= P(\frac{1.5 - 7}{\sqrt{3.5}} < Z < \frac{4.5 - 7}{\sqrt{3.5}})$$

$$= P(-2.94 < Z < -1.34)$$

$$= 0.4984 - 0.4099$$

$$= 0.0885$$

將 X 的值加或減 0.5 稱之為連續修正，是以連續型分配求離散型分配近似機率的一種方法。

在什麼條件下，以常態分配逼近二項分配才算合理呢？也就是 n 要多大？p 的值又要如何呢？若 p 接近 0.5，n 不須很大，二項分配便很接近常態分配，若 p 的值離 0.5 愈遠，則須較大的 n。一般常用的規則是：

$X \sim B(n, p)$ 當 $np \geq 5$ 且 $n(1 - p) \geq 5$ 時，可以常態分配求二項分配的近似機率。

例8 二項分配近似於常態分配的例子一

某電視節目聲稱收視率為 6%，今隨機抽取 300 個家庭，則(1)超過 20 個家庭收看此節目的機率為多少？(2)收看的家庭數少於 25 的機率為何？

解析

令 X 代表樣本中收看此節目的家庭數，則 $X \sim B(300, 0.06)$，因此：

$$np = 300 \times 0.06 = 18, \; n(1-p) = 300 \times 0.94 = 282$$

$np \geq 5$ 且 $n(1-p) \geq 5$，所以可用常態分配求其近似機率：

$$B(300, 0.06) \approx N(18, 16.92)$$

(1)超過 20 個家庭收看此節目的機率為：

$$P(X > 20) = P(X \geq 21) \quad (X \text{ 超過 } 20 \text{，所以 } X \text{ 的最小值為 } 21)$$
$$= P(X \geq 20.5) \quad (\text{常態分配下，} 20.5 \text{ 至 } 21.5 \text{ 是 } X = 21 \text{ 的機}$$
$$\text{率，所以須求 } 20.5 \text{ 以上的機率})$$
$$= P(Z \geq \frac{20.5 - 18}{\sqrt{16.92}})$$
$$= P(Z \geq 0.61) = 0.2709$$

(2)收看的家庭數少於 25 的機率為：

$$P(X < 25) = P(X \leq 24)$$
$$= P(X \leq 24.5)$$
$$= P(Z \leq \frac{24.5 - 18}{\sqrt{16.92}})$$
$$= P(Z \leq 1.58) = 0.9429$$

 例9 二項分配近似於常態分配的例子二

某公司聲稱其生產的保險絲不良品比例只有 2%。若隨機抽取 1,000 件產品做檢驗，則驗出 27 件或 27 件以上不良品的機率為何？

解析

令 X 代表 1,000 件中不良品的個數，則 $X \sim B(1,000, 0.02)$，因此：

$np = 1,000 \times 0.02 = 20$ 且 $n(1-p) = 980$ 皆大於 5

所以：

$B(1,000, 0.02) \approx N(20, 19.6)$

$P(X \geq 27) = P(X \geq 26.5)$

$$= P(Z \geq \frac{26.5 - 20}{\sqrt{19.6}})$$

$$= P(Z \geq 1.47) = 0.0708$$

....

例10 二項分配近似於常態分配的例子三

據估計銀行每年因為提款機出問題而損失的金額大約在 7 千萬元至 1 億元之間。而這些出問題的提款機有 45% 是詐騙集團所為。假設某銀行在一個月內發現 56 部有問題的提款機，則：

(1)這 56 部中有半數或半數以上是詐騙集團所為的機率為何？

(2)這 56 部中少於 20 部是詐騙集團所為的機率為何？

(3)若銀行發現 56 部有問題的提款機中，39 部是詐騙集團所為的，你是否懷疑上述的估計 45% 有問題？

解析

令 X 代表 56 部有問題的提款機中是詐騙集團所為的個數，則 $X \sim B(56, 0.45)$，因此：

$np = 56 \times 0.45 = 25.2 > 5$ 且 $n(1-p) = 56 \times 0.55 = 30.8 > 5$

所以：

$B(56, 0.45) \approx N(25.2, 13.86)$

(1) 56 部中半數或半數以上是詐騙集團所為的機率為：

$P(X \geq 28) = P(X \geq 27.5)$

$$= P(Z \geq \frac{27.5 - 25.2}{\sqrt{13.86}})$$

$$= P(Z \geq 0.62) = 0.2676$$

(2) 56 部中少於 20 部是詐騙集團所為的機率為：

$$P(X < 20) = P(X \leq 19)$$

$$= P(X \leq 19.5)$$

$$= P(Z \leq \frac{19.5 - 25.2}{\sqrt{13.86}})$$

$$= P(Z \leq -1.53) = 0.0630$$

(3) 因為 $\dfrac{39 - 25.2}{\sqrt{13.86}} = 3.7$，表示 39 比平均數 25.2 大了三點七個標準差，但以常態分配而言，大約有 95% 的資料和平均數相差兩個標準差以內，幾乎所有的資料和平均數相差三個標準差以內，因此 39 偏高，換句話說，45% 這個數據可能低估了。

例11 二項分配近似於常態分配的例子四

航空公司和旅館經常接受超額訂位，以減少因訂位未到的顧客所造成的損失。麗景汽車旅館由以前的紀錄發現大約有 10% 的人訂位而未到。假設某個週末麗景汽車旅館接受二百一十五個預約，但只有 200 間客房，若沒有候補的情況下，每個來的顧客都有房間住的機率為何？

解析

令 X 代表訂位且來的人數，則 $X \sim B(215, 0.9)$，因此：

$$np = 215 \times 0.9 = 193.5 > 5 \text{ 且 } n(1 - p) = 215 \times 0.1 = 21.5 > 5$$

所以：

$$B(215, 0.9) \approx N(193.5, 19.35)$$

若每個來的顧客都有房間住，則訂位且來的人數至多 200 人，所以每個來的顧客都有房間住的機率為：

$$P(X \leq 200) = P(X \leq 200.5)$$

$$= P(Z \leq \frac{200.5 - 193.5}{\sqrt{19.35}})$$

$$= P(Z \leq 1.59) = 0.9441$$

7.5 中央極限定理

統計的主要目的是根據樣本資料，對母體的特性做推論。例如想知道臺灣地區 20 歲到 30 歲之間男性的平均身高，若能蒐集到這一年齡層所有男性的身高，求其平均即可，然而要得到這一年齡層所有男性的身高資料，不容易且耗時費事，只能利用抽樣，例如隨機抽取 200 位這個年齡層的男性身高，算出樣本平均數 $\bar{X}$，做為母體平均數 μ 的估計。此例是標準的統計推論問題，包含了統計推論的兩個基本元素，參數和統計量。

· 參　數

表示母體某種特性的一個數值，也是研究者對於母體有興趣的特性，例如母體的平均數、標準差、最大值或最小值等。又如品管人員想瞭解公司某種產品的不良率，此不良率也是參數。參數是一個未知但固定的常數。

· 統計量

由樣本計算而得的一個或一組量，用以對母體的特性做推論，例如我們常用樣本平均數，$\bar{X}$，來估計母體的平均數 μ，樣本平均數 $\bar{X}$ 即是一種統計量。隨著抽樣的樣本不同，$\bar{X}$ 也會呈現不同的數值，所以 $\bar{X}$ 為一個隨機變數。

很顯然地，不同人做的隨機抽樣或不同次的隨機抽樣，樣本資料亦不同，統計量的值也隨之改變，因此樣本統計量譬如樣本平均數或樣本標準差等都是隨機變數。當我們以統計量估計母體的某一特性，例如以樣本平均數估計母體平均數，如何得知誤差大於某個值或在某個範圍內的機率是多少？要回答這個問題，我們必須知道統計量的抽樣分配。

7.5.1 統計量的抽樣分配

> **定義** 統計量的抽樣分配
> 重複相同的抽樣方法（指由相同的母體，抽出同樣大小的樣本）很多次後，所得統計量的機率分配稱之為統計量的抽樣分配。

我們以下面例子說明統計量的抽樣分配。

 例12 統計抽樣分配的例子

一袋中有 4 顆號碼球 $(1, 2, 3, 4)$，隨機抽取 2 顆球，以不放回方式，隨機抽取 2 顆球，寫出這 2 顆球球號的平均數，也就是樣本平均數之抽樣分配。

解析

不放回方式，4 顆球隨機取 2 顆，共有 6 種可能的樣本如下：

表7.1　4 顆球隨機取 2 顆的樣本平均數

樣　本	樣本平均數 $\overline{X}$
$\{1, 2\}$	1.5
$\{1, 3\}$	2.0
$\{1, 4\}$	2.5
$\{2, 3\}$	2.5
$\{2, 4\}$	3.0
$\{3, 4\}$	3.5

因為每個樣本被抽到的可能性都一樣，所以樣本平均數 $\overline{X}$ 的抽樣分配如下：

表 7.2　樣本平均數 $\overline{X}$ 的抽樣分配

$\overline{X}$	$p(\overline{X})$
1.5	$\frac{1}{6}$
2.0	$\frac{1}{6}$
2.5	$\frac{2}{6}$
3.0	$\frac{1}{6}$
3.5	$\frac{1}{6}$

而且：

$$E(\overline{X}) = 1.5 \times \frac{1}{6} + 2 \times \frac{1}{6} + \cdots + 3.5 \times \frac{1}{6} = 2.5$$

$$\mu = \frac{1 + 2 + 3 + 4}{4} = 2.5$$

所以：

$$E(\overline{X}) = \mu$$

當母體元素個數較多或甚至是無限多個時，不可能如上面的做法，找出所有可能的樣本，再寫出統計量的抽樣分配。某些統計量的抽樣分配可以經由理論推導而得，不過推導的內容超出本書的範圍。另一種方法是經由蒙地卡羅模擬 (Monte Carlo simulation) 找出統計量的近似分配。利用電腦重複由一母體隨機抽出一組樣本，每得一樣本，即可算出一個統計量的值，如此重複很多次之後，整理計算所得的統計量的值並畫成相對次數分佈圖，即得此統計量的近似分配，我們稱此方法為蒙地卡羅模擬。

各種統計量中，最常用的大概就屬樣本平均數 $\overline{X}$ 了，尤其是 $\overline{X}$ 的抽樣分配具有一些有用且重要的性質。例如 $\overline{X}$ 抽樣分配的期望值永遠等於母體分佈的期望值，但其變異數為 $\frac{\sigma^2}{n}$（σ^2 為母體的變異數，n 為樣本數），表示當樣本數愈大，$\overline{X}$ 的分佈愈集中，所以 $\overline{X}$ 的值落在 μ 附近區域的機率愈高。我們將 $\overline{X}$ 抽樣分配的重要性質，敘述如下：

定義　$\overline{X}$ 抽樣分配的性質

一母體的平均數為 μ，變異數為 σ^2，由母體中隨機抽出 n 個隨機樣本，則樣本平均數的抽樣分配滿足 $E(\overline{X}) = \mu$，$Var(\overline{X}) = \dfrac{\sigma^2}{n}$。若母體的分配為常態時，則不管樣本數為多少，$\overline{X}$ 的抽樣分配亦為常態。

假設我們由分佈為 $N(50, 16)$ 的母體隨機抽取一組樣本，若樣本數為 n，則 $\overline{X}$ 的抽樣分佈為 $N(50, \dfrac{16}{n})$，為說明 n 對 $\overline{X}$ 分佈的影響，我們分別取 $n = 1, 4, 16, 64$ 並將其分佈圖畫在同一個座標軸上（如圖 7.8），就可以很容易看出，當 n 愈大，$\overline{X}$ 的分佈愈集中，此性質的涵義是以樣本平均數估計母體平均數時，樣本數愈大，則估計誤差 $(\overline{X} - \mu)$ 在一小範圍（假設為 ±1）的機率愈高，以此問題為例：

⑴ $n = 64$ 時，$\overline{X} \sim N(50, \dfrac{16}{64})$，則：

$$P(|\overline{X} - 50| < 1) = P\left(\left|\dfrac{\overline{X} - 50}{\sqrt{\dfrac{1}{4}}}\right| < \dfrac{1}{\sqrt{\dfrac{1}{4}}}\right) = P(|Z| < 2) = 0.9544。$$

⑵ $n = 1$ 時，$\overline{X} \sim N(50, 16)$，則：

$$P(|\overline{X} - 50| < 1) = \left(\left|\dfrac{\overline{X} - 50}{\sqrt{16}}\right| < \dfrac{1}{\sqrt{16}}\right) = P(|Z| < \dfrac{1}{4}) = 0.1974。$$

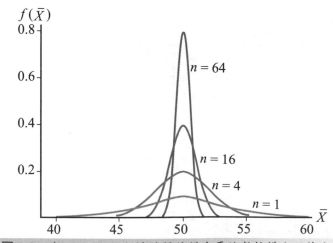

圖 7.8　由 $N(50, 16)$ 取樣所得的樣本平均數抽樣分配的比較

事實上，關於 $\overline{X}$ 的抽樣分配最重要且應用最廣的性質是中央極限定理。

 中央極限定理

從母體（平均數為 μ，變異數為 σ）中隨機抽出一組樣本，不論母體是何分配，若樣本數 n 足夠大，則 $\overline{X}$ 的分配趨近於常態分配，其平均數為 μ，變異數為 $\dfrac{\sigma^2}{n}$。以數學式表示為 $\overline{X} \xrightarrow[n\to\infty]{} N(\mu, \dfrac{\sigma^2}{n})$。

下面我們以蒙地卡羅模擬，說明 $\overline{X}$ 的抽樣分配。令 X 代表投一公正的骰子一次所得的點數，則 X 分佈的平均數 $\mu = 3.5$，變異數為 $\sigma^2 = 2.9167$。

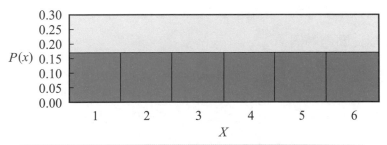

圖 7.9　X（投一公正骰子一次所得的點數）的機率分佈圖

假設我們重複投此公正骰子 5 次，相當於由母體中隨機抽取五個樣本，為瞭解此組樣本平均數的分配，重複做了 100 次的抽樣，部分結果如下表：

 表 7.3　投一公正骰子五次所得之可能樣本及樣本平均數

抽樣數	樣　本	$\overline{X}$	抽樣數	樣　本	$\overline{X}$
1	1, 1, 1, 5, 3	2.2	11	4, 3, 5, 2, 6	4.0
2	2, 6, 5, 2, 6	4.2	12	1, 5, 3, 4, 2	3.0
3	3, 5, 1, 3, 5	3.4	13	4, 5, 4, 1, 4	3.6
4	1, 4, 1, 2, 6	2.8	14	2, 3, 3, 2, 6	3.2
5	3, 1, 2, 1, 5	2.4	15	6, 4, 1, 2, 1	2.8
6	1, 5, 5, 4, 5	4.0	16	6, 1, 3, 2, 5	3.4
7	2, 6, 1, 2, 6	3.4	17	2, 3, 5, 2, 3	3.0
8	1, 5, 1, 5, 2	2.8	18	2, 4, 3, 4, 6	3.8
9	6, 6, 5, 3, 3	4.6	19	4, 4, 5, 4, 4	4.2
10	5, 5, 2, 3, 4	3.8	20	1, 2, 2, 1, 1	1.4

將這 100 次抽樣結果所得樣本平均數的值畫成直方圖，如圖 7.10。

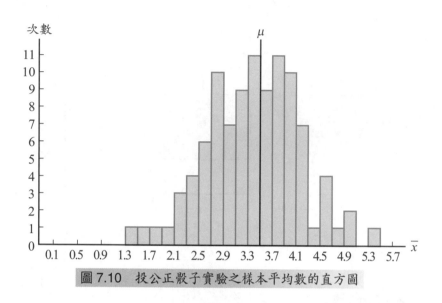

圖 7.10　投公正骰子實驗之樣本平均數的直方圖

這 100 個平均數的直方圖中心位置大約在母體平均數 3.5 左右，而且形狀已不像原先母體分佈的長方形（圖 7.9），而是趨近於鐘型。若 n 增加，其圖形會愈接近常態分配。我們再以下面例子，進一步說明中央極限定理，樣本數愈大，$\overline{X}$ 的分佈愈接近常態分配。圖 7.11，$N(0, 1)$ 說明當母體的分配為常態時，則不論樣本數為何，$\overline{X}$ 的分佈就是常態分配，$U(0, 1)$、$e(1)$ 兩圖則說明樣本數愈大，$\overline{X}$ 的分佈愈接近常態，而且若母體的分配較接近對稱，$\overline{X}$ 的分佈近似於常態的速度愈快，若母體的分佈形狀偏態愈大，近似的速度就愈慢。

關於 $\overline{X}$ 抽樣分佈的性質及中央極限定理的重點摘要說明如下：

⑴樣本平均數 $\overline{X}$ 代表資料的「中心點」，不管母體為何，樣本數為多少，$\overline{X}$ 的期望值等於原母體分配的期望值，也就是 $E(\overline{X}) = \mu$，永遠成立，此式亦表示 $\overline{X}$ 抽樣分佈的中心位置和母體分配的中心位置一樣。

⑵若原母體的標準差為 σ，$\overline{X}$ 分配的標準差只有 $\dfrac{\sigma}{\sqrt{n}}$，所以抽樣樣本數愈大，$\overline{X}$ 分配的標準差愈小，表示 $\overline{X}$ 的分佈愈集中，則 $\overline{X}$ 的值也愈接近母體的平均數 μ，因此要估計 μ，只要樣本數 n 夠大，以樣本平均數 $\overline{X}$ 估計 μ，誤差可以達到很小，當然樣本數取得多，相對地抽樣成本也高。

樣本數	$N(0,1)$	$U(0,1)$	$e(1)$

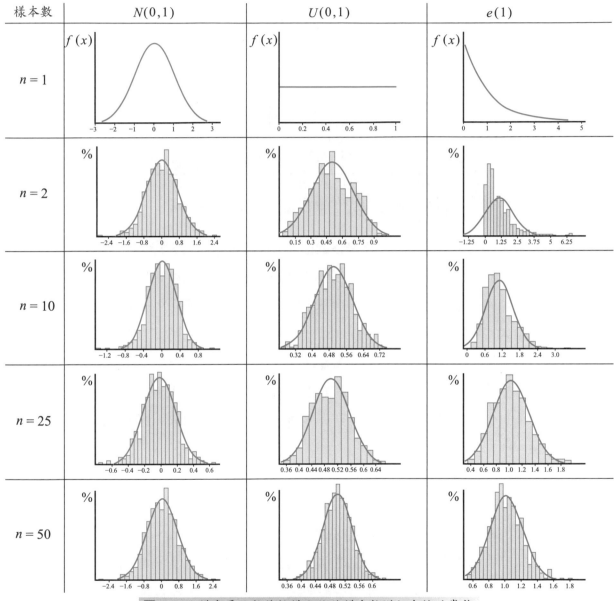

圖 7.11 樣本平均數的抽樣分佈隨樣本數增加愈接近常態

⑶中央極限定理在實務上被廣泛應用，主要原因是它唯一需要的條件只有「樣本數足夠大」。不管母體的分佈是連續型或離散型、對稱或不對稱、單峰或雙峰、甚至是多峰都無所謂，只要樣本數夠大，$\overline{X}$ 的分佈就會近似於常態分配。這也是為什麼常態分配在應用上如此重要；即使原來不知道母體的分佈，不能算任何機率，只要樣本取得夠多，$\overline{X}$ 的分佈趨近於常態，就可以算機率，例如求 $P(a < \overline{X} < b)$。

⑷因為樣本總和 $\sum\limits_{i=1}^{n} X_i = n\overline{X}$，所以中央極限定理也可以應用於樣本總和的分配，也就是，當樣本數夠大時，$\sum\limits_{i=1}^{n} X_i$ 的抽樣分配趨近於常態，其平均數為 $n\mu$，變異數為 $n\sigma^2$。

⑸中央極限定理最重要的應用在於母體的分佈非常態。當母體分佈為常態時，不論樣本數為何，$\overline{X}$ 的分佈就是常態，而當母體分佈非常態時，應用中央極限定理，$\overline{X}$ 的分佈也可以很接近常態分配。

⑹中央極限定理中，只說樣本數 n 足夠大，到底要多大呢？沒有一定的準則，n 大小主要受兩個因素影響：(i)母體的分佈，若母體的分佈對稱或趨近於對稱，則 n 不須很大，可能是五個，$\overline{X}$ 的分佈就可以很接近常態分配了；但若母體的分佈愈不對稱，也就是偏斜愈嚴重，所須的樣本數也愈多。(ii)和個人要求 $\overline{X}$ 的分佈多近似於常態分配有關。也就是，若利用中央極限定理，以常態分配估算 $\overline{X}$ 的機率時，n 的決定亦受個人要求機率近似於真值的程度有關。實用上，通常樣本數在 30 以上（有人主張 25 以上），就可視為大樣本。

7.5.2　中央極限定理的應用

上一節我們談到當實驗的次數 n 夠大時，二項分配 $B(n, p)$ 會趨近於常態分配，事實上就是中央極限定理的一個應用。令 $X_1, X_2, \cdots, X_n$ 代表 n 次實驗的結果，若第 i 次實驗成功，令 $X_i = 1$，其機率為 p，若第 i 次實驗失敗，則令 $X_i = 0$；$X_1, X_2, \cdots, X_n$ 相當於是一組隨機樣本，也就是 $X_1, X_2, \cdots, X_n$ 互相獨立且有相同的機率分配，其機率分配為：

表 7.4　X_i 的機率分配

x	1	0
$P(x)$	p	$1-p$

$E(X_i) = p$, $V(X_i) = p(1-p)$。

此即為母體的分配，而且母體平均數 $\mu = p$，變異數 $\sigma^2 = p(1-p)$，而 n 次實驗成功的總次數 $X = \sum_{i=1}^{n} X_i$，相當於是樣本總和，由前面二項分配的定義知 $X \sim B(n, p)$，但利用中央極限定理知重複的實驗次數 n 夠多時，$\sum_{i=1}^{n} X_i \approx N(np, np(1-p))$，也就是 $X \approx N(np, np(1-p))$，換句話說，當 n 足夠大時，由中央極限定理可得 $B(n, p) \approx N(np, np(1-p))$。

例13　中央極限定理的例子一

誰是贏家？輪盤遊戲在每家賭場幾乎都可看到，若輪盤上有 39 個位置，包含數字 1～38 及一個 0，每個數字出現的機會都相等，賭客可在 1～38 的數字下注，如果 0 出現，則莊家贏。以 1:1 賭法而言，賭客下注 1 元，若贏的話得 1 元，否則輸掉賭注 1 元。假設賭客只可下注賭奇數點或偶數點，以此賭法為例，我們利用中央極限定理說明莊家是最終的贏家。

解析

假設賭客下注賭奇數點，每次莊家贏的機率為 $p = \dfrac{20}{39}$，如果總共賭了一百次，令 X 代表 100 次莊家贏的總次數，則 $X \sim B(100, \dfrac{20}{39}) \approx N(100 \times \dfrac{20}{39}$, $100 \times \dfrac{20}{39} \times \dfrac{19}{39})$，也就是 $X \approx N(51.28, 24.9836)$。

所以，賭了一百次後，莊家贏錢的機率為：

$$P(X > 50) = P(X \geq 51)$$
$$= P(X \geq 50.5)$$

$$= P(Z \geq \frac{50.5 - 51.28}{\sqrt{24.9836}})$$

$$= P(Z \geq -0.16)$$

$$= 0.5636$$

同理，可算出賭 1 千次、1 萬次莊家贏的機率，列表如下：

表 7.5　賭的總次數與莊家贏錢的機率

賭的總次數	莊家贏錢的機率
100	0.5636
1,000	0.7910
10,000	0.9948

可見得，賭的次數愈多，莊家贏錢的機率愈大，若賭的次數超過 1 萬次，莊家贏錢的機率幾乎是 1！賭場每天賭客很多，每位賭客也都賭很多次，一天下來，輪盤賭的總次數很可能超過 1 萬次，當然莊家就是最終的贏家了！

一　卜瓦松分配也會近似於常態分配

一般來說，如果隨機變數 X 的分配是均數為 λ 的卜瓦松分配，也就是 $X \sim P(\lambda)$，當 λ 的值足夠大，則 X 的分配會近似於常態分配，且此常態分配的平均數和變異數都等於 λ；也就是，當 λ 足夠大，$P(\lambda) \approx N(\lambda, \lambda)$。

例14　卜瓦松分配近似於常態分配的例子

根據經驗，一地毯製造商知道某種地毯材質平均每平方碼有一個瑕疵，假設地毯瑕疵數的分佈符合卜瓦松模型，某店家買進此種地毯 30 平方碼，則瑕疵數超過 25 個的機率為何？

解析

假想將地毯平分成 30 個區塊，每個區塊一平方碼，令 X_i 代表第 i 個區塊的瑕疵數，則 $X_i \sim P(1), i = 1, 2, \cdots, 30$，而且每個區塊的瑕疵數都是獨立

的。又令 X 代表整個地毯的瑕疵總數，那麼 $X = \sum_{i=1}^{30} X_i$，由卜瓦松模型的性質，$X \sim P(30)$。

但由中央極限定理，樣本數 30 可視為大樣本，所以，$X \approx N(30, 30)$。

$$
\begin{aligned}
P(X > 25) &= P(X \geq 26) \\
&= P(X \geq 25.5) \\
&= P\left(Z \geq \frac{25.5 - 30}{\sqrt{30}}\right) \\
&= P(Z \geq -0.82) \\
&= 0.7939
\end{aligned}
$$

二 中央極限定理的其他應用

例15 中央極限定理的例子二

營養午餐供應商每 40 個橘子裝 1 箱，以供一個班級的同學使用，若一個橘子平均重 200 公克，標準差 25 公克，試問：

(1)隨機抽取 1 箱橘子，平均重多少公斤？標準差為多少？其重量分佈為何？

(2)某班級分配到 1 箱橘子，其重量不到 7.8 公斤的機率為何？

(3)隨機抽取 10 箱橘子，則這 10 箱橘子的平均重量之分佈應為何？這 10 箱橘子的平均重量不到 7.8 公斤的機率為何？

解析

(1)令 X 代表 1 箱橘子的總重量，X_i 代表 1 箱橘子中第 i 個橘子的重量，則：

$$
X = \sum_{i=1}^{40} X_i
$$

已知 $E(X_i) = 200, Var(X_i) = 625$，故：

$$
E(X) = 40 \times 200 = 8,000
$$

$$
Var(X) = 40 \times 625 = 25,000
$$

所以 1 箱橘子的平均重量是 8 公斤，標準差為 158.1139 公克

$(= \sqrt{25,000})$。而 1 箱橘子的總重量 X 相當於是 40 個樣本總和，由中央極限定理知 X 機率分配近似於常態分配，平均數為 8,000 公克，標準差為 158.1139 公克。

(2)令 X 代表這個班級分配到的橘子總重量，則 $X \sim N(8,000, 158.1139^2)$。所以此箱橘子重量不到 7.8 公斤的機率為：

$$P(X < 7,800) = P(Z < \frac{7,800 - 8,000}{158.1139}) = P(Z < -1.26) = 0.1038 \text{。}$$

(3)因為每箱橘子的重量分佈為常態，平均數為 8,000 公克，標準差為 158.1139 公克，所以 10 箱橘子的平均重量 $\overline{X}$ 之分佈亦為常態分配，其平均數為 8,000 公克，變異數為 $\frac{158.1139^2}{10}$。所以：

$$P(\overline{X} < 7,800) = P(Z < \frac{7,800 - 8,000}{\frac{158.1139}{\sqrt{10}}}) = P(Z < -4.0) = 0.00003 \text{。}$$

例16 中央極限定理的例子三

某生產線生產之產品不良率 $p = 5\%$，若由生產線上隨機抽取 500 件產品做檢驗，則樣本不良率 $\hat{p}$ ($\frac{\text{樣本中不良品的個數}}{\text{樣本數}}$) 與真正的不良率相差在 1% 之內的機率為何？

解析

令 X_i 代表樣本中第 i 件產品檢驗的結果，若第 i 件為不良品，則 $X_i = 1$，否則 $X_i = 0$。如此 $\sum_{i=1}^{500} X_i$ 代表 500 件樣本中不良品的個數，所以，樣本不良率為：

$$\hat{p} = \frac{\sum_{i=1}^{500} X_i}{500} = \overline{X}$$

由前面中央極限定理關於樣本數的說明可知，樣本數 500 是大樣本（若利用二項分配大樣本條件的檢驗法，$np \geq 5$ 且 $n(1-p) \geq 5$，本例 $np = 25 \geq 5$ 且

$n(1-p) = 475 > 5$ 亦可）。因此：

$$\hat{p} \approx N(0.05, \frac{0.05 \times 0.95}{500})$$

$$\therefore P(|\hat{p} - 0.05| < 0.01) = P(\frac{|\hat{p} - 0.05|}{\sqrt{\frac{0.05 \times 0.95}{500}}} < \frac{0.01}{\sqrt{\frac{0.05 \times 0.95}{500}}})$$

$$= P(|Z| < 1.03) = P(-1.03 < Z < 1.03)$$

$$= 2 \times P(0 < Z < 1.03) = 2 \times 0.3485 = 0.6970$$

7.6 互相獨立的常態隨機變數相加或相減後之分配

在應用上，我們常會比較兩母體某些特性，如比較兩種不同品牌的飲料平均銷售量、兩條不同生產線的產品不良率等問題，因此我們常須將隨機變數相加或相減，而兩個互相獨立的常態隨機變數相加或相減後之分配在實務上尤其重要。下面我們利用蒙地卡羅模擬方式說明兩個互相獨立的常態隨機變數相加或相減後，其分配仍是常態。令隨機變數 $X \sim N(50, 64)$, $Y \sim N(40, 36)$，令 $U = X + Y$, $V = X - Y$，我們利用 MINITAB 軟體分別由兩個常態母體隨機抽出 10,000 個 X 和 Y 的值，並算出其和、差，資料如下：

樣　本	X	Y	U	V
表 7.6				
1	56.4054	40.3459	96.7513	16.0595
2	50.2585	44.1086	94.3671	6.1499
3	49.5409	37.6113	87.1522	11.9296
4	52.0181	32.9037	84.9218	19.1144
5	40.8004	38.4502	79.2506	2.3502
6	38.6384	43.0181	81.6565	−4.3796
7	39.1645	22.8144	61.9789	16.3501
8	46.1763	37.2566	83.4329	8.9197
9	37.3624	43.8431	81.2055	−6.4807
10	54.1602	32.9582	87.1184	21.2020
⋮				

四個變數的平均數、標準差、最小值和最大值如下：

表 7.7 四個變數的統計量

變 數	樣本數	平均數	標準差	最小值	最大值
X	10,000	50.004	8.043	22.451	79.462
Y	10,000	40.043	5.998	13.682	63.430
U	10,000	90.047	9.995	55.133	128.079
V	10,000	9.961	10.071	−29.640	51.836

◆註：1. $E(U) \approx E(X) + E(Y)$

2. $Var(U) \approx Var(X) + Var(Y)$

3. $E(V) \approx E(X) - E(Y)$

4. $Var(V) \approx Var(X) + Var(Y)$

（因為是抽樣的資料，上面等式沒有完全相等，但誤差很小）

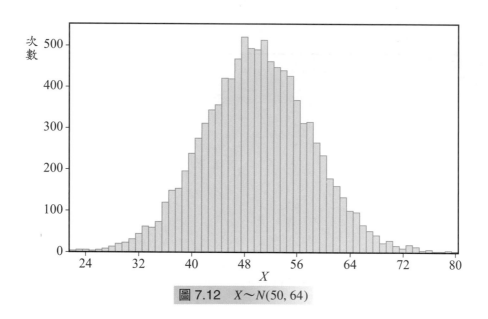

圖 7.12 $X \sim N(50, 64)$

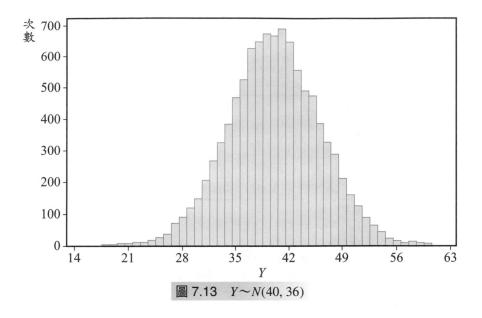

圖 7.13　$Y \sim N(40, 36)$

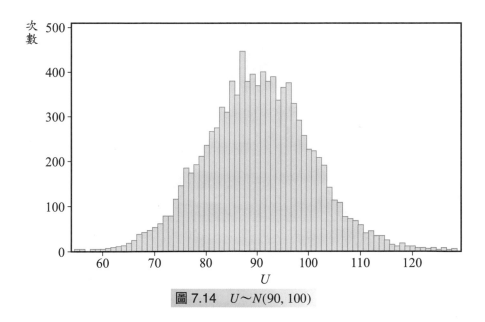

圖 7.14　$U \sim N(90, 100)$

　　由圖 7.14 和圖 7.15 可看出兩常態分配隨機變數 X, Y 經相加或相減所得的新變數，其分配仍是常態。

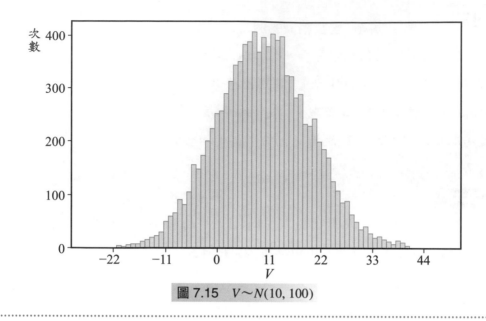

圖 7.15　$V \sim N(10, 100)$

例17　二個常態隨機變數相減的例子一

　　假設甲品牌的燈泡壽命（單位：小時）服從常態分配 $N(800, 14,400)$，乙品牌的燈泡壽命（單位：小時）之分配則是 $N(850, 2,500)$，分別由甲、乙兩品牌的燈泡中隨機抽取一個，則從甲品牌抽出的燈泡壽命比由乙品牌抽出的燈泡壽命長的機率是多少？

解析

　　令 X 代表從甲品牌抽出的燈泡壽命，Y 代表由乙品牌抽出的燈泡壽命，則：

$$X \sim N(800, 14,400), \ Y \sim N(850, 2,500) \text{ 且 } X \text{ 和 } Y \text{ 互相獨立}$$

所以：

$$X - Y \sim N(-50, 16,900)$$

甲品牌抽出的燈泡壽命比乙品牌抽出的燈泡壽命長的機率為：

$$P(X > Y) = P(X - Y > 0) = P(Z > \frac{50}{\sqrt{16,900}}) = P(Z > 0.38) = 0.3520$$

例18 二個常態隨機變數相減的例子二

登峰位在不同的地方有甲、乙二個生產水梨的農場，由過去經驗，甲農場的水梨 1 個平均重 560 公克，標準差為 30 公克；乙農場的水梨 1 個平均重 450 公克，標準差為 25 公克。今分別從兩農場隨機抽出 30 個水梨，則從甲農場取出的水梨比由乙農場取出的水梨平均重量多 100 公克以上的機率為何？

解析

令 $\overline{X}$ 代表從甲農場取出的 30 個水梨之平均重量，$\overline{Y}$ 代表從乙農場取出的 30 個水梨之平均重量。由中央極限定理可知：

$$\overline{X} \sim N(560, \frac{30^2}{30})$$

$$\overline{Y} \sim N(450, \frac{25^2}{30})$$

又兩農場是獨立的，所以兩組樣本也是獨立的，所以：

$$\overline{X} - \overline{Y} \sim N(110, \frac{30^2}{30} + \frac{25^2}{30})$$

甲農場取出的水梨比由乙農場取出的水梨平均重量多 100 公克以上的機率為：

$$P(\overline{X} - \overline{Y} > 100) = P(Z > \frac{100 - 110}{\sqrt{\frac{30^2}{30} + \frac{25^2}{30}}}) = P(Z > -1.40) = 0.9192$$

個案討論

智商高低如何決定？

常態分配在日常生活中常被提及，例如我們常說成人的身高成常態分配，入學考試成績成常態分配等，醫學界經常對人體一些健康指標訂定所謂的「正常範圍」，例如一般人正常的心臟收縮壓應在 110～140 之間。這些「正常範圍」的訂定就是利用常態分配訂定的。

一個人是資優或學習遲緩經常藉由智力商數（簡稱智商）來判定，智商是經由一系列標準測試測量人在其年齡階段的認知能力之得分。在

統計上，智商可視為一連續的隨機變數，利用統計方法分析智商測驗得分的資料，結果顯示智商近似常態分配，表 7.8 是由維基百科擷取的資料。智商的平均值為 100，標準差大約 15。智力介於 85 至 105 之間的機率為 47%：

$$P(85 < X < 105) = P(\frac{85-100}{15} < \frac{X-100}{15} < \frac{105-100}{15})$$
$$= P(-1 < Z < 0.33) = 0.4706$$

大約占了整個智商分佈中間的 50%，因此定義普通人的智力範圍在 85 到之間。另一方面，智商高於 105，也就是比平均值大兩個標準差以上的人為資優生，占了全體的 2.28%($P(X > 130) = P(Z > 2) = 0.0228$)。相對地，智商在後面 2.28% 者，則歸納為智能障礙($P(X < 70) = P(Z < -2) = 0.0228$)。若以經驗法則來說，約有 68% 的人智商介於 85 至 115 之間，95% 的人智商介於 70 至 130 之間，而所有人的智商範圍大約在 55 至 145 之間。現在你知道自己的智商超越多少人了嗎？

表 7.8　智商分佈與智力等級

智商分佈圖	智　商	智力等級
	130 以上	資優
	120～130	智力優異
	105～120	智力較高
	85～105	普通人智力範圍
	70～85	遲鈍
	70 以下	可歸納為智能障礙

◆資料來源：維基百科，色塊顯示標準差的不同。

本章習題

一、選擇題

( ) 1. 一隨機變數的機率分佈為右偏，則此變數的平均數、中位數和眾數由小到大的排列為　(A)平均數、中位數、眾數　(B)眾數、中位數、平均數　(C)中位數、眾數、平均數　(D)平均數、眾數、中位數

( ) 2. 樣本平均數的標準差等於　(A)母體的標準差　(B)母體的標準差除以母體的平均數　(C)母體的標準差除以樣本數的平方根　(D)母體的標準差的平方根

( ) 3. 假設 Z 服從標準常態分配，則 $P(Z < -0.4)$ 等於　(A) 0　(B) 0.5　(C) 0.1554　(D) 0.3446

( ) 4. 假設 Z 服從標準常態分配，則 $P(-0.3 < Z < 1.2)$ 等於　(A) 0.5028　(B) 0.3849　(C) 0.1179　(D) 0.2670

( ) 5. 假設 Z 服從標準常態分配，求 z_0 使得 $P(Z > z_0) = 0.6255$。　(A) 0.13　(B) 0.37　(C) −0.13　(D) −0.32

( ) 6. 假設隨機變數 X 的機率分配為 $N(3, 16)$，則 $P(X < 2)$ 等於　(A) 0.9772　(B) 0.4013　(C) 0.4772　(D) 0.0228

( ) 7. 某一考試的成績呈常態分配，標準差 6 分。若已知 93.32% 的人成績在 90 分以下，則此考試的平均成績為　(A) $90 + 0.9332 \times 6$　(B) $90 - 0.9332 \times 6$　(C) $90 + 1.5 \times 6$　(D) $90 - 1.5 \times 6$

( ) 8. 假設小金每天早上由家中到公司所花的時間為常態分配，且平均數為 15 分鐘，標準差為 2。若公司 8：00 開工，則小金應該在 8：00 前幾分鐘出門才能確保他遲到的機會只有 4%？　(A) 11.5 分鐘　(B) 22 分鐘　(C) 18.5 分鐘　(D) 8 分鐘

( ) 9. 一平均數為 100，標準差為 20 的常態分配，其中位數等於　(A) 100　(B) 80　(C) 120　(D)無法決定

（　　）10.假設某法律事務所的客戶年齡分佈近似於常態分配，客戶年齡平均 45.7 歲，標準差 10.4，今隨機抽取一客戶，則此客戶年齡超過 65 歲或在 25 歲以下的機率為何？　(A) 0.0134　(B) 0.0547　(C) 0.0237　(D) 0.0409

（　　）11.試利用常態分配估計以下機率。重複投擲一公正的硬幣一千次，出現正面次數介於 475 到 525 （包括兩端點） 的機率。　(A) 0.8926　(B) 0.4463　(C) 0.4429　(D) 0.8858

（　　）12.一抽樣調查欲知廣播聽眾喜好收聽 AM 或 FM 的節目，共訪問 250 位聽眾。若商情資料顯示 68% 的聽眾較喜歡收聽 FM，則此組樣本中超過 170 人較喜歡收聽 FM 的機率為何？　(A) 0.5　(B) 0.5120　(C) 0.4721　(D) 0.4102

（　　）13.一母體的平均數為 62，標準差為 17。若由此母體隨機抽取 20 個樣本，則樣本平均數抽樣分配的期望值和標準差分別為何？　(A) 62, 17　(B) 62, 0.85　(C) 3.1, 3.8　(D) 62, 3.8

題組：問題 14～15 請參考以下敘述:一玉米罐頭的自動充填器製造出的玉米罐頭重量服從常態分配，平均重量 16 盎司，標準差 0.4 盎司。若公司要求玉米罐頭的重量必須達到 15.4 盎司以上才合格。

（　　）14.隨機抽取一罐，其重量小於 15.4 盎司的機率為何？　(A) 0.0562　(B) 0.0668　(C) 0.1587　(D) 0.4236

（　　）15.若公司希望不合格率能降到 5% 以下，則應將自動充填器的平均值設在何處才能滿足公司的要求？　(A) 15.000　(B) 15.400　(C) 16.524　(D) 16.058

二、問答題

1.假設 $Z \sim N(0, 1)$，求：

(1) $P(-0.05 < Z < 1.10)$。

(2) $P(Z > -1.39)$。

(3) $P(Z > z) = 0.8962$，試求 z。

(4) $P(Z \leq z) = 0.9671$，試求 z。

2. 假設 $X \sim N(60, 100)$，求：

(1) $P(60 < X < 72)$。

(2) $P(38 < X < 57)$。

(3) $P(|X - 60| < 10)$。

(4) $P(|X - 60| < a) = 0.95$，試求 a。

3. 假設美國鯤魚的長度呈常態分配，此分配的平均數 $\mu = 10.3$ 公分，標準差 $\sigma = 0.65$ 公分，若隨機抽取一隻鯤魚，試分別求出此魚之長度如下的機率：

(1) 9 公分以下。

(2) 10.8 公分以上。

(3) 介於 9.5 公分到 10.6 公分之間。

4. 根據某學校的學生資料顯示，該校學生的智商呈常態分配，平均智商 $\mu = 110$ 分，標準差 $\sigma = 10$ 分，今隨機抽取一學生，試求此生智商如下之機率為何？

(1) 123 分以上。

(2) 95 分以上。

(3) 89 分以下。

5. 假設凱基銀行之某行員辦理存提款時間為一指數分配，且每分鐘平均服務 0.2 個客戶。求：

(1) 該行員服務一個客戶的時間超過 5 分鐘的機率為何？

(2) 該行員服務一個客戶的時間少於 2 分鐘的機率為何？

(3) 該行員平均服務一位客戶的時間為何？

6. 微積分通常當很多人，及格率只有 40%，但去年老師改變作風，及格率提高到 60%。依去年的標準，試問本學期修課的 72 位學生中，2/3（48 個）以上學生會及格的機率為何？試分別以二項分配及常態分配求解。

7. 某證照考試共有 6,000 人參加，總分呈常態分配，平均成績為 100，標準差 15。試問：

(1) 大約有多少人成績在 110 到 120 之間？

(2) 若有 1,200 人通過考試，拿到證照，則可以獲得證照的最低分大約是幾分？

8. 假設至郵局辦理事務等待時間呈常態分配，平均等待時間為 10 分鐘，標準差為 3 分鐘，小華某日下午至郵局匯款，等待的時間：

(1)在 5 到 10 分鐘的機率是多少？

(2)少於 6 分鐘或多於 9 分鐘的機率是多少？

9. 某公司招募員工其中有一項抗壓性測驗。若分數呈常態分配，平均 60 分，標準差 10 分。若只錄取前 20%，試求最低錄取分數。

10. 某種腕錶平均壽命是 2 年，標準差五個月，假設其壽命呈常態分配。製造廠商應該將保證期限定為多久 ， 則在保證期間內要求更換的比例不超過 10% ？

11. 一經銷商銷售某種零件，其長度規格為 100 ± 0.05，若有 A、B、C 三家供應商可選擇，三家供應商製造的零件長度分佈如下：

$A \sim N(100, 0.0025), B \sim N(99.98, 0.0004), C \sim N(100.08, 0.0001)$，試問：

(1) A、B、C 三家供應商哪家的合格率最高？

(2)以統計的觀點來看，你覺得哪一家廠商最有潛力？

12. 假設成年人的平均血壓是 120 mmHg，標準差 5.6 mmHg，若血壓的分佈呈常態分配，則：

(1)隨機抽取一成人，其血壓在 120 到 121.8 的機率為何？

(2)若隨機抽取 25 位成人 ，則此 25 人的平均血壓在 120 到 121.8 的機率為何？

(3)為何(1)的機率比(2)的機率小？

13. 甲、乙兩生產線，每天生產上萬個產品，由紀錄知甲、乙兩生產線的不良率分別是 0.2 和 0.3，分別由甲、乙兩生產線上隨機抽取五十個產品，令 X、Y 分別代表甲、乙兩生產線抽出之樣本的不良品數。

(1)你覺得 X、Y 的分佈，何者較接近常態分配？為什麼？

(2)利用常態分配求 $P(1 \leq X \leq 10)$ 及 $P(1 \leq Y \leq 10)$。

14. 某大學有學生 20,000 人，男女生人數各占一半，由一項有關校內學生健康調查的報告發現，男、女生的身高都呈常態分配。男生平均身高 172 公分，標準差 10 公分，女生平均身高 160 公分，標準差也是 10 公分。試問：

⑴隨機抽取一男生，此生身高低於 165 公分的機率是多少？

⑵隨機抽取一個學生，此生身高低於 165 公分的機率是多少？

⑶若抽到的人身高低於 165 公分，則此人是男生的機率是多少？

⑷若隨機抽取一對男、女生，則男生比女生高 15 公分以上的機率是多少？

⑸如果分別由男、女生中抽出 20 位，則男生的平均身高比女生的平均身高多 15 公分的機率是多少？

⑹若有位老師要針對身高較高的學生做研究，欲選出男、女生身高在前 15% 的學生，則男、女生身高至少分別須多少公分以上才會被選上？

15.由一項調查知某品牌的手機平均壽命 3.1 年，標準差 0.9 年。若某一學校宿舍中，共有 40 位學生擁有此品牌的手機。試問：

⑴這 40 位同學的手機平均壽命少於 2.7 年的機率是多少？

⑵有 1 位同學買了此品牌的手機已經滿 1 年了，則其手機還可以用 3 年以上的機率是多少？

16.餐廳和旅館都會接受超額預約以減少顧客訂位卻沒來的損失，根據以往的經驗約有 15% 的顧客訂位但沒來。某餐廳只有 180 個位置卻接受了 200 位顧客訂位，若沒有後補者，則所有來的顧客都有位置的機率是多少？

17.根據不動產買賣調查，買屋的客戶中大約有 38% 是首次購屋者。隨機抽取 200 位最近半年內剛買屋者，則樣本中首次購屋人數達到 90 或 90 以上的機率是多少？

18.路口常可見到貨車上載滿了柳丁或芭樂等水果在賣，今年柳丁盛產，果農以貨車載滿柳丁後賣出，請解釋為何一貨車的柳丁總重量的分佈會趨近於常態分配？

19.假設一大型機械製造廠，有上萬名員工，工廠大約一星期平均有一件員工意外事件，若 X 代表任一星期內員工發生的意外事件次數，Y 則代表一年內員工發生的意外事件次數，則：

⑴你覺得 X 的分佈可能服從何種機率分配？

⑵Y 的機率分配趨近於何種連續型分配？為什麼？（註：一年是 52 個星期的和）

⑶試以⑵的答案求 $P(Y=52)$。

20. 某食品公司生產雞塊,製程中每個雞塊平均重 20 公克,標準差 0.5 公克。若每包有 50 塊,試問:

    (1) 每包雞塊平均重多少公克?標準差為多少公克?

    (2) 某人在市場上買了 1 包該公司的雞塊,試問其重量不到 1,000 公克的機率是多少?

    (3) 如果每包雞塊的規格是 1,000 公克 ±5 公克,則顧客買到的雞塊重量低於規格下限的機率是多少?

    (4) 某安親班買了 5 包供小朋友食用,則 5 包的總重量不到 4,980 公克的機率是多少?5 包中有兩包重量低於規格下限的機率是多少?

21. 若已知某製程的不良率為 4%,今隨機抽出 500 件產品檢驗,則樣本不良率 $\hat{p}$ 和真正的不良率相差在 1% 之內的機率為何?

22. 以下是一項關於結婚夫婦生育之子女數的調查結果:

表 7.9　生育子女數調查表

子女數	1	2	3	4	5	6
比 例	0.25	0.36	0.20	0.12	0.05	0.02

試問:

   (1) 一對結婚夫婦平均生育幾個小孩?標準差是多少?

   (2) 若隨機抽取 100 對結婚夫婦,記錄其生育之子女數,則這 100 筆資料的平均數、標準差大約是多少?其分佈形狀又如何?

   (3) 若事實上有興趣而想瞭解的是這 100 對夫婦平均生育的子女數,重複做了 400 次相同的抽樣,得到 400 個平均數的值,則這 400 個平均數所畫出的直方圖形狀像什麼?其中心位置大約在何處?其標準差大約是多少?

23. 某學期共有 80 人修統計學,期末考分數呈常態分配 $N(55, 10)$。

   (1) 若老師將最後 5% 的人當掉,則當掉的人中,期末考分數最高的是幾分?

   (2) 期末考實際大約有多少人及格?

   (3) 老師選出期末考分數在前 5% 的人,給予鼓勵,則能受到老師鼓勵的最低分數大約是多少?

24.根據統計臺灣地區大學畢業生的起薪平均是 28,000 元,標準差是 3,000 元,而研究所的平均起薪是 32,000 元,標準差 3,500 元。假設起薪分佈呈常態分配,試問:

(1)多少比例的大學畢業生起薪高於研究生?

(2)某大學生的起薪是屬於全體大學畢業生起薪的前 5% , 則此人的起薪至少多少錢?

(3)隨機抽取一大學畢業生和一研究所畢業生,則此研究所畢業生的起薪比大學畢業生的起薪高 5,000 元的機率是多少?

第 8 章

估 計

學習重點

1. 何謂好的估計量。
2. 母體平均數的估計。
3. 母體比例的估計。
4. 抽樣樣本數的決定。
5. 常態母體變異數的估計。

日常生活上有很多未知的事物或現象，常會利用隨機抽樣抽取一組樣本，然後根據樣本的資料對母體某些性質做推測，我們稱這種過程為統計推論。估計在統計推論上是非常重要的一環。在實務上，有關估計的問題更是隨處可及，例如在生物學上，可能要估計某種動物的平均壽命、身長等；在商業上，零售商可能要估計產品的銷售量以做為訂貨的依據，以避免缺貨或存貨太多的問題；在每天生活裡，你可能想要瞭解走某一條路上班大約須要花多少時間到公司等問題，不勝枚舉。

中央大學臺灣經濟發展研究中心於 2016 年 3 月 1 日公佈 2 月消費者信心指數調查結果❶，文中提出與消費者信心有關的六項指標及一些相關數據，例如 2016 年 2 月份消費者信心指數的總數為 82.89 點，比上個月上升 2.00 點（2016 年 1 月：80.89 點）；六項指標全數上升，其中「未來半年投資股票時機」上升幅度最大等等，文章最後一段還提到此調查「採電腦隨機抽樣，共訪問 2,440 位臺灣地區 20 歲以上的民眾，在 95% 的信心水準下抽樣誤差為正負 2.0 個百分點」。關於這些數據，有幾個問題要提出來：

1. 如何將這些由樣本得到的估計值和母體的真實值做比較？
2. 「95% 的信心水準下抽樣誤差為正負 2.0 個百分點」是什麼意思？
3. 樣本數 2,440 夠多嗎？足夠代表臺灣地區 20 歲以上所有的民眾嗎？

希望讀者在閱讀完本章後，能回答這些問題，因為在這一章中，我們要解釋如何利用樣本所得的資訊來估計母體的特性，而這些問題正是本章要探討的主題。

8.1 估計形式及估計量的選擇

估計方式可分為點估計和區間估計兩種。例如汽車經銷商估計每賣一部新車的平均利潤，他的估計方式可能是由過去的紀錄，隨機抽取 50 部賣出新車的資料，求出此 50 部車的平均利潤，比如說是 85,400 元，就以此數據為賣出一部新車平均利潤的估計值，此估計方式就稱為點估計。另一種估計方

---

❶臺灣綜合研究院 105 年 3 月 1 日新聞稿。

式是給一個區間，譬如上面的例子，由樣本的資料估計每賣一部新車的平均利潤在 79,500 元到 91,000 元之間，這兩個數據在數線上圍成一個區間，因此，我們稱之為區間估計。本章我們將分別介紹這兩種估計方法。

統計估計的程序主要是利用樣本統計量來估計有興趣的母體參數，只要將樣本觀察值代入樣本統計量的公式中，即可得到參數的估計值，我們稱此統計量為母體參數的估計量，而所得到的值即稱為參數的估計值。例如，我們常以樣本平均數 $\bar{X}$ 來估計母體平均數 μ，只要將樣本的觀察值代入 $\bar{X}$ 的公式中，即可得到 μ 的估計值，此即為點估計；而區間估計則是將資料數值代入區間估計量算出兩個值，在數線上圍成一個區間，表示母體參數值的可能範圍。

很多不同的統計量都可以用來估計同一個參數。例如我們取一組樣本數為 5 的樣本，假設其觀察值為 0、2、5、1、7，我們可以樣本平均數：

$$\bar{x} = \frac{\sum_{i=1}^{n} x_i}{n} = \frac{15}{5} = 3$$

來估計母體平均數 μ，也可以樣本中位數 $m = 2$（排序後的資料 0, 1, 2, 5, 7 之中間值）來估計 μ，或取最大值和最小值的平均：

$$\frac{\text{Min} + \text{Max}}{2} = \frac{0 + 7}{2} = 3.5$$

來估計 μ，其他還有很多不同的統計量可以用來估計 μ，如何對這些不同的估計量做比較？如何決定哪個估計量是「最好」的呢？

既然是估計，就必須談到誤差，所謂好的估計，當然是指估計誤差很小，問題是估計量是一種統計量，是一個隨機變數，估計值會隨樣本改變而改變，估計誤差也隨之改變，因此要評估一個估計量好壞，必須瞭解其抽樣分配。

一　不偏性

我們以 a 代表要估計的母體參數（譬如說是 μ, σ 或其他參數），以 $\hat{a}$ 代表 a 的一個估計量。如果 $\hat{a}$ 的抽樣分配如圖 8.1，其分配圖形的中心位置就是 a，也就是 $\hat{a}$ 抽樣分配的平均數等於 a，這有什麼好處呢？這個性質的涵義是由估計量 $\hat{a}$ 算出的估計值以 a 為中心，估計量 $\hat{a}$ 的值平均分佈於 a 的左右，大體而言，不會有規則地傾向於高估或低估 a 的值，而且大部分時候估計量

的值都會相當靠近 a，也就是若以 $\hat{a}$ 估計 a，一般來說誤差應該不會大。我們稱這種性質為不偏性，而且稱滿足不偏性的估計量為不偏估計量。

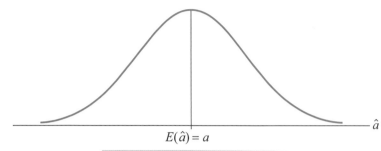

$$E(\hat{a}) = a$$

圖 8.1　不偏估計量的抽樣分配

 令 $\hat{a}$ 為 a 的一個估計量。假設 $\hat{a}$ 抽樣分配的平均數等於 a，也就是：

$$E(\hat{a}) = a$$

則稱 $\hat{a}$ 滿足不偏性且稱 $\hat{a}$ 為 a 的不偏估計量。

　　圖 8.2 是不偏的和偏誤的估計量抽樣分配的比較。(a)、(c)、(d)、(f)都是偏誤的估計量。圖形(a)、(d)估計量的抽樣分配之平均數小於要估計的參數值，傾向於低估參數值，而(c)、(f)兩個估計量的抽樣分配之平均數則是大於要估計的參數值，所以傾向於高估參數值。而(b)、(e)兩圖則是不偏估計量的分配，其分配的平均數剛好是要估計的參數值。

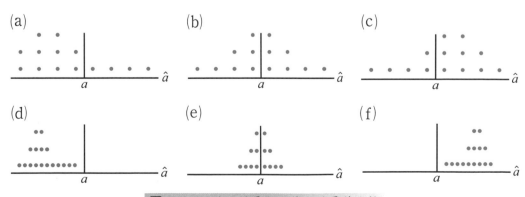

圖 8.2　不偏估計量和偏的估計量的比較

二 估計量的變異數要小

評價估計量好壞的另一項標準是估計量抽樣分配的離散程度，通常都以變異數或標準差測量其分配的變異性。很容易理解地，一個好的估計量其分佈的分散程度要愈小愈好，也就是，估計量抽樣分配的變異數愈小愈好，如此估計量較穩定。如圖 8.2 (b)和(e)都是不偏估計量，但很明顯地，(e)圖的估計量比(b)圖的估計量好，因為(e)圖估計量的值集中於 *a* 附近，換句話說，大部分時候，以(e)的估計量估計 *a* 所得的誤差會比(b)估計量的誤差小。

綜合上述而言，一個參數也許有好幾個不同的估計量可以選擇，衡量估計量好壞的二個重要性質是不偏性及其抽樣分配的變異數要愈小愈好。所以一個估計量若滿足不偏性而且其變異數是所有不偏估計量中最小的，稱得上是最好的估計量，在統計上稱此種統計量為最小變異不偏估計量 (Minimum Variance Unbiased Estimator, MVUE)。

8.2 大樣本的點估計

由前面有關統計量的抽樣分配討論中，不難發現樣本平均數 $\overline{X}$ 及樣本比例 $\hat{p}$，它們的抽樣分配具有某些共同的性質。這些統計量都是和它相對應的母體參數的不偏估計量，例如 $E(\overline{X}) = \mu$ 等。而且當樣本數夠大時，這些統計量的抽樣分配都近似於常態分配。事實上，很多其他的統計量，例如商業上或社會科學調查所得的統計量，在小樣本時，無法明確定義其抽樣分配，但當樣本數夠大時，這些統計量的抽樣分配常會趨近於鐘型，或近似於常態分配。因此，這些估計量的誤差、可信度等之評估方法大同小異。

以下我們以大家熟悉的樣本平均數為例做說明。假設一項研究想瞭解成年人進行某項運動 10 分鐘後，其脈搏跳動每分鐘平均增加的次數，調查 32 人進行此項運動 10 分鐘後，脈搏跳動增加的次數資料如下：

35、 23、 23、 28、 27、 14、 27、 32、
23、 26、 38、 26、 19、 30、 24、 29、
24、 29、 25、 21、 25、 32、 31、 26、
22、 27、 16、 28、 28、 34、 22、 25

此組資料的樣本平均數 $\bar{x} = 26.2$ ，因此 26.2 也就被當成是一個人進行此項運動 10 分鐘後，其脈搏跳動每分鐘平均增加的次數之估計值。以統計觀點而言，我們正是以樣本平均數 $\bar{X}$ （在這個例子中它的值是 26.2）來估計未知的參數 μ ，此種估計的方式就是點估計。問題是只給一個估計值仍不夠，既然是估計，便須談到誤差，因此點估計除了給一個估計值外，還要交代可能的估計誤差大小。因為樣本平均數 $\bar{X}$ 的值會隨樣本改變而改變，所以估計誤差 $|\bar{X} - \mu|$ 的值也會隨樣本的改變而改變，因此要瞭解估計誤差大小，必須先瞭解 $\bar{X}$ 的抽樣分配。

由前一章我們知道當母體平均數為 μ ，變異數為 σ^2 ，且樣本數 n 夠大時，樣本平均數 $\bar{X}$ 近似常態分配：

$$\bar{X} \approx N(\mu, \frac{\sigma^2}{n})$$

標準化後得：

$$P(\left| \frac{\bar{X} - \mu}{\frac{\sigma}{\sqrt{n}}} \right| < Z_{\frac{\alpha}{2}}) = 1 - \alpha$$

所以：

$$P(|\bar{X} - \mu| < Z_{\frac{\alpha}{2}} \frac{\sigma}{\sqrt{n}}) = 1 - \alpha$$

如圖 8.3 所示。此即表示，若以 $\bar{X}$ 估計 μ ，其估計誤差 $|\bar{X} - \mu|$ 小於 $Z_{\frac{\alpha}{2}} \frac{\sigma}{\sqrt{n}}$ 的機率是 $1 - \alpha$ 。

以樣本平均數 $\bar{X}$ 估計母體平均數 μ 時，若樣本數 n 夠大，則估計誤差不會超過 $Z_{\frac{\alpha}{2}} \frac{\sigma}{\sqrt{n}}$ 的機率是 $1 - \alpha$ 。在大樣本下，若 σ 未知，可以樣本標準差取代之。

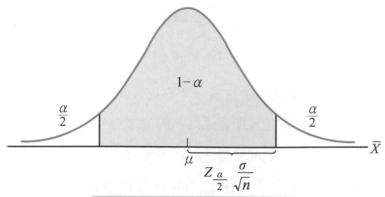

圖 8.3　樣本平均數 $\overline{X}$ 的抽樣分配

例1 點估計的例子一

　　某修車廠老闆想瞭解一特定的維修工作平均要花多少時間完成。隨機抽取 40 次過去的維修紀錄，並且打算以所得樣本之樣本平均數 $\overline{X}$ 來估計母體的平均數。假設根據過去的經驗此種工作完成時間的標準差為 5 分鐘，則老闆的估計誤差在多少之內的機率是 95%？

解析

　　因為 $n = 40, \sigma = 5, 1 - \alpha = 0.95, Z_{0.025} = 1.96$，所以：

$$Z_{\frac{\alpha}{2}} \frac{\sigma}{\sqrt{n}} = Z_{0.025} \frac{5}{\sqrt{40}} = 1.55$$

　　因此，若取 40 個樣本而且以樣本所得的平均維修時間 $\overline{X}$ 估計真正的平均時間 μ，則估計誤差不超過 1.55 分鐘的機率是 95%。

　　上例中若實際上真的取得了 40 筆資料且得到 $\bar{x} = 27.5$ 分鐘。我們還可以說估計值 27.5 分鐘和真正的 μ 值誤差不超過 1.55 分鐘的機率是 95% 嗎？要注意的是，μ 是一個未知但固定的常數，若實際上 $\mu = 28$，則上面的說法，就如同說「以 27.5 估計 28 的誤差不超過 1.55 的機率是 95%」，顯然不合理！例 1 中我們可以說機率，因為還沒有抽樣，$\overline{X}$ 的值會隨樣本而改變，其誤差大小也隨之改變，因此以機率表示其不確定性。如同我們丟一公正的骰子 1

次，還沒丟之前，我們可以說得到一點的機率為 $\frac{1}{6}$，但實驗完後，譬如結果是 3 點，已經沒有不確定性，就不會再說：「得到一點的機率是 $\frac{1}{6}$ 了！」

換個觀點想，根據機率的定義，「$\overline{X}$ 和 μ 的差距不超過 1.55 的機率是 95%」意思是重複很多次抽樣所產生之不同的 $\overline{X}$ 值中，大約有 95% 的 $\overline{X}$ 值和 μ 的差距不超過 1.55，因此當樣本已抽出時，我們不以機率稱之，改說：「估計平均維修時間是 27.5 分鐘，而且有 95% 的把握估計誤差不會超過 1.55 分鐘。」

例2 點估計的例子二

通常每個雙層起士漢堡的油脂含量不盡相同，一營養學家想瞭解一個雙層起士漢堡平均的油脂含量，隨機抽取 35 個漢堡，由經驗知漢堡油脂含量的標準差 σ 最多是 0.25 盎司（也就是 $\sigma \leq 0.25$），則有 99% 的可能，誤差會在多少以內？

解析

因為 σ 愈大，誤差愈大，由題目知 $\sigma \leq 0.25$，因此為保守起見，令 $\sigma = 0.25$, $Z_{0.005} = 2.575$, $n = 35$。

$$2.575 \times \frac{0.25}{\sqrt{35}} = 0.11 \text{（盎司）}$$

所以，若抽取 35 個漢堡且以樣本平均數 $\overline{X}$ 估計漢堡的平均油脂含量 μ，則有 99% 的可能，誤差會在 0.11 盎司之內。

例3 點估計的例子三

如上述脈搏速率之問題，由樣本得 $n = 32$, $\overline{x} = 26.2$, $s = 5.15$，如何利用樣本資料估計一個人進行此項運動 10 分鐘後，其脈搏跳動每分鐘平均增加的次數並說明估計之誤差？

解析

若取 $1 - \alpha = 0.95$，則 $Z_{0.025} = 1.96$。母體的標準差 σ 未知，以樣本標準差取代。則：

$$1.96 \times \frac{5.15}{\sqrt{32}} = 1.78$$

所以，一個人若進行此項運動 10 分鐘後，其脈搏跳動每分鐘平均增加 26.2 次，而且我們有 95% 的信心，估計誤差不會超過 1.78 次。

8.3 平均數的區間估計

建構一個參數的區間估計就如同用一條繩索去套一個固定的標的物，要估計的參數相當於是想套住的標的物，而區間就相當於是繫繩的套環。每抽一組樣本，就對參數建立一個信賴區間，你希望能套住這個參數，也就是說，希望建立的信賴區間能包含此參數。你不可能每次抽樣都成功，但是一個好的估計量其計算出的區間將有高的機率會包含參數的值。

以一個實際的例子來說，假設你想估計市場上共同基金半年來的平均報酬率。如果我們重複做了 20 次的抽樣，每次隨機抽取 30 檔基金，利用每次抽樣結果分別對母體平均數 μ 建立一個信賴區間，這 20 個區間可能如圖 8.4。

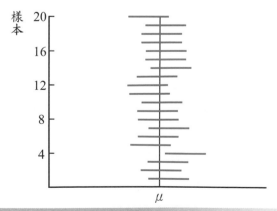

圖 8.4 重複 20 次抽樣所建立之 20 個不同的信賴區間

水平的線段代表信賴區間，垂直線代表要估計的平均報酬率的位置。要注意的是，要估計的參數值是固定的，但區間的位置和寬度則因樣本改變而改變。因此，我們說「區間包含 μ 的機率」而不是說 μ 落在區間內的機率，因為 μ 是固定的常數，區間才是隨機的。

有了信賴區間的概念後，底下我們說明如何利用一個隨機樣本建立母體平均數的信賴區間。信賴區間的建立主要是利用點估計量的抽樣分配，因此，建立區間前，必須先選擇一個合適的點估計量。如上節談到，實務上，常用的估計量通常會滿足不偏性且其抽樣分配會趨近於常態分配。以下我們以建立母體平均數 μ 的信賴區間為例做說明。

🕐 8.3.1 大樣本下，均數 μ 的區間估計

若我們隨機抽取一組樣本，樣本數為 n，以樣本平均數 $\overline{X}$ 估計 μ，如果樣本數夠多，由中央極限定理可知：

$$\overline{X} \approx N(\mu, \frac{\sigma^2}{n})$$

也就是：

$$\frac{\overline{X} - \mu}{\frac{\sigma}{\sqrt{n}}} \approx N(0, 1)$$

所以：

$$P(-z_{\frac{\alpha}{2}} < \frac{\overline{X} - \mu}{\frac{\sigma}{\sqrt{n}}} < z_{\frac{\alpha}{2}}) = 1 - \alpha$$

化簡可得：

$$P(\overline{X} - z_{\frac{\alpha}{2}}\frac{\sigma}{\sqrt{n}} < \mu < \overline{X} + z_{\frac{\alpha}{2}}\frac{\sigma}{\sqrt{n}}) = 1 - \alpha$$

換句話說，區間 $(\overline{X} - z_{\frac{\alpha}{2}}\frac{\sigma}{\sqrt{n}}, \overline{X} + z_{\frac{\alpha}{2}}\frac{\sigma}{\sqrt{n}})$ 包含 μ 的機率是 $1 - \alpha$。我們稱此區間為 μ 的信賴區間，$1 - \alpha$ 為信賴係數。應用上，通常取 $1 - \alpha$ 的值等於 90%、95% 或 99%，其相對應的 z 值分別為 1.645、1.96 及 2.575，所形成的信賴區間稱為 90%、95% 或 99% 信賴區間。

大樣本母體平均數 μ 的 $(1-\alpha)100\%$ 信賴區間：

隨機抽取一組樣本，若母體分配為常態或母體分配非常態但樣本數 n 夠大 $(n \geq 30)$，則母體平均數 μ 的 $(1-\alpha)100\%$ 信賴區間為：

$$(\overline{X} - z_{\frac{\alpha}{2}}\frac{\sigma}{\sqrt{n}}, \overline{X} + z_{\frac{\alpha}{2}}\frac{\sigma}{\sqrt{n}})$$

令 $E = z_{\frac{\alpha}{2}}\frac{\sigma}{\sqrt{n}}$ 且稱 E 為誤差界限。

若 σ 未知但樣本數夠大，則可以樣本標準差 s 取代之。

注意，若母體的分配為常態，則不論樣本數為何，樣本平均數 $\overline{X}$ 皆為常態分配，上述區間包含 μ 的機率即等於 $1-\alpha$。

例4 大樣本下，μ 的區間估計

如上節脈搏平均增加次數一例，$n=32, \bar{x}=26.2, s=5.15$，試求一個人進行此項運動 10 分鐘後，其脈搏跳動每分鐘平均增加次數的 95% 信賴區間。

解析

$n=32, \bar{x}=26.2, s=5.15, z_{0.025}=1.96$ 代入信賴區間的公式得：

$$26.2 - 1.96\frac{5.15}{\sqrt{32}} < \mu < 26.2 + 1.96\frac{5.15}{\sqrt{32}}$$

$$24.42 < \mu < 27.98$$

我們可以說 μ 落在區間 $(24.42, 27.98)$ 的機率是 95% 嗎？當然「不對」。理由和前節點估計的誤差一樣，μ 是固定的數，實際上，μ 只有在區間 $(24.42, 27.98)$ 內或不在區間內，只是我們不知道，以建立區間的方法而言，95% 的樣本所形成的區間都會包含 μ，因此我們可以說相當有信心，信心指數達到 95%，μ 會在區間 $(24.42, 27.98)$ 內。

關於信賴區間有幾點說明：

⑴ $\overline{X}$ 的值為信賴區間之中點。

⑵理想的信賴區間最好是信賴係數要高，但信賴區間長度要短。然而當信賴係數增高時，$z_{\frac{\alpha}{2}}$ 值隨之增大，區間長度也隨之變長，兩者無法兼得，因此，通常在一選定的信賴水準下，求出長度最短的信賴區間，而本章估計量所得的信賴區間就是長度最短的信賴區間。

⑶若母體的標準差大時，信賴區間的長度就大，也就是估計的結果就不精確，反之母體的標準差小時，估計結果就較精確。

⑷樣本數愈大，信賴區間長度愈短，估計愈精確。

8.3.2 小樣本，均數 μ 的區間估計

前節我們討論的大樣本母體平均數的估計方法，主要根據兩件事實：⑴因為樣本數夠大時，由中央極限定理，樣本平均數的抽樣分配趨近於常態分配 $N(\mu, \frac{\sigma^2}{n})$。⑵當母體的標準差未知時，若樣本數夠大，可以樣本標準差 s 取代 σ。然而有些抽樣，可能因為抽樣成本、時間或其他因素的限制，無法抽取大量樣本，因而無法使用大樣本的估計程序。在小樣本的情況下，樣本平均數 $\bar{X}$ 的抽樣分配依母體的分配而定，且此時樣本標準差 s 的變異性大，若用來估計母體的標準差 σ，誤差可能很大。

在討論小樣本母體平均數的估計時，我們必須假設母體的分配近似於常態分配，因為小樣本時，估計量的分配主要受母體分配影響，若母體不為常態分配，則很難推估樣本之抽樣分配。統計學家歌謝 (Gosset) 在 1908 年提出此統計量的分配並將其命名為 t 統計量，稱其抽樣分配為 t 分配。t 分配的形狀類似於常態分配，如鐘的形狀且對稱於 0。和標準常態不同的是，t 分配的變異性比較大，如同標準常態的圖形被往下壓，中間比常態低，而兩邊尾巴較厚，如圖 8.5。

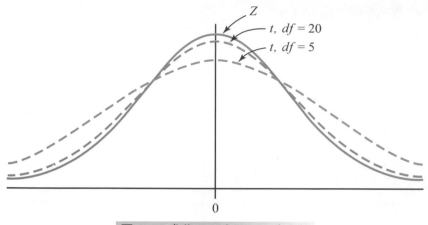

圖 8.5 常態分配與 t 分配的比較

　　但當樣本數 n 增加時，t 分配的變異性隨之降低，若 n 趨近於無限大時，t 分配趨近於標準常態分配。事實上，樣本變異數 s^2 分母中的 $n-1$ 稱為 t 分配的自由度，換句話說，當 t 分配的自由度愈大時，其變異性愈小且分配愈趨近於標準常態分配。t 分配的機率值亦必須利用電腦或查表（附表二）而得，如同常態分配及卡方分配，定義符號 t_α 代表右尾機率為 α 的 t 值，亦即 t_α 滿足：

$$P(t > t_\alpha) = \alpha$$

　　須注意的是 t 分配對稱於 0，所以 $P(t > t_{\frac{\alpha}{2}}) = P(t < -t_{\frac{\alpha}{2}}) = \dfrac{\alpha}{2}$（如圖 8.6），這個關係在應用上常用到。

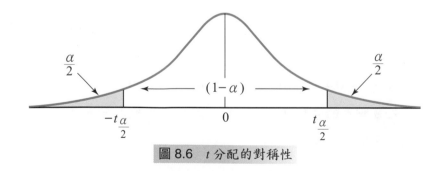

圖 8.6 t 分配的對稱性

　　因為 t 分配的形狀類似於標準常態分配，呈鐘型而且也對稱於 0，因此小樣本經由 t 建立 μ 的信賴區間之程序和前節大樣本的程序幾乎是一樣的。利用 t 分配對稱於 0 的性質：

$$P(-t_{\frac{\alpha}{2}} < t < t_{\frac{\alpha}{2}}) = 1 - \alpha$$

t 以上列等式取代之：

$$P(-t_{\frac{\alpha}{2}} < \frac{\overline{X} - \mu}{\frac{s}{\sqrt{n}}} < t_{\frac{\alpha}{2}}) = 1 - \alpha$$

化簡後得：

$$P(\overline{X} - t_{\frac{\alpha}{2}}\frac{s}{\sqrt{n}} < \mu < \overline{X} + t_{\frac{\alpha}{2}}\frac{s}{\sqrt{n}}) = 1 - \alpha$$

所以區間 $(\overline{X} - t_{\frac{\alpha}{2}}\frac{s}{\sqrt{n}}, \overline{X} + t_{\frac{\alpha}{2}}\frac{s}{\sqrt{n}})$ 包含 μ 的機率為 $1 - \alpha$，稱此區間為 μ 的 $(1-\alpha)100\%$ 區間。

小樣本母體平均數 μ 的 $(1-\alpha)100\%$ 信賴區間：

假設母體的分配為常態，隨機抽取一組樣本，則母體平均數 μ 的 $(1-\alpha)100\%$ 信賴區間為：

$$(\overline{X} - t_{\frac{\alpha}{2}}\frac{s}{\sqrt{n}}, \overline{X} + t_{\frac{\alpha}{2}}\frac{s}{\sqrt{n}})$$

其中 n 是樣本數，s 是樣本標準差。

例5 小樣本下，μ 的區間估計

為評估一種新的人工鑽戒製造過程，品管人員記錄六個由此新過程製造出的鑽戒重量如下（單位：克拉）：

0.46、0.61、0.52、0.48、0.57、0.54

若人工鑽戒重量的分配為常態分配，試利用此樣本求出由此新過程製造的鑽戒平均重量的 95% 信賴區間。

解析

此樣本平均數 $\overline{x} = 0.53$，樣本標準差 $s = 0.0559$，t 統計量的自由度為 $n - 1 = 6 - 1 = 5$，所以，$t_{0.025}(6-1) = 2.571$，代入信賴區間的公式中得：

$$(0.53 - 2.571\frac{0.0559}{\sqrt{6}}, 0.53 + 2.571\frac{0.0559}{\sqrt{6}}) = (0.471, 0.589)$$

因此，在信賴水準 95% 之下，此新過程製造出的鑽戒平均重量在 0.471 克拉到 0.589 克拉之間。

例6 小樣本下誤差界限的計算

在十二次的測試中，一引擎平均每分鐘消耗 12.9 加侖汽油且其標準差為 1.6 加侖。其中引擎耗油量為常態分配，如果我們以此樣本平均數 $\bar{x} = 12.9$ 估計此引擎每分鐘汽油真正的平均消耗量，則我們可以有 99% 的信心，誤差界限等於多少？

解析

$n = 12$, $t_{0.005}(12 - 1) = 3.106$，所以誤差界限為：

$$3.106 \times \frac{1.6}{\sqrt{12}} = 1.43$$

因此，如果我們以此 $\bar{x} = 12.9$ 估計此引擎每分鐘汽油真正的平均消耗量，則我們有 99% 的信心，誤差至多 1.43 加侖。

注意利用 t 統計量建立母體平均數 μ 的信賴區間時，我們假設抽樣母體的分配為常態。這個條件看起來很嚴格，因為很多抽樣根本完全不知母體的性質或者母體不是常態分配。如果母體非常態，對 t 統計量的分配影響很大，那麼 t 統計量的應用將受到很大的限制。很幸運地，即使母體的分配不是常態，但其形狀趨近於鐘型，沒有嚴重的偏斜，也沒有離群值，則 t 統計量的分配仍近似於 t 分配。由於統計量分配的穩健性，而且實際應用上，很多資料的分佈都近似於鐘型，更提升了 t 統計量在應用上的價值。

⊞ 8.4 兩母體平均數差的估計

在應用上，常須要比較兩個母體的平均數，因此估計兩母體平均數差也是很重要的。例如，我們可能想比較臺北市套房平均月租費和臺中市套房平均月租費差多少，或者我們可能想比較兩種不同職業平均月收入的差異等問題，這類的估計須分別由兩母體隨機抽取兩個獨立的樣本。假設第一個母體的平均數及變異數分別為 μ_1 和 σ_1^2，另一個母體的平均數及變異數則分別為 μ_2 和 σ_2^2。由第一個母體抽出的樣本，樣本數為 n_1，樣本平均數為 $\overline{X}_1$，樣本變異數為 s_1^2，相對應地，第二個母體抽出的樣本，樣本數為 n_2，樣本平均數為 $\overline{X}_2$，樣本變異數為 s_2^2。很顯然地，$\overline{X}_1 - \overline{X}_2$ 是 $\mu_1 - \mu_2$ 的不偏估計量，而且因為兩樣本互相獨立，所以其變異數為 $\dfrac{\sigma_1^2}{n_1} + \dfrac{\sigma_2^2}{n_2}$，也就是：

$$E(\overline{X}_1 - \overline{X}_2) = \mu_1 - \mu_2$$

$$Var(\overline{X}_1 - \overline{X}_2) = \frac{\sigma_1^2}{n_1} + \frac{\sigma_2^2}{n_2}$$

◗ 8.4.1 大樣本時，$\mu_1 - \mu_2$ 的估計

若兩組樣本數夠多，比如說 n_1 和 n_2 都在 30 以上：

$$\overline{X}_1 \approx N(\mu_1, \frac{\sigma_1^2}{n_1})$$

$$\overline{X}_2 \approx N(\mu_2, \frac{\sigma_2^2}{n_2})$$

所以：

$$\overline{X}_1 - \overline{X}_2 \approx N(\mu_1 - \mu_2, \frac{\sigma_1^2}{n_1} + \frac{\sigma_2^2}{n_2})$$

仿照母體平均數 μ 的信賴區間之建立程序，可得兩母體平均數差 $\mu_1 - \mu_2$ 的信賴區間如下：

大樣本母體平均數差 $\mu_1 - \mu_2$ 的 $(1 - \alpha)100\%$ 信賴區間：

假設分別由兩母體隨機抽取兩組獨立的樣本 $\overline{X}_1$、$\overline{X}_2$，其樣本數為 n_1 和 n_2，若 n_1 和 n_2 都在 30 以上，則 $\mu_1 - \mu_2$ 的 $(1 - \alpha)100\%$ 信賴區間為：

$$(\overline{X}_1 - \overline{X}_2 - z_{\frac{\alpha}{2}}\sqrt{\frac{\sigma_1^2}{n_1} + \frac{\sigma_2^2}{n_2}}, \overline{X}_1 - \overline{X}_2 + z_{\frac{\alpha}{2}}\sqrt{\frac{\sigma_1^2}{n_1} + \frac{\sigma_2^2}{n_2}})$$

當 σ_1^2 和 σ_2^2 未知時，可以樣本變異數 s_1^2 和 s_2^2 取代之。

例7 大樣本下，$\mu_1 - \mu_2$ 的估計

某連鎖商店想比較臺中、臺北兩家分店每個月的平均銷售額。兩家分店最近 30 個月的銷售紀錄如下：

表8.1 臺中、臺北兩家分店近 30 個月銷售紀錄

分 店	樣本大小	樣本平均數（萬元）	樣本變異數
臺 北	$n_1 = 30$	$\overline{x}_1 = 132$	$s_1^2 = 9{,}734$
臺 中	$n_2 = 30$	$\overline{x}_2 = 104$	$s_2^2 = 7{,}291$

試求臺北和臺中兩分店每個月平均銷售額差距的 90% 信賴區間。

解析

$1 - \alpha = 0.9$, $\alpha = 0.1$, $\dfrac{\alpha}{2} = 0.05$, $z_{0.05} = 1.645$，以 s_1^2、s_2^2 取代 σ_1^2、σ_2^2，代入上列信賴區間的公式得：

$$(132 - 104 - 1.645\sqrt{\frac{9{,}734}{30} + \frac{7{,}291}{30}}, 132 - 104 + 1.645$$

$$\sqrt{\frac{9{,}734}{30} + \frac{7{,}291}{30}}) = (-11.19, 67.19)$$

我們有 90% 的信心，臺北分店每個月平均銷售額可能比臺中分店少了約 11 萬，最多則可能多了 67 萬。這個信賴區間的範圍非常大，若要縮短區間的寬度，則須增加樣本數。

8.4.2 小樣本時，$\mu_1 - \mu_2$ 的估計

若樣本不夠多時，無法利用中央極限定理得到樣本平均數的分配近似於常態，因此我們必須假設它們抽樣母體的分配為常態，則 $\overline{X}_1 - \overline{X}_2$ 的分配也是常態。

小樣本母體平均數差 $\mu_1 - \mu_2$ 的 $(1-\alpha)100\%$ 信賴區間：

假設分別由兩母體隨機抽取兩個獨立的樣本，其樣本平均數分別為 $\overline{X}_1$、$\overline{X}_2$，其樣本數為 n_1, n_2，若 n_1 和 n_2 都小於 30，則 $\mu_1 - \mu_2$ 的 $(1-\alpha)100\%$ 信賴區間為：

$$\overline{X}_1 - \overline{X}_2 \sim N(\mu_1 - \mu_2, \frac{\sigma_1^2}{n_1} + \frac{\sigma_2^2}{n_2})$$

若 σ_1^2、σ_2^2 已知，則 $\mu_1 - \mu_2$ 的 $(1-\alpha)100\%$ 信賴區間亦如上述之式子：

$$(\overline{X}_1 - \overline{X}_2 - z_{\frac{\alpha}{2}}\sqrt{\frac{\sigma_1^2}{n_1} + \frac{\sigma_2^2}{n_2}}, \overline{X}_1 - \overline{X}_2 + z_{\frac{\alpha}{2}}\sqrt{\frac{\sigma_1^2}{n_1} + \frac{\sigma_2^2}{n_2}})$$

當 σ_1^2、σ_2^2 未知，但已知 $\sigma_1^2 = \sigma_2^2 = \sigma^2$，此時我們可以綜合兩組樣本的訊息，來估計共同的變異數，如此可以得到較精確的估計結果。利用兩組樣本資料值和其個別平均數差的平方和，計算其共同的變異數，我們稱此統計量為綜合樣本變異數 (s_p^2)，其公式如下：

$$s_p^2 = \frac{\sum_{i=1}^{n_1}(x_{1i} - \overline{x}_1)^2 + \sum_{i=1}^{n_2}(x_{2i} - \overline{x}_2)^2}{n_1 + n_2 - 2}$$

上式也可改寫為：

$$s_p^2 = \frac{(n_1 - 1)s_1^2 + (n_2 - 1)s_2^2}{n_1 + n_2 - 2}$$

其中：

$$s_1^2 = \frac{\sum_{i=1}^{n_1}(x_{1i} - \overline{x}_1)^2}{n_1 - 1}, s_2^2 = \frac{\sum_{i=1}^{n_2}(x_{2i} - \overline{x}_2)^2}{n_2 - 1}$$

如同前面的說明，如果已知 $\sigma_1^2 = \sigma_2^2 = \sigma^2$，則：

$$\frac{\overline{X}_1 - \overline{X}_2 - (\mu_1 - \mu_2)}{\sqrt{\dfrac{\sigma^2}{n_1} + \dfrac{\sigma^2}{n_2}}} \sim N(0, 1)$$

若 σ_1^2, σ_2^2 未知，但 $\sigma_1^2 = \sigma_2^2 = \sigma^2$，以 s_p^2 取代 σ^2，則：

$$\frac{\overline{X}_1 - \overline{X}_2 - (\mu_1 - \mu_2)}{\sqrt{\dfrac{s_p^2}{n_1} + \dfrac{s_p^2}{n_2}}} \sim t(n_1 + n_2 - 2)$$

是自由度為 $n_1 + n_2 - 2$ 的 t 分配。因此，母體平均數差 $\mu_1 - \mu_2$ 的區間估計如下：

小樣本母體平均數差 $\mu_1 - \mu_2$ 的 $(1-\alpha)100\%$ 信賴區間：

假設分別由兩個常態分配母體隨機抽取兩組獨立的樣本，而且兩母體的變異數相等 $(\sigma_1^2 = \sigma_2^2 = \sigma^2)$，則 $\mu_1 - \mu_2$ 的 $(1-\alpha)100\%$ 信賴區間為：

$$\left(\overline{X}_1 - \overline{X}_2 - t_{\frac{\alpha}{2}}(df)\sqrt{\frac{s_p^2}{n_1} + \frac{s_p^2}{n_2}},\ \overline{X}_1 - \overline{X}_2 + t_{\frac{\alpha}{2}}(df)\sqrt{\frac{s_p^2}{n_1} + \frac{s_p^2}{n_2}} \right)$$

例8 小樣本下，$\mu_1 - \mu_2$ 的估計

某貨運公司想由甲、乙兩輪胎公司中選一種廠牌購買輪胎，主要考量是輪胎壽命，為比較兩家公司輪胎的平均壽命，分別由兩家公司隨機抽取 10 個輪胎做檢查，得其樣本平均數及標準差如下（單位：年）：

(1)樣本來自甲公司：$n_1 = 10$, $\bar{x}_1 = 84.9$, $s_1 = 6.6575$

(2)樣本來自乙公司：$n_2 = 10$, $\bar{x}_2 = 82.6$, $s_2 = 4.5265$

假設兩家公司輪胎壽命的分配為常態且其變異數相等，即 $\sigma_1^2 = \sigma_2^2$，試求兩家公司輪胎平均壽命的 95% 信賴區間。

解析

由假設 $\sigma_1^2 = \sigma_2^2$，其綜合變異數 s_p^2 為：

$$s_p^2 = \frac{9s_1^2 + 9s_2^2}{18} = \frac{44.3223 + 20.4892}{2} = 32.4058$$

$$t_{0.025}(18) = 2.101$$

代入上列信賴區間的公式得：

$$(84.9 - 82.6 - 2.101\sqrt{\frac{32.4058}{10} + \frac{32.4058}{10}}, 84.9 - 82.6 + 2.101$$

$$\sqrt{\frac{32.4058}{10} + \frac{32.4058}{10}}) = (-3.05, 7.65)$$

在信賴水準 95% 之下，甲公司的輪胎平均壽命可能比乙公司的輪胎平均壽命少 3.05 年，但至多可比乙公司的輪胎平均壽命多 7.65 年。

小樣本母體平均數差 $\mu_1 - \mu_2$ 的 $(1-\alpha)100\%$ 信賴區間：

假設由兩個常態分配母體隨機抽取兩組獨立的樣本，若 σ_1^2、σ_2^2 一無所知或已知 $\sigma_1^2 \neq \sigma_2^2$，則分別以樣本變異數 s_1^2, s_2^2 代入得：

$$\frac{\overline{X}_1 - \overline{X}_2 - (\mu_1 - \mu_2)}{\sqrt{\frac{s_1^2}{n_1} + \frac{s_2^2}{n_2}}}$$

理論上，可證明上式分配接近 t 分配，其自由度為：

$$df = \frac{(\frac{s_1^2}{n_1} + \frac{s_2^2}{n_2})^2}{\frac{(\frac{s_1^2}{n_1})^2}{n_1 - 1} + \frac{(\frac{s_2^2}{n_2})^2}{n_2 - 1}}$$

比較簡便的方式，有時也可取：

$$df = \min(n_1 - 1, n_2 - 1)$$

所以，$\mu_1 - \mu_2$ 的 $(1-\alpha)100\%$ 信賴區間為：

$$(\overline{X}_1 - \overline{X}_2 - t_{\frac{\alpha}{2}}(df)\sqrt{\frac{s_1^2}{n_1} + \frac{s_2^2}{n_2}}, \overline{X}_1 - \overline{X}_2 + t_{\frac{\alpha}{2}}(df)\sqrt{\frac{s_1^2}{n_1} + \frac{s_2^2}{n_2}})$$

例9 小樣本下，σ_1^2 與 σ_2^2 一無所知，$\mu_1 - \mu_2$ 的估計

上述輪胎壽命例題（例 8），若不知 σ_1^2 與 σ_2^2 是否相等，試求兩家公司輪胎平均壽命的 95% 信賴區間。

解析

由上例可知：

$$n_1 = 10, \bar{x}_1 = 84.9, s_1 = 6.6575$$

$$n_2 = 10, \bar{x}_2 = 82.6, s_2 = 4.5265$$

$$df = \frac{(\frac{6.6575^2}{10} + \frac{4.5265^2}{10})^2}{\frac{(\frac{6.6575^2}{10})^2}{9} + \frac{(\frac{4.5265^2}{10})^2}{9}} = 15.9$$

取比 15.9 小的整數 15 為自由度，查表得 $t_{0.025}(15) = 2.131$。代入上列信賴區間的公式得：

$$(84.9 - 82.6 - 2.131\sqrt{\frac{6.6575^2}{10} + \frac{4.5265^2}{10}}, 84.9 - 82.6 + 2.131$$

$$\sqrt{\frac{6.6575^2}{10} + \frac{4.5265^2}{10}})$$

$$= (-3.13, 7.73)$$

8.5 母體比例的估計

8.5.1 單一母體比例的估計

統計估計除了常用來估計母體平均數以外，也常用以估計一母體中，具有某些性質的元素所占的比例。例如品管員常須要瞭解一製程所製造出的產品中，不良品占了多少比例？候選人在選前想估計他的得票率？……這些問題的特點是，研究員想瞭解母體的某些特性，將母體元素分為具有此項特性

和不具有此項特性兩類,而研究員希望利用隨機抽樣來估計母體元素中具有此特性的比例。

以品管員估計製程的不良率為例,假設品管員由製程中隨機抽出 n 個樣本,$X_1, X_2, \cdots, X_n$, X_i 代表第 i 個樣本的結果,$X_i = 1$,代表第 i 個樣本為不良品,$X_i = 0$,表示第 i 個樣本為良品。令 $X = \sum_{i=1}^{n} X_i$,則 X 為 n 個樣本中,不良品的個數,所以,母體的不良率可以樣本比例 $\hat{p} = \dfrac{X}{n}$ 估計之。

因為 $X = \sum_{i=1}^{n} X_i$,所以,$\hat{p} = \dfrac{X}{n} = \dfrac{\sum_{i=1}^{n} X_i}{n} = \overline{X}$,亦即 $\hat{p}$ 其實就是樣本平均數。

而 $X \sim B(n, p)$, $E(X) = np$:

$$E(\hat{p}) = E(\dfrac{X}{n}) = \dfrac{1}{n} E(X) = \dfrac{1}{n} \cdot np = p$$

所以 $\hat{p}$ 是 p 的不偏估計量,其實 $\hat{p}$ 還是 p 的所有不偏估計量中變異數最小的,因此 $\hat{p}$ 堪稱是 p 的最好估計量。除此之外,若樣本數夠大,由中央極限定理:

$$\hat{p} \approx N(p, \dfrac{p(1-p)}{n})$$

也就是:

$$\dfrac{\hat{p} - p}{\sqrt{\dfrac{p(1-p)}{n}}} \approx N(0, 1)$$

因為是大樣本,可以 $\hat{p}$ 取代 p,求算標準差 $\sqrt{\dfrac{p(1-p)}{n}}$:

$$\dfrac{\hat{p} - p}{\sqrt{\dfrac{\hat{p}(1-\hat{p})}{n}}} \approx N(0, 1)$$

所以:

$$P(-z_{\frac{\alpha}{2}} < \dfrac{\hat{p} - p}{\sqrt{\dfrac{\hat{p}(1-\hat{p})}{n}}} < z_{\frac{\alpha}{2}}) = 1 - \alpha$$

$$P(\hat{p} - z_{\frac{\alpha}{2}} \sqrt{\dfrac{\hat{p}(1-\hat{p})}{n}} < P < \hat{p} + z_{\frac{\alpha}{2}} \sqrt{\dfrac{\hat{p}(1-\hat{p})}{n}}) = 1 - \alpha$$

可求得 p 的 $(1-\alpha)100\%$ 信賴區間為:

$$(\hat{p} - z_{\frac{\alpha}{2}}\sqrt{\frac{\hat{p}(1-\hat{p})}{n}}, \hat{p} + z_{\frac{\alpha}{2}}\sqrt{\frac{\hat{p}(1-\hat{p})}{n}})$$

令：

$$e = z_{\frac{\alpha}{2}}\sqrt{\frac{\hat{p}(1-\hat{p})}{n}}$$

稱 e 為誤差界限或最大誤差。而這裡所謂的大樣本，一般要求樣本數 n 滿足 $np \geq 5$ 且 $n(1-p) \geq 5$。

例10 單一母體比例估計的例子

　　一大型農產批發商想瞭解下游水果行在未來一年內會增加訂貨量的比例。隨機抽取 100 家做調查，結果有 59 家計畫增加訂貨量，試求出所有下游水果行未來一年內會增加訂貨量的比例 p 的 95% 信賴區間。

解析

$$\hat{p} = \frac{59}{100} = 0.59$$

因為是大樣本，所以：

$$\hat{p} \sim N(p, \frac{p(1-p)}{n})$$

因此，p 的 95% 信賴區間為：

$$(0.59 - 1.96\sqrt{\frac{0.59 \times 0.41}{100}}, 0.59 + 1.96\sqrt{\frac{0.59 \times 0.41}{100}})$$

$$= (0.494, 0.686)$$

所以，在 95% 的信心水準下，下游水果行未來一年內會增加訂貨量的比例 p 約在 49.4% 到 68.6% 之間。

8.5.2 兩母體比例差的估計

　　在品管上，有時公司產品不良率太高，採用某項改善策略後，為評估此策略是否有效，必須比較改善前與改善後之產品不良率，此為估計兩母體比例差的問題。

假設兩母體具有同一性質的比例分別為 p_1 和 p_2，分別由兩母體隨機抽取一組樣本，兩樣本互相獨立且其樣本數分別為 n_1 和 n_2。樣本比例 $(\hat{p}_1 - \hat{p}_2)$ 是母體比例差 $p_1 - p_2$ 的不偏估計量，而且如果樣本數夠多，$(\hat{p}_1 - \hat{p}_2)$ 的分配趨近於常態分配：

$$\hat{p}_1 - \hat{p}_2 \approx N(p_1 - p_2, \frac{p_1(1-p_1)}{n_1} + \frac{p_2(1-p_2)}{n_2})$$

如同前面的推導方式可得 $(\hat{p}_1 - \hat{p}_2)$ 的 $(1-\alpha)100\%$ 信賴區間為：

$$(\hat{p}_1 - \hat{p}_2 - z_{\frac{\alpha}{2}}\sqrt{\frac{\hat{p}_1(1-\hat{p}_1)}{n_1} + \frac{\hat{p}_2(1-\hat{p}_2)}{n_2}}, \hat{p}_1 - \hat{p}_2 + z_{\frac{\alpha}{2}}$$

$$\sqrt{\frac{\hat{p}_1(1-\hat{p}_1)}{n_1} + \frac{\hat{p}_2(1-\hat{p}_2)}{n_2}})$$

因為樣本數夠多，所以我們可以 $\hat{p}_1$, $\hat{p}_2$ 分別取代 p_1 和 p_2 求算標準差。

例11 兩母體比例差的估計

一大型連鎖服飾店分別在北部和中部的報紙刊登廣告，為評估廣告的效果，委託一市調公司做調查，分別由兩地區隨機抽訪 1,000 位成人，以估計兩地區消費者看到此廣告的比例。抽樣結果臺北地區看到此廣告的比例為 $\hat{p}_1$ $= 0.18$，臺中地區則為 $\hat{p}_2 = 0.14$，試求兩地區看到此廣告的消費者比例差的 95% 信賴區間。

解析

將抽樣結果 $n_1 = n_2 = 1,000$, $\hat{p}_1 = 0.18$, $\hat{p}_2 = 0.14$ 及 $z_{0.025} = 1.96$ 代入信賴區間公式：

$$(0.18 - 0.14 - 1.96\sqrt{\frac{0.18 \times 0.82}{1,000} + \frac{0.14 \times 0.86}{1,000}}, 0.18 - 0.14 + 1.96$$

$$\sqrt{\frac{0.18 \times 0.82}{1,000} + \frac{0.14 \times 0.86}{1,000}})$$

$$= (0.79\%, 7.21\%)$$

所以，我們有 95% 的信心說：「臺北和臺中兩地區看到此廣告的民眾比例差大約在 0.79% 到 7.21% 之間。」

8.6 樣本數的決定

　　估計量最大的考量是誤差大小，信賴區間估計時，區間長短即代表誤差大小；為瞭解樣本數多寡如何影響區間寬度，以本章討論過的區間估計為例，在此我們談過的任一個估計量，其抽樣分配之標準差都和樣本數的平方根成反比，例如用以估計母體平均數的樣本平均數 $\bar{X}$，其標準差為：

$$\sigma_{\bar{X}} = \frac{\sigma}{\sqrt{n}}$$

　　若要將 $\bar{X}$ 的標準差降為原來的一半（注意此時 μ 的信賴區間寬度亦降為原來的一半），則須將樣本數增為 4 倍。也就是樣本平均數之抽樣分配的離散程度隨著樣本數增加而降低，如圖 8.7：

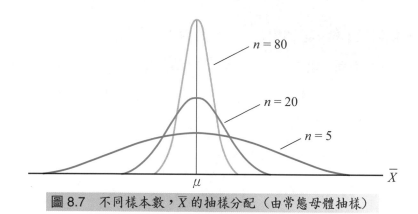

圖 8.7　不同樣本數，$\bar{X}$ 的抽樣分配（由常態母體抽樣）

　　因此我們可以利用樣本數和估計量之標準差的關係來控制最大誤差或信賴區間的長度。

　　例如我們想估計就讀於某一大學之學生的平均年齡，而且我們希望有 95% 的把握估計誤差（$|\bar{x} - \mu|$）不會超過一年。由前面 μ 的信賴區間估計知，在可信度 95% 之下，誤差界限為 $1.96\dfrac{\sigma}{\sqrt{n}}$，所以令：

$$1.96 \times \frac{\sigma}{\sqrt{n}} = 1$$

解方程式得：

$$n = (\frac{1.96}{1})^2 \sigma^2$$

若 σ 已知，可直接代入上式，求出樣本數 n。若 σ 未知但有之前類似的抽樣結果，可利用先前樣本的標準差 s 代入。或者若知道母體資料分佈的全距（即資料最大值和最小值的差），比如說是 R，則可令 $\sigma \approx \frac{R}{4}$（經驗法則）代入。若研究人員對母體的分佈完全沒有概念，則須取一前測樣本來估計 σ^2。如上面大學生平均年齡的例子，若由先前類似的調查結果知，學生年齡分佈的標準差大約是 4.5 年，則可得：

$$n \approx (\frac{1.96}{1})^2 \times (4.5)^2 = 77.8$$

所以，若至少取 78 個樣本，則我們有 95% 的把握，估計誤差不會超過一年。

若所得的樣本數，譬如說是 n_0，小於 30 而且是以 s 代入計算，則須改以 t 值取代 z 值，重新計算樣本數。所用的 t 值是取自由度 $n_0 - 1$ 的 t 分配。而且要重複此程序直至樣本數大小不變為止。如上面學生年齡的例子，若將誤差界限改為兩年，則所須的樣本數大於或等於：

$$n = (\frac{1.96}{2})^2 \times (4.5)^2 = 19.45$$

取 $n_0 = 20$，原來的 $1.96(z_{0.025})$ 改以 $t_{0.025}(19) = 2.093$ 代入：

$$n = (\frac{2.093}{2})^2 \times (4.5)^2 = 22.18$$

取 $n = 23, t_{0.025}(22) = 2.074$：

$$n = (\frac{2.074}{2})^2 \times (4.5)^2 = 21.78$$

取 $n = 22, t_{0.025}(21) = 2.080$：

$$n = (\frac{2.080}{2})^2 \times (4.5)^2 = 21.9$$

取 $n = 22$，所以我們應至少取 22 個樣本。

本章討論的估計量其抽樣分配都趨近於常態,上述樣本數的決定方法皆適用,我們將程序敘述如下:

決定樣本數大小的程序:

令 θ 代表要估計的參數,$\hat{\theta}$ 為 θ 的估計量且 $\sigma_{\hat{\theta}}$ 為其標準差。

(1)決定估計誤差界限 B 及信賴係數 $1-\alpha$。

(2)解下列的方程式 (注意:大部分的估計量其標準差 $\sigma_{\hat{\theta}}$ 為 n 的函數)

$$z_{\frac{\alpha}{2}}\sigma_{\hat{\theta}}=B, \sigma_{\hat{\theta}}=f(n)$$

(3)若所得的 n 值小於 30 且母體標準差以估計值代入,則須以 t 值取代 z 值,重新計算 n 值,而且須重複此程序直至 n 值不變為止。

以下我們以例子來說明上述的程序。

例12 樣本數決定的例子一

延續前面一節例 10,農產批發商隨機抽取 100 家下游水果行做調查,以估計未來一年內會增加訂貨量的下游水果行之比例。批發商認為估計誤差界限為 9.6% 太大了,他們希望重新做一次調查使得估計誤差在 4% 之內的機率達到 0.9,為達到此一目標,市調公司應抽取多少樣本?

解析

(1)依題意 $B=0.04$, $1-\alpha=0.9$,所以:

$$z_{0.05}=1.645$$

(2)解方程式:

$$1.645\sigma_{\hat{p}}=0.04$$

也就是:

$$1.645\sqrt{\frac{p(1-p)}{n}}=0.04$$

我們可以前測的結果 $\hat{p}=0.59$ 代入上式,或令 $p=0.5$ 代入 (注意:因為當 $p=0.5$ 時,$p(1-p)$ 的值達到最大,因此,若 p 以 0.5 代入,將產生

n 的最大可能解，換句話說，若 p 以 0.5 代入，我們可以確定樣本數足夠大）。在此，我們令 $p = 0.5$ 代入：

$$1.645\sqrt{\frac{0.5 \times 0.5}{n}} = 0.04$$

解方程式得 $n = 422.816$，所以市調公司應取 423 家水果行做調查，才能達到批發商的要求——估計誤差在 4% 之內的機率為 0.9。

例13 樣本數決定的例子二

某公司對新進員工進行某項組合工作的訓練，共有兩種訓練方法，為比較兩種訓練方法的效率，將一批員工分成兩群，第一群給予第一種訓練方法，另一群則給予第二種訓練方法。課程結束後，記錄每位員工執行此項工作所須的時間。假設不論哪一種訓練方式，最快和最慢大約相差 8 分鐘。若我們要估計兩種方法訓練出的員工，執行此項工作所須的平均時間差，而且我們希望有 95% 的把握，估計誤差不會超過 1 分鐘，那麼每一種訓練方法須要多少員工？

解析

(1)依題意 $B = 1$，$1 - \alpha = 0.95$，所以：

$$z_{0.025} = 1.96$$

(2) $\sigma_{\bar{X}_1 - \bar{X}_2} = \sqrt{\frac{\sigma_1^2}{n_1} + \frac{\sigma_2^2}{n_2}}$，須解方程式：

$$1.96\sqrt{\frac{\sigma_1^2}{n_1} + \frac{\sigma_2^2}{n_2}} = 1$$

若兩群人數相等，$n_1 = n_2 = n$，而且由題意，兩種訓練方式，最快和最慢都相差 8 分鐘，可以假設兩母體的變異數相等，$\sigma_1^2 = \sigma_2^2 = \sigma^2$，利用 $\sigma \approx \frac{R}{4}$ 估計 σ，$R = 8$ 得 $\sigma \approx 2$，代入上式：

$$1.96\sqrt{\frac{2^2}{n} + \frac{2^2}{n}} = 1$$

解得 $n = 30.7$，所以每一組應包含 31 位員工。

8.7 母體變異數的估計

前面我們討論過的母體平均數及母體比例的估計方法都很類似，本節我們介紹母體變異數的估計。當母體變異數 σ^2 未知時，很自然地會以樣本變異數 s^2 為其估計量。因 $E(s^2) = \sigma^2$，故 s^2 滿足不偏性，也是 σ^2 一個好的估計量。為求 σ^2 和 σ 的區間估計，我們假設母體服從常態分配，則統計量 $\chi^2 = \dfrac{(n-1)s^2}{\sigma^2}$ 是一個自由度 $n-1$ 的卡方分配。

卡方分配的機率可利用電腦軟體或查表而得，一般統計書都附有卡方分配表，且大都定義符號 χ_α^2，代表自由度 k 的卡方分配，右尾機率為 α 的卡方值，亦即：

$$P(\chi^2 \geq \chi_\alpha^2) = \alpha$$

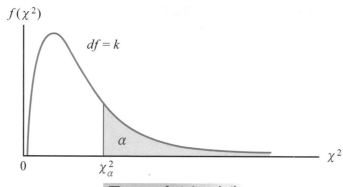

圖 8.8 χ_α^2 的幾何意義

因為：

$$\frac{(n-1)s^2}{\sigma^2} \sim \chi^2(n-1)$$

所以：

$$P(\chi_{1-\frac{\alpha}{2}}^2(n-1) < \frac{(n-1)s^2}{\sigma^2} < \chi_{\frac{\alpha}{2}}^2(n-1)) = 1-\alpha$$

$$P(\frac{(n-1)s^2}{\chi_{\frac{\alpha}{2}}^2(n-1)} < \sigma^2 < \frac{(n-1)s^2}{\chi_{1-\frac{\alpha}{2}}^2(n-1)}) = 1-\alpha$$

因此變異數 σ^2 的 $(1-\alpha)100\%$ 信賴區間為：

$$(\frac{(n-1)s^2}{\chi^2_{\frac{\alpha}{2}}(n-1)}, \frac{(n-1)s^2}{\chi^2_{1-\frac{\alpha}{2}}(n-1)})$$

標準差 σ 的 $(1-\alpha)100\%$ 信賴區間則為：

$$(\sqrt{\frac{(n-1)s^2}{\chi^2_{\frac{\alpha}{2}}(n-1)}}, \sqrt{\frac{(n-1)s^2}{\chi^2_{1-\frac{\alpha}{2}}(n-1)}})$$

註：若母體平均數 μ 已知，則 $\frac{n\hat{\sigma}^2}{\sigma^2}\sim\chi^2(n)$，其中 $\hat{\sigma}^2 = \frac{\sum_{i=1}^{n}(X_i-\mu)^2}{n}$，所以：

$$P(\chi^2_{1-\frac{\alpha}{2}}(n) < \frac{n\hat{\sigma}^2}{\sigma^2} < \chi^2_{\frac{\alpha}{2}}(n)) = 1-\alpha$$

$$P(\frac{n\hat{\sigma}^2}{\chi^2_{\frac{\alpha}{2}}(n)} < \sigma^2 < \frac{n\hat{\sigma}^2}{\chi^2_{1-\frac{\alpha}{2}}(n)}) = 1-\alpha$$

所以 σ^2 的 $(1-\alpha)100\%$ 信賴區間為：

$$(\frac{n\hat{\sigma}^2}{\chi^2_{\frac{\alpha}{2}}(n)}, \frac{n\hat{\sigma}^2}{\chi^2_{1-\frac{\alpha}{2}}(n)})$$

例14 母體變異數估計的例子

某品牌的電池壽命呈常態分配，今隨機抽查 12 個電池，得其樣本變異數等於 2.2，試求 σ^2 和 σ 的 95% 信賴區間。

解析

查表得 $\chi^2_{0.025}(11) = 21.9200, \chi^2_{0.975}(11) = 3.81575$，代入上面公式：

σ^2 的 95% 信賴區間為：

$$(\frac{11\times 2.2}{21.9200}, \frac{11\times 2.2}{3.81575}) = (1.1040, 6.3421)$$

σ 的 95% 信賴區間為：

$$(\sqrt{\frac{11\times 2.2}{21.9200}}, \sqrt{\frac{11\times 2.2}{3.81575}}) = (1.0507, 2.5184)$$

個案討論

民調數據與信賴區間

　　民意調查是統計估計典型的應用。回顧第 1 章我們曾以 TVBS 民調中心對 2020 年總統大選所做的民調為例，現在我們以此民調結果作說明。此民調以市話及手機併用的雙底冊做抽樣，由人員電話訪問，有效樣本為 839 位臺灣地區 20 歲以上之民眾，在 95% 的信心水準下，抽樣誤差為正負 3.4 個百分點，調查結果如表 1.1。應用本章介紹之母體比例估計的公式，我們得到報導中談到的抽樣誤差為正負 3.4 個百分點。民調結果是以點估計值和抽樣誤差的方式說明，我們也可以信賴區間的方式表示民調的結果。如表 8.2 的資料顯示，在 95% 的可信度下，民進黨蔡英文的得票率在 43.62% 到 50.38% 之間。國民黨韓國瑜的得票率則在 38.66% 到 45.34% 之間。此民調結果離 2020 年選舉日還有 5 個月時間，這期間選民的投票意向仍持續變化，愈接近選舉日的民調結果愈能反映出實際的支持率，也愈能看出統計估計在實務應用的價值。

表 8.2　TVBS 民調中心 2020 年總統大選候選人支持率預測估計

候選人	支持率預測（點估計值）$\hat{p}$	抽樣誤差 $1.96\sqrt{\dfrac{\hat{p}(1-\hat{p})}{839}}$	95% 信賴區間 $\hat{p}\pm1.96\sqrt{\dfrac{\hat{p}(1-\hat{p})}{839}}$
民進黨蔡英文	47%	3.4%	(43.62%, 50.38%)
國民黨韓國瑜	42%	3.4%	(38.66%, 45.34%)

　　比如前一次 2016 年的總統大選，以 TVBS 民調中心於選前 10 天所做的預測為例，表 8.3 的資料顯示，民調預測朱玄配的得票率 31% 幾乎和實際開票結果 31.04% 完全一樣。而英仁配的預測 53% 雖與實際得票率 56.12% 有差距，但仍與 95% 信賴區間的估計上限很接近。由這些實例可看出，統計估計結果雖免不了有誤差，但僅以 1,000 左右的樣本數對

1,800 多萬個母體元素做估計，在 95% 的信心水準下，估計誤差可以小至 3.4 個百分點之內，再再都顯示統計估計的實用價值。而且若增加樣本數，更可進一步降低估計誤差。

表 8.3　TVBS 民調中心 2016 年總統大選選前得票預測及實際結果

候選人	得票率預測 （點估計值）$\hat{p}$	預測的 95% 信賴區間	實際得票率
英仁配	53%	(55.84%、50.16%)	56.12%
朱玄配	31%	(28.37%、33.63%)	31.04%

本章習題

一、選擇題

( ) 1.由一標準差為 4.9 的常態母體隨機抽取 22 個樣本,結果得樣本平均數為 36,下列何者為母體平均數的 95% 信賴區間? (A) (31.100, 40.900) (B) (33.833, 38.167) (C) (33.827, 38.173) (D) (33.952, 38.048)

( ) 2.由一常態母體隨機抽取 22 個樣本,結果得樣本平均數為 36、標準差為 4.9,下列何者為母體平均數的 95% 信賴區間? (A) (34.281, 37.719) (B) (33.827, 38.173) (C) (33.952, 38.048) (D) (34.202, 37.798)

( ) 3.由一常態母體隨機抽取 22 個樣本,結果得樣本平均數為 36、標準差為 4.9。若以樣本平均數估計母體平均數,則在信心水準 99% 之下,估計誤差上限為何? (A) 8.734 (B) 8.808 (C) 9.892 (D) 9.993

( ) 4.隨機抽取 25 個圓形瓶蓋測其直徑得平均直徑為 2.43 公分,標準差 0.59。若瓶蓋直徑長度服從常態分配,則在 95% 信心水準下,瓶蓋直徑應在多少公分以下? (A) 2.186 (B) 2.228 (C) 2.632 (D) 2.674

( ) 5.某次歷史考試成績近似常態分配。隨機抽取 8 個學生,得其平均 80 分,標準差 13,則在 95% 的信心水準下,全部學生的平均成績應在哪個範圍? (A) (71.451, 88.549) (B) (71.290, 88.710) (C) (69.130, 90.870) (D) (69.401, 90.599)

( ) 6.某項調查共抽樣 300 個男性,其中有 37% 的人上班時須打領帶,則在信心水準 95% 之下,上班須打領帶的男性比例應在哪個範圍? (A) (75.7%, 80.3%) (B) (70.3%, 86.4%) (C) (76.8%, 79.8%) (D) (71.7%, 85.6%)

( ) 7.一品管工程師想瞭解公司生產的玉米罐頭的平均重量。隨機抽取

100 罐，測得平均重 15.8 盎司，標準差 0.3，則玉米罐頭平均重量
的 98% 信賴區間為何？ (A) (15.74, 15.86)　(B) (15.75, 15.85)　(C)
(15.73, 15.87)　(D) (15.26, 15.72)

(　　) 8. 某連鎖店想瞭解臺中分店和彰化分店的顧客消費金額是否有差
異。今分別從 2 家分店隨機抽取 100 個顧客做調查，結果如下：

	樣本數	平均消費金額	標準差
臺中分店	100	20,000	3,000
彰化分店	100	18,500	1,250

利用上表求算 2 家分店顧客平均消費金額差距的 90% 信賴區間
為　(A) $1,500 \pm 534.63$　(B) $1,500 \pm 422.81$　(C) $1,500 \pm 637.00$　(D)
$1,500 \pm 838.50$

(　　) 9. 某速食店隨機抽取 200 個顧客，調查顧客的滿意度，結果 70% 的
顧客感到滿意，試求真正感到滿意的顧客比例的 99% 信賴區間。
(A) (0.250, 0.450)　(B) (0.280, 0.402)　(C) (0.284, 0.416)　(D)
(0.263, 0.437)

(　　) 10. 某飲食店想估計該店顧客平均消費金額。據以往經驗，顧客消費
金額的標準差為 42，若希望估計誤差在 7 元之內的機率為 90%，
則應至少取多少樣本？　(A) 98　(B) 99　(C) 173　(D) 174

(　　) 11. 某民調中心想估計某候選人的支持率。若此人第一次參選，完全
沒有此候選人支持率的資訊，民調中心希望有 95% 的把握，估計
誤差在 1 個百分點之內，則至少應取多少樣本？　(A) 1,000　(B)
9,604　(C) 3,200　(D) 2,132

(　　) 12. 一民調中心想瞭解某候選人在選區 A 和 B 支持率的差異，今分別
由兩選區隨機抽取一組樣本做調查，結果在 A 選區，100 個樣本
中有 60 個選民表示支持，在 B 選區，200 個樣本中有 80 個選民
表示支持。 試求兩選區支持率差距的 95% 信賴區間。　(A)
0.2 ± 0.08　(B) 0.2 ± 0.12　(C) 0.2 ± 0.16　(D) 0.2 ± 0.24

二、問答題

1. 下面是兩個統計量的抽樣分佈圖形，I 和 II 分別代表用來估計同一個參數 θ 的統計量。對 (1)，(2)，(3) 每一種情形，比較 I、II 兩個估計量，你認為哪一個比較好？並說明你的理由。

(1) 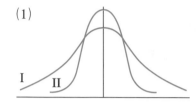 (2) 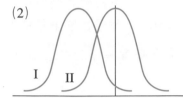 (3)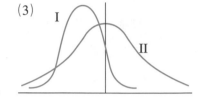

2. 若 $\overline{X}$ 的抽樣分配趨近於常態分配，下面各個區間都表示平均數 μ 的信賴區間，請寫出各個區間的信賴水準。

(1) $(\overline{X} - 1.3\sigma_{\overline{X}}, \overline{X} + 1.3\sigma_{\overline{X}})$。

(2) $(\overline{X} - 1.65\sigma_{\overline{X}}, \overline{X} + 1.65\sigma_{\overline{X}})$。

(3) $(\overline{X} - 1.96\sigma_{\overline{X}}, \overline{X} + 1.96\sigma_{\overline{X}})$。

3. 品管部門應公司規格須要，調整機器以改變其製造的零件長度，但不會影響標準差。假設零件的長度分佈為常態分配。調整後，隨機抽取一組樣本，以估計調整後零件的平均長度。樣本資料如下（單位：mm）：

75.3　76.0　75.0　77.0　75.4　76.3　77.0　74.9　76.5　75.8

(1) 若母體的標準差等於 0.5 mm，試求零件長度的點估計值並說明你的估計誤差。

(2) 利用 (1) 的條件，求零件長度的 95% 信賴區間並解釋你的答案。

(3) 若母體標準差未知，試求零件長度的 95% 信賴區間。

4. 由一人工魚池隨機抽取 200 條魚，測量每條魚的長度，結果 200 條魚的平均長度 $\bar{x}$ 為 14.3 吋，標準差 s 為 2.5 吋。在可信度 95% 之下，試利用此樣本資料估計魚池裡所有魚的平均長度應在哪個範圍內？

5. 已知某次學測數學成績呈常態分配，隨機抽取 20 位學生的數學成績，得其平均數為 55 分。

(1) 母體的標準差 $\sigma = 19.5$，若以 55 分為全體參加考試的學生平均成績之估計值，試說明信賴水準 90% 之下，最大誤差為多少？

⑵若實際上，母體的標準差未知，但已知樣本標準差 $s = 19.5$，同樣以 55 分為全體參加考試的學生平均成績之估計值，那麼信賴水準 90% 之下，最大誤差為多少？

⑶請解釋上面答案的意義。

6. 某調查想估計臺灣中學生每週在家上網平均時間，今隨機抽取一組樣本，結果如下：n（樣本數）$= 500$；每週在家上網的平均時間及標準差分別為 57.7 小時及 10 小時，試求臺灣中學生每週在家上網確實的平均時間之 95% 信賴區間。

7. 某大學想估計該校學生中，擁有個人機車的學生比例為 p，隨機抽取 100 位學生，結果有 52 位學生有個人機車，試求 p 的 95% 信賴區間。

8. 已知兩家早餐店的消費金額皆呈常態分配，為比較兩家平均的消費金額，今分別從兩家店隨機抽取一組樣本，結果如下：$n_1 = 80$，$\bar{x}_1 = 83$，$s_1 = 15$；$n_2 = 80$，$\bar{x}_2 = 75$，$s_2 = 10$。試估計兩店早餐平均消費額差 $\mu_1 - \mu_2$ 的 95% 信賴區間。

9. 某校研究該校學生利用課餘時間兼差的比例，今隨機抽取 100 位學生，其中 52 位學生有兼差，求學生兼差比例的 95% 信賴區間。

10. 某統計學老師為比較班上男女生統計學期中考成績，隨機抽取 10 位男生，得其平均成績為 82 分，標準差為 7 分；另外抽取 13 位女生，得其平均成績為 79 分，標準差為 8 分。假設學生的成績分布趨近常態分佈，試求：

⑴男女生統計期中考成績變異數比 $\dfrac{\sigma_1^2}{\sigma_2^2}$ 的 95% 信賴區間。

⑵男女生統計期中考成績差 $\mu_1 - \mu_2$ 的 95% 信賴區間。

11. 近來信用卡卡債的問題相當嚴重，為瞭解信用卡循環利率多寡，市調公司隨機抽取 23 家銀行，調查其發行的信用卡循環利率，其樣本資料如下（單位：%）：

14.00、 17.90、 18.60、 19.80、 19.80、 14.25、
17.90、 18.80、 19.80、 19.80、 14.95、 17.95、
19.20、 19.80、 21.00、 15.00、 18.00、 19.20、
19.80、 17.25、 15.60、 17.80、 18.85

⑴求這 23 家銀行信用卡循環利率的平均數和標準差。

⑵利用此組資料建立銀行信用卡循環利率平均值的 99% 信賴區間。並解釋區間的意義。

⑶建立銀行信用卡循環利率標準差的 90% 信賴區間並解釋之。

⑷為建立⑵中的信賴區間,你做了什麼假設?

⑸從此組資料你有 95% 的把握銀行的信用卡循環利率在多少以上(提示:
$$P(\frac{\overline{X} - \mu}{\frac{s}{\sqrt{n}}} < t_\alpha) = 1 - \alpha)?$$

12.某種迷你型照相機之乾電池壽命是常態分配,隨機抽取 11 個電池做檢驗,得下列資料(單位:小時):

26.5、25.8、25.4、28.3、26.7、23.2、25.9、28.6、27.4、26.5、26.5

⑴求電池平均壽命的 95% 信賴區間並解釋之。

⑵如果製造電池的廠商宣稱他們的電池平均壽命在 30 小時以上 ,你相信嗎?說明之。

⑶你有 95% 的把握,電池的平均壽命不會超過多少小時嗎(提示:
$$P(\frac{\overline{X} - \mu}{\frac{s}{\sqrt{n}}} > -t_\alpha) = 1 - \alpha)?$$

⑷試求電池壽命標準差 σ 的 95% 信賴區間。

13.某進口車商想瞭解兩種不同銷售方式,其銷售量是否不同,以下是分別採行這兩種不同的銷售方式 6 個月後的結果:

樣本資料	銷售方式 I	銷售方式 II
樣本數	8	8
樣本平均數	106,200	111,900
樣本標準差	24,400	28,600

⑴假設兩銷售方式的銷售量之變異數相等 $\sigma_1^2 = \sigma_2^2 = \sigma^2$。求兩種銷售方式之平均銷售量差 $\mu_1 - \mu_2$ 的 99% 信賴區間並解釋之 (假設銷售量的分配趨近於常態分配)。

(2) (1)的答案是否表示兩種銷售方式的平均銷售量有差異？

14. 為比較兩種不同設計的玻璃瓶抗壓程度的差異，分別自生產線上隨機抽取 15 個樣本，得平均壓力強度分別為 $\overline{X}_1 = 173.5$ psi, $\overline{X}_2 = 181.6$ psi。若兩種設計瓶內壓力標準差都是 4 psi，在信賴水準 90% 下，兩種設計瓶內平均壓力差 $\mu_1 - \mu_2$ 大約是多少？最大誤差等於多少？由前面的答案，你覺得兩種設計的平均壓力差超過 4 psi 嗎？假設玻璃瓶抗壓強度的分配趨近於常態分配。

15. 由印刷電路板製程中隨機抽取 100 個產品做檢驗，結果有 9 個不良品，試估計製程的不良率，在信賴水準 95% 之下，估計誤差界限等於多少？

16. 公司有兩條生產線甲和乙，今從甲生產線隨機抽取 150 個產品，其中有 20 個不合規格，由乙生產線隨機抽取 200 個產品，結果有 26 個不合規格，試估計兩生產線的不良率，並求兩生產線不良率差的 90% 信賴區間。

17. 某市調公司從股票市場的客戶中隨機抽取 100 位男性和 80 位女性，問其是否利用網路下單，結果分別有 55 位男性及 38 位女性會利用網路下單。

(1) 試估計男性客戶會利用網路下單的百分比，並說明信賴水準 95% 之下，估計誤差界限為多少？

(2) 求股票市場的客戶中，利用網路下單的客戶比例之 95% 信賴區間。

(3) 求利用網路下單的男客戶和女客戶之比例差的 95% 信賴區間。

18. 一隨機樣本，樣本數為 100，樣本平均數 $\bar{x} = 50.5$，樣本變異數 $s^2 = 13.4$。若母體的分配為常態，試求：

(1) 母體變異數的 95% 信賴區間。

(2) 假設以樣本變異數為母體變異數的估計值，欲以樣本平均數估計母體平均數，且希望在信賴水準 95% 之下，誤差界限在 0.5 以內，則至少須多少樣本？

19. 速食店有項新產品要推出，想瞭解有多少比例的顧客會喜歡此項產品。

(1) 公司希望能有 95% 的把握，估計誤差不會超過 4%，至少需要多少樣本？

(2) 若由過去的經驗推估會喜歡此項產品的顧客比例介於 0.1 和 0.3 之間，也就是，$0.1 < p < 0.3$，則至少需要多少樣本？

⑶若此速食店要在臺北和臺中分別做類似的調查，要估計兩地區喜愛此項
　產品的顧客比例差 , 兩地區的樣本數一樣多 , 且公司希望在信賴水準
　99% 之下，估計誤差不超過 2%，若對兩地區喜愛此項產品的顧客比例
　完全沒有概念，則至少需要多少樣本？又若兩地區喜愛此項產品的顧客
　比例皆介於 0.1 和 0.3 之間，則至少需要多少樣本？

20.一公司隨機抽取 15 通打進來的電話，調查轉接的時間，得樣本標準差為
　1.6 分鐘，若電話轉接的時間分佈為常態，試求電話轉接時間變異數及標準
　差的 90% 信賴區間。

第 9 章

假設檢定

→ ## 學習重點

1. 統計檢定精神與何謂顯著水準。

2. 統計決策、檢定程序與決策錯誤的形態。

3. 各常見參數的檢定方法與使用時機。

4. 統計檢定的 p 值與統計顯著的關聯。

在生活中，人們常常要對某問題提出懷疑、判斷和做出決定。例如司法人員要判斷某位被指控的嫌疑犯是否真的犯罪？例如我們懷疑某廣告飲料的容量是否如同其標示的一般大小？又如消費者文教基金會懷疑並調查市售品牌清潔劑某化學物質含量是否符合國家制定的安全標準之內？

就一項決定而言，我們都希望能最客觀的做出明智的抉擇。但無論是何種決定，我們都有可能做了錯誤的決策，導致損失。換句話說，任何的決策過程多少都有風險存在。因此決定錯誤時所造成損失的大小，是影響決策時的一個重要因素。

我們可以把決策的過程歸納如下：對於不確定性的事情，我們必須先做規劃並做出可選擇項目。建立邏輯推理程序，再根據蒐集的資訊、決定錯誤時損失的大小等因素做考量評估，然後選擇其中之一。

在本章中，探討的「統計假設檢定」和上述構想一樣。統計上的說法是：統計假設檢定是指對統計問題中的母體未知參數做適當的假設陳述，並從母體中抽出隨機樣本獲取資訊，利用機率的原理，以判斷該假設是否成立之統計方法。同樣的，在假設檢定時，我們無法避免錯誤的產生，然而我們可以考慮它們發生的機率。

本章的安排如下：首先以例子說明統計假設與檢定如何發生於日常生活之中。透過例子說明後，我們介紹檢定問題的架構與思考邏輯。接下來介紹有關母體平均數 μ、變異數 σ^2 與比例 p 的檢定，也介紹因檢定決策結果產生的各種形態可能的錯誤。在後半段我們介紹統計假設實務中常用的、重要的 p 值與 p 檢定，讀者應仔細瞭解。最後我們討論何謂一個檢定的檢定力與其作用；也討論假設檢定與信賴區間二者的對等關係。而兩母體參數差異檢定、獨立性檢定與同質性檢定等，可視學習需要與教學狀況做選擇取捨。

📈 9.1 統計假設與假設檢定

一 統計假設

統計假設是指有關母體特徵參數之假定陳述。例如說，某品牌標示生產 375 毫升之蘋果汁容量是否的確為 375 毫升；想調查市售清潔劑中壬基酚（會干擾分泌系統）含量是否超過歐盟標準的 0.1% 規範；或某總統候選人的民意支持度是否超過 6 成等，皆是假設的陳述。

二 假設檢定

假設檢定乃是建立一套步驟、準則，由資料的訊息以決定拒絕或不拒絕假設的陳述，此種推論過程稱為統計假設檢定或假設檢定。假設檢定只有兩種可能結果：「拒絕」或「不拒絕」假設陳述。

三 檢定的精神

檢定的基本想法是：先暫時把因懷疑而假定的陳述當成是「真」的，以符號 H_0 表示，除非有足夠的證據可以推翻假定的陳述，否則不拒絕 H_0。而檢定做法是：由母體中選取一組隨機樣本，並利用這組樣本當做是否支持假設的證據。如果證據與假設所陳述的特徵不吻合（或說二者吻合的機率很低），便「拒絕」該假設，反之則「不拒絕」該假設。

以統計的觀點，當我們「拒絕」一個假設，並不表示該假設是不可能，而是表示該假設發生的可能性極低不像會發生。「不拒絕」該假設也並不表示認為該假設必定是真；而是目前的證據不足以推翻該假設，只能先接受。

更精確地說，假設檢定是對母體參數給予適當的假設，暫時把假定的陳述當真，再從母體中抽出一組隨機樣本並觀察其統計量，利用隨機樣本理論機率的特徵，比較樣本統計量與理論分配以判斷該假設是否成立之統計方法。

💬 例1　生活中的例子——無罪推定的精神

刑事訴訟法的「無罪推定原則」指被告未經審判證明有罪確定前，推定其為無罪。它和統計假設檢定的想法是類似的。例如有一嫌疑犯被以為偷竊，

基於保護人權立場，除非足夠證據存在，否則我們假設他是清白的。對於一位嫌疑犯，司法單位的思考框架是

(1)基本立場：假設他是無罪的。這是法律上的價值判斷❶。

(2)驗證的程序：蒐集證據、偵查、聽取雙方的證詞、人物證等。除非證據充分才起訴宣判；否則只能做無罪宣判。因此是否無罪宣判來自於證據充分與否。

至於他真的偷或者沒偷？宣判的結果就是一項決策的後果，若真是一個小偷卻被判無罪，是一項錯誤（「縱」）。若沒偷卻被判有罪，是一項誤判（「枉」），當然也是一項錯誤。此例中可看出，做出結論時，我們仍有犯錯的可能。

從例 1 中，我們明顯看到假設檢定的三項特性：(1)存在一基本精神：假設嫌疑犯為清白。(2)蒐集證據，由證據說話。(3)做出決策後仍有犯錯的可能。

例2 假設檢定的例子——藥物效用檢驗

假設一減肥新藥宣稱服用其藥物後體重有顯著性的減輕。今天管制單位想檢驗其宣稱是否正確。他們定義服用後與服用前體重差異表示真實的效用，母體的差異值以 μ 表示。今隨機抽取一樣本大小為 n 的隨機樣本，記錄每個人服用後與服用前的體重差異，以 $X_i, i=1,\cdots,n$ 表示。請問管制單位應如何檢驗？

解析

因為是藥物檢驗，所以管制單位須嚴格把關，立下基本原則認定減肥新藥是無效的。在此想法之下，除非隨機樣本 X_i 的平均數 $\bar{X}$「充分的」小於 0，否則仍維持原認定。

❶法律上的看法：所謂「無罪」宣判有兩種可能，一種是無辜而獲宣判無罪，另一種是證據不足而獲判無罪。若證據不足，無罪判決不代表他未犯案；在證據缺乏情形下，法官要判有罪也有困難。也就是說，在注重人權下，「寧可錯放、不可錯殺」（以前可能是在證據不足時，「寧願錯殺、不願錯放」）。

在這個例子中，我們看到有：

(1)以新藥是無效為基本精神來做推論的基礎：管制單位要嚴格的檢驗新藥，
確定藥物有用時才可放行。除非有足夠證據顯示有效，否則應認定該藥
物無顯著成效，駁回藥商再研究。

(2)尋求充分的證據來推斷新藥的成效。

例3 假設檢定的例子——虛無假設、對立假設與顯著水準

　　若有兩個相同的碗。A 碗裝 60 顆紅豆和 40 顆黑豆；另一碗 B，則相反。
若 p 表紅豆比例，則 A 碗的比例 $p = 0.6$；B 碗的比例 $p = 0.4$。今二碗之中有
一碗被置放在桌上，你要如何檢驗桌上放的是 A 碗呢？

解析

(1)具體描述假設陳述：「桌面上是 A 碗」——這是一個可驗證的假設陳述，
你暫時的認為「桌面上是 A 碗」是真的。意思是說，除非有足夠證據顯
示偏離你的假設；否則「桌面上放的是 A 碗」的想法是不會改變的。

(2)「沒有強烈證據，並不會推翻現狀、不做任何改變」的作為使得「桌面
上是 A 碗」的假設陳述傳統上被稱為虛無假設，一般以 H_0 表示。顯然
的，另一可能「對立」的假設是「桌面上是 B 碗」。因為和 H_0 是互斥關
係，被稱為是對立假設，以 H_1 表示。無論往後檢定的結果是「拒絕」
或「不拒絕」，我們都是以 H_0 為討論的主體，也就是說結論會是「拒
絕」H_0 或「不拒絕」H_0。

統計假設完整的寫法是：

　　　　「虛無假設」H_0 對「對立假設」H_1

所以此例子的統計假設是：

　　　　H_0：桌上是 A 碗；H_1：桌上是 B 碗

　　　　或可說成 $H_0: p = 0.6$；$H_1: p = 0.4$

(3)找尋證據的結果可能傾向支持 H_0；或雖偏離 H_0 但不明顯；或很充分的
不支持 H_0。因此必須設定一個門檻，度量證據須「顯著」到何種程度才

可推定桌面放的不是 A 碗。

證據「顯著」到足以推定原來的 H_0 錯誤，我們稱之為統計顯著。躍過顯著門檻的可能性大小稱之為「顯著水準」，以 α 表示。

例如設定的決策門檻可為（由碗中抽出 5 顆檢查）：

若 5 顆中紅豆顆數小於或等於 1 顆，認定有夠強證據推定桌面放的不是 A 碗。

$\alpha =$ 當桌面放的是 A 碗 $(p=0.6)$，5 顆中紅豆顆數小於或等於 1 顆的機率。

(4)確立顯著水準或決策準則後，抽取一組隨機樣本，利用樣本所帶的資訊，如樣本中紅豆的個數或比例，來檢驗 H_0。

例如：隨機抽取 5 顆，若紅豆顆數 $=2$，證據沒顯著到或足夠證據去拒絕「H_0：桌上是 A 碗」。

9.1.1 檢定的架構與邏輯

假設檢定是在假定 H_0 為真的基礎下，計畫一個抽樣的程序做推論；抽樣取得樣本並計算檢定的統計量，在預設的顯著水準或門檻下，做比較與推論。除非樣本證據顯著偏離 H_0，否則不拒絕 H_0。

一 統計假設

設定虛無假設 H_0 和對立假設 H_1。

先假定 H_0 是真。如同藥物檢驗例子，H_0：新藥無顯著效果；司法問題，H_0：該人是無辜的。

二 適當的統計量

找出適當的檢定統計量及其相應的機率分配。由於假設檢定問題基本上是檢定母體的參數，因此須運用和母數相關的統計量來檢定假設陳述；並運用其抽樣分配來瞭解是否已達統計上的顯著性。例如，以 $\bar{X}$ 做為檢定母體 μ 的統計量；以 $\hat{p}$ 做為檢定母體 p 的統計量。這些統計量的機率分配可參考估計章節中的抽樣分配。

三 定出顯著水準 α 及利用檢定統計量之抽樣分配，設定拒絕區域 R

顯著性或顯著水準為假設檢定做出信心程度上的說明，顯著水準 α 定出「偏離多大才是大」，一般接受 $\alpha = 0.05$。

拒絕區域 R 是包含抽樣統計量中可以拒絕 H_0 的所有可能值所形成的集合。當給定顯著水準 α 時，可以定出拒絕區域 R 的大小。即檢定統計量落在拒絕區域 R 的機率等於顯著水準 α。

四 決策法則

最後整理檢定的規則。當隨機樣本之統計量值落於 R，則拒絕 H_0；若統計量值不屬於 R，則不拒絕 H_0。

以減肥藥物效用為例做說明。隨機抽驗一組 36 人的樣本記錄體重差異，設服用後與服用前體重差異為 X_i, $i = 1, \cdots, 36$，而母體的差異以 μ 表示。

直覺上，如果 $\overline{X} = \dfrac{\sum_{i=1}^{36} X_i}{36}$ 小於 0，我們會認為此藥物是有效的（沒有效，應是指母數 μ 大於 0）。

管制局要如何決定抽驗的樣本平均數 $\bar{x}$ 是否足以推翻減肥無效，或 $H_0 : \mu \geq 0$？顯然的，$\bar{x} > 0$ 或 $\bar{x} = 0$ 都支持 $\mu \geq 0$。但在樣本資料的變異下，$\bar{x}$ 要小於多少，才顯著到足以推翻減肥藥無效用的假設呢？如先前的討論，這「顯著性」的度量是由 α 值所控制。

細節解釋如下：

(1)管制單位想檢定虛無假設 H_0 和對立假設 H_1：

$H_0 : \mu \geq 0$　新藥無效

$H_1 : \mu < 0$　新藥有效

(2)檢定統計量：假設服用後與服用前體重差異為 X_i，互相獨立且服從常態分配 $N(\mu, \sigma^2)$。依抽樣分配，知：

$$\overline{X} \sim N(\mu, \frac{\sigma^2}{n})$$

假設母體標準差 σ 未知，因 $n = 36 > 30$ 屬大樣本，依平均數抽樣分配理論可知：

$$\frac{\overline{X} - \mu}{\frac{s}{\sqrt{36}}} \sim z$$

其中 s 為樣本標準差。所以取得樣本 $x_1, \cdots, x_{36}$，並計算樣本平均數 $\bar{x}$ 後，我們可以計算檢定統計量為：

$$z^* = \frac{\overline{X} - \mu}{\frac{s}{\sqrt{36}}} \quad (\text{當 } H_0 \text{ 為真，代 } \mu = 0)$$

⑶設定顯著水準 α。一般 $\alpha = 0.05$。α 控制顯著性，並且影響拒絕區域 R 的大小。

若以新藥無效為立場做檢定（即，當虛無假設 $H_0 : \mu \geq 0$ 為真），什麼樣的證據才充分到能推論新藥有效（拒絕 H_0）？直覺上，如果 $\overline{X} = \dfrac{\sum\limits_{i=1}^{36} X_i}{36}$ 小於 0，我們會認為此藥物是有效的。但在樣本的變異下，$\bar{x}$ 要小於多少，才顯著到足以推翻減肥藥無效用的假設呢？這「顯著性」的度量是由 α 值所控制。

當給定顯著水準 $\alpha = 0.05$ 下，一般有兩種方法：

⒜方式一（z、t 檢定）：參考圖 (9.1)，若 $\bar{x}$ 遠小於 $\mu = 0$ 時，換算成 z^* 時值一定夠小（圖的左邊）。所以當顯著水準 $\alpha = 0.05$，以拒絕區域：$R = \{z^* | z^* < -z_{0.95}\} = \{z^* | z^* < -1.645\}$，來檢定是否達到統計上的顯著，即當：

$$z^* = \frac{\overline{X} - 0}{\frac{s}{\sqrt{n}}} < -z_{0.95} = -1.645$$

就是達到統計上的顯著，足以推翻虛無假設。

因為運用到 z 分配及 z 檢定量，統計上稱為 z 檢定。檢定問題若運用到 t 檢定量，統計上稱為 t 檢定。

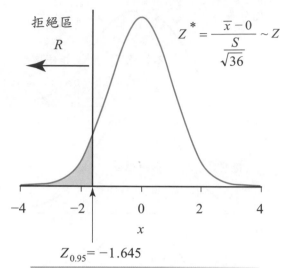

圖 9.1 藥物效用檢驗：方式一的圖示

(b)方式二（臨界值檢定）：查 z 表求出分割點 $-z_{0.95}$。用 $z = \dfrac{\overline{X} - 0}{\dfrac{s}{\sqrt{n}}}$ 換算成

一臨界值 x_c 來做比較，亦即，

$$-z_{0.95} = \frac{x_c - 0}{\dfrac{s}{\sqrt{n}}}$$

所以臨界值 $x_c = -1.645 \times \dfrac{s}{\sqrt{n}}$。以拒絕區域：

$$R = \{ z^* \mid z^* < -1.645 \times \frac{s}{\sqrt{n}} \} = \{ \overline{x} \mid \overline{x} < x_c \}$$

來比較樣本平均數 $\overline{x}$ 和臨界值 x_c 的大小並做檢定。若 $\overline{x}$ 小於臨界值 x_c 時，表示檢定量偏離臨界值，代表已達統計顯著。

> 因為用計算臨界值做比較，統計上稱為臨界值檢定。

五 檢定的類型──依拒絕區域做區分

上例假設檢定，因為拒絕區域在左側，我們稱之為「左尾檢定」。當討論的是其他情況時，例如，若檢定 $H_0 : \mu \leq 0$，則拒絕 (H_0) 區域在右側，我們稱之為「右尾檢定」。若檢定 $H_0 : \mu = 0$，則拒絕 (H_0) 區域在兩側，我們稱之為「雙尾檢定」。概念見圖 9.2。

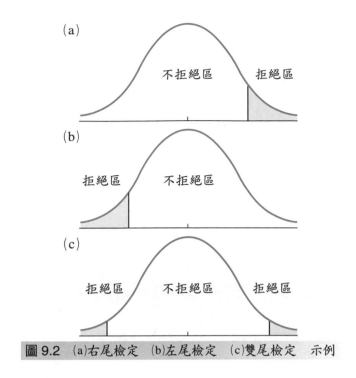

圖 9.2　(a)右尾檢定　(b)左尾檢定　(c)雙尾檢定　示例

9.1.2　各種檢定範例

一　平均數 μ 的檢定──左尾檢定

例4　大樣本左尾檢定

　　已知在學校裡，同學們平均每週上網 7.7 小時，假設上網時間服從常態分配且標準差 3 小時，今在考試週裡，隨機抽出的 96 人調查上網平均時間為 7 小時。這 7 和 7.7 間有顯著差異嗎（顯著水準 $\alpha = 0.05$）？

解析

　　由題目知，母體為常態分配（上網時間）且標準差已知（3 小時）；$\bar{x} = 7, n = 96$。依題意可以設定：虛無假設表示平均上網時間不因考試而減少（≥ 7.7）；而對立假設則為平均上網時間確因考試而有不同。

　　假設 μ 為平均上網時間，今做左尾假設檢定。設定假設：

$H_0 : \mu \geq 7.7$ 平均上網時間不因考試而減少

$H_1 : \mu < 7.7$ 平均上網時間確因考試而有不同

假設每個學生上網時間 X 服從常態分配，依題意 $X_i \overset{iid}{\sim} N(\mu, 3^2)$。依抽樣分配理論知道 $\overline{X} \sim N(\mu, \dfrac{3^2}{96})$。

給定顯著水準為 $\alpha = 0.05$。當 $H_0 : \mu \geq 7.7$ 為真，由假設陳述知：當樣本統計量 $\bar{x}$ 或檢定量 Z^* 向左偏離太大時（見圖 9.3），傾向拒絕虛無假設 H_0。即當：

$$z^* \in \text{拒絕域 } R = \{ z \mid z = \frac{\overline{x} - 7.7}{\dfrac{3}{\sqrt{96}}} < -Z_{0.05} = -1.645 \}$$

則拒絕虛無假設 H_0。

今樣本平均數 $\bar{x}$ 之檢定量為：

$$z^* = \frac{7 - 7.7}{\dfrac{3}{\sqrt{96}}} = -2.286 < -1.645$$

落於拒絕區域 R。因此在顯著水準 0.05 之下，結論是拒絕虛無假設。也就是說，在顯著水準 0.05 之下，平均上網時間確因考試而有所略減。

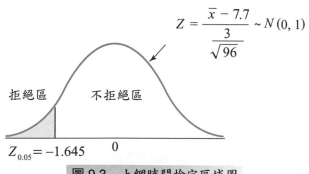

$$Z = \frac{\overline{x} - 7.7}{\dfrac{3}{\sqrt{96}}} \sim N(0, 1)$$

拒絕區　　不拒絕區

$Z_{0.05} = -1.645$　　0

圖 9.3　上網時間檢定區域圖

二 平均數 μ 的檢定——右尾檢定

例5 大樣本右尾檢定

品管師發現罐裝奶粉的裝填重量出現問題,她想先行檢定:「是否奶粉罐平均重量不足 500 公克」再提對策。她自生產的奶粉罐隨機取樣 25 罐奶粉,其樣本平均值為 515 公克,若母體的標準偏差 $\sigma = 30$ 公克。檢定是否有足夠證據證明奶粉罐平均重量不足 500 公克(顯著水準為 $\alpha = 0.05$)?

解析

假設生產線裝填罐裝奶粉平均為 μ 公克,今做右尾假設檢定,設定假設:

$$H_0 : \mu \le 500 \quad 奶粉罐平均重量不足 500 公克$$

$$H_1 : \mu > 500 \quad 奶粉罐平均重量足 500 公克$$

若裝填罐裝奶粉重量服從常態分配,則 $X_i \overset{iid}{\sim} N(\mu, 30^2), i = 1, \cdots, 25$,依抽樣分配理論知道 $\overline{X} \sim N(\mu, \frac{30^2}{25})$。

給定顯著水準為 $\alpha = 0.05$。由假設陳述知,以 $H_0 : \mu \le 500$ 為真,當樣本均值偏離 500 太大或 z 檢定值較大時,傾向拒絕虛無假設,$H_0 : \mu \le 500$。設 $z = \dfrac{\overline{X} - 500}{\frac{30}{\sqrt{25}}}$ 且 $z^* = \dfrac{\overline{x} - 500}{\frac{30}{\sqrt{25}}}$,即當:

$$z^* \in R = \{z \mid z > Z_{0.05} = 1.645\}$$

拒絕虛無假設 H_0。

今檢定量為:

$$z^* = \frac{515 - 500}{\frac{30}{\sqrt{25}}} = 2.5 > 1.645$$

落於拒絕區域 R。在顯著水準是 0.05 之下,我們拒絕虛無假設。也就是說,顯著水準是 0.05 之下,奶粉罐平均重量足 500 公克。

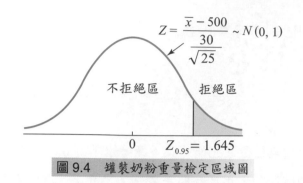

圖 9.4　罐裝奶粉重量檢定區域圖

三 平均數 μ 的檢定——雙尾檢定

例6　雙尾檢定

　　假設北部都會區青少年上一年度平日使用寬頻上網的時間平均為 3.68 小時，標準差為 0.85 小時。假設上網的時間服從常態分配。今年度某次小規模調查，隨機抽取 16 位青少年計算平均上網的時間為 4.93 小時，問此平日使用寬頻上網的時間是否與上一年度 3.68 小時有差異（顯著水準 $\alpha = 0.05$）？

解析

　　假設此次上網的平均時間為 μ 小時，設定假設：

$H_0 : \mu = 3.68$ 小時

$H_1 : \mu \neq 3.68$

由題目知 $X_i \overset{iid}{\sim} N(\mu, 0.85^2)$，$i = 1, \cdots, 16$，依抽樣分配理論知道 $\overline{X} \sim N(\mu, \frac{0.85^2}{16})$。

　　由假設陳述得知檢定為雙尾檢定，給予顯著水準為 $\alpha = 0.05$。當 $H_0 : \mu = 3.68$ 為真，若樣本均值偏離 3.68 或檢定量 z^* 太大或太小時，傾向拒絕虛無假設 H_0。即：

$R = \{z | z < Z_{0.025} = -1.96 \text{ 或 } z > Z_{0.975} = 1.96\}$

拒絕虛無假設 H_0。

　　上式亦可合成寫成一式，即：

$$R = \{z \mid |z| = \left| \frac{\bar{x} - 3.68}{\frac{0.85}{\sqrt{16}}} \right| > Z_{0.975} = 1.96\}$$

今檢定量為 $z^* = \dfrac{4.23 - 3.68}{\dfrac{0.85}{\sqrt{16}}} = 2.59 > 1.96$，落於拒絕區域。在顯著水準是

0.05 之下，拒絕虛無假設。也就是說，顯著水準是 0.05 之下，今年度青少年用在寬頻上網的時間和上年度有顯著差別，事實上，有明顯的增加。

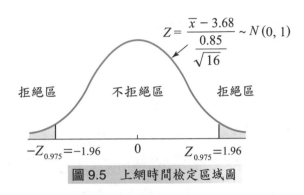

圖 9.5　上網時間檢定區域圖

由上面的三種檢定類型，我們看到在做假設檢定的問題時，知道檢定統計量的抽樣分佈是很重要的。若母體為常態分配且 σ 已知，無論大小樣本，樣本平均數的分配也服從常態分配。這是常態母體一個很好的性質，因為皆使用 Z 為檢定統計量，我們稱此類型的檢定為 Z 檢定。

四 平均數 μ 的檢定——t 檢定

當「處理小樣本且 σ 未知」時，$\bar{X}$ 不再是常態分配，而是和 t 分配有關。以下是一個利用 t 變數檢定的類型。

例7　小樣本平均數檢定

消基會懷疑某速食店的單品，它的防腐劑含量高於國家標準 3 ppm。今隨機抽檢 7 件，防腐劑含量分別是 3、4、5、4、2、4、3 ppm。消基會是否可證明此速食食品防腐劑含量高於政府所定標準 3 ppm？假設防腐劑含量值服從常態分配（顯著水準 $\alpha = 0.05$）。

解析

假設速食食品防腐劑含量為 μ ppm，今做右尾檢定，設定假設：

$H_0 : \mu \le 3$ ppm　符合國家標準 3 ppm

$H_1 : \mu > 3$ ppm　高於國家標準 3 ppm

假設食品防腐劑含量 X 服從常態分配，則 $X_i \overset{iid}{\sim} N(\mu, \sigma^2)$, $i = 1, \cdots, 7$。因為小樣本且母體標準差未知，依抽樣分配理論知道，當 $H_0 : \mu \le 3$ ppm 為真，

$$\frac{\overline{X} - 3}{\frac{s}{\sqrt{n}}} \sim t(n-1)$$

其中 s 為樣本標準差。

給予顯著水準為 $\alpha = 0.05$。由假設陳述知，當樣本均值偏離 3 ppm 或 t^* 值太大時，傾向拒絕虛無假設 H_0。即：

$$t^* \in R = \{ t \,|\, t = \frac{\overline{x} - 3}{\frac{s}{\sqrt{7}}} > t_{0.05}(6) \}$$

拒絕虛無假設，參見圖 9.6。

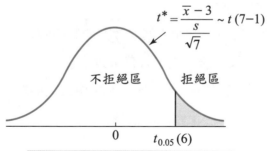

圖 9.6　食品防腐劑含量檢定區域圖

今樣本平均數為 3.5714，樣本標準差為 0.9759。所以檢定量為：

$$t^* = \frac{3.5714 - 3}{\frac{0.9759}{\sqrt{7}}} = 1.549 < t_{0.05}(6) = 1.943$$

落於不拒絕區域。在顯著水準是 0.05 之下，我們不拒絕虛無假設。也就是說，顯著水準是 0.05 之下，該速食食品符合國家訂定的標準 3 ppm。

以上已經學會有關對平均數的統計假設，透過檢定統計量的分配與檢定程序加以檢驗。接下來，再讓我們瞭解檢驗程序所帶來相關的問題，比如，可能犯下的錯誤或顯著水準的差異可能導致檢定結果的不同等。有關其他類型參數的檢定，事實上，是以相同的方式進行的。讀者所需繼續學習的是不同的參數該用何種適當的檢定量及其相關分配進行檢驗。

9.1.3 可能的錯誤：型一（α 型）錯誤及型二（β 型）錯誤

檢定一個統計假設，是一個決策過程，需要有決策準則。如檢定減重新藥效用的例題，若準則是服用後體重減輕 1.5 公斤以上，認定拒絕「H_0：減重新藥無效」。今天你做實驗，結果體重平均減輕 1.2 公斤，你的推論將是減重新藥無效。我們要問，假設檢定會不會有決策錯誤的時候？答案是肯定的。

有兩種可能決策上的錯誤發生：

⑴若虛無假設 H_0 本質為真，但決策卻拒絕虛無假設。

⑵若虛無假設 H_0 本質不為真，但決策卻不拒絕虛無假設。

決策行為都有風險

以藥物效用檢驗為例，若「新藥無效」的假設陳述不為真，決策卻不拒絕「新藥無效」，則決策風險發生，將有決策錯誤。同理，若新藥實際是有成效，決策卻不拒絕「新藥無效」，同樣也產生決策上的錯誤。

我們以如下表格表示決策錯誤的類型：

表 9.1　決策分析表──型一錯誤與型二錯誤

	H_0 真	H_0 不真
不拒絕 H_0	正確	決策不正確 （型二錯誤）
拒絕 H_0	決策不正確 （型一錯誤）	正確

決策錯誤或風險的定義

型一錯誤 = 決策是拒絕 H_0，當 H_0 真

型一錯誤機率 $= P($拒絕 $H_0 | H_0$ 真$)$

$\qquad$ 或稱 α 型錯誤的機率 $\qquad$ (1)

型二錯誤 = 決策是不拒絕 H_0，當 H_0 不真

型二錯誤機率 $= P($不拒絕 $H_0 | H_0$ 不真$)$

$\qquad = P($拒絕 $H_1 | H_1$ 真$)$

$\qquad$ 或稱 β 型錯誤的機率 $\qquad$ (2)

由上述定義可知，就一統計假設檢定，給予一固定「顯著水準」α，就是把 「可接受的最大型一錯誤的機率」 限定為 α。 例如給予顯著水準 $\alpha = 0.05$，是指一假設檢定決策，其當 H_0 為真，允許拒絕 H_0 的最大機率為 0.05。

為方便說明起見，我們介紹一名詞：把所有可能的參數蒐集起來形成的集合稱為參數空間。以先前紅豆的範例為例，參數空間只有簡單的兩個數值，即 $p \in \{0.4, 0.6\}$；若 $p \in [1, 0]$，參數空間就是 0、1 間的任意實數。

9.1.4　不同狀況下計算犯錯的機率

對於一統計假設檢定，有時候是給定顯著水準 α 後，即控制最大型一錯誤的值後，求計算型二犯錯的機率。

例8 給定顯著水準 α，計算型二錯誤的機率的例子

「動蓋固」輪胎製造商宣稱其新開發生產的輪胎至少可行駛 6 萬公里。已知這種輪胎可行駛的里程數為常態分配，且母體標準差為 2,600 公里。今測試 49 個輪胎，得其平均行駛里程數為 59,000 公里。(1)請寫下統計假設。(2)在 1% 的顯著水準下，是否要拒絕虛無假設？(3)若該輪胎的真正行駛里程數為 59,500 公里，則型二錯誤的機率為多大？

解析

(1)除非有足夠的證據，否則我們不能推翻製造商的宣稱。令 μ 表輪胎行駛平均里程數（單位：萬公里）。虛無假設 $H_0 : \mu \geq 6$。統計假設完整寫法：

$$H_0 : \mu \geq 6$$

$$H_1 : \mu < 6$$

(2)假定 $H_0 : \mu \geq 6$ 為真，則：

$$\frac{\overline{X} - 6}{\frac{0.26}{\sqrt{49}}} \sim N(0, 1)$$

由統計假設知是左尾檢定，所以決策準則為，若樣本檢定量：

$$Z^* = \frac{\overline{x} - 6}{\frac{0.26}{\sqrt{49}}} < -Z_{0.01}$$

則拒絕虛無假設，如圖 9.7。

(a) $z^* < Z_{0.01}$，拒絕 H_0

$$Z = \frac{\overline{x} - 6}{\frac{0.26}{\sqrt{49}}} \sim N(0, 1)$$

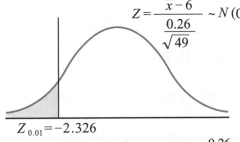

$Z_{0.01} = -2.326$

(b)臨界值 $\overline{x} < x_c$，拒絕 H_0

$$\overline{x} \sim N(6, \frac{0.26}{\sqrt{49}})$$

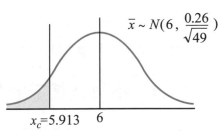

$x_c = 5.913$　6

將 $Z_{0.01}$ 換算為臨界值 $x_c = 6 - Z_{0.01} \times \frac{0.26}{\sqrt{49}} = 5.913593$。決策準則等同於「若樣本平均數 $\overline{x} < 5.913593$，則拒絕虛無假設」。

圖 9.7　行駛里程數檢定區域圖

今由樣本檢定量知：

$$\frac{5.9 - 6}{\frac{0.26}{\sqrt{49}}} = -2.692308 < -Z_{0.01} = -2.326$$

依準則，所以當顯著水準在 1% 時，拒絕虛無假設。即有足夠的證據顯示，駁斥製造商的宣稱。認為輪胎行駛平均里程數小於 60,000 公里。

(3)在此決策下，由題目知輪胎的真正行駛里程數為 59,500 公里，$\mu = 5.95$：

$$\beta \text{ 型錯誤機率} = P(\text{拒絕 } H_1 | H_1 \text{ 真})$$

$$= P(\bar{x} \geq 5.913593 | \mu = 5.95)$$

$$= P(Z > \frac{5.913593 - 5.95}{\frac{0.26}{\sqrt{49}}}) = 0.837$$

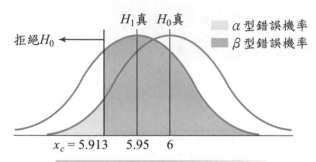

圖 9.8　$\mu = 5.95$ 的 β 型錯誤示意圖

應注意：輪胎真正行駛里程數為 $\mu_0 = 59{,}500$ 公里是題目給的一個訊息。若 μ_0 改變，β 型錯誤的值也跟著改變。例如，輪胎真正行駛里程數為 $\mu_0 = 59{,}000$ 公里。若相同決策準則（$\bar{x} \geq 5.913593$，不拒絕 H_0），β 型錯誤的值也跟著改變為：

$$P(Z > \frac{5.913593 - 5.90}{\frac{0.26}{\sqrt{49}}}) = 0.357$$

讀者可觀察出此問題的架構是給定顯著水準 α 後，確立決策準則，再計算型二錯誤的機率。另一種情形，則是直接給於決策準則，再計算各型錯誤的機率。

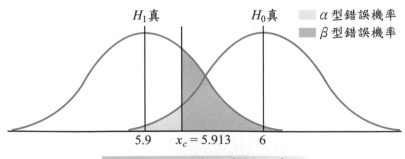

圖 9.9　$\mu = 5.9$ 的 β 型錯誤示意圖

例9 在給定決策準則下,計算型一、型二犯錯的機率

考慮統計假設:

$H_0 : \mu = 8$ 對 $H_a : \mu \neq 8$。

假設我們的決策準則是:拒絕虛無假設,當檢定樣本 $(n = 16)$ 的平均數 $\bar{x}$ 大於 8.1 或小於 7.9。假設母體為常態分配且標準差為 0.2。試計算此決策準則下,型一、型二錯誤的機率。

解析

依此決策準則的型一錯誤:

$$\begin{aligned}
\alpha \text{ 型錯誤} &= P(\text{拒絕 } H_0 | H_0 \text{ 真}) \\
&= P(\bar{x} > 8.1 \text{ 或 } \bar{x} < 7.9 | \mu = 8) \\
&= P\left(Z > \frac{8.1 - 8}{\frac{0.2}{4}}\right) + P\left(Z < \frac{7.9 - 8}{\frac{0.2}{4}}\right), \bar{X} \sim N\left(8, \frac{0.2^2}{16}\right) \\
&= 0.0228 + 0.0228 = 0.0456
\end{aligned}$$

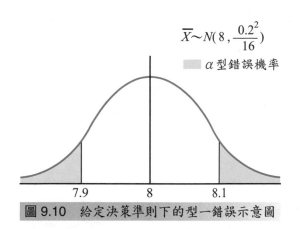

$$\bar{X} \sim N\left(8, \frac{0.2^2}{16}\right)$$

▨ α 型錯誤機率

7.9　　　8　　　8.1

圖9.10　給定決策準則下的型一錯誤示意圖

欲計算此檢定的型二錯誤,除知道 $\mu \neq 8$ 的訊息外,題目並沒有給我們明確的值。所以無妨暫時用一數 $\tilde{\mu}$ 替代。

$$\begin{aligned}
\beta \text{ 型錯誤} &= P(\text{不拒絕 } H_0 | H_0 \text{ 假}) \\
&= P(\text{拒絕 } H_1 | H_1 \text{ 真}) \\
&= P(7.9 < \bar{x} < 8.1 | \mu = \tilde{\mu} \neq 8)
\end{aligned}$$

$$= P(\frac{7.9 - \tilde{\mu}}{\frac{0.2}{4}} < Z < \frac{8.1 - \tilde{\mu}}{\frac{0.2}{4}}), \bar{x} \sim N(\tilde{\mu}, \frac{0.2^2}{16})$$

$$= P(Z < \frac{8.1 - \tilde{\mu}}{\frac{0.2}{4}}) - P(Z < \frac{7.9 - \tilde{\mu}}{\frac{0.2}{4}})$$

$$= \Phi(\frac{8.1 - \tilde{\mu}}{\frac{0.2}{4}}) - \Phi(\frac{7.9 - \tilde{\mu}}{\frac{0.2}{4}})，\text{其中符號 } \Phi(z) = p(Z < z) = 標$$

準常態分配累積密度函數

型二錯誤是一個 $\tilde{\mu}$ 的函數。給予 $\tilde{\mu}$ 值後，即可計算出 β 型錯誤的值。如 $\tilde{\mu} = 8.05$，β 型錯誤的值為 0.84。

$$\beta \text{ 型錯誤} = P(7.9 < \bar{x} < 8.1 \mid \mu = 8.05)$$

$$= P(\frac{7.9 - 8.05}{\frac{0.2}{4}} < Z < \frac{8.1 - 8.05}{\frac{0.2}{4}})$$

$$= \Phi(\frac{8.1 - 8.05}{\frac{0.2}{4}}) - \Phi(\frac{7.9 - 8.05}{\frac{0.2}{4}})$$

$$= 0.84$$

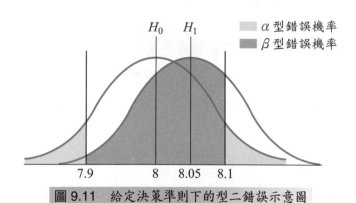

圖 9.11　給定決策準則下的型二錯誤示意圖

9.1.5　顯著水準對結論的影響

就一統計假設檢定，若決策結論只說「拒絕或不拒絕 H_0」並不具意義！而是說，「在某一顯著水準 α 下，我們拒絕（或不拒絕）H_0」，才能顯示出檢

定的信度。

同一統計假設及檢定樣本統計量,設定不同的顯著水準(0.05 或 0.01),可能會有不一樣的結論。(參閱習題:問答題 10)

9.1.6 p 檢定法與 p 值的意義與計算

由前述可知,不同的顯著水準 α,產生不同的拒絕區域,決策也可能不同。在統計實務上,若直接由資料顯示是否拒絕 H_0 的證據強度,應比「拒絕或不拒絕」這種簡單結論,包含更多的資訊。

拒絕 H_0 的證據強度是什麼意思呢?

對於一統計檢定,假若虛無假設為真(例如檢定 $H_0 : \mu = 8$),得一樣本資料,我們可以檢視:在隨機抽取的情形下,會比這次檢定的樣本(例如樣本平均數 $\bar{x} = 8.1$)更不支持虛無假設的機會是多少?或是更糟的機會有多少?這個機會大小就是證據的依據。我們定義檢定的 p 值如下:

 對於一假設檢定問題,當虛無假設為真,得到比檢定樣本更不利於虛無假設的機率值。

顯然的,依上述定義就一檢定問題而言,檢定結果 p 值愈小,表示檢定樣本的資訊,遠離(不利)虛無假設,代表拒絕虛無假設的證據愈強。

p 值檢定即是指,對於一統計檢定,研究者透過提供拒絕 H_0 的證據強度,即 p 值,而由使用者自行決策的檢定程序。我們以下面例子做說明。

一 雙尾檢定的 p 值

考慮統計假設 $H_0 : \mu = 8$ 對 $H_1 : \mu \neq 8 \in R$。當從一抽樣的樣本均數得資訊為 $\bar{x} = 8.1$,我們該拒絕 $H_0 : \mu = 8$ 或不拒絕?假設 $H_0 : \mu = 8$ 是真的,則得到樣本均數 $\bar{x}$ 等於 8.1 或大於 8.1 的機會有多高? 知道這個值的大小將有助於對 $H_0 : \mu = 8$ 的驗證檢定。當 $H_0 : \mu = 8$ 是真的,我們得到樣本均數 $\bar{x}$ 應在 8 左右的機會很高;若經計算後 $\bar{x}$ 大於等於 8.1 的機會很小,即 $P(\bar{X} \geq 8.1)$ 很小,資料會質疑「$H_0 : \mu = 8$ 是真的」的正確性。因為這是一個雙尾檢定,$\bar{x}$ 大於等

於 8.1 發生的機會對 H_0 的質疑，等同於 $\bar{x}$ 小於等於 7.9 發生的機會對 H_0 的質疑。

就此雙尾檢定而言，由檢定樣本資料算出 $2 \times P(\overline{X} \geq 8.1)$ 的值稱為此檢定的 p 值 (p-value)。

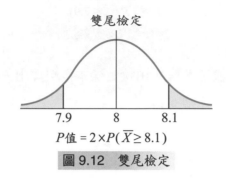

$$P\text{值} = 2 \times P(\overline{X} \geq 8.1)$$

圖 9.12 雙尾檢定

二 單尾檢定的 p 值

考慮統計假設 $H_0 : \mu \geq 8$ 對 $H_1 : \mu < 8$。當從一抽樣的樣本均數得資訊為 $\bar{x}$ = 7.9，我們該拒絕 $H_0 : \mu \geq 8$ 或不拒絕？假設 $H_0 : \mu \geq 8$ 是真的，則我們得到樣本均數 $\bar{x}$ 等於 7.9 或小於 7.9 的機會有多高?知道這個值的大小將有助於對 $H_0 : \mu \geq 8$ 的驗證檢定。當 $H_0 : \mu \geq 8$ 是真的，我們得到樣本均數 $\bar{x}$ 應在 8 左右或大於 8 的機會很高；若經計算後 $\bar{x}$ 小於等於 7.9 的機會很小，即 $P(\overline{X} \leq 7.9)$ 很小，資料會質疑「$H_0 : \mu \geq 8$ 是真的」的正確性。

就此單（左）尾檢定而言，由檢定樣本資料算出 $P(\overline{X} \leq 7.9)$ 的值稱為此檢定的 p 值 (p-value)，如圖 9.13。

考慮統計假設 $H_0 : \mu \leq 8$ 對 $H_a : \mu > 8$。當從一抽樣的樣本均數得資訊為 $\bar{x}$ = 8.1，我們該拒絕 $H_0 : \mu \leq 8$ 或不拒絕？假設 $H_0 : \mu \leq 8$ 是真的，則我們得到樣本均數 $\bar{x}$ 大於等於 8.1 的機會有多高？知道這個值的大小將有助於對 $H_0 : \mu \leq 8$ 的驗證檢定。當 $H_0 : \mu \leq 8$ 是真的，我們得到樣本均數 $\bar{x}$ 應在 8 左右或小於 8 的機會很高；若經計算後 $\bar{x}$ 大於等於 8.1 的機會很小，即 $P(\overline{X} \geq 8.1)$ 很小，資料會質疑「$H_0 : \mu \leq 8$ 是真的」的正確性。

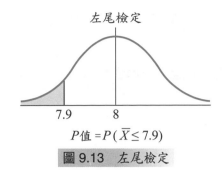

$$P\text{值} = P(\overline{X} \le 7.9)$$

圖 9.13　左尾檢定

就此單（右）尾檢定而言，由檢定樣本資料算出 $P(\overline{X} \ge 8.1)$ 的值稱為此檢定的 p 值 (p-value)，如圖 9.14。

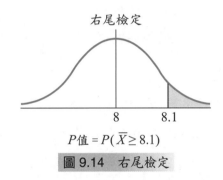

$$P\text{值} = P(\overline{X} \ge 8.1)$$

圖 9.14　右尾檢定

由上亦知，p 值是在相同樣本數且 H_0 為真的情形下，得到一組比現今觀察到的樣本證據更不利於虛無假設的機率。

9.1.7　回顧檢定程序

一般常看到的檢定程序有如下幾種：

1. 臨界值檢定法

利用虛無假設、顯著水準 α 及樣本估計量所相應適合之分配建立臨界值 x_c，確定拒絕區域，以此做決策上的判斷。如果樣本估計量在拒絕區域，則拒絕虛無假設。

2. $Z(t)$ 值檢定法

利用虛無假設、顯著水準 α 與檢定統計量相應適合之分配，計算該樣本估計量的標準值 Z 或 t 值，再與給定顯著水準 α 下相應的門檻 Z 值或 t 值做比較，做為決策的判斷。

3. *p* 值法

利用虛無假設與檢定統計量相應適合之分配，計算比樣本估計量更加有拒絕虛無假設趨勢的機率，做為決策的判斷。若此機率值（稱 *p* 值）很小，認定檢定（拒絕虛無假設）已達顯著水準，我們拒絕虛無假設。一般將 *p* 值與 0.05 做大致的比較。

例10 回顧檢定程序的例子

某耐高溫產品要求最少要承受 195℃，現抽取二十五個樣本，經實驗得知耐溫之樣本平均數為 200℃，標準差為 10℃，假設樣本符合常態分配的假設下，以 $\alpha = 5\%$ 之顯著水準，檢定產品的強度是否超過 195℃？

解析

假設檢定之過程包含下列步驟：

(1)思考決定 H_0 與 H_1。

欲檢定 $H_0 : \mu = (\leq)195$ 對 $H_1 : \mu > 195$

(2)決定適合之檢定統計量。因為是有關母體均數的檢定，選定檢定統計量 $\bar{x} = \dfrac{x_1 + \cdots + x_{25}}{25}$。假設母體為常態分配，則統計量：

$$\frac{\bar{x} - \mu}{\frac{10}{\sqrt{25}}} \sim t(\nu = 25 - 1)$$

(3)設給予顯著水準 $\alpha = 0.05$，根據檢定統計量之機率分配，找出拒絕之區域。因為是右尾檢定，我們示範三種等同的做法如下（已知 $\bar{x} = 200$, $t_{0.05}(24) = 1.711$）：

(a)臨界值檢定法：顯著水準 $\alpha = 0.05$ 時，經計算決策準則為：當 $\bar{x} \geq 195 + t_{0.05}(24) \times \dfrac{10}{\sqrt{25}} = 198.422$ 時，拒絕虛無假設 H_0。因 $\bar{x} = 200 > 198.422$，拒絕 H_0。

(b) t 值檢定法：當 $t^* = \dfrac{\bar{x} - 195}{\dfrac{10}{\sqrt{25}}} \geq t_{0.05}(24) = 1.711$ 時，拒絕虛無假設 H_0。

因 $t^* = \dfrac{200 - 195}{\dfrac{10}{\sqrt{25}}} = 2.5 > 1.711$，拒絕 H_0。

(c) p 值法：此次檢定的 p 值：

$$p(\bar{x} \geq 200 \mid \mu = 195) = p(t \geq \dfrac{200 - 195}{\dfrac{10}{\sqrt{25}}})$$

$$= 0.0098 \leq \alpha \ (= 0.05)$$

因 P 值小，拒絕 H_0。

◆ 註：求算 $P(t(24) \geq (200 - 195) \times \dfrac{\sqrt{25}}{10}) = P(t(24) \geq 2.5)$。一般而言，因為附表二 t 表中的顯著水準是固定的（右尾 $\alpha = 0.1$、0.05、0.025、0.01、0.005），參閱附表二並無法求得 $P(t(24) \geq 2.5)$。所以須由軟體來算，例如：在 EXCEL 儲存格填入設定公式 = T.DIST(2.5, 24, 1) = 0.0098。

擇一寫下結論，如由臨界值檢定法 $\bar{x} = 200 > 198.4218$，故在顯著水準 $\alpha = 0.05$ 下，我們依檢定樣本的證據拒絕 $H_0 : \mu \leq 195$，所以此產品所能承受之溫度超過 195°。

〽 9.2 有關母體比例 p 的檢定

如果我們想調查都會區市民是否贊成新建綠線地下化捷運議題的情形，此時母體為伯努利母體，即每一觀察值只有贊成或不贊成。我們常會檢定母體比例 p 是否等於某一數值，如檢定贊成比例是否大於 6 成。今隨機抽取一組大小為 n 的樣本，若贊成代表成功，成功個數為 X。依抽樣理論，當樣本數夠大，樣本比例 $\hat{p} = \dfrac{X}{n}$ 服從：

$$\hat{p} \sim N(p, \dfrac{p(1-p)}{n}) \tag{3}$$

所以欲做雙尾檢定 $H_0 : p = \tilde{p}$，依(3)我們可使用統計檢定量：

$$Z^* = \dfrac{p - \tilde{p}}{\sqrt{\dfrac{\tilde{p}(1 - \tilde{p})}{n}}}$$

母體比例 P 檢定決策準則，當樣本數夠大，在顯著水準 α 之下：

(1) $H_0 : p = \tilde{p}$，雙尾檢定，決策準則：$|Z^*| > Z_{1-\frac{\alpha}{2}}$，拒絕虛無假設 H_0。

(2) $H_0 : p \leq \tilde{p}$，右尾檢定，決策準則：$Z^* > Z_{1-\alpha}$，拒絕虛無假設 H_0。

(3) $H_0 : p \geq \tilde{p}$，左尾檢定，決策準則：$Z^* < Z_\alpha$。

例11 母體比例 p 檢定的例子

根據一份全國機場安檢研究報告，約有 13% 帶有危險物品的乘客會通過規定之安檢程序。今中部一機場安檢官想瞭解他負責的機場的比例是否小於此全國比例，他指派 43 人攜帶危險物品闖關，其中 2 人通過安檢程序。試以 10% 顯著水準做檢定。

解析

假設帶有危險物品的乘客會通過安檢程序的比例為 p，今欲做左尾檢定：

$H_0 : p \geq 13\%$　大於全國比例

$H_1 : p < 13\%$　小於全國比例

因為是屬於大樣本，當 $H_0 : p \geq 13\%$ 為真，$\hat{p}$ 的抽樣分配如公式(3)：

$$\hat{p} \sim N(0.13, \frac{0.13 \times (1 - 0.13)}{43})$$

給予顯著水準為 $\alpha = 0.10$。由假設陳述知，當樣本比例偏離（小）13% 或樣本檢定 Z 值太小時，傾向拒絕虛無假設 H_0。即當：

$$Z^* = \frac{\hat{p} - 0.13}{\sqrt{\dfrac{0.13 \times (1 - 0.13)}{43}}} < Z_{0.10} = -1.282$$

則拒絕虛無假設。

今樣本比例 $\dfrac{2}{43} = 0.0465$，所以檢定統計量為：

$$Z^* = \frac{0.0465 - 0.13}{\sqrt{\dfrac{0.13 \times (1 - 0.13)}{43}}} = -1.628 < Z_{0.1} = -1.282$$

落於拒絕區域。在顯著水準是 0.10 之下，我們拒絕虛無假設。也就是說，顯著水準是 0.10 之下，該機場有危險物品的乘客會通過安檢程序的比例小於全國比例 13%。

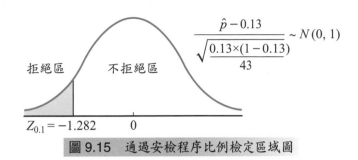

拒絕區　　不拒絕區

$$\frac{\hat{p} - 0.13}{\sqrt{\dfrac{0.13 \times (1 - 0.13)}{43}}} \sim N(0, 1)$$

$Z_{0.1} = -1.282$　　　0

圖 9.15　通過安檢程序比例檢定區域圖

🖾 9.3　變異數的檢定

一　變異數的檢定

想像自動飲料販賣機裝填的例子，裝填過程中平均分量固然重要，但若裝填量的變異數或標準差沒有適當控制，那麼必然產生溢裝或少裝的情形，這代表機器充填的品質或穩定狀況需適時調整，在實務上變異數的檢定也就相對的重要。

二　變異數檢定相關假設

假設 $X_i, i = 1, \cdots, n$ 來自常態分配 $N(\mu, \sigma^2)$，今想檢定 $H_0 : \sigma^2 = \sigma_0^2$ 相對於 $H_a : \sigma^2 \neq \sigma_0^2$。若母體平均數 μ 未知，依抽樣分配章節的討論知道，當 H_0 為真，則統計量的機率分配為 $\dfrac{(n-1)s^2}{\sigma_0^2} = \dfrac{\sum\limits_{i=1}^{n}(X_i - \overline{X})^2}{\sigma_0^2} \sim \chi^2_{(n-1)}$。

由上式可知，當母體變異數 σ^2 偏離檢定值 σ_0^2 太大（或太小），樣本統計量 $\dfrac{(n-1)s^2}{\sigma_0^2}$ 的值可預期的會是一個偏大（或偏小）的值。所以對於雙尾檢定，決策準則將是：

拒絕虛無假設 H_0，當 $\dfrac{(n-1)s^2}{\sigma_0^2} \geq \chi^2_{(\frac{\alpha}{2},\, n-1)}$ 或 $\dfrac{(n-1)s^2}{\sigma_0^2} \leq \chi^2_{(1-\frac{\alpha}{2},\, n-1)}$

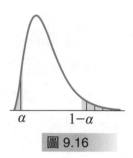

α $1-\alpha$

圖 9.16

同理，右尾檢定 $H_0 : \sigma^2 = \sigma_0^2$ 相對於 $H_1 : \sigma^2 > \sigma_0^2$。決策準則是：

拒絕虛無假設 H_0，當 $\dfrac{(n-1)s^2}{\sigma_0^2} \geq \chi^2_{(\alpha,\, n-1)}$

左尾檢定 $H_0 : \sigma^2 = \sigma_0^2$ 相對於 $H_1 : \sigma^2 < \sigma_0^2$。決策準則是：

拒絕虛無假設 H_0，當 $\dfrac{(n-1)s^2}{\sigma_0^2} \leq \chi^2_{(1-\alpha,\, n-1)}$

例12 母體變異數的檢定

依過去統計顯示，某地區年最高溫度的標準差約是 2.3 度，假設今年記錄的 25 個測量值其樣本變異數 s^2 為 9.61，試檢定今年的最高溫度是否異常高？

解析

最高溫度的標準差是檢視年度的溫度散佈變化的指標，因此藉由資料檢驗今年溫度是否異常。我們設定適當統計假設 $H_0 : \sigma^2 = 2.3^2$ 相對於 $H_0 : \sigma^2 > 2.3^2$

計算檢定統計量 $\dfrac{(25-1) \times 9.61}{2.3^2} = 43.60 \geq \chi^2_{(0.05,\, 24)} = 36.42$

所以在顯著水準 $\alpha = 0.05$，拒絕虛無假設。代表今年的溫度較往年為高。

📈 9.4 假設檢定和信賴區間的關係

假設檢定和信賴區間的關係是很密切的。以 μ 的檢定做說明，統計假設中 $H_0 : \mu = \mu_0$ 在顯著水準 $\alpha = 0.05$ 雙尾檢定中是否不被拒絕，等同於檢定值 μ_0 是否落於信心水準為 $(1-\alpha)100\% = 95\%$ 信賴區間內。同理，$H_0 : \mu = \mu_0$ 在顯著水準 $\alpha = 0.01$ 雙尾檢定中是否不被拒絕，等同於 μ_0 是否落於信心水準為 $(1-\alpha)100\% = 99\%$ 信賴區間內。

所以母數 μ 的 $(1-\alpha)100\%$ 的信賴區間可以思考成是在顯著水準 α 之下，對任意檢定值 μ_0 的假設檢定。意即任意特定的檢定值 $\mu = \mu_0$ 若落於信賴區間之外，則在顯著水準 α 下 $H_0 : \mu = \mu_0$ 將被拒絕。

例13 假設檢定和信賴區間

某工廠一項產品的壽命，歷年來一直維持為平均壽命 $\mu = 900$ 小時，$\sigma = 180$ 小時。今欲瞭解因生產原料的改變，產品平均壽命是否仍維持以往水準，特由目前全部產品中隨機抽出 200 件，測得其樣本平均壽命為 935 小時。

(1)以 $\alpha = 0.05$，檢定 $H_0 : \mu = 900$（小時）對 $H_1 : \mu \neq 900$（小時）。

(2)建構平均數 μ 的 95% 信賴區間。

解析

在顯著水準 $\alpha = 0.05$ 下，當檢定樣本的 z 值：

$$\frac{\bar{x} - 900}{\frac{180}{\sqrt{200}}} \geq Z_{0.975} = 1.96 \quad \text{或} \quad \frac{\bar{x} - 900}{\frac{180}{\sqrt{200}}} \leq Z_{0.025} = -1.96$$

我們拒絕虛無假設 $H_0 : \mu = 900$。

在假設檢定下，今 $\dfrac{935 - 900}{\frac{180}{\sqrt{200}}} = 2.74986 \geq Z_{0.025} = 1.96$。故拒絕虛無假設。

在顯著水準 $\alpha = 0.05$ 下，我們認為生產原料的改變使得產品的平均壽命高於以往水準。

建構平均數 95% 的信賴區間，運用：

$$\bar{x} - Z_{0.975}\frac{180}{\sqrt{200}} \leq \mu \leq \bar{x} + Z_{0.975}\frac{180}{\sqrt{200}}$$

代入相關數值得到：

$$935 - 1.96\frac{180}{\sqrt{200}} \leq \mu \leq 935 + 1.96\frac{180}{\sqrt{200}}$$

化簡得：

(910.053, 959.947)

因檢定值 $\mu_0 = 900$ 落於信賴區間之外，等同於拒絕虛無假設。

9.5 二維表格資料的卡方檢定

一 獨立性檢定

許多時候我們會對所收集的離散型（類別型）資料以表格來呈現，依資料特性不同給予歸類填入表格。例如，對於現行土地徵收條例是否修正，將所調查的資料依政黨傾向 (K、D、T) 與贊成態度（贊成、反對、無意見）分類。假設資料如下：

表 9.2 土地徵收條例意見與政黨傾向調查表

政黨\意見	K	D	T	總 數
贊 成	162	213	203	578
反 對	174	138	110	422
無意見	256	123	75	454
總 數	592	474	388	1,454

一般而言，我們除了可以從資料表格中，瞭解一個群體中各意見表示的比例與政黨比例的比較外，我們也想從表格中，探討贊成條例修正與政黨傾向有無關聯（或是統計獨立）嗎？以檢定的語言來說，就是檢定 H_0：「意見」與「政黨傾向」獨立。

依機率理論的定義，若列變數（意見）與行變數（政黨）是獨立的，則對任一資料格 (i, j)，應滿足 $p_{i.}p_{.j} = p_{ij}$（見下表符號），其中 p_{ij} 為第 ij 資料格的機率，$p_{i.}$ 為第 i 列邊際機率，$p_{.j}$ 為第 j 行邊際機率。例如，資料格位置第二列第三行，滿足關係式 $p_{2.}p_{.3} = p_{23}$。

	1	2	⋯	c	總　數
1	$n_{11}(p_{11})$	$n_{12}(p_{12})$	⋯	$n_{1c}(p_{1c})$	$n_{1.}(p_{1.})$
2	$n_{21}(p_{21})$	$n_{22}(p_{22})$	⋯	$n_{2c}(p_{2c})$	$n_{2.}(p_{2.})$
⋮	⋮	⋮	⋯	⋮	⋮
r	$n_{r1}(p_{r1})$	$n_{r2}(p_{r2})$	⋯	$n_{rc}(p_{rc})$	$n_{r.}(p_{r.})$
總　數	$n_{.1}(p_{.1})$	$n_{.2}(p_{.2})$	⋯	$n_{.c}(p_{.c})$	$n(1)$

二　資料格期望頻率

當變數獨立，關係式 $p_{i.}p_{.j} = p_{ij}$ 若以次數頻率表示時，可得：

$$p_{i.}p_{.j} = p_{ij} \leftrightarrow \frac{n_{i.}}{n} \times \frac{n_{.j}}{n} = \frac{n_{ij}}{n} \rightarrow \frac{n_{i.}}{n} \times \frac{n_{.j}}{n} \times n = n_{ij}$$

所以給予一張關聯表，資料格 (i, j) 期望頻率或次數的估計值為：

$$\hat{e}_{ij} = (i, j) \text{ 期望頻率} = \frac{n_{i.}}{n} \times \frac{n_{.j}}{n} \times n$$

三　檢定統計量與其抽樣分配

令 $Q = \sum_{i=1}^{r} \sum_{j=1}^{c} \frac{(\text{觀察值頻率} - \text{期望頻率})^2}{\text{期望頻率}} = \sum_{i=1}^{r} \sum_{j=1}^{c} \frac{(o_{ij} - \hat{e}_{ij})^2}{\hat{e}_{ij}}$，其中 o_{ij} 為資料格 (i, j) 的觀察次數，$\hat{e}_{ij}$ 為資料格 (i, j) 的期望次數，兩變數分別有 r 個分類與 c 個分類。

統計理論告訴我們，檢定統計量 Q 接近自由度 $(r-1)(c-1)$ 的卡方分配。

四　統計決策

讓我們注意觀察統計量 Q，若關聯表中的兩變數為統計獨立時，觀察值頻率與期望頻率應很接近；因差距小，統計量 Q 值應不大。所以決策準則為：

拒絕 H_0：變數為統計獨立，若 $Q \geq \chi^2_{(\alpha, (r-1)(c-1))}$

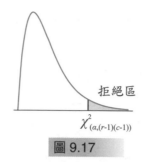

圖 9.17

例14 二離散變數獨立性檢定

根據表 9.2 的資料，檢定 H_0：意見與政黨傾向獨立。

解析

以第一行第一列為例，期望次數為 $\hat{e}_{11} = \dfrac{578}{1,454} \times \dfrac{592}{1,454} \times 1,454 = 235.33$。

其餘以此類推，計算並填寫於下方表格（括號）。

政黨 意見	K	D	T	總　數
贊　成	162 (235.33)	213 (188.43)	203 (154.24)	578
反　對	174 (171.82)	138 (137.57)	110 (112.61)	422
無意見	256 (184.85)	123 (148.00)	75 (121.15)	454
總　數	592	474	388	1,454

$$Q = \sum_{i=1}^{3}\sum_{j=1}^{3} \frac{(o_{ij} - \hat{e}_{ij})^2}{\hat{e}_{ij}}$$

$$= \frac{(162-235.33)^2}{235.33} + \frac{(213-188.43)^2}{188.43} + \cdots + \frac{(123-148)^2}{148} +$$

$$\frac{(75-121.15)^2}{121.15}$$

$$= 90.75 > \chi^2_{(0.05,\, 2\times2)} = 9.4877$$

所以當 $\alpha = 0.05$，拒絕虛無假設。表示意見與政黨屬性有關聯。

五 同質性檢定（齊性檢定）

關聯表或表格資料收集時，若實驗設計概念不同，變數間統計關係探討

的主題方向就有差異。如例 14，隨機調查受訪者後，依意見態度與政黨傾向加以歸類，我們探討的主題是意見與政黨傾向獨立，此即「獨立性」的檢定。

另一種設計是資料收集時調查者依三個政黨比例分別收集了 592、474、388 個受訪者，即行的各總數固定。顯然的，此時主題是探討各政黨對條例修正的態度是否相同，亦即各政黨的意見分配是否相同？此時即是所謂的「同質性」檢定。

同質性的推論與獨立性檢定是完全相同的，決策準則為：

拒絕 H_0：具同質性，若 $Q \geq \chi^2_{(\alpha, (r-1)(c-1))}$

例15 關聯表中同質性的檢定

承上例，當三黨依比例分別收集了 592、474、388 個受訪者，即各政黨總數固定，想檢定三政黨意見的分佈是否相同？

解析

計算結果同上。因 $Q = 90.75 > \chi^2_{(0.05, 2\times2)} = 9.4877$，所以拒絕三政黨意見的分佈相同。讀者可以想想看，相對應的對立假設為何？至少存在某兩政黨，意見的分佈不相同。

個案討論

黃金比例？

每年夏季 7～10 月是檸檬採收的旺季。近年來的夏天飲品中，最熱門的就是黃金比例翡翠檸檬茶，它是檸檬、蔗糖與碎冰精巧的組合。許多茶飲店都推出這款品項，聽說很多人辛苦排隊等待兩小時也心甘情願。據說「黃金比例」的調配與碎冰，喝起來特別的消暑、涼爽與解渴，夏日清爽涼快的感覺令人馬上想和身邊的朋友分享。「黃金比例」是一個神祕數字，其中糖分的分量是一個重要因素，所以若採用微糖、去冰等選擇，就不是黃金比例。

夏日的午後有一茶飲達人,堅稱他一喝就知道是否為「黃金比例」的糖量。因為若含糖量不同,則兩者喝起來的感覺也是完全不同的。當然對於門外漢的我們很難理解這種說法。大衛是一個有實驗精神的人,問了茶飲達人更確切的說法,他宣稱九成以上可以分辨出,保證沒問題的!

◆資料來源:ShutterStock

圖 9.18

你誇大了嗎?

大衛心想如何驗證這茶飲達人對「黃金比例」的品味神力,於是他發揮柯南的精神,想做個簡單的實驗。心想配製 1 杯翡翠檸檬茶讓他猜是否為黃金比例 ? 但即使達人沒能力 , 猜對的機會也有 50%,機率不低。那 2 杯呢 ? 大衛想鑑別度也不高。因為若他有能力區分加多少糖,猜對的機會雖高;但猜錯 1、2 杯的可能性也不是很低!

後來靈機一動,他想就這樣吧!隨意購買 10 杯含糖量類似或是真正黃金比例的茶飲,讓達人去分辨哪 1 杯是黃金比例調配。大衛的想法是,茶飲達人不是神,有時若有其他未知的因素,可能會猜錯,這不能解釋他沒能力;所以如果他有這個猜測的能力的話,試個 10 杯,猜對的杯數應該較高,當然他可能猜錯少數幾杯。忽然間他很欽佩自己,設想出一個雖不完美但能解決問題的實驗。

可能的狀況

對於「九成以上可以分辨出」的說法,大衛給了自己一個目前也說不出明確原因的規則:「如果他猜對 8 杯或以上,就證明他有這個能力」。雖然他目前不知如何計算相關的數字或實驗是否適當 , 他為這個設計想出了四個可能的狀況:

㈠茶飲達人真的有能力,而試驗的結果(說對 8 杯)認定他有這個能力。

㈡茶飲達人誇大事實,而試驗的結果(猜對 6 杯)認定他沒有這個能力。

㈢茶飲達人真的有能力,而試驗的結果(說對 7 杯)認定他沒有這個能力。

㈣茶飲達人誇大事實,而試驗的結果(猜對 8 杯)認定他有這個能力。

所以他知道,前兩項可以說是做了「正確的決策」;而後兩者可以說是「決策錯誤」。此時他才意會到老師曾說的一句話:「任何決策都有風險」的意思。

讀完這故事後,我們看到 David 有著清楚的推理邏輯:假設茶飲達人說的是真的,那試驗的結果答對的比例應該要高,其實這個有趣的故事和生活周遭的許多推理是一樣的。想要驗證一個宣稱,就需要找證據來驗證,做結論;而任何決策都有風險,當然可能的話要能讓風險降低。這就是統計假設檢定的主題。

📱 本章相關公式

下列公式有關 Z 與 t 臨界值的圖示說明:

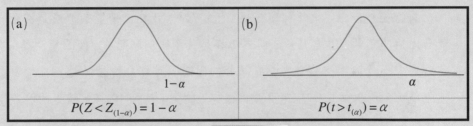

(a)	(b)
$1-\alpha$	α
$P(Z < Z_{(1-\alpha)}) = 1 - \alpha$	$P(t > t_{(\alpha)}) = \alpha$

圖 9.19

A.平均數 μ 的檢定

常態母體 $X \overset{iid}{\sim} N(\mu, \sigma^2)$。

1.母體變異數 σ^2 已知:$\overline{X} \sim N(\mu_0, \frac{\sigma^2}{n})$ 或 $Z^* = \dfrac{\overline{X} - \mu_0}{\dfrac{\sigma}{\sqrt{n}}} \sim N(0, 1)$

2.母體變異數 σ^2 未知:區分樣本大小。

甲、若是大樣本:$\overline{X} \sim N(\mu_0, \frac{\sigma^2}{n})$ 或 $Z^* = \dfrac{\overline{X} - \mu_0}{\dfrac{\sigma}{\sqrt{n}}} \sim N(0, 1)$

乙、若是小樣本：$t^* = \dfrac{\overline{X} - \mu_0}{\dfrac{s}{\sqrt{n}}} \sim t(n-1)$

當顯著水準 α，雙尾檢定，以拒絕區域或臨界值做決策。

統計假設	拒絕區域	臨界值
A1 $\begin{cases} H_0 : \mu = \mu_0 \\ H_1 : \mu \neq \mu_0 \end{cases}$	$R = \{\lvert Z^* \rvert > Z_{(1-\frac{\alpha}{2})}\}$	$R = \{\overline{X} > \mu_0 + Z_{(1-\frac{\alpha}{2})}\dfrac{\sigma}{\sqrt{n}}$ 或 $\overline{X} < \mu_0 + Z_{(1-\frac{\alpha}{2})}\dfrac{\sigma}{\sqrt{n}}\}$
A2 甲 $\begin{cases} H_0 : \mu = \mu_0 \\ H_1 : \mu \neq \mu_0 \end{cases}$	$R = \{\lvert Z^* \rvert > Z_{(1-\frac{\alpha}{2})}\}$	$R = \{\overline{X} > \mu_0 + Z_{(1-\frac{\alpha}{2})}\dfrac{s}{\sqrt{n}}$ 或 $\overline{X} < \mu_0 + Z_{(1-\frac{\alpha}{2})}\dfrac{s}{\sqrt{n}}\}$
A2 乙 $\begin{cases} H_0 : \mu = \mu_0 \\ H_1 : \mu \neq \mu_0 \end{cases}$	$R = \{\lvert t^* \rvert > t_{\frac{\alpha}{2}}\}$	$R = \{\overline{X} > \mu_0 + t_{\frac{\alpha}{2}}(n-1)\dfrac{s}{\sqrt{n}}$ 或 $\overline{X} < \mu_0 + t_{\frac{\alpha}{2}}(n-1)\dfrac{s}{\sqrt{n}}\}$

B.比例 p 檢定，依中央極限定理

$$\text{樣本比例 } \hat{p} \sim N(p_0, \frac{p_0(1-p_0)}{n}) \Leftrightarrow \frac{\hat{p} - p_0}{\sqrt{\dfrac{p_0(1-p_0)}{n}}} \sim N(0,1)$$

當顯著水準 α，雙尾檢定，以拒絕區域或臨界值做決策。

統計假設	決策區域	臨界值
B $\begin{cases} H_0 : p = p_0 \\ H_1 : p \neq p_0 \end{cases}$	$R = \{\lvert Z^* \rvert > Z_{(1-\frac{\alpha}{2})}\}$	$R = \{\hat{p} > p_0 + Z_{(1-\frac{\alpha}{2})}\sqrt{\dfrac{P_0(1-P_0)}{n}}$ 或 $\hat{p} > p_0 - Z_{(1-\frac{\alpha}{2})}\sqrt{\dfrac{P_0(1-P_0)}{n}}\}$

📊 本章習題

一、選擇題

( ) 1. 當虛無假設為假時，無法拒絕虛無假設的機率為何？ (A)型一錯誤的機率 (B) 1－型二錯誤的機率 (C)型二錯誤的機率 (D) 1－型一錯誤的機率

( ) 2. 下列關於型一錯誤的機率 (α) 的描述，何者正確？ (A)當虛無假設正確時，沒有拒絕虛無假設的機率 (B)當虛無假設錯誤時，拒絕虛無假設的機率 (C)當虛無假設錯誤時，沒有拒絕虛無假設的機率 (D)當虛無假設正確時，拒絕虛無假設的機率

( ) 3. 若說「檢定結果，在顯著水準 5% 下，已經達統計顯著」，意指 (A)虛無假設可能錯誤 (B)如果虛無假設是真，抽樣結果是不太可能達到的 (C)檢定結果確定拒絕對立假設 (D)虛無假設可能真

( ) 4. 所謂「拒絕虛無假設」的時機，推論基礎在於 (A)當虛無假設不真，顯著的結果經常發生 (B)當虛無假設為真，顯著的結果應很少發生 (C)當對立假設為真，顯著的結果很少發生 (D)當對立假設為不真，顯著的結果經常發生

( ) 5. 假設 $\alpha = 5\%$ 下，要雙尾檢定 $H_0 : \mu = 60$。若拒絕虛無假設，檢定值 $Z = \dfrac{\overline{X} - 60}{\dfrac{\sigma}{\sqrt{n}}}$ 應為何區間？ (A) $-1.645 < Z < 1.645$ (B) $-1.96 < Z < 1.96$ (C) $Z < -1.645 \ or \ Z > 1.645$ (D) $Z < -1.96 \ or \ Z > 1.96$

( ) 6. 當檢定一個不為真的虛無假設，而樣本檢定值落於拒絕區域內，則會做出什麼樣的決策？ (A)正確決策 (B)型一錯誤 (C)型二錯誤 (D)需其他進一步訊息再判定

( ) 7. 檢驗產自某生產線之產品直到第一個不良品出現才停止試驗。令 X 表示所需檢驗之產品數，而 p 表示生產線之不良率。今檢定 $H_0 : p = 0.1$ 相對於 $H_1 : p > 10\%$，若觀察到 $X = 13$，則下列何者為 p 值之算式？ (A) $P(X \leq 13 | H_0 : p = 0.10)$ (B) $P(X \geq 13 |$

$H_0: p = 0.10$)　　(C)　$P(X = 13 | H_0: p = 0.10)$　　(D)　$2P(X \geq 13 | H_0: p = 0.10)$

(　　) 8. 假設 $\alpha = 5\%$ 下，做右尾檢定 $H_0: \mu = 75$。查閱 Z 表時，得到的 $Z_{0.95}$ 的功用或意指？　(A)即樣本觀察值的統計量　(B)一個「點」顯示由拒絕到不拒絕的決策門檻　(C)顯示資料的中心位置　(D)標示離平均數 2 倍標準差的位置

(　　) 9. 一組由 139 個 40 歲成人組成的隨機樣本中有 26% 是吸菸者。今想要檢定 40 歲成人吸菸比例是否為 22%，求此檢定的 p 值。(A) 0.1271　(B) 0.2542　(C) 0.1401　(D) 0.2802

(　　) 10. 檢定力定義為當 H_0 為假時，拒絕 H_0 的機率。則檢定力與下列何者相同？　(A)型一錯誤的機率　(B)型二錯誤的機率　(C) 1 – 型一錯誤的機率　(D) 1 – 型二錯誤的機率

(　　) 11. 令 X 表示抽驗 30 個產品發現不良品的總數，而 p 表示產品之不良率。今欲檢定 $H_0: p = 0.1$ 相對於 $H_1: p > 0.1$，拒絕域為 $\{X \geq 4\}$。今隨機抽驗 30 個產品發現 5 個不良品，則當不良率為 15% 時，其檢定力為　(A) $P(X < 4 | H_1: p = 0.15)$　(B) $P(X < 5 | H_1: p = 0.15)$　　(C)　$P(X \geq 4 | H_1: p = 0.15)$　　(D)　$P(X \geq 5 | H_1: p = 0.15)$

(　　) 12. 若檢定一統計假設，且資料顯示檢定之 p 值為 0.0087。請問下列敘述何者正確？甲、在顯著水準為 1% 時，拒絕虛無假設；乙、在顯著水準為 5% 時，拒絕虛無假設；丙、拒絕虛無假設與否，端視統計假設是單尾或雙尾而定。　(A)只有甲正確　(B)只有乙正確　(C)只有丙正確　(D)甲和乙皆正確

(　　) 13. 若把「雙尾統計檢定」改成「單尾統計檢定」來進行，則在其他條件不變的情形下，下列敘述何者正確？　(A) p 值 (p-value) 是原來的一半　(B)顯著水準是原來的一半　(C)臨界值是原來的一半　(D)檢定統計量是原來的一半

(　　) 14. 研究者根據抽樣結果，計算得到母體平均數 μ 的 95% 信賴區間為

[92, 88]。如果使用相同的抽樣結果對 μ 進行雙尾檢定，試問下列何種假設不會被拒絕？　(A) $H_0 : \mu = 93$　(B) $H_0 : \mu = 87$　(C) $H_0 : \mu = 90$　(D)無法決定

(　　) 15.下列關於假設檢定的敘述，何者錯誤？　(A)顯著水準為犯型一錯誤的最大上限　(B) p-value 的意義為虛無假設為真時，觀察到比目前手上資料算出的檢定統計量值更為極端的機率　(C)犯型一錯誤及型二錯誤的機率加總必為 1　(D)只有在對立假設為真時，才有可能犯型二錯誤

二、問答題

1. 從區間估計的說法，信心水準即是所謂的顯著水準嗎？

2. 以例 3 為例，寫下一個可能的檢定程序，檢定 H_0：桌上是 A 碗。

3. 檢定一宣稱服用 A 品牌減肥藥物 10 個月體重將減少 10 公斤。今有 49 人參與實驗，得實驗資料平均減少 12.5 公斤，標準差 7 公斤。在顯著水準 $\alpha = 2\%$ 下，做雙尾檢定。

⑴求查表 Z 值的臨界值為多少？

⑵其拒絕區域為何？（以體重表示）

4. 明珠對一個雙尾假設檢定使用 Z 檢定時，若 $\alpha = 0.01$，她查表後則其臨界值應為何？又吉俊進行一項單尾檢定且樣本數多於 30，他算出檢定統計量為 $z = 2.0$，則 p 值應為何？

5. 馬陸麵包達人認為，新引進之烘焙機器完成製作平均時間為 14 分鐘，假設他想對此做一檢定。今馬陸隨機抽驗 14 次製作過程，得到平均的時間為 11.3 分鐘。（假設烘焙機器完成製作時間為常態分配，且標準差為 3.4 分鐘）設烘焙完成平均時間 μ，他應如何寫下假設陳述？

6. 承上烘焙機器問題，馬陸做的下列結論何者正確？

⑴當 $\alpha = 0.001$，不拒絕虛無假設。

⑵當 $\alpha = 0.025$，不拒絕虛無假設。

⑶當 $\alpha = 0.01$，不拒絕虛無假設。

⑷當 $\alpha = 0.005$，拒絕虛無假設。

7. 假設「我最省」超商去年所有員工每週平均工作時數是 39.5 小時，今勞動部指派稽查官員抽查 5 位員工，得每週工作平均時數為 43.3、38.1、39.2、37.3、42.6 小時，標準差為 5.4 小時。試問在母體為常態分配的前提下，檢定「我最省」超商員工每週平均工作時數是否改變？($\alpha = 0.05$)，即檢定 $\mu = 39.5$（小時）。

8. 參考例 13 資料數據，以 $\alpha = 0.01$，重新計算回答下列問題：

   (1) 檢定 $H_0 : \mu = 900$（小時）對 $H_1 : \mu \neq 900$（小時），並求算平均數 99% 的信賴區間。

   (2) 利用上小題 μ 的 99% 信賴區間，試直接檢定 $H_0 : \mu = 920$（小時），說明理由。

9. 若抽取一組大小為 25 的隨機樣本，發現樣本平均數 $\bar{x}$ 為 10 且變異數 $s^2 = 16$，檢定虛無假設 $H_0 : \mu = 8.5$。

   (1) 當顯著水準 $\alpha = 0.05$。

   (2) 當顯著水準 $\alpha = 0.10$。

10. 假設裝填壽司鮭魚卵的「桃太郎」自動裝填器，宣稱它平均裝填魚卵的重量 (μ) 為 8 公克。假設其重量分配為標準差 0.2 公克的常態分配。今隨機抽查一組樣本 ($n = 16$)，計算樣本平均重量是 8.1 公克。試以顯著水準 $\alpha = 0.01$、0.05，檢定統計假設 $H_0 : \mu = 8$ 對 $H_1 : \mu \neq 8$。

11. 某咖啡自動販賣機，標示每杯咖啡的平均容量至少為 200 cc.，消費者文教基金會懷疑其容量不足，隨機抽驗 36 杯咖啡，得咖啡的平均容量為 195 cc.，標準差為 12 cc.，在顯著水準 $\alpha = 0.05$ 之下，是否顯示每杯咖啡的平均容量不足 200 cc.？

12. 若從一變異數為 144 的常態母體中抽取一組樣本大小為 36 的樣本，欲檢定母體平均數 μ，$H_0 : \mu \geq 200$ 對 $H_1 : \mu < 200$，今假設給予決策準則：若 $\bar{X} < 196$，則拒絕虛無假設。

   (1) 求此檢定的顯著水準。

   (2) 若 $\mu = 194$，求此檢定 β 型錯誤。

13. 一保險公司正檢視其當前某保單保險費率。假設當初費率的設定時，平均理賠金額是 1,800 元。他們憂慮現在平均理賠金額比過去要高因而會導致公司利潤損失。今隨機抽取 40 筆理賠單，計算得樣本平均數為 1,950 元。假設理賠金額的標準差為 500 元。

⑴若顯著水準 $\alpha = 0.05$，試檢定保險公司的憂慮。

⑵計算檢定量的 p 值。

14. 某科技大學為了鼓勵學生不在校園內開車，校方宣稱同學平均須花 30 分鐘才能在校園內找到一停車位，但你不認為須花這麼久的時間去找車位，回想過去 5 次開車至校園找到停車位平均約花 20 分鐘。在顯著水準 $\alpha = 0.10$，試檢定 $H_0 : \mu \geq 30$，假設在校園內找到一停車位的時間服從常態分配且 $\sigma = 6$ 分鐘。

15. 假設某大批貨物瑕疵品比例一般不應該超過產品的 15%，買主松田想要檢定瑕疵品的比例是否超過該限制。松田從 100 件產品的隨機樣本中，發現 19 件瑕疵品。是否有理由相信瑕疵品的比例超過該限制？假設顯著水準為 0.01。

16. 若從購物商店交易紀錄中，隨機抽取一組大小為 40 的收據計算得 $\bar{x} = 137$，且設 $\sigma = 30.2$。

⑴試利用這些數據檢定，當顯著水準 $\alpha = 0.10$ 時，購物商店平均交易金額是否和 150 有顯著差異？

⑵試算 p 值。

17. 報紙中某一方塊文章說 36 位男性樂團指揮平均壽命為 73.4 歲，相較於一般人口平均壽命為 69.5 歲。假設這 36 位男性樂團指揮壽命的樣本標準差是 8.7 歲，使用 0.05 的顯著水準檢定男性樂團指揮平均壽命是否不同於 69.5 歲？

18. 以本章例題 3 為例，想檢定紅豆的比例。若檢定 $H_0 : p = 0.4$ 相對 $H_a : p = 0.6$。

決策準則：當隨機抽樣的 5 顆豆子中，紅豆的個數 (Y) 是 5 顆時，拒絕虛

無假設 $H_0 : p = 0.4$。試計算此檢定的型一錯誤與型二錯誤。

19. 承上題，使用相同的決策準則，即「若為 5 顆紅豆，拒絕虛無假設」，檢定統計假設：$H_0 : p = 0.4$ 對 $H_a : p \neq 0.4$。試計算此檢定的型一錯誤與型二錯誤。

20. 保險公司檢視其當前保單費率。當初費率設定時，平均理賠金額是 1,800 元，他們憂慮現在平均理賠金額比過去要高因而會導致公司利潤損失，今欲檢定 $H_0 : \mu \leq 1,800$。假設有一決策準則為：若樣本平均數 $\overline{X} > 1,940$，則拒絕虛無假設 H_0。 假設隨機樣本大小為 40 且假設理賠金額的標準差為 500 元。

　(1) 此決策的型一錯誤為多少？

　(2) 假設 $\mu = 1,965$ 元，則型二錯誤為多少？

　(3) 又 $\mu = 1,980$ 元，則型二錯誤為多少？

21. 給予一資料如下：159.9、187.2、180.1、158.1、225.5、163.7、217.3，且假設其來自常態分配。若樣本變異數為 753.04，當顯著水準為 0.1，試欲檢定 $H_0 : \sigma^2 = 750$ 對 $H_1 : \sigma^2 \neq 750$。

22. 設臺中科技大學女性新生的平均高度為 162.5 公分。 當有一組來自女性新生隨機樣本大小為 50 人，平均高度為 165.2 公分及變異數 49 平方公分，是否有理由相信平均高度已經改變？設顯著水準為 0.02。

23. 承上題，試以 p 值方法寫下檢定結論。

24. 假設某科大提升外語能力計畫中「英檢初級加強班」成果部分統計資料整理如下：

表 9.3　成對資料

成對差異	平均數	標準差	平均數標準誤	信賴區間	t 值	自由度
D	-8.123	17.065	2.463	$(-13.078, -3.167)$	-3.298	47

◆ 註：D = 參與計畫前測量值 - 參與計畫後測量值。

表格中如何算出檢定統計量 t 值？資料個數有多少個？$\alpha = 0.05$，試就此表格寫下適當結論。

25. 考慮統計假設 $H_0 : \mu = 8$ 對 $H_1 : \mu \neq 8$，若控制型一錯誤 $\alpha = 0.01$，則犯下型二錯誤的機率為何？假設資料來自常態母體 $N(\mu, 0.2^2)$ 且 $n = 16$。

26. 對於一組織性別與教育程度調查資料如下：

表 9.4　組織性別與教育程度分數表

教育程度	男　生	女　生
大　學	28	12
非大學	24	36

試檢定性別與教育程度兩變數獨立或 H_0 ：性別與教育程度無關。

27. 為塑造新穎高雅的氣氛，百貨公司重新改裝內部裝潢。想要瞭解顧客對百貨公司改裝後的印象，做了相關的意見調查：「改裝後，是否讓氣氛煥然一新？」資料收集如下：

表 9.5

氣氛煥然一新	男　性	女　性	總　和
是	16	24	40
不　是	9	11	20
總　和	25	35	60

試問男性與女性對百貨公司重新裝潢後氣氛改變的感受是否有差異？試以卡方檢定方式做檢定 ($\alpha = 0.05$)。

28. 檢定力定義：在假設檢定中，我們對於一檢定（決策）的表現以 $1 - \beta$ 來衡量。因為 β 為當 H_0 假設是假時，接受 H_0 的機率。所以 $1 - \beta = P$（拒絕 $H_0 | H_0$ 為假），稱為該檢定的檢定力。也就是說，$1 - \beta$ 指當 H_0 假設不為真時，能夠正確檢驗出來的機率。

假設「皮克米」客運公司正考慮某增加汽車里程數的汽油添加物。若在沒添加物下，汽車的里程數服從常態分配，μ 是 25，σ^2 為 2.4^2。針對此產品，客運公司今想檢驗：

　　$H_0 : \mu \leq 25$，添加物無效

$H_1: \mu > 25$，添加物有效

做一實驗，隨機抽取一組大小為 30 的測試樣本。

⑴若顯著水準 α 設定為 0.05，求決策的拒絕區域 R。

⑵若 $\mu = 25.75$，求此決策（拒絕區域 R）的檢定力。

29.承上題第⑵小題，相同的決策（拒絕區域 R），當不同的 $\mu = 25.2$、25.4、25.6、25.8、26、27。求此決策（拒絕區域 R）的檢定力，完成下表：

表 9.6

μ	25.2	25.4	25.6	25.8	26	27
$1-\beta$						

30.假設母體服從常態分配，變異數為 3^2，今隨機抽取一組隨機樣本，大小為 36。欲檢定：

$H_0: \mu \geq 95$

$H_1: \mu < 95$

⑴求當 $\alpha = 0.10$，拒絕區域為何？

⑵求此決策（拒絕區域），當 $\mu = 94.3$ 時的檢定力。

第10章

變異數分析

→ 學習重點

1. 多個母體平均數差異的檢定。

2. 因子、因子水準與處理等基本觀念。

3. 單(雙)因子變異數分析模型的解析。

4. 變異分解的意義與報表的解讀。

變異數分析是用來檢定二個以上的母體平均數是否相等的統計方法，或是說檢定因子（離散型自變數）對因變數是否有影響的統計方法。

生活中不乏這些例子，例如：社會研究者想比較原住民、新住民、客家人與閩南人等 4 族群在平均收入及教育年數上的差異？一家工廠廠長要比較三種廠房工作環境對員工工作效率是否有影響？某校老師要比較四種教學方法對學生學習效果之影響？或老師要比較四種教學方法與三種學習環境對學生學習效果之影響？基本上這些問題的重點都是要檢定多個以上的母體平均數是否相等。

10.1 變異數分析──因子對因變數的影響

我們透過二個簡單例子來說明，如何就因子對因變數的影響做初步的探討。

例1 音樂曲風對生產效率的影響

某公司的經營者得知工作環境裡播放適當的音樂對工作效率有影響的研究報告。今此經營者想知道不同音樂曲風是否產生不同的生產效率，他嘗試在工作環境中播放三種音樂：抒情民歌、搖滾曲風與古典音樂來衡量對生產影響的情形。他把每一種音樂隨機的分配給某四個工作天，每一個工作天的生產效率以當天完成產品裝配數量來衡量。實驗收集的資料如下：

表 10.1　音樂曲風與生產效率資料

	抒　情	搖　滾	古　典
裝配數量	857	790	824
	801	752	847
	794	781	880
	842	776	865

解析

　　我們先介紹變異數分析中常用到的幾個專有名詞。這個例子中,「反應變數」是每日的裝配生產量,可能影響生產量的「解釋因子」是音樂曲風。在解釋因子「音樂曲風」中有三種類型,統計上稱為因子的「水準」,分別是抒情、搖滾與古典三個因子水準;統計上也稱為「處理」;「處理」代表因子內可能的分類(或當因子超過一個以上時,因子間可能的組合情形)。

　　在介紹變異數分析方法之前,想瞭解音樂曲風是否對生產效率有不同的影響,初步分析的方式是計算其敘述統計量,如平均數或標準差;或繪製可比較的統計圖表,如並排的箱型圖便是很好的方式之一。表 10.2 計算 3 組實驗資料的敘述統計量,由平均數與標準差約略看出三種音樂對工作效率的不同影響,古典與抒情有較高的產出。圖 10.1 則直接顯示出 3 組的分佈情形。

表 10.2　音樂風格對生產效率的敘述統計量

	平均數 $(\bar{x})$	變異數 (s^2)	標準差 (s)
抒　情	823.50	947.00	30.77
搖　滾	774.75	263.58	16.24
古　典	854.00	582.00	24.12

$$\left| \bar{x}_{抒情} - \bar{x}_{搖滾} \right| = \left| 823.50 - 774.75 \right| = 48.75$$

$$\left| \bar{x}_{搖滾} - \bar{x}_{古典} \right| = \left| 774.75 - 854.00 \right| = 79.25$$

$$\left| \bar{x}_{抒情} - \bar{x}_{古典} \right| = \left| 823.50 - 854.00 \right| = 30.5$$

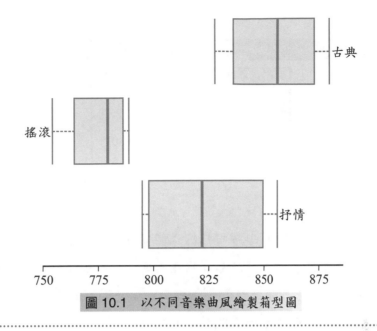

圖 10.1 以不同音樂曲風繪製箱型圖

在比較各水準平均數是否相同時，如果標準差很小，那麼樣本平均值小小的差異都可能是母體平均值不相等的訊息。同理可推，如果標準差過大，則即使我們觀察到樣本平均值之間有很大的差異，我們也不太有信心能夠宣稱母體的平均數真的有差別。所以比較各組平均值的差異和標準差，可以概略瞭解差異到底是來自於抽樣誤差還是母體的差異！

使用圖、表做敘述性的描述與初步的判斷是很好的方法。在這章節中我們介紹變異數分析的統計方法來檢定問題的核心。「三種音樂對工作效率的影響相同嗎？」在這例子中因只考慮一個因子對反應變數的影響，所以稱單因子變異數分析。

在接下來外表塗層對某種金屬管線腐蝕的影響例子中，實驗者想研究：不同的外表塗層是否對埋在地下的金屬管線生鏽腐蝕有顯著差異。我們知道將金屬管線埋在地下勢必受到土壤酸度的影響，若不考慮土壤酸度這因素，實驗的結果會受此因素干擾混淆，那麼評估外表塗層對生鏽的結果會產生偏誤。因此，有經驗的實驗者會在不同酸度的土壤上測驗不同的外表塗層，讀者可以想像在不同酸度的土壤「區塊」上做四種「水準」外表塗層的實驗。在這問題中，土壤酸度因素的設計，只是要增進實驗準確，讓實驗的管線在較均質的環境（相同酸度土壤）接受測試。

　　因為強調的是變異數分析統計方法的介紹，這章節基本上不做這些實驗設計概念的詳述；一般我們假設問題都符合設計的要求。

例2 外表塗層對某種金屬管線腐蝕的影響

　　今有四種可選用之外層與三種不同酸度的土壤，考慮外表塗層與土壤酸度為因子，假設此實驗中其他因素被完善控制，且實驗用的金屬管線隨機的分配到這些可能的組合以測試塗層與酸度的影響。現有 12 段金屬管線隨機分配至這些組合中，實驗者記錄每一腐蝕深度結果測度與計算相關敘述統計量如表 10.3。

表 10.3　金屬管線腐蝕資料與相關統計量數

		1	2	3	平均數	標準差
塗層	A	64.00	49.00	50.00	54.33	8.39
	B	53.00	51.00	48.00	50.67	2.52
	C	47.00	45.00	50.00	47.33	2.52
	D	51.00	43.00	52.00	48.67	4.93
	平均數	53.75	47.00	50.00		
	標準差	7.27	3.65	1.63		

解析

　　在這例子中，反應變數是金屬管線生鏽腐蝕的深度，從題目中知道，有二解釋或控制「因子」影響腐蝕的深度：一為外表塗層；一為土壤酸度。控制因子外表塗層有四種「水準」：A、B、C 和 D；控制因子土壤酸度有三種「水準」：1、2、和 3；因此外表塗層與土壤酸度就有十二 (=4×3) 種可能的組合，或稱「處理」，有 12 段管線隨機分配到這些處理。利用這些資料分別研究外表塗層和土壤酸度對金屬管線生鏽的影響。

　　為節省空間，敘述統計量的計算依因子匯集在資料表 10.3 的右方與下方。我們依各解釋因子繪製箱型圖，如圖 10.2。試利用這些資訊評估外表塗層種類對腐蝕的影響相同嗎？土壤酸度情形對腐蝕的影響相同嗎？

由表 10.3 看到，平均數與標準差的結論可能不如上例明顯，圖 10.2 中各組資料的箱型圖也沒呈現明確分離。如上例的說明，我們應尋求更仔細的統計方法去檢定評估。

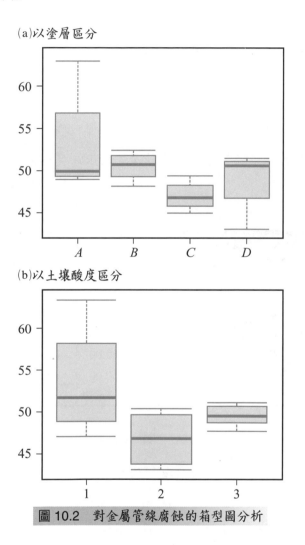

(a)以塗層區分

(b)以土壤酸度區分

圖 10.2　對金屬管線腐蝕的箱型圖分析

此例子中，因為考慮雙因子對反應變數的影響，我們稱為「雙因子變異數分析」。這例子中每一處理只有一次實驗值，所以也稱為「無重複實驗值的雙因子變異數分析」。

限於時間與篇幅，將著重於檢定群體平均數是否相同的最終目標，而略去模型中參數的估計與推導。因為基本架構邏輯相同，我們會詳細的解說單

因子變異數分析模型，而雙因子變異數分析模型可類推與思考。讀者須瞭解雙因子變異數分析模型的公式推導並不是現階段重點，應著重對報表輸出格式的解讀能力。

在這章節中，我們安排如下：先就單因子變異數分析方法做介紹與報表解讀。再介紹單一觀察值的雙因子變異數分析。重複觀察值且有交互作用的雙因子變異數分析則因內容較為繁瑣，公式也較複雜，此處暫不提及。

10.2　單因子變異數分析

單因子的資料格式與相關符號：

表 10.4　單因子的資料排列的格式

組　別	反應變數	組樣本大小	組總和	組平均
1	$y_{11}, \cdots, y_{1n_1}$	n_1	$y_{1.}$	$\bar{y}_{1.}$
2	$y_{21}, \cdots, y_{2n_2}$	n_2	$y_{2.}$	$\bar{y}_{2.}$
$\vdots$	$\vdots$	$\vdots$	$\vdots$	$\vdots$
k	$y_{k1}, \cdots, y_{kn_k}$	n_k	$y_{k.}$	$\bar{y}_{k.}$
		n	$y_{..}$	

其中 y_{ij} 表示第 i 組中第 j 個資料，n_i 其中 $i = 1, \cdots, k$，表各組個數。每一組資料允許組個數不同。「‧」表示對某一足標做總和。如 $y_{2.}$ 即是第二組資料 y_{2j} 的總和 $(y_{21} + y_{22} + \cdots + y_{2n_2})$。

　符號解釋

$$\text{總個數 } n = n_1 + \cdots + n_k = \sum_{i=1}^{k} n_i \text{，} k \text{ 組個數總和}$$

$$\text{第 } i \text{ 組和 } y_{i.} = y_{i1} + \cdots + y_{in_i} = \sum_{j=1}^{n_i} y_{ij}, \ i = 1, \cdots, k$$

$$\text{第 } i \text{ 組平均 } \bar{y}_{i.} = \frac{y_{i.}}{n_i}, \ i = 1, \cdots, k$$

$$\text{總和 } y_{..} = [y_{11} + \cdots + y_{1n_1}] + \cdots + [y_{k1} + \cdots + y_{kn_k}]$$

$$= \sum_{j=1}^{n_1} y_{1j} + \cdots + \sum_{j=1}^{n_k} y_{kj}$$

$$= \sum_{i=1}^{k} \sum_{j=1}^{n_i} y_{ij} \ \text{兩層次做總和}$$

$$總平均 \ \bar{y}_{..} = \frac{y_{..}}{n} = \frac{1}{n} \sum_{i=1}^{k} \sum_{j=1}^{n_i} y_{ij}$$

📈 10.3　單因子變異數分析模型設定

給予資料如表 10.4，來自 k 組的資料，可以建立統計模型如下：

$$y_{ij} = \mu_i + \varepsilon_{ij}，其中 \ i = 1, \cdots, k, j = 1, \cdots, n_i \tag{1}$$

其中 μ_i 為第 i 組的平均，第 i 組內的隨機誤差項 (ε_{ij}) 服從常態分配，記為 $\varepsilon_{ij} \overset{iid}{\sim}$ $N(0, \sigma^2)$，其中 $j = 1, \cdots, n_i$ 且當不同組時，$i \neq l$，隨機誤差項 $\varepsilon_{ij}, \varepsilon_{lm}$ 是互相獨立的。

簡單來說，模型(1)的基本假設主要有三部分：(a) k 組資料都來自常態分配；(b) k 組資料的變異數均相等；(c)假設資料間彼此都獨立。

我們提醒一個稍後用到事實，由於變異數同質性的假定：每組資料來自的分配變異數都相同，所以對第 i 組的資料而言，組內樣本變異數 s_i^2 的期望值都是不偏，即 $E(s_i^2) = \sigma^2$。既然各組樣本的變異數皆在估計相同的母數 σ^2，有效率的充分運用所有的樣本觀察值，就可得到一個混合估計式，$s_p^2 = \frac{收集所有的變異}{總自由度}$ 來估計 σ^2。s_p^2 可得如下：

$$s_p^2 = \frac{\sum_{j=1}^{n_1} (y_{1j} - \bar{y}_{1.})^2 + \ldots + \sum_{j=1}^{n_k} (y_{kj} - \bar{y}_{k.})^2}{n-k} = \frac{(n_1 - 1)s_1^2 + \ldots + (n_k - 1)s_k^2}{n-k}$$

或寫成

$$s_p^2 = \frac{\sum_{i=1}^{k} \sum_{j=1}^{n_i} (y_{ij} - \bar{y}_{i.})}{n-k} = \frac{\sum_{i=1}^{k} (n_i - 1)s_i^2}{n-k}$$

一　假設檢定

今想檢定各組平均是否相等，則虛無假設為：

$$H_0 : \mu_i = \cdots = \mu_k \tag{2}$$

所以對立假設為其中至少有兩組或以上的平均數不相同，寫成 $H_a : \mu_i \ne \mu_j$，存在某 i, j。

變異數分析是將資料的總變異分成數個有意義的成分，這些變異成分來自不同的來源，並由 F 分配檢定出何種變異對資料有顯著的影響。我們嘗試就資料 y_{ij} 對資料平均 $\bar{y}_{..}$ 的總變異 ($SSTO$) 做分解可得下面的結果。

$$\sum_{i=1}^{k} \sum_{j=1}^{n_i} (y_{ij} - \bar{y}_{..})^2 = \sum_{i=1}^{k} \sum_{j=1}^{n_i} (y_{ij} - \bar{y}_{i.})^2 + \sum_{i=1}^{k} \sum_{j=1}^{n_i} (\bar{y}_{i.} - \bar{y}_{..})^2$$

$$= \sum_{i=1}^{k} \sum_{j=1}^{n_i} (y_{ij} - \bar{y}_{i.})^2 + \sum_{i=1}^{k} n_i (\bar{y}_{i.} - \bar{y}_{..})^2 \tag{3}$$

詳盡的推導可參閱補充章節 10.8。

二　各變異的相關解釋

由公式(3)知道總變異可分解成兩項，但這兩項代表何種意義呢？前項計算各組資料「內」的變異再加總，組內各個觀察值之間的差異稱為隨機差異或稱「組內變異」，因為各組資料以減去其組平均，所以看成不能被因子所解釋的差異，亦可表示成公式(4)：

$$SSE \equiv \underbrace{\sum_{i=1}^{k} [\sum_{j=1}^{n_i} (y_{ij} - \bar{y}_{i.})^2]}_{\text{第 } i \text{ 組資料對 } \bar{y}_{i.} \text{ 的變異}} = \sum_{i=1}^{k} (n_i - 1) s_i^2 \tag{4}$$

其中 $s_i^2 = \dfrac{\sum_{j=1}^{n_i} (y_{ij} - \bar{y}_{i.})^2}{n_i - 1}$ 為第 i 組的變異數。

比對混合估計式 s_p^2，可以看出「組內變異」就是 s_p^2 的分子，換句話說，「組內變異」除上適當自由度後可用來估計 σ^2。

再者，任何一組的平均數與總平均數之間的差異是由因子所引起的。公式(3)後項則是想像把每一組以組平均 $\bar{y}_{i.}$ 當代表，與資料之總平均 $\bar{y}_{..}$ 計算差異平方總和而得的組間差異，如公式(5)。

$$SSBW = \sum_{i=1}^{k} \sum_{j=1}^{n_i} (\overline{y}_{i.} - \overline{y}_{..})^2 = \sum_{i=1}^{k} \underbrace{[n_i(\overline{y}_{i.} - \overline{y}_{..})^2]}_{\text{對 } \overline{y}_{..} \text{ 的變異}} \tag{5}$$

一般稱公式(4)為組內變異 (*SSE*) 或誤差變異，公式(5)為組間變異 (*SSBW*)。因此總變異為組內變異和組間變異的總和。

總變異 ＝ 組內變異 ＋ 組間變異

SSTO　＝ *SSE*　　　＋ *SSBW*

我們回想單因子變異數分析模型是在檢定各組間的平均是否相同，即檢定

$H_0 : \mu_1 = \mu_2 = \cdots = \mu_k$

H_1：至少有一組平均與其他組不相同

假設給予資料集合包含 4 組資料 $i = 1, 2, 3, 4$，做單因子變異數分析檢定 $H_0 :$ $\mu_1 = \mu_2 = \mu_3 = \mu_4$。參考圖 10.3 中的二種情形，我們把二種情形繪製成縱向圖。圖 10.3 (b)是指，假若 $H_0 : \mu_1 = \mu_2 = \mu_3 = \mu_4$ 為真，則各組資料理論上散佈在同一縱線上。基於變異數分析模型的假設，無論使用「組間的變異」或「組內的變異」來做為估計變異數 σ^2 的相關訊息，直覺上應該是好的估計方法。

反之再看圖 10.3 (a)，若 $H_0 : \mu_1 = \mu_2 = \mu_3 = \mu_4$ 不真，則各組資料理論上散佈分散。使用「組內的變異」來估計變異數 σ^2 依舊是很好的估計方法，但使用「組間的變異」估計變異數 σ^2 會比使用組內的變異來得高估許多。

我們就是利用上面的思考邏輯來檢定虛無假設，利用這些想法比較兩類型的變異來推論 H_0 真假。很顯然的，若各組平均數，$\mu_1, \cdots, \mu_k$ 相等或非常接近，依公式(3)，總變異將是來自組內變異的貢獻，而組間變異相形之下將會很小。

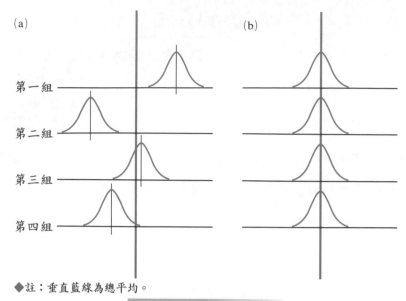

(a)

(b)

第一組

第二組

第三組

第四組

◆註：垂直藍線為總平均。

圖 10.3　變異分析示意圖

三　檢定統計量的推導

　　從 $SSBW$ 和 SSE 的計算式知道，這些平方和會隨試驗單位的個數增加而增加。所以在衡量 $SSBW$ 與 SSE 的相對重要性時，必須考慮其平均數。定義平均組間變異 ($MSBW$) 與平均組內變異 (MSE) 為：

$$MSBW = \frac{SSBW}{k-1}$$

$$MSE = \frac{SSE}{n-k}$$

$k-1$ 與 $n-k$ 稱為 $SSBW$ 與 SSE 的自由度。自由度在統計上是指「有效」的資料個數。技術性的來說，自由度就是試驗單位的個數減去限制式的數目。因 $SSBW$ 有一個限制式 $\bar{y}_{..}$，SSE 有 k 個限制式 $\bar{y}_{i.}$ 其中 $i = 1, 2, 3, \cdots, k$。讀者可以推得 $SSBW$ 與 SSE 分別是 $k-1$ 個與 $n-k$ 個有效的資料個數貢獻出的計算值。

　　運用模型假設推導可得：

$$E(MSBW) = \sigma^2 + \frac{1}{k-1}\sum_{i=1}^{k} n_i(\mu_i - \mu)^2 > \sigma^2 \qquad (6)$$

$$E(MSE) = \sigma^2 \qquad (7)$$

邏輯上公式(6)告訴我們當各組均數 μ_i 相等時，對任一 i 而言，分組平均

和總平均相等，$\mu_i = \mu$，結果是 $E(MSBW) = \sigma^2$。也就是說，當 H_0 是真，平均組間變異是一個好的估計式。但若 H_0 是不真，因為 $\sum_{i=1}^{k} n_i(\mu_i - \mu)^2$ 必大於 0，平均組間變異較分散會高估 σ^2。

結合公式(6)和(7)知，當 $H_0: \mu_i = \cdots = \mu_k$ 為真，$\dfrac{MSBW}{MSE}$ 比值不偏離 1 的機會較高。進一步推導可得，當 $H_0: \mu_1 = \cdots = \mu_k$ 為真，「組間變異 (SSBW) 平均」和「組內變異 (SSE) 平均」的比值會服從自由度是 $\nu_1 = k-1, \nu_2 = n-k$ 的 F 分配。即：

$$\frac{\dfrac{\dfrac{SSBW}{\sigma^2}}{(k-1)}}{\dfrac{\dfrac{SSE}{\sigma^2}}{(n-k)}} = \frac{MSBW}{MSE} \sim F(\nu_1, \nu_2) \tag{8}$$

由上面討論知，當虛無假設 H_0 為真時，$MSBW$ 與 MSE 的比值不偏離 1 的機會高。反之若各組平均數存在有差異時（即 H_0 不為真），一般來說，$MSBW$ 與 MSE 的比值將會比較大而落在分配的右邊；且因知道當 H_0 為真，$\dfrac{MSBW}{MSE} \sim F(\nu_1, \nu_2)$，所以可以利用 F 抽樣分配來做右尾檢定。當顯著水準為 α，檢定 $H_0: \mu_1 = \cdots = \mu_k$ 的準則是：「若 $\dfrac{MSBW}{MSE} = F^*(k-1, n-k) > F_\alpha(k-1, n-k)$ 則拒絕虛無假設」，如圖 10.4。

我們習慣以表列方式列出相關計算，把變異分解結構清楚交代。

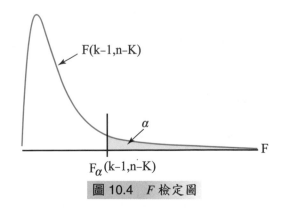

圖 10.4　F 檢定圖

四 變異數分析表

單因子變異數分析欲檢定各因子水準的平均數是否相等，檢定虛無假設：

$$H_0 : \mu_1 = \cdots = \mu_k$$

H_1：至少有一組平均與其他組不相同

建立單因子變異數分析如下：

表 10.5　變異數分析表格式

變異來源	平方和	自由度	均方和	F 檢定量
水　準	$SSBW$	$k-1$	$MSBW$	$F^* = \dfrac{MSBW}{MSE}$
誤　差	SSE	$n-k$	MSE	
總　和	$SSTO$	$n-1$		

當 F 檢定量算出後，再依準則做決策。

⑴給定顯著水準，如 $\alpha = 0.05$，若 $F^* > F_\alpha(k-1, n-k)$，拒絕虛無假設 H_0。這可能是讀者較熟悉的方式，查表上較方便。

⑵亦可計算檢定的 p 值 $= P(F > F^*)$，若 p 值很小，拒絕虛無假設 H_0。大部分 p 值涉及使用統計軟體計算，書本的 F 表較難配合。p 值多小，才是小？如先前章節所說，p 值是「資料支持虛無假設的強度」的測度。p 值多小才算小，一般和當時研究的問題本質有關，但可用 0.05 做初步比較。

五 便捷計算

計算各類型的變異雖很繁瑣，但有可替代的便利計算如下：

$$\sum_{i=1}^{n}(x_i - \bar{x})^2 = \sum_{i=1}^{n} x_i^2 - n\bar{x}^2$$

$$= \sum_{i=1}^{n} x_i^2 - n(\frac{\sum x_i}{n})^2$$

$$= \sum_{i=1}^{n} x_i^2 - \frac{x_\cdot^2}{n}，其中 \; x_\cdot = \sum x_i$$

上面的簡便計算，主要應用於計算資料和其平均數間的差異平方總和，也就是「資料變異」。同理變異數分析的計算事實上也是不斷的在計算「資料的變異」，所以計算式可類似推導如下：

$$SSTO = \sum_{i=1}^{k}\sum_{j=1}^{n_i}(y_{ij} - \overline{y}_{..})^2 = \sum_{i=1}^{k}\sum_{j=1}^{n_i}y_{ij}^2 - \frac{y_{..}^2}{n} \text{，其中 } y_{..} = \sum_{i=1}^{k}\sum_{j=1}^{n_i}y_{ij} \tag{9}$$

$$SSBW = \sum_{i=1}^{k}\sum_{j=1}^{n_i}(\overline{y}_{i.} - \overline{y}_{..})^2 = \sum_{i=1}^{k}n_i(\overline{y}_{i.} - \overline{y}_{..})^2 = \sum_{i=1}^{k}\frac{y_{i.}^2}{n_i} - \frac{y_{..}^2}{n} \tag{10}$$

我們建議讀者無需死背公式本身，計算時知道參閱何處即可。公式(10)之詳盡推導，可參閱補充章節 10.8。

10.4 單因子變異數分析與統計圖表說明

現階段無論是單因子或雙因子問題，我們主要在學習如何處理變異數分析中——推論的問題。因此若無特別提及，我們皆假設處理的問題吻合變異數分析模型該有的假設。

一 張力的例子

某產品開發工程師想開發使用於襯衫中人造纖維的材質，工程師由先前實驗中瞭解含棉量多寡在製造過程中影響纖維材質張力強度，感覺上含棉量（因子）愈高，強度愈強。工程師依經驗檢定含棉量和強度間的關係，採用五種含棉量 （因子水準），想檢定含棉量的平均強度是否相等 。 資料如表10.6。

表 10.6　纖維張力測試資料

含棉量百分比	觀察值				
	第 1 回	第 2 回	第 3 回	第 4 回	第 5 回
15	7	7	15	11	9
20	12	17	12	18	18
25	14	18	18	19	19
30	19	25	22	19	23
35	7	10	11	15	11

設各含棉量的平均值以 μ_i, $i = 15, 20, 25, 30, 35$ 表示，依題意，工程師想檢定虛無假設：

$H_0 : \mu_{15} = \mu_{20} = \mu_{25} = \mu_{30} = \mu_{35}$

H_a：至少有一組平均值與其他組不相同

單因子變異數分析須使用的資訊先行計算如下：⑴把各組資料總和計算列於表格右方。⑵再加總各組總和為全體資料總和。⑶資料平方總和。讀者請注意表 10.7 中標示的相關資料。

表 10.7　張力例子的相關總和資料

含棉量百分比	觀察值					總　和
	第 1 回	第 2 回	第 3 回	第 4 回	第 5 回	
15	7	7	15	11	9	49
20	12	17	12	18	18	77
25	14	18	18	19	19	88
30	19	25	22	19	23	108
35	7	10	11	15	11	54
總　和						376

⑴ $y_{1.} = 49$、$y_{2.} = 77$、$y_{3.} = 88$、$y_{4.} = 108$、$y_{5.} = 54$

⑵ $y_{..} = 376$

⑶ $\sum_{i=1}^{k} \sum_{j=1}^{n_i} y_{ij}^2 = 7^2 + 12^2 + \cdots + 11^2 = 6{,}292$

使用計算公式，將總變異量與組間變異先行計算如下，再取兩者差異得組內變異。

$$SSTO = \sum_{i=1}^{k} \sum_{j=1}^{n_i} y_{ij}^2 - \frac{y_{..}^2}{n} = 6{,}292 - \frac{376^2}{25} = 636.96$$

$$SSBW = \sum_{i=1}^{k} \frac{y_{i.}^2}{n_i} - \frac{y_{..}^2}{n} = \frac{1}{5}(49^2 + 77^2 + 88^2 + 108^2 + 54^2) - \frac{376^2}{25}$$

$$= 475.76$$

$$SSE = SSTO - SSBW = 161.2$$

得變異分解及相關資訊之單因子變異數分析表如下：

表 10.8 張力與含棉量百分比資料的變異數分析表

變異來源	平方和	自由度	均方和	F 檢定量
水　準	475.76	4	118.94	14.757
誤　差	161.20	20	8.06	
總　和	636.96	24		

當顯著水準為 0.05 時，查表得臨界值為 $F_{0.05}(4, 20) = 2.87$（見附表四）。因為：

$$F^* = 14.757 > F_{0.05}(4, 20) = 2.87，故拒絕虛無假設 H_0$$

參閱圖 10.5，$F^* = 14.757$ 落於拒絕區域。我們得到的結論是在顯著水準 0.05 時，證據顯示含棉量不同的材質，張力有所不同。我們須指出，檢定的結果知道張力有所不同；但是什麼水準的含棉量的張力不同則須進一步檢查。如圖 11.6，有些箱型圖分離，有些則有重疊。

二　p 檢定

亦可計算檢定的 p 值大小。當得到 F 檢定量 14.757 後，經統計軟體計算得：

$$p \text{ 值} = P(F(4, 20) > 14.757) = 0.000009128 \approx 0$$

三　一般統計軟體變異數分析表的格式

若使用統計軟體一般變異數分析表格式如下：第一行至第四行依序為平方和、自由度、均方和（平方和之平均）和 F^* 檢定量。最後一行則顯示此檢定的 p 值。此 p 值非常小，依檢定的理論，知道拒絕虛無假設。讀者應注意到，實務上統計軟體是顯示 p 值。由研究者依 p 值的大小與問題的本質做決策。

表 10.9 變異數分析表

	平方和	自由度	均方和	F 檢定量	p 值
含棉量	475.76	4	118.94	14.757	9.128e–06***
殘　差	161.20	20	8.06		

◆反應變數：張力。

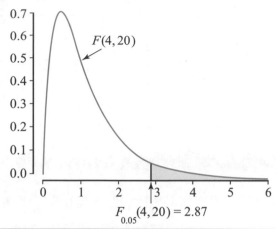

圖 10.5 張力與含棉量百分比資料的 F 抽樣分配

　　雖非必要,但在做單因子變異數分析前,可以繪製散佈圖或並排箱型圖幫助我們初步地瞭解問題,如圖 10.6。任何一種統計方法實施前,我們希望有初步的探索以瞭解問題。如圖 10.6(b)中,如果含棉量比例的因素不影響張力的表現,依各含棉量比例來分組的張力值的箱型圖約略會並排在同一水平附近;但我們觀察某些含棉量水準的張力其箱型圖和其他箱型圖完全分離。這代表什麼涵義呢?

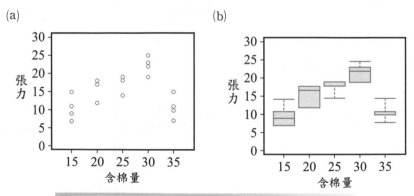

圖 10.6 張力依含棉量水準繪製的散佈圖與箱型圖

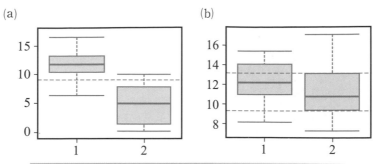

圖 10.7　箱型圖的用途：判別平均數是否顯著的不同

　　實務上，畫箱型圖為兩組資料做比較時，若兩個箱型圖之間完全分離不重疊，則代表兩者平均數不相同的證據強烈。如圖 10.7 (a)，我們畫一條藍虛線就把兩個箱型圖隔開來。若兩個箱型圖間有重疊部分，則不能說兩者平均數不相同的程度已達顯著水準。如圖 10.7 (b)，把當中一箱型圖用兩條藍色水平虛線圍出範圍，可看出另一箱型圖和此範圍重疊。所以由圖 10.6，可看出含棉量在某些水準的張力是有顯著的差異。

 例3　比較里程數──各組資料數不同

　　假設你做一實驗，想比較四新型柴油房車 A、B、C、D 在高速行駛時每加侖行駛的里程數。今資料紀錄如下表。試檢定四新型房車的平均里程數是否相同？假設顯著水準是 0.05。

表 10.10　四新型房車的平均里程數

A	B	C	D
22	28	29	23
26	24	32	24
	29	28	

　　使用變異數分析檢定虛無假設 $H_0 : \mu_A = \mu_B = \mu_C = \mu_D$，$H_a$：至少有一房車的平均里程數與其他不同。利用上述表格，計算相關總和。

解析

(1) $y_{1.} = 48$、$y_{2.} = 81$、$y_{3.} = 89$、$y_{4.} = 47$

(2) $y_{..} = 265$

(3) $\sum_{i=1}^{k}\sum_{j=1}^{n_i} y_{ij}^2 = 22^2 + 26^2 + \cdots + 24^2 = 7{,}115$

表 10.11　四新型房車的相關總和表

	A	B	C	D	
	22	28	29	23	
	26	24	32	24	
		29	28		
總　和	48	81	89	47	265

使用計算公式計算總變異量與組間變異：

$$SSTO = \sum_{i=1}^{k}\sum_{j=1}^{n_i} y_{ij}^2 - \frac{y_{..}^2}{n} = 7{,}115 - \frac{265^2}{10} = 92.5$$

$$SSBW = \sum_{i=1}^{k} \frac{y_{i.}^2}{n_i} - \frac{y_{..}^2}{n} = \left[\frac{48^2}{2} + \frac{81^2}{3} + \frac{89^2}{3} + \frac{47^2}{2}\right] - \frac{265^2}{10} = 61.33$$

$$SSE = SSTO - SSBW = 92.5 - 61.33 = 31.17$$

當顯著水準為 0.05 時，臨界值 $F_{0.05}(3, 6) = 4.76$（附表四）。因 $F^* = \dfrac{\dfrac{61.33}{3}}{\dfrac{31.17}{6}}$

$= 3.935 < F_{0.05}(3, 6)$，故不拒絕虛無假設 H_0。

參閱圖 10.8，$F^* = 3.935$ 落於不拒絕區域。在 $\alpha = 0.05$，認為四型房車的平均里程數未達統計上的差異。一般統計報表的輸出如下，由表中可閱讀出此檢定的 p 值約為 0.072。若以 0.05 為比較門檻，p 值並不小，因此傾向於不拒絕虛無假設。

統計軟體輸出如下：

	平方和	自由度	均方和	F 檢定量	p 值
廠　牌	61.333	3	20.444	3.935	0.07227
殘　差	31.167	6	5.194		

表 10.12　變異數分析表

◆反應變數：里程數。

　　我們得到的結論是在顯著水準是 0.05 時不拒絕虛無假設，也就是四型房車的平均里程數未達統計上的差異。讀者應注意到，當顯著水準為 0.10 時，我們會得不同的結論，因 $3.9358 > F_{0.1}(3, 6) = 3.29$（附表四），故拒絕虛無假設 H_0。

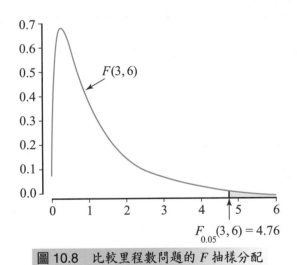

圖 10.8　比較里程數問題的 F 抽樣分配

　　我們要提醒讀者兩個心得，(1)檢定結果會因顯著水準而異；所以實務上漸漸地喜歡用 p 值呈現證據的強度而非決策結果。(2)若虛無假設不被拒絕，且研究者仍有疑慮時，統計實務中的態度是：可以再設計適當的實驗重新檢定。

10.5　雙因子變異數分析

　　雙因子變異數分析是用以檢定某變量（變數），在兩種因子的不同組合

下，檢驗因子水準間平均數是否相同，以及探討這些因子間是否彼此有交互作用，以致影響該結果。

和單因子變異數分析相同的是，他們都在檢定變數是否在因子水準不同之下，有相同的結果；不相同的是，雙因子涉及因子水準間不同的組合與因子間是否有交互作用的問題。因此變異分解的結構上稍微繁瑣。

單因子變異數模型中每一因子「水準」就是一個「處理」。雙因子的各因子都有不同的可能水準，如農業實驗上，日照與種植密度都是影響生產的因子。而日照程度區分為高、中、低三種不同的水準；種植密度區分為稀疏與普通兩種水準。那麼舉例來說，高日照與稀疏種植密度的組合即是六 ($=3 \times 2$) 種的「處理」中的一種可能。

10.6 雙因子變異數分析模型——每一處理只有單一觀察值

以關於治療懼高症的研究例子做說明，研究者想比較某三種治療方法的結果是否有差異。治療方式有很多種，可能的治療是：治療師舉一懼高症患者難以克服的事件或工作，如嘗試站在一梯子上去體會高度的場景。方法一是引導讓患者親身體會接觸這件事，方法二是與患者完整談論此事件，方法三是引導讓患者觀看此事件。

治療師知道受懼高症之苦的患者有輕重之分。因此隨便將患者隨機指派到這三種實驗方法可能產生較大的變異而無法調查出治療方法間是否有差異。解決之道是：將這些患有懼高症的患者依某一標準測驗給每一人一評定值。假設評定後分五等級：*A, B, C, D, E*，程度依字母次序遞減。所以懼高症的「輕重」在此問題中就是一因子，只是它的角色和研究者的重點解釋因素「治療方法」不同，它是用來區隔可能因不均質的因素而干擾治療方法的研究結果❶。

---

❶雖然考慮二解釋因子，但其中一解釋因子往往是因為要達成同質性的實驗目的所考慮進來的。因此此解釋因子可視為將資料均質區塊化之用。

今假設各等級自願者中皆隨機指派 3 人接受這三種方法治療。依某種臨床評量測驗得到資料如下：

表 10.13　某種臨床評量資料調查表

		A	B	C	D	E
治療法	方法一	8	11	9	16	24
	方法二	2	1	12	11	19
	方法三	−2	0	6	2	11

◆註：表格中評量測驗為反應變數；治療方法與病情程度為二個因子。

假設三種療法的效果以 μ_1, μ_2, μ_3 表示。則研究者想檢定：

$H_0 : \mu_{方法一} = \mu_{方法二} = \mu_{方法三}$

H_a：至少有一種方法的平均數與其他的不相同

當然理論上也可檢定「病患輕重層級」因子，但此並不是研究者想知道的問題。

雙因子變異數分析模型資料形態及符號設定（表 10.14）：

表 10.14　雙因子變異數分析資料形態及符號設定表

組　別	區隔 1	…	區隔 b	組別總和
1	y_{11}	…	y_{1b}	$y_{1.}$
2	y_{21}	…	y_{2b}	$y_{2.}$
⋮	⋮	⋮	⋮	⋮
a	y_{a1}	…	y_{ab}	$y_{a.}$
區塊總和	$y_{.1}$	…	$y_{.b}$	$y_{..}$

由上表可知，我們有 a 組的資料和 b 個區隔。比對上題足標 a 表示有三種方法分別是為方法一，方法二和方法三，足標 b 表示有五種等級分別為 $A, B,$ C, D 和 E。

📈 10.7 雙因子變異數分析模型設定

給定資料 y_{ij} 為反應變數,並考慮雙因子為解釋變數。當中一因子有 a 個水準,另一因子有 b 個水準,所以共有 $a \times b$ 種處理。我們建立雙因子變異數分析模型如下:

$$y_{ij} = \mu + \alpha_i + \beta_j + \varepsilon_{ij}, \text{ 其中 } i = 1, \cdots, a, j = 1, \cdots, b, \tag{14}$$

$$\varepsilon_{ij} \overset{iid}{\sim} N(0, \sigma^2)$$

y_{ij} 為第 i 組第 j 區塊的資料,μ 為總平均,α_i 為第 i 組的效果,β_j 為第 j 區塊的效果,ε_{ij} 為隨機誤差項。

一 總變異分解

如單因子變異數分析模型時一樣,我們針對資料總變異與各效果變異做分解,我們發現可以把總變異分解成組間變異(解釋因子)、區塊變異(區塊因子)與組內變異如下:

$$\underbrace{\sum_{i=1}^{a}\sum_{j=1}^{b}(y_{ij} - \bar{y}_{..})^2}_{\text{總變異 }(SSTO)} = \underbrace{\sum_{i=1}^{a}b(\bar{y}_{i.} - \bar{y}_{..})^2}_{\text{組間變異 }(SSBW)} + \underbrace{\sum_{j=1}^{b}a(\bar{y}_{.j} - \bar{y}_{..})^2}_{\text{區塊變異 }(SSB)} +$$

$$\underbrace{\sum_{i=1}^{a}\sum_{j=1}^{b}(y_{ij} - \bar{y}_{i.} - \bar{y}_{.j} + \bar{y}_{..})^2}_{\text{組內變異 }(SSE)}$$

$$SSTO = SSBW + SSB + SSE \tag{15}$$

有興趣的讀者可參閱補充章節 10.8。各相關變異 $SSTO, SSBW, SSB, SSE$ 的自由度依序為 $ab - 1, a - 1, b - 1$ 與 $(a - 1)(b - 1)$。

二 檢定量的推導

經過推導計算,可以得到平均變異或均方和 $MSBW, MSB, MSE$ 的期望值為:

$$E(MSBW) = E(\frac{SSBW}{a-1}) = \sigma^2 + \frac{b\sum_{i=1}^{a}\alpha_i^2}{a-1} \tag{16}$$

$$E(MSB) = E(\frac{SSB}{b-1}) = \sigma^2 + \frac{a\sum_{j=1}^{b}\beta_j^2}{b-1} \tag{17}$$

$$E(MSE) = E(\frac{SSE}{(a-1)(b-1)}) = \sigma^2 \tag{18}$$

由公式(16)，可以看出當解釋因子的效果 α_i 均為 0 時，即 H_0 為真，$E(MSBW) = \sigma^2$。所以我們觀察 $MSBW$ 與 MSE 的比值偏離 1 的機率不高。當 H_0 不真，$MSBW$ 與 MSE 的比值應大於 1。進一步的統計推導我們知道：

$$\frac{MSBW}{MSE} \text{ 服從 } F(a-1, (a-1)(b-1)) \tag{19}$$

如 419 頁中說明，我們利用此抽樣分配結果做右尾檢定。

如同單因子變異數分析，我們關注的議題是解釋因子中 a 個水準是否相等？依公式(19)，即當顯著水準為 α，檢定 $H_0 : \mu_1 = \cdots = \mu_a$ 的準則是，若 $F^* = \frac{MSBW}{MSE} > F_\alpha(a-1, (a-1)(b-1))$，則拒絕虛無假設 H_0。

一般而言，我們並不關心區塊間的效果 $(\beta_1 = \cdots = \beta_b)$。而且因為隨機指派只運用在每一區塊內，$\frac{MSB}{MSE}$ 的 F 檢定並不合適。因此 $\frac{MSB}{MSE}$ 之 F 檢定值只能當近似的參考用，所以我們建議在列表時並不須列出此資訊。

假設解釋因子有 a 個水準，區塊因子有 b 個水準。每一處理（共 $a \times b$）只有一觀察值時，變異數模型分析表寫法如下：

表 10.15　雙因子變異數模型（單一觀察值）分析表的格式

變異來源	平方和	自由度	均方和	F 檢定量
水　準	$SSBW$	$a-1$	$MSBW$	$\frac{MSBW}{MSE}$
區　塊	SSB	$b-1$	MSB	
誤　差	SSE	$(a-1)(b-1)$	MSE	
總　和	$SSTO$	$n-1$		

例4　雙因子變異數分析計算

以懼高症例子為例，我們將相關的總和計算並寫在表格的邊緣。

解析

表 10.16 相關總和資料表

	方法一	方法二	方法三	總　和
A	8	2	−2	8
B	11	1	0	12
C	9	12	6	27
D	16	11	2	29
E	24	19	11	54
總　和	68	45	17	130

◆註：最右行為各區塊總和；最底列為各解釋水準總和。

利用上表計算各變異並表列變異數分析表如表 10.17（由軟體計算得出）。

表 10.17 懼高症資料變異數分析表

變異來源	平方和	自由度	均方和	F 檢定量
水　準	260.93	2	130.47	15.66
區　塊	438.00	4	109.50	
誤　差	68.40	8	8.55	
總　和	767.33	14		

由變異數分析表之檢定統計量知道 $F^* = 15.66 > F_{0.05}(2, 8) = 4.46$。拒絕虛無假設 $H_0 : \mu_{方法一} = \mu_{方法二} = \mu_{方法三}$。

在顯著水準 0.05 下，資料有足夠的證據顯示不同的治療方法有不同的效果。

　　一般統計軟體輸出報表如下：

表 10.18 變異數分析表

	平方和	自由度	均方和	F 檢定量	Pr (> F)
水　準	260.93	2	130.47	15.259	0.001861**
區　塊	438.00	4	109.50	12.807	0.001484**
誤　差	68.40	8	8.55		

◆反映變數：成績。

⬛📈 10.8　補　充

一　單因子變異數分析變異推導

$$\sum_{i=1}^{k}\sum_{j=1}^{n_i}(y_{ij}-\overline{y}_{..})^2=\sum_{i=1}^{k}\sum_{j=1}^{n_i}(\underbrace{y_{ij}-\overline{y}_{i.}}_{A}+\underbrace{\overline{y}_{i.}-\overline{y}_{..}}_{B})^2$$

$$=\sum_{i=1}^{k}\sum_{j=1}^{n_i}(A^2+2AB+B^2)$$

$$=\sum_{i=1}^{k}\sum_{j=1}^{n_i}A^2+\underbrace{\sum_{i=1}^{k}\sum_{j=1}^{n_i}2AB}_{=0}+\sum_{i=1}^{k}\sum_{j=1}^{n_i}B^2$$

$$=\sum_{i=1}^{k}\sum_{j=1}^{n_i}(y_{ij}-\overline{y}_{i.})^2+\sum_{i=1}^{k}\sum_{j=1}^{n_i}(\overline{y}_{i.}-\overline{y}_{..})^2$$

$$=\sum_{i=1}^{k}\sum_{j=1}^{n_i}(y_{ij}-\overline{y}_{i.})^2+\sum_{i=1}^{k}n_i(\overline{y}_{i.}-\overline{y}_{..})^2$$

為何 $\sum_{i=1}^{k}\sum_{j=1}^{n_i}2AB=0$？因為：

$$\sum_{i=1}^{k}\sum_{j=1}^{n_i}2AB=2\sum_{i=1}^{k}\sum_{j=1}^{n_i}AB$$

$$=2\sum_{i=1}^{k}\sum_{j=1}^{n_i}(y_{ij}-\overline{y}_{i.})(\overline{y}_{i.}-\overline{y}_{..})$$

$$=2\sum_{i=1}^{k}[\underbrace{\sum_{j=1}^{n_i}(y_{ij}-\overline{y}_{i.})}_{(\bigstar)}](\overline{y}_{i.}-\overline{y}_{..})$$

$$=2\sum_{i=1}^{k}(0\times(\overline{y}_{i.}-\overline{y}_{..}))=0$$

其中 $(\bigstar)$ 代表第 i 組資料減第 i 組平均總和 $=0$。

二　*SSBW* 便捷計算式推導

$$SSBW=\sum_{i=1}^{k}\sum_{j=1}^{n_i}(\overline{y}_{i.}-\overline{y}_{..})^2$$

$$=\sum_{i=1}^{k}n_i(\overline{y}_{i.}-\overline{y}_{..})^2$$

$$= \sum_{i=1}^{k} n_i(\bar{y}_{i.}^2 - 2\bar{y}_{..} \times \bar{y}_{i.} + \bar{y}_{..}^2)$$

$$= \sum_{i=1}^{k} n_i \times \underbrace{\bar{y}_{i.}^2}_{(\frac{y_{i.}}{n_i})^2} - 2\bar{y}_{..}\underbrace{\sum_{i=1}^{k} n_i \times \bar{y}_{i.}}_{n \times \bar{y}_{..}} + \underbrace{\sum_{i=1}^{k} n_i \times \bar{y}_{..}^2}_{n \times \bar{y}_{..}^2}$$

$$= \sum_{i=1}^{k} \frac{y_{i.}^2}{n_i} - n\bar{y}_{..}^2$$

$$= \sum_{i=1}^{k} \frac{y_{i.}^2}{n_i} - \frac{y_{..}^2}{n}$$

三 雙因子變異數分析──無重複值：變異分解推導

$$\underbrace{\sum_{i=1}^{a}\sum_{j=1}^{b}(y_{ij}-\bar{y}_{..})^2}_{總變異 (SSTO)} = \sum_{i=1}^{a}\sum_{j=1}^{b}[\underbrace{\bar{y}_{i.}-\bar{y}_{..}}_{A} + \underbrace{(\bar{y}_{.j}-\bar{y}_{..})}_{B} + \underbrace{(y_{ij}-\bar{y}_{i.}-\bar{y}_{.j}+\bar{y}_{..})}_{C}]^2$$

$$= \sum_{i=1}^{a}\sum_{j=1}^{b}(A^2+B^2+C^2+2AB+2BC+2AC)$$

$$= \underbrace{\sum_{i=1}^{a}\sum_{j=1}^{b}(\bar{y}_{i.}-\bar{y}_{..})^2}_{A^2} + \underbrace{\sum_{i=1}^{a}\sum_{j=1}^{b}(\bar{y}_{.j}-\bar{y}_{..})^2}_{B^2} + \underbrace{\sum_{i=1}^{a}\sum_{j=1}^{b}(y_{ij}-\bar{y}_{i.}-\bar{y}_{.j}+\bar{y}_{..})^2}_{C^2}$$

$$= \underbrace{\sum_{i=1}^{a}b(\bar{y}_{i.}-\bar{y}_{..})^2}_{組間變異 (SSBW)} + \underbrace{\sum_{j=1}^{b}a(\bar{y}_{.j}-\bar{y}_{..})^2}_{區塊變異 (SSB)} + \underbrace{\sum_{i=1}^{a}\sum_{j=1}^{b}(y_{ij}-\bar{y}_{i.}-\bar{y}_{.j}+\bar{y}_{..})^2}_{組內變異 (SSE)}$$

其中交叉項 AB, BC, CA 總和皆為 0。

$SSTO = SSBW + SSB + SSE$

個案討論

大學多元入學

　　入學考試關係著學生未來的發展，也影響學校辦學的方向，決定社會多元的人力資源創造，也勢必影響國家未來競爭力的高低。從 2002 年實施大學多元入學制度以來，臺灣的大學考選制度由早期的智能取向走向以適性招生、著重學生多元能力發展為方向的方式，特別是以學校選學生以及學生選科系之理念來發展。

　　從多元入學方案實施以來，招生管道擴增，由原本的聯招單一窗口，進入多管道並存的時代。各學校所招收之學生因來源的變異產生學習特

性上的差異；所以，在學校提供的學習環境上，瞭解經由不同管道入學
學生是否有學習適應與成就上的差別，將是教育單位關切的重點。瞭解
差異與否，可以提供教學的改進與教育方向上的參考。以學校的立場來
說，是值得探究的主題。

多群體間平均數的比較

下表是北部某國立大學四個學年度（第一到第四）不同入學管道的
學生學習成就統計表。學生分成四種不同入學管道且有各年度的學習成
就；學校主要有興趣的是不同入學管道學生的學習成就是否有差異？當
然，資料因為含有各年度的關係，可以進一步瞭解是否不同入學管道學
習成就存在著時間的趨勢？

表 10.19　不同入學管道學生學習成就

學年度＼入學管道	第一學年度	第二學年度	第三學年度	第四學年度
學校推薦	81.52	82.34	82.51	80.88
個人申請	79.65	80.59	79.65	79.88
考試分發	78.38	78.27	78.59	79.63
繁星計畫	82.43	83.01	81.97	81.00

回答這個問題相當於處理多群體間（推薦、申請、分發與繁星）平
均數的比較或檢定。事實上先前我們已學會如何檢驗雙母體平均數有否
差異；然而情況不同的是眼前有四個母體做比較。當然可能方法之一是
採取兩兩比較的策略來回答問題；如果是這樣，那我們需做六次（組合
數）雙母體平均數檢定的程序；不幸的是因為每一次只檢定當中二組群
體，忽略且沒善用其餘資料，檢定也將失之偏頗。

回答問題的方式

以統計的觀點，建議先檢驗 H_0：「四種入學管道學習成就相同」的
假設，視檢定結果再進一步探討可能的狀況。例如，若拒絕虛無假設
H_0，則會進一步檢驗哪些管道相同或不相同。回答這種資料架構的統計
方法稱做「變異數分析」，將在接下來的章節中仔細討論相關條件的設
定。

簡易圖表分析

　　原先這個問題的起源在於討論繁星計畫的學生表現及是否提高它的入學比例。做變異數分析需有各學生的學習成就資料，上方表格是已整理後的資訊，表格中數值是取各類別學生們的平均成就。所以只能先利用既有資料，試著用圖表作簡易分析。

　　由圖 10.9 看得出來，從這國立大學資料顯示，繁星計畫生源比例雖不高，但學生表現並不差，考試分發或個人申請則表現出較大差異。

　　若加入時間來看，圖 10.10 顯示該校第一及第二學年度的繁星計畫學生表現較佳，第三及第四學年度的表現有下降趨勢，但一般來說，與考試分發或個人申請還是有所區別，此外，值得注意的是考試分發的學生，隨著制度施行，有成績緩步趨升的態勢。

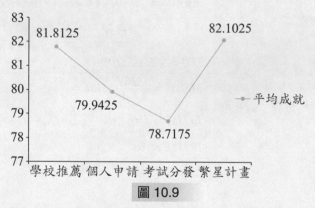

圖 10.9

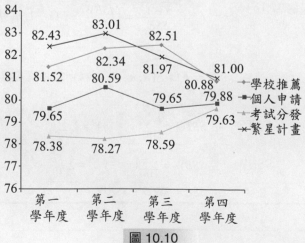

圖 10.10

我們必須指出各學校的資料分析結果不盡相同；部分學校繁星計畫學生表現還是維持一定水準；這些不同的結果符合當初多元入學的精神。有興趣的讀者，可找尋各校公佈的資料加以參考。

📊 本章相關公式

雙因子變異數分析的相關公式與結果，一般透過軟體輸出做解讀與分析，所以將不在此列出，但讀者需熟悉單因子變異數分析問題的相關計算。

變異分解	$\underbrace{\sum_{i=1}^{k}\sum_{j=1}^{n_i}(y_{ij}-\bar{y}_{..})^2}_{\text{總變異}(SSTO)} = \underbrace{\sum_{i=1}^{k}\sum_{j=1}^{n_i}(y_{ij}-\bar{y}_{i.})^2}_{\text{組內變異}(SSE)} + \underbrace{\sum_{i=1}^{k}\sum_{j=1}^{n_i}(\bar{y}_{i.}-\bar{y}_{..})^2}_{\text{組間變異}(SSBW)}$ $= \underbrace{\sum_{i=1}^{k}\sum_{j=1}^{n_i}(y_{ij}-\bar{y}_{i.})^2}_{\text{組內變異}(SSE)} + \underbrace{\sum_{i=1}^{k}n_i(\bar{y}_{i.}-\bar{y}_{..})^2}_{\text{組間變異}(SSBW)}$ $SSTO = SSE + SSBW$
均方差（平均變異）與相關性質	$\begin{cases} MSBW = \dfrac{SSBW}{k-1},\ MSE = \dfrac{SSE}{n-k} \\[2mm] E(MSBW) = \sigma^2 + \dfrac{1}{k-1}\sum_{i=1}^{k}n_i(\mu_i-\mu)^2\ (>\sigma^2) \\[2mm] E(MSE) = \sigma^2 \end{cases}$
檢定量機率分配	當 $H_0: \mu_1 = \cdots = \mu_k$ 為真 $F^* = \dfrac{\dfrac{\dfrac{SSBW}{\sigma^2}}{k-1}}{\dfrac{\dfrac{SSE}{\sigma^2}}{n-k}} = \dfrac{MSBW}{MSE} \sim F(k-1, n-k)$
決策準則	若 $F^* > F(\alpha, k-1, n-k)$，則拒絕虛無假設 $H_0: \mu_1 = \cdots = \mu_k$

便捷計算	$SSTO$	$SSTO = \sum_{i=1}^{k}\sum_{j=1}^{n_i}(y_{ij}-\bar{y}_{..})^2 = \sum_{i=1}^{k}\sum_{j=1}^{n_i}y_{ij}^2 - \dfrac{y_{..}^2}{n}$
	$SSBW$	$SSBW = \sum_{i=1}^{k}\sum_{j=1}^{n_i}(\bar{y}_{i.}-\bar{y}_{..})^2 = \sum_{i=1}^{k}\dfrac{y_{i.}^2}{n_i} - \dfrac{y_{..}^2}{n}$
	SSE	$SSE = SSTO - SSBW$

本章習題

一、選擇題

( ) 1.有一實驗,學生們隨機被指定給三個教學法的任一種方法做試教學習,之後收集學生學習的成就表現成績來做比較。則何種統計方法或統計檢定適合應用於此一實驗? (A)相關係數 (B)卡方檢定 (C) t 檢定 (D)變異數分析

( ) 2.單因子變異數分析是用來檢定下列何者的統計假設? (A)變異數 (B)平均數 (C)常態性 (D)標準差

( ) 3.單因子變異數分析中,因子的不同水準稱為 (A)變數 (B)處理 (C)反應變數 (D)觀察值

( ) 4.下列何者不是變異數分析 (ANOVA) 的基本假設? (A)每一觀察值彼此獨立 (B)母體資料依循常態分配 (C)每個母體變異數相同 (D)母體資料存在線性關係

( ) 5.在下列何種情況下,才適合實施單因子變異數分析? (A)每組人數小於 30 人時 (B)每組人數大於 30 人時 (C)每組人數相同時 (D)母體的變異數相等時

( ) 6.單因子變異數分析中的組間變異 ($SSBW$),是從下列何者衍生而得? (A)實驗誤差 (B)未解釋的變異 (C)處理的效果 (D)殘差的變異

( ) 7.誤差變異是用來測量下列何者的距離? (A)組內 (B)組間 (C)總平均 (D)組內和組間

( ) 8.變異數分析表中,不會加入下列何者? (A)自由度 (B)平方和 (C)平均變異 (D) t 值

( ) 9.下列關於單因子變異數分析的敘述,何者正確? (A) $SSE < SSBW$ (B) $MSE > MSBW$ (C) $MSTO = MSE + MSBW$ (D) $SSTO = SSE + SSBW$

( ) 10.若母體平均相等,則 $\dfrac{MSBW}{MSE}$ 為 (A)大於 1 (B)非常接近 1 (C)非常接近 0 (D)接近 -1

( ) 11.假設做單因子變異數分析時，決策區域為 $R = \{F > 9.48773\}$ 且計算樣本的 F 統計量為 0.86，則以下敘述何者正確？ (A)應該拒絕 H_0 (B)此為雙尾檢定 (C)顯著水準是 F 分布的 9.48773 的右邊區域 (D)決策區域為 $R = \{F > 9.48773\}$ 表拒絕 H_1。

( ) 12.單因子變異數分析中，若計算的 F 值大於臨界值，則會產生下列何種決策？ (A)拒絕虛無假設，因證據顯示所有平均數皆不同 (B)拒絕虛無假設，因證據顯示有處理效果存在 (C)不拒絕虛無假設，因無證據顯示有差異存在 (D)不拒絕虛無假設，因有錯誤產生

( ) 13.在變異數分析中，若四組資訊的樣本標準差大約相等，我們可以說 (A)直接決定不拒絕虛無假設 (B)直接拒絕虛無假設 (C)因為標準差皆相等，須重做檢定 (D)沒有足夠資訊決定是否拒絕虛無假設

( ) 14.設有一變異數分析表部分資料如下：

表 10.20

變異來源	SS	自由度	p 值
組　間	30.5	4	0.00059
組　內			
總　和	165.0	99	

以下敘述何者正確？ (A)在顯著水準 0.05 下，拒絕 H_0 (B)在顯著水準 0.01 下，不拒絕 H_0 (C)在顯著水準 0.001 下，不拒絕 H_0 (D)資料不足，無法判斷

二、問答題

1.給予資料三組，各四筆，資料如下：

表 10.21

i \ j	1	2	3	4
1	15.2	14.8	14.4	14.7
2	14.4	14.3	14.1	14.4
3	14.3	14.6	13.9	14.6

以 y_{ij} 表示第 i 組、第 j 筆資料。試計算：

(1) $\sum y_{ij}^2$。

(2) $y_{i.}$ 與 $\bar{y}_{i.}$，$i = 1, 2, 3$。

(3) $y_{..}$ 與 $\bar{y}_{..}$。

2. 利用上題資料，驗證 $\sum\limits_{i=1}^{3} [\sum\limits_{j=1}^{4} y_{ij}] = \sum\limits_{j=1}^{4} [\sum\limits_{i=1}^{3} y_{ij}]$。

3. 給予資料三組，但長度不一，資料如下：

表 10.22

i \ j	1	2	3	4
1	15.2	14.8		
2	14.4	14.3	14.1	14.4
3	14.3	14.6	13.9	

試問 $\sum\limits_{i}\sum\limits_{j} y_{ij} = \sum\limits_{j}\sum\limits_{i} y_{ij}$？

4. 使用變異數分析時，對變異數分析模型的假設為何？

5. 在變異數分析中，目標是要調查各群體間平均數是否相同。若拒絕虛無假設，是否代表各群體間平均數均不相同？

6. 在變異數分析中，目標是要調查三個群體間平均數是否相同（$\mu_1 = \mu_2 = \mu_3$）。我們可否用檢定兩母體平均數是否相等的 t 檢定，以兩兩比較方式，在 $\alpha = 0.05$，檢定比較 $H_0 : \mu_1 = \mu_2$、$H_0 : \mu_2 = \mu_3$？

7. 行銷部門為瞭解儲值卡的消費行為以策畫未來行銷方案，紀錄了持有者使用的儲值卡種類（包括普通卡、敬老卡和學生卡）和經常性儲值的金額。若行銷部門欲比較三種儲值卡的平均儲值的金額是否有差異，試問此一研究的反應變數、因子、處理與實驗單位為何？

8. 有關汽車的研究，實驗者想瞭解不同品牌的「汽油添加劑」是否會影響耗油量，實驗得到以下資料並利用變異數分析得如下報表：

表 10.23

汽油添加劑	汽車每公升的行駛公里數				
A 牌	12	13	15	10	11
B 牌	7	6	13	10	12
C 牌	14	15	13	14	11
D 牌	15	20	18	16	14

表 10.24　變異數分析表

變異來源	SS	自由度	MS	F
組　間	126.55	(a)	42.18333	(d)
組　內	84.4	16	(b)	
總　和	210.95	(c)		

(1)此實驗的中因子為何？因子水準為何？實驗觀測值為何？

(2)完成變異數分析表中空白部分。

(3)若要完成檢定 ($\alpha = 0.05$)，須使用 Excel 中函數查詢臨界值。即：

「若 F 值 $> F_{(0.05, 分子自由度, 分母自由度)}$，則拒絕虛無假設」

試問需使用 Excel 中何種函數？

9. 下列敘述何者正確？

(1)變異數分析是比較數個母體變異數差異的統計方法。

(2)在變異數分析中，若四組資訊的樣本標準差大約相等，我們可以說沒有足夠資訊決定是否拒絕虛無假設。

(3)誤差（組內）平方和及處理（組間）平方和相加等於總平方和。

(4)若母體平均相等，則組間平均平方和與組內的平均平方和的比值：介於 -1 與 1 之間。

(5)比較 5 個母體，每組樣本都包含 37 個觀察值，則變異數分析檢定 $F(\nu_1, \nu_2)$ 的自由度為 $(5, 37)$。

10.假設我們想研究五種不同品種稻米是否有不同的產量，資料如下表。

表 10.25

品種一	品種二	品種三	品種四	品種五
46.2	48.2	60.3	47.9	52.5
52.9	58.3	58.7	51.4	54.4
48.7	57.4	59.8	44.3	49.3

試問五種稻米的平均收穫量是否有差異？是否由變異數分析表中可以知道哪些品種有差異？試使用簡單敘述統計量或圖表來分析。假設顯著水準是 0.05。

11.有 3 位老師教學評量結果如下：

表 10.26　教學評量結果

教　師	教學評量分數					
叫小賀	84	76	75	64	92	65
韓俐嗨	83	81	74	76	94	
史佩秀	76	81	52	67	83	

以單因子變異數分析法，檢定 3 位教師教學能力是否有顯著差異（$\alpha = 0.05$）。

設已知 $F_{(0.05,3,14)} = 3.343$，$F_{(0.05,3,15)} = 3.287$，$F_{(0.05,3,16)} = 3.238$，$F_{(0.05,2,13)} = 3.805$，$F_{(0.05,2,14)} = 3.738$，$F_{(0.05,2,15)} = 3.682$

12.學校想調查在某次大型聚會學生是否特別喜歡所提供的飲料：可樂、紅茶、雞尾酒及咖啡。從 50 名學生中，蒐集他們對飲料的喜好。若已知處理（組間）平方和 $SSTR = 28{,}590$，誤差（組內）平方和 $SST = 40{,}220$。

(1)寫下虛無假設，來檢定學生是否同樣喜歡這幾種飲料。

(2)處理（組間）平方和的自由度為何？誤差（組內）平方和的自由度為何？

(3)變異數分析檢定時，檢定統計量為何？

13.某教育研究者想研究學生在不同聲量(固定聲量、不平穩聲量與完全安靜)為背景的讀書環境中學習的狀況是否相同。今有 24 位參與實驗之學生隨機被指配至這三種環境中,每一環境有 8 位,所有學生閱讀一篇文章 30 分鐘。第一群學生是在一固定音量的環境下閱讀文章;第二群則是在音量有週期性改變的情形下;第三群則是在安靜無聲的狀況下閱讀。30 分鐘之後全體學生做一理解測驗得到的分數紀錄如下:

表 10.27　聲量對學習的資料紀錄

固定聲量	6	8	6	7	4	6	2	9
週期改變	3	4	4	5	5	7	2	2
安靜無聲	7	1	2	2	4	1	5	5

試做變異數分析檢定在不同環境下的閱讀效果是否有差異?並寫下結論。$\alpha = 0.05$。

14.若在一個變異數分析中,計算 p 值得 0.0001,下列何者說法是正確的?

(1)沒有統計證據可以證明,任何一個母體平均與其他的不同。

(2)沒有兩個母體平均是相等的。

(3)沒有兩個變異數是相等的。

(4)應該接受虛無假設。

(5)有強烈的統計證據顯示,所有的母體平均並非皆相等。

15.給予以下資料與敘述統計,檢查下面四組資料的散佈情形,試繪製箱型圖來分析各組母體平均數是否相等?

表 10.28

A	B	C	D
16	4	26	8
17	12	22	9
16	2	23	11
17	26	24	8

表 10.29　敘述統計

	A	B	C	D
最小值	16.0	2.0	22.00	8.0
第 1 四分位數	16.0	3.5	22.75	8.0
中位數	16.5	8.0	23.50	8.5
平均數	16.5	11.0	23.75	9.0
第 3 四分位數	17.0	15.5	24.50	9.5
最大值	17.0	26.0	26.00	11.0

16.有一調查各品牌運動手環銷售據點的銷售資料，經變異數分析後表列如下：

表 10.30

變異來源	平方和	自由度	均方和	F 檢定量
品牌間	(a)	(b)	195	(c)
品牌內	625	(d)	(e)	
總　和	1,600	25		

⑴試填空變異數分析表中適當的數值。

⑵由表中可分析的運動手環有幾個品牌？分析的集合中共有多少觀察值？

⑶檢定各品牌運動手環的銷售是否有顯著差異 $(\alpha = 0.05)$？

設已知 $F_{(0.05,4,21)} = 2.84$，$F_{(0.05,5,20)} = 2.71$，$F_{(0.05,6,14)} = 2.628$，$F_{(0.05,20,5)} = 4.558$。

17.某公司規定四種作業流程來處理一般例行工作，某主管想知道這四種方法的效率是否相同。經隨機抽選部分人員調查其工作效率值後，他得到下列變異數分析表：

表 10.31　變異數分析表

變異來源	平方和	自由度	均方和	F
作業方法			104	
組內變異				
總變異	1,908	43		

⑴請完成上述之變異數分析表。

⑵試檢定這四種作業流程的效率是否相同 $(\alpha = 0.05)$？

18. 即將創業的敏宇請 5 位茶飲達人對四款珍珠系列茶飲予以評量，得分數如表 10.32，並計算得雙因子變異數分析表 （單一觀察值） 部分資料如表 10.33。試檢定四款珍珠系列茶飲分數有無顯著差異 $(\alpha = 0.05)$。

表 10.32

茶飲達人	珍珠綠茶	珍珠紅茶	珍珠奶茶	珍珠薑奶
1	84	71	75	62
2	88	78	76	74
3	90	76	80	67
4	92	83	84	68
5	96	80	77	63

表 10.33

變　源	SS	自由度	MS	F
列	163.7	(a)	40.925	3.470671
欄	1,348	3	449.3333	(b)
錯　誤	141.5	12	11.79167	
總　和	1,653.2	19		

提示 ： 使用 Excel 中函數查詢臨界值 F.INV(0.95, 3, 12) 或 F.INV(0.95, 4, 12)。

19. 給定一組資料如下，做單因子變異數分析部分電腦報表輸出如下表格所示：

表 10.34

A	B	C	D
56	97	71	55
72	91	93	66
68	78	78	49
77	82	75	64
64	85	63	68
95	77	76	70

◆註：不使用 EXCEL 資料分析中變異數分析的模組。

協助完成此變異數分析表格。

表 10.35　變異數分析表

來　源	平方和	自由度	均方差	F 檢定量
組　間			545.5	
組　內	2,018.0			
總　和	3,654.5			

20. 地磅站是高速公路進行大型車輛超載執法的主要場所，為瞭解某地磅站過磅車輛數特性，經調查星期一至星期六，每天上午 6 時至下午 6 時十二個時段（每個時段以 1 小時計）的過磅車輛數，得到下列之變異數分析表：

表 10.36　變異數分析表

變異來源	平方和	自由度	均方和	F 檢定量
工作日別（A 因子）	34,705			
時段別（B 因子）				
隨機誤差	45,332			
總　和	153,014			

⑴請完成上列之變異數分析表。

⑵試說明如何分析 A 因子與 B 因子之處理效果？

第11章
簡單線性迴歸與相關分析

學習重點

1. 兩屬量變數間建立直線模型。
2. 最小平方估計法的應用。
3. 相關參數的估計與推論。
4. 迴歸模型變異數分析表的解讀。
5. 模型的解釋力——以判定係數 R^2 分析。
6. 變數間直線相關性——相關係數 r。
7. 相關性與因果關係的差異。

在 自然科學、工程應用領域或在經濟、管理等商管領域中，我們常遇到的問題是：調查與建立二個或二個以上變數間的關係，希望透過資料分析與模型的建立來描述變數間可能的變化、做適當的推論與預測。例如，

(1)某品牌手機製造商想知道近五年來其銷售量與廣告量的關係，公司高層想瞭解是否值得更多的廣告量以提升銷售量？

(2)醫生想瞭解血壓的改變量與血壓控制藥物的服用劑量、服用者體重間的關係；諸如血壓的改變量是否隨劑量服用的不同而有所差異？血壓的改變量是否隨體重增加而降低？

(3)衛福部門想研究小五學生身高與體重間的關係；對這一特定年齡層，身高與體重是否有關係？是否有明顯的身高愈高，體重愈重？

(4)農改場人員想研究某農作物單位面積的產出與栽種的密度、降雨量的關係；產出與栽種的密度是否呈現反向關係？栽種密度與降雨量是如何影響產出？

此章節中，我們將探討二個變數間的特定關係。習慣上適當的選擇當中一變數為因變數或反應變數；另一變數為自變數、解釋變數或預測變數。分別以 y, x 符號代表。一般而言，y 與 x 的關係可以寫成數學形態

$y = f(x)$，其中 $f(x)$ 為某函數形式

例如：

$y = -0.7 + 2.3x$，x, y 兩者呈現「直線」關係

$y = -1 + 1.2x + 2x^2$，x, y 兩者呈現「曲線」關係

$y = \exp(1.2x + 0.45)$，x, y 兩者非「直線」的關係等等

透過 x, y 變數間清楚的函數關係，可方便的描述兩變數的行為，如 y 如何隨 x 而變化。

11.1　數學關係與統計關係

　　上面所提及的是 x, y 間的「數學關係」。也就是，給予特定值 x 透過函數關係 $f(x)$ 我們可以得到一明確的因變數值 y。這章節中，我們將進一步討論 x, y 間的「統計關係」。為釐清觀念，我們須將 x, y 角色分辨清楚（圖 11.1）。

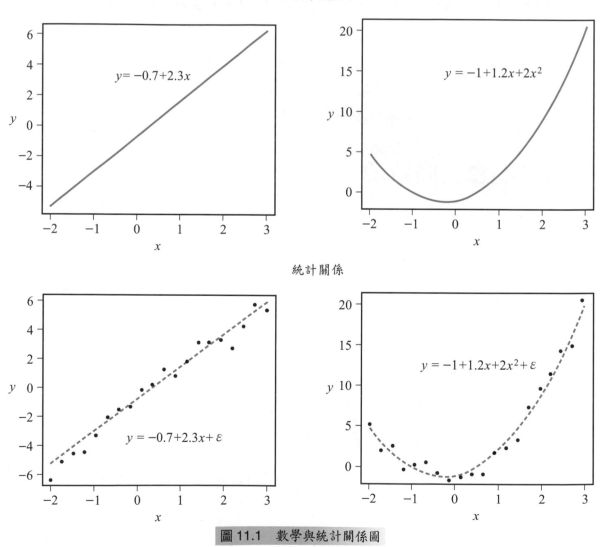

圖 11.1　數學與統計關係圖

　　首先，我們假設 X 均是事先設定的數值集合，個別的數值以 x 表示；而 Y 是當特定 $X = x$ 時的值。也就是說，把大寫 X 看成是固定的數值集合，小寫 x 表示數值，而 Y 為一隨機變數。此時我們可以建立統計迴歸模型：

$$Y = f(x) + \varepsilon = \underbrace{\underbrace{\text{數學關係}}_{} + \text{隨機誤差項}}_{\text{統計關係}}$$

其中 ε 代表一隨機誤差項，它的角色是一隨機變數且符合一些基本合理的假設。讀者可以看出數學模型與統計模型間的差異在於隨機誤差項的設定，因而 Y 亦為一隨機變數。以大、小寫區分的寫法，只是要強調數值或變數角色的不同。

　　因為 x 是固定數，所以 $f(x)$ 亦是固定數。依統計理論，Y 與 ε 的機率分配行為有關，如 ε 為常態分配，則 $Y = f(x) + \varepsilon$ 亦服從常態分配。

　　接著，我們將探討迴歸分析中簡單的情形：簡單線性迴歸模型。

⬚ 11.2　簡單線性迴歸分析

　　迴歸分析利用一組解釋變數的數值，對某一反應變數建立、估計其統計關係，以做為評估解釋變數對反應變數的影響程度。簡單線性迴歸模型中的「簡單」是指我們處理的資料只有因變數與一個解釋變數；「線性」是指函數裡的參數沒有曲線的關係。若 x, y 是「簡單線性」的統計關係，x, y 值繪製在座標平面上是直線趨勢的圖形。所以在建立簡單線性迴歸模型前，先繪製 x, y 散佈圖，會對分析有所助益；若 x, y 之間的圖形呈現任何曲線趨勢，將不適用於本章簡單線性迴歸分析的討論。

◕ 11.2.1　簡單線性迴歸模型

　　給予一組資料 $(x_i, y_i), i = 1, \cdots, n$，建立一簡單線性迴歸的統計模型：

$$y_i = \beta_0 + \beta_1 x_i + \varepsilon_i, \ i = 1, \cdots, n \tag{1}$$

其中 β_0, β_1 稱為迴歸係數，ε_i 稱為隨機誤差項，是一個隨機變數。一般要求，ε_i 服從某機率分配且期望值等於 0，其變異數為一定數，以 σ^2 表示。

迴歸函數 $y_i = \beta_0 + \beta_1 x_i$ 中的 β_0 為截距；而 β_1 為斜率，表示反應值的變化率，亦即，x 值一個單位長度的改變平均會引起 y 值 β_1 倍的改變。

對資料 (x_i, y_i), $i = 1, \cdots, n$ 我們想擬合模型(1)，也就是估計迴歸係數 β_0, β_1 及估計隨機誤差項的變異數 σ^2。當估計出 β_0, β_1，則迴歸直線函數亦被估計出。

🥧 11.2.2　簡單線性迴歸模型相關的假設

為往後參數估計、推論與預測做準備，模型(1)中的 ε_i 需有適當的假設：

1.假設 $\varepsilon_1, \cdots, \varepsilon_n$ 彼此是「不相關」的

因為 ε_i 不相關聯的假設與模型(1)的設定，代表 y_i 間也是不相關的。

2.假設 $\varepsilon_1, \cdots, \varepsilon_n$ 具有相同的變異數

也就是說，在任一 x_i 值觀察的 y_i 具有相同的變異。

3. ε_i 服從特定的機率分配

前面兩個設定是最基本的假設，若欲進一步做統計推論，須施加特定的機率分配於隨機誤差項 ε_i。

假設 $\varepsilon_1, \cdots, \varepsilon_n$ 皆服從常態分配 $N(0, \sigma^2)$。因為模型(1)中 $\beta_0 + \beta_1 x_i$ 為定數且 ε_i 為常態隨機變數，所以為常態隨機變數 ε_i 加上定數 $\beta_0 + \beta_1 x_i$ 亦為常態隨機變數。也就是對任意 i 而言，在 x_i 可能發生的觀察值 y_i（為一隨機變數）的行為也服從一常態分配。其期望值與變異數為：

$$E(Y_i \,|\, X = x_i) = E(\beta_0 + \beta_1 x_i + \varepsilon_i) = E(\underbrace{\beta_0 + \beta_1 x_i}_{(\bigstar)}) + E(\varepsilon_i) = \beta_0 + \beta_1 x_i + 0$$

$$V(Y_i \,|\, X = x_i) = V(\beta_0 + \beta_1 x_i + \varepsilon_i) = V(\underbrace{\beta_0 + \beta_1 x_i}_{(\bigstar\bigstar)}) + V(\varepsilon_i) = 0 + V(\varepsilon_i) = \sigma$$

上面 $(\bigstar)$ 與 $(\bigstar\bigstar)$ 式，因 $\beta_0 + \beta_1 x_i$ 為定數，依常數取期望值與變異數的性質，值分別為 $\beta_0 + \beta_1 x_i$ 與 0。

由上知 $y_i \sim N(\beta_0 + \beta_1 x_i, \sigma^2)$。若寫成 $Y \,|\, X = x_i \sim N(\beta_0 + \beta_1 x_i, \sigma^2)$ 以表示這是 Y 在 $X = x_i$ 的行為，兩者意義是相同的。讀者可參考這些假設所形成的圖示，如圖 11.2。

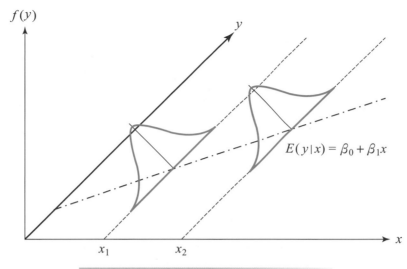

圖 11.2　Y 在 $x = x_i$ 有相同常態分配的外形

🥧 11.2.3　迴歸分析的主題

　　首先假設處理中的資料皆符合假設與適合使用簡單線性迴歸模型，因此重點將放置於如何估計、預測與檢定。我們不強調一些計算公式的推導，但希望讀者瞭解如何使用計算式與其相關的解釋。

　　再者，迴歸模型的分析都可借助統計軟體做繁瑣的計算處理。因此認識迴歸分析的第一步是知道並懂得解釋模型與結果。相關的公式我們盡量避開或留置章節的最後部分。

📈 11.3　最小平方估計法

　　如變異數分析模型的估計方法，選用最小平方估計法估計模型(1)中迴歸係數 β_0 與 β_1。

　　假設對於任一個 $X = x_i$，定義其：

$$\varepsilon_i = y_i - (\beta_0 + \beta_1 x_i)$$

ε_i 是解釋變數為 $X = x_i$ 時，觀察值 y_i 與迴歸直線函數 $\beta_0 + \beta_1 x_i$ 的垂直距離或差異。理論上，一個好的迴歸直線應該是和資料最貼近的。我們把求取最小

的 $\sum\limits_{i=1}^{k} \varepsilon_i^2$ 當成目標（函數）：

$$Q(\beta_0, \beta_1) = \sum_{i=1}^{n} \varepsilon_i^2 = \sum_{i=1}^{n} (y_i - \beta_0 - \beta_1 x_i)^2 \tag{2}$$

$Q(\beta_0, \beta_1)$ 是 β_0, β_1 的函數。因為我們在尋找最貼近資料的迴歸直線，Q 當然是愈小愈好。此過程，稱為最小平方估計法。最小平方估計法名稱中，「平方」是指我們考慮的是整體差異的平方和，「最小」是指所有可能的 β_0, β_1 中，使得 Q 有最小值。

尋求目標函數 Q 最小化，即求解 $\hat{\beta}_0, \hat{\beta}_1$ 使得 $Q(\beta_0, \beta_1)$ 最小。

現階段比較重要的是學會利用估算式做計算和對相關推導的結果做解釋。數學上推導的過程可參閱 12.10 節的證明。

一 β_0, β_1 的最小平方估計式

運用微積分可求得模型(1)的最小平方估計式 $(\hat{\beta}_0, \hat{\beta}_1)$ 如下：

$$\hat{\beta}_1 = \frac{\sum\limits_{i=1}^{n} (x_i - \bar{x})(y_i - \bar{y})}{\sum\limits_{i=1}^{n} (x_i - \bar{x})^2} = \frac{s_{xy}}{s_{xx}}$$

$$\hat{\beta}_0 = \bar{y} - \hat{\beta}_1 \bar{x} \tag{3}$$

其中 $s_{xy} = \sum\limits_{i=1}^{n} (x_i - \bar{x})(y_i - \bar{y})$, $s_{xx} = \sum\limits_{i=1}^{n} (x_i - \bar{x})^2$。

我們稱：

$$\hat{y}_i = \hat{\beta}_0 + \hat{\beta}_1 x_i, \ i = 1, \cdots, n \tag{4}$$

為以簡單線性迴歸模型擬合的最小平方估計迴歸直線。$\hat{y}_i$ 稱為 y_i 的擬合值，是在點 x_i 的最佳「猜測」解或稱在點 x_i 時估計出最佳的平均反應值。

求出 $\hat{y}_i$，觀察值 y_i 與擬合值 $\hat{y}_i$ 的差異：

$$\hat{\varepsilon}_i = y_i - \hat{y}_i$$

稱為在 $X = x_i$ 的殘差。殘差在迴歸模型分析中有很重要的角色。

二 殘差與擬合直線的相關性質

殘差相關性質說明如下：

(1) $\sum\limits_{i=1}^{n} \hat{\varepsilon}_i = 0$，殘差總合必為零。

(2) $\sum_{i=1}^{n} \hat{\varepsilon}_i^2$ 最小，$(\hat{\beta}_0, \hat{\beta}_1)$ 是所有 (β_0, β_1) 中使得殘差平方總和最小的一組。

(3) $\bar{y} = \hat{\beta}_0 + \hat{\beta}_1 \bar{x}$，估計的迴歸直線一定通過 $(\bar{x}, \bar{y})$。

例1 計算擬合直線的例子

給予 $\{(x_i, y_i)\} = \{(1, 1), (3, 1), (5, 4)\}$，使用最小平方法：

(1)求 β_0, β_1 之最小平方估計值。

(2)寫出擬合直線 $\hat{y} = \hat{\beta}_0 + \hat{\beta}_1 x$。

(3)試計算殘差總和。

解析

由資料計算平均數 $(\bar{x}, \bar{y}) = (\dfrac{1+3+5}{3}, \dfrac{1+1+4}{3}) = (3, 2)$，與平方和：

$$s_{xy} = (1-3) \times (1-2) + (3-3) \times (1-2) + (5-3) \times (4-2) = 6$$

$$s_{xx} = (1-3)^2 + (3-3)^2 + (5-3)^2 = 8$$

依計算公式(3)，迴歸係數的估計值為：

$$\hat{\beta}_1 = \frac{s_{xy}}{s_{xx}} = \frac{6}{8} = 0.75$$

$$\hat{\beta}_0 = \bar{y} - \hat{\beta}_1 \times \bar{x} = 2 - \frac{6}{8} \times 3 = -0.25$$

所以 $\hat{y}_i = -0.25 + 0.75 x_i$, $i = 1, 2, 3$，各點殘差 $\hat{\varepsilon}_i = y_i - \hat{y}_i$ 如表 11.1：

表 11.1　各點殘差表

x 值	x_i	1	3	5
觀察值	y_i	1	1	4
擬合值	$\hat{y}_i$	0.5	2.0	3.5
殘　差	$\hat{\varepsilon}_i$	0.5	−1.0	0.5

利用上表，讀者可檢查如下性質：

$$\sum_{i=1}^{n} \hat{y}_i = 0.5 + 2.0 + 3.5 = \sum_{i=1}^{n} y_i = 1 + 1 + 4$$

$$\sum_{i=1}^{n} \hat{\varepsilon}_i = 0.5 + (-1.0) + 0.5 = 0$$

若使用計算公式，求算 s_{xx}, s_{xy} 亦得相同答案。過程如下：

$$\sum_{i=1}^{3} x_i = 1 + 3 + 5 = 9, \sum_{i=1}^{3} x_i^2 = 1 + 9 + 25 = 35$$

$$\sum_{i=1}^{3} y_i = 1 + 1 + 4 = 6, \sum_{i=1}^{3} y_i^2 = 1 + 1 + 16 = 18$$

$$\sum_{i=1}^{3} x_i y_i = 1 \times 1 + 3 \times 1 + 5 \times 4 = 24$$

$$s_{xy} = 24 - \frac{9 \times 6}{3} = 6$$

$$s_{xx} = 35 - \frac{9^2}{3} = 8$$

---

s_{xy}, s_{xx} 也有簡便的計算方法（參閱問答題 7），除方便外也可以減少使用減法，可減少誤差的產生。往後的計算我們多使用此方法求解。

11.4　隨機誤差項變異數的估計

σ^2 在模型設定中，固定且未知，須估計求得。依理論可推導，σ^2 的不偏估計量為：

$$\hat{\sigma}^2 = \frac{\sum_{i=1}^{n} (y_i - \hat{y}_i)^2}{n - 2} \tag{5}$$

公式(5)其實相當容易理解，依模型假設，直覺上 $\hat{\varepsilon}_i = y_i - \hat{y}_i$ 是 ε_i 的最好的估計，所以用 $\hat{\varepsilon}_i$ 的樣本變異數來估計 σ^2。而取平均除以 $n-2$ 主要是利用 n 個 $\hat{\varepsilon}_i$ 的資料在計算變異數時，我們須事先估計 β_0, β_1 才能知道 $\hat{y}_i$，因此 n 個的資料失去 2 個訊息變成 $n-2$。

若欲估計隨機誤差項的標準差，只須將公式(5)取開方可得：

$$\hat{\sigma} = \sqrt{\frac{\sum_{i=1}^{n} (y_i - \hat{y}_i)^2}{n - 2}} \tag{6}$$

計算例子

承例 1，因資料個數少且單純，直接帶入公式估計變異數與標準差為：

$$\hat{\sigma}^2 = \frac{0.5^2 + (-1.0)^2 + 0.5^2}{3-2} = 1.5$$

$$\hat{\sigma} = \sqrt{\frac{0.5^2 + (-1.0)^2 + 0.5^2}{3-2}} = \sqrt{1.5} = 1.2247$$

11.5 迴歸係數 β_0, β_1 的檢定與信賴區間

欲檢定 β_0, β_1，須知道 $\hat{\beta}_0$, $\hat{\beta}_1$ 的抽樣分配。

迴歸係數估計式 $\hat{\beta}_0$ 與 $\hat{\beta}_1$ 的變異數與抽樣分配，可推導得到以下結果：

$$\hat{\beta}_1 \sim N(\beta_1, \frac{\sigma^2}{s_{xx}})$$

$$\hat{\beta}_0 \sim N(\beta_0, \sigma^2[\frac{1}{n} + \frac{\overline{x}^2}{s_{xx}}])$$

由抽樣理論知道，當 σ^2 未知，以 $\hat{\sigma}^2$ 代替，抽樣分配分別為：

$$\frac{\hat{\beta}_1 - \beta_1}{\hat{\sigma}\sqrt{\frac{1}{s_{xx}}}} \sim t(n-2) \tag{7}$$

$$\frac{\hat{\beta}_0 - \beta_0}{\hat{\sigma}\sqrt{\frac{1}{n} + \frac{\overline{x}^2}{s_{xx}}}} \sim t(n-2) \tag{8}$$

今想檢定 $H_0 : \beta_i = 0$ 相對於 $H_1 : \beta_i \neq 0$, $i = 0, 1$。例如想知道 x 是否為 y 重要的解釋變數？想知道 y 是否隨 x 呈線性變化？y 是否隨 x 呈線性變化代表檢定斜率 β_1 是否等於 0。又因為擬合的資料範圍不一定包含 $x = 0$，所以一般對截距 β_0 推論並不關心；而比較關注的是有關斜率 β_1 的推論。以檢定 β_1 為例，對 β_1 的檢定，使用檢定統計量：

$$t^* = \frac{\hat{\beta}_1 - \beta_1}{\hat{\sigma}\sqrt{\frac{1}{s_{xx}}}}$$

若對 $H_0 : \beta_1 = 0$ 做雙尾檢定，給予顯著水準 α，當檢定量落於：

$$R = \{t^* | |t^*| > t_{1-\frac{\alpha}{2}}(n-2)\}，拒絕虛無假設$$

若為單尾檢定，亦依先前章節檢定程序實施檢定。

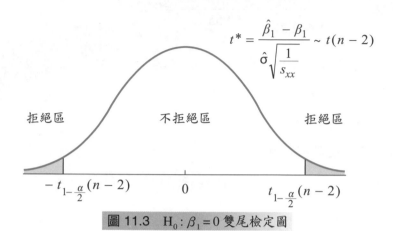

$$t^* = \frac{\hat{\beta}_1 - \beta_1}{\hat{\sigma}\sqrt{\frac{1}{s_{xx}}}} \sim t(n-2)$$

拒絕區　　　　不拒絕區　　　　拒絕區

$-t_{1-\frac{\alpha}{2}}(n-2)$　　　0　　　$t_{1-\frac{\alpha}{2}}(n-2)$

圖 11.3　$H_0: \beta_1 = 0$ 雙尾檢定圖

例2 檢定例子

假設有一公司過去 8 個月來，公司銷售與開銷數據如下：

表 11.2　銷售與開銷表

銷售 x	1,765	1,942	2,132	2,431	2,642	2,895	2,931	3,217
開銷 y	407	466	489	545	610	659	686	724

今使用最小平方法計算擬合直線並檢定 $H_0: \beta_1 = 0$，當 $\alpha = 0.05$ 時。

解析

相關總和計算如下：

$$\sum_{i=1}^{8} x_i = 19,955, \ \sum_{i=1}^{8} y_i = 4,586$$

$$\sum_{i=1}^{8} x_i^2 = 51,642,813, \ \sum_{i=1}^{8} y_i^2 = 2,720,104$$

$$\sum_{i=1}^{8} x_i y_i = 11,849,969$$

所以得到迴歸係數的估計：

$$\hat{\beta}_1 = \frac{11,849,969 - \dfrac{19,955 \times 4,586}{8}}{51,642,813 - \dfrac{19,955^2}{8}} = 0.22$$

$$\hat{\beta}_0 = 573.25 - 0.22 \times 2,494.375 = 24.49$$

因此擬合的迴歸直線或迴歸直線的估計為：

$$\hat{y}_i = 24.49 + 0.22x_i$$

隨機誤差項變異的估計：

$$\hat{\sigma}^2 = \frac{1}{8-2} \sum_{i=1}^{8} (y_i - 24.49 - 0.22x_i)^2$$

$$= 138.78$$

$$\hat{\sigma} = \sqrt{138.78}$$

$$= 11.78$$

今檢定 $\beta_1 = 0$，欲求其抽樣分配須計算 s_{xx}：

$$s_{xx} = \sum_{i=1}^{8} x_i^2 - \frac{(\sum_{i=1}^{8} x_i)^2}{8}$$

$$= 51,642,813 - \frac{19,955^2}{8}$$

$$= 1,867,560$$

在顯著水準 $\alpha = 0.05$，檢定：

$$H_0 : \beta_1 = 0 \text{ 相對 } H_1 : \beta_1 \neq 0$$

由上知道，拒絕區域（圖 11.4）為：

$$R = \{ |t^*| \geq t_{0.975}(6) = 2.447 \}$$

今檢定統計量：

$$t^* = \frac{0.22 - 0}{\dfrac{11.78}{\sqrt{1,867,560}}} = 25.52 > 2.447 ,$$

所以結論拒絕虛無假設。銷售與開銷存在著線性關聯。

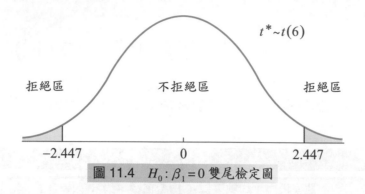

圖 11.4　$H_0: \beta_1 = 0$ 雙尾檢定圖

由 $\hat{\beta}_1$ 與 $\hat{\beta}_0$ 抽樣分配(7)、(8)，知道 β_0, β_1 的 $(1 - \alpha)100\%$ 信賴區間：

$$\hat{\beta}_1 \pm t_{1-\frac{\alpha}{2}}(n-2)\hat{\sigma}\sqrt{\frac{1}{s_{xx}}} \tag{9}$$

$$\hat{\beta}_0 \pm t_{1-\frac{\alpha}{2}}(n-2)\hat{\sigma}\sqrt{\frac{1}{n} + \frac{\overline{x}^2}{s_{xx}}} \tag{10}$$

繼續例 2，當 $1 - \alpha = 0.95$, $t_{0.975}(6) = 2.447$ 時，β_1 的 95% 信賴區間：

$$(0.22 - t_{0.975}(6) \times 11.78\sqrt{\frac{1}{1,867,560}},\ 0.22 + t_{0.975}(6) \times 11.78$$

$$\sqrt{\frac{1}{1,867,560}}\,) \equiv (0.199,\, 0.241)$$

讀者應可觀察出，β_1 的 95% 信賴區間未涵蓋 0 點，等同於在顯著水準 0.05，做雙尾檢定時，拒絕虛無假設 $H_0: \beta_1 = 0$。如同假設檢定中提及的概念，這簡單的例子說明了在統計推論裡，信賴區間與假設檢定的對等性。也就是在顯著水準 $\alpha100\%$ 下，拒絕虛無假設與否和觀察 $(1 - \alpha)100\%$ 信賴區間是否包含 0 是相同的。

11.6 簡單線性迴歸中變異數分析

在這節中我們考慮如下三個差異數量及其差異平方總和：

表 11.3 差異與其平方列表

	觀察值與平均數差異	擬合值與平均數差異	殘　差
差　異	$y_i - \bar{y}$	$\hat{y}_i - \bar{y}$	$y_i - \hat{y}_i$
差異總和	$\sum_{i=1}^{n}(y_i - \bar{y})^2$	$\sum_{i=1}^{n}(\hat{y}_i - \bar{y})^2$	$\sum_{i=1}^{n}(y_i - \hat{y}_i)^2$

利用它們來瞭解、檢定是否簡單線性迴歸關係能解釋資料的變異。三個差異數量的說明如下，幾何圖示參閱圖 11.5。

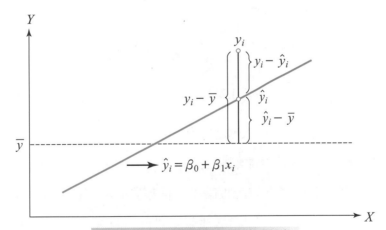

圖 11.5 變異的分解：變量的拆解

(1) $y_i - \bar{y}$ 是假設當資料 (x_i, y_i) 在不引進任何模型時，資料對資料平均數的差異。$\sum_{i=1}^{n}(y_i - \bar{y})^2$ 則是把這些差異做平方總和，我們稱之為總變異，以符號 SST 表示。

(2) $\hat{y}_i - \bar{y}$ 是當資料 (x_i, y_i) 在引進模型(1)時，擬合值對資料平均數的差異。$\sum_{i=1}^{n}(\hat{y}_i - \bar{y}_i)^2$ 為擬合資料差異平方總和，我們稱之為迴歸平方總和，以符號 SSR 表示。直覺上若簡單線性模型擬合得很好，$\hat{y}_i$ 對 y_i 具有代表性。

我們期待 $\hat{y}_i - \bar{y}$ 和 $y_i - \bar{y}$ 應差別不大。如此 $\sum\limits_{i=1}^{n}(y_i - \bar{y})^2$ 和 $\sum\limits_{i=1}^{n}(\hat{y}_i - \bar{y})^2$ 的值接近。反之，若 $\sum\limits_{i=1}^{n}(y_i - \bar{y})^2$ 與 $\sum\limits_{i=1}^{n}(\hat{y}_i - \bar{y})^2$ 差異大，表示 $\hat{y}_i$ 對 y_i 的替代性差且因為 $\hat{y}_i$ 是由變數 X 所解釋擬合的，所以我們認為代表引進解釋變數 X 的效果不大。

⑶ $y_i - \hat{y}_i$ 為觀察值與擬合值間的差異，可以說是資料沒被模型⑴所解釋的部分。$\sum\limits_{i=1}^{n}(y_i - \hat{y}_i)^2$ 我們稱之為殘差平方總和，以符號 SSE 表示。若簡單線性模型擬合得很好，$\sum\limits_{i=1}^{n}(y_i - \hat{y}_i)^2$ 相對於 $\sum\limits_{i=1}^{n}(y_i - \bar{y})^2$ 應該較小。

一　變異的分割

經過推導，可以得到變異的分解如下：

$$\sum_{i=1}^{n}(y_i - \bar{y})^2 = \sum_{i=1}^{n}(\hat{y}_i - \bar{y})^2 + \sum_{i=1}^{n}(y_i - \hat{y}_i)^2 \tag{11}$$

$$SST = SSR + SSE \tag{12}$$

$$\underbrace{差異平方總和}_{總變異} = \underbrace{迴歸平方總和}_{模型解釋的變異} + \underbrace{殘差平方總和}_{未解釋的變異}$$

變異分解公式⑿的自由度分別是 $n-1, 1, n-2$。代表這些變異量是由這些自由度所貢獻出來的。

二　變異數分析表

變異量是由各自相對應的自由度所貢獻出來的。我們把各變異量 SSR, SSE 除以自由度得到平均變異，簡稱為「迴歸均方和」與「殘差均方和」，以符號 MSR, MSE 表示。迴歸均方和與殘差均方和的期望值理論可推導結果如下：

$$E(MSR) = \sigma^2 + \beta_1^2 \sum_{i=1}^{n}(x_i - \bar{x})^2 \tag{13}$$

$$E(MSE) = \sigma^2 \tag{14}$$

所以，若 $\beta_1 = 0$，我們觀察 MSR 與 MSE 兩者應差不多。若 $\beta_1 = 0$，$\dfrac{MSR}{MSE}$ 會是接近一左右。然而 $\beta_1 = 0$ 代表什麼呢？代表真實的迴歸直線斜率等於 0。即：

$$y_i = \beta_0 + \varepsilon_i,$$

也就是說，y 和 x 間並無任何關聯。無論 x 為何值，y_i 都有相同的平均數 β_0。

若 $\beta_1 \neq 0$，由公式(14)，我們可以期待 $\dfrac{MSR}{MSE}$ 是一較大的數。當欲檢定：

$$H_0 : \beta_1 = 0 \text{ 相對 } H_a : \beta_1 \neq 0$$

統計理論說，當 $H_0 : \beta_1 = 0$ 為真，則：

$$\frac{MSR}{MSE} \sim F(1, n-2) \tag{15}$$

所以給定顯著水準 α，檢定 $H_0 : \beta_1 = 0$ 決策程序為：當 $F^* = \dfrac{MSR}{MSE} > F_\alpha(1, n-2)$ 拒絕虛無假設 H_0。總變異的分解在實務上我們以表列的方式來呈現，並寫出檢定的結果。

表 11.4　簡單線性迴歸變異數分析表格式			
變異來源	平方和	自由度	均方和	F 統計量
迴歸模型	$\sum_{i=1}^{n}(\hat{y}_i - \bar{y})^2$	1	$MSR = \dfrac{SSR}{1}$	$F^* = \dfrac{MSR}{MSE}$
殘　差	$\sum_{i=1}^{n}(y_i - \hat{y}_i)^2$	$n-2$	$MSE = \dfrac{SSE}{n-2}$	
總　和	$\sum_{i=1}^{n}(y_i - \bar{y})^2$	$n-1$		

三　便捷的計算公式

由公式(12)瞭解，只要知道三個變異量中的任二部分變異數即可求算第三部分。依常用的變異計算方法知：

$$SST = \sum_{i=1}^{n}(y_i - \bar{y})^2 = \sum_{i=1}^{n} y_i^2 - \frac{(\sum_{i=1}^{n} y_i)^2}{n} \tag{16}$$

在算 SSE 後，$SSR = SST - SSE$。也可以先算 SSR，因為 $\hat{y}_i = \bar{y} + \hat{\beta}_1(x_i - \bar{x})$，推得 $\hat{y}_i - \bar{y} = \hat{\beta}_1(x_i - \bar{x})$。所以，$SSR$ 可以化簡為：

$$\begin{aligned}
\sum_{i=1}^{n}(\hat{y}_i - \bar{y})^2 &= \sum_{i=1}^{n}(\hat{\beta}_1[x_i - \bar{x}])^2 \\
&= \sum_{i=1}^{n}\hat{\beta}_1^2(x_i - \bar{x})^2 = \hat{\beta}_1^2 \sum_{i=1}^{n}(x_i - \bar{x})^2 \\
&= \hat{\beta}_1^2 \left(\sum_{i=1}^{n} x_i^2 - \frac{(\sum_{i=1}^{n} x_i)^2}{n}\right)
\end{aligned}$$

則 $SSE = SST - SSR$。

四　以銷售與開銷為例（例２）──計算各變異量

$$SST = \sum_{i=1}^{n}(y_i - \bar{y})^2 = 2{,}720{,}104 - \frac{4{,}586^2}{8} = 91{,}179.5$$

$$SSR = \sum_{i=1}^{n}(\hat{y}_i - \bar{y})^2 = 0.22^2 \times (51{,}642{,}813 - \frac{19{,}955^2}{8})$$

$$= 90{,}389.9$$

$$SSE = \sum_{i=1}^{n}(y_i - \hat{y}_i)^2 = 91{,}179.5 - 90{,}389.9 = 789.6$$

 例3　變異數分析表的例子

以銷售與開銷為例──建立變異數分析表。

解析

利用先前計算的資料，我們表列檢定結果如下：

表 11.5　變異數分析表──銷售與開銷例子

變異來源	平方和	自由度	均方和	F 統計量
迴歸模型	90,389.9	1	90,389.9	686.9
殘　差	789.6	6	131.6	
總　和	91,179.5	7		

因為 $F_{0.05}(1, 8-2) = 5.99$，而 $F^* = 686.9 > F_{0.05}(1, 8-2) = 5.99$，所以，在顯著水準 $\alpha = 0.05$ 下，拒絕虛無假設 $H_0 : \beta_1 = 0$。也就是說，銷售與開銷有顯著的線性關聯存在。

11.7　判定係數 R^2

因 SST 的計算只和 y_i 有關，給定資料 (x_i, y_i) 後 SST 即是固定值，而 SSR 是建立簡單線性迴歸關係後所解釋的部分，所以 SSR 占 SST 的比例愈高，則簡單線性迴歸模型解釋資料的程度能力愈高。

我們將判定係數 R^2 定義為：

$$\frac{SSR}{SST} = 1 - \frac{SSE}{SST} \text{。}$$ (17)

公式(17)，R^2 在測度總變異 SST 中有多少比例被所假設的簡單線性模型所解釋。由公式(17)的數學關係知道：$0 \leq R^2 \leq 1$。因為：

$$0 \leq SSR \leq SST \leftrightarrow 0 \leq \frac{SSR}{SST} \leq 1$$ (18)

通常愈高的 R^2 代表建立的簡單線性迴歸模型比單純以 $\bar{y}$ 當所有 y_i 的估計值，在解釋變異上具有顯著的效果。

以銷售與開銷為例

由先前的計算結果，直接代入計算可得判定係數：

$$R^2 = \frac{SSR}{SST} = \frac{90,347}{91,180} = 0.99$$

引進銷售為解釋變數建立簡單線性迴歸模型可解釋總變異的 99%，其解釋能力相當高。

繪製銷售與開銷例子的散佈圖，如圖 11.6，讀者應可瞭解判定係數 0.99 代表的涵義。很清楚地，銷售與開銷二變數呈現強烈直線關聯的趨勢。

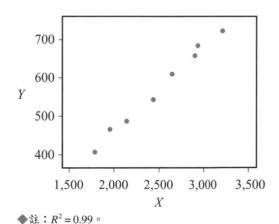

◆註：$R^2 = 0.99$。

圖 11.6　散佈圖：銷售與開銷例子

〰 11.8 相關分析

相關係數是測度隨機變數 X 與 Y 間互相關聯的量數。當給予資料 (x_i, y_i) 可以計算兩者的相關性與強度。這章節中,我們將討論測度的計算與解釋,而不討論檢定。

一 相關係數

定義 x 與 y 的相關係數:

$$r(x, y) = \frac{\frac{1}{n-1}\sum_{i=1}^{n}(x_i - \bar{x})(y_i - \bar{y})}{\sqrt{s_x^2}\sqrt{s_y^2}} \tag{19}$$

其中 s_x^2, s_y^2 分別為 x, y 的樣本變異數。

公式(19)可以進一步化簡為:

$$r(x, y) = \frac{\sum_{i=1}^{n}(x_i - \bar{x})(y_i - \bar{y})}{\sqrt{\sum_{i=1}^{n}(x_i - \bar{x})^2}\sqrt{\sum_{i=1}^{n}(y_i - \bar{y})^2}} \tag{20}$$

利用便捷的計算公式如下:

$$r(x, y) = \frac{\sum_{i=1}^{n}x_i y_i - \frac{(\sum_{i=1}^{n}x_i)(\sum_{i=1}^{n}y_i)}{n}}{\sqrt{\sum_{i=1}^{n}x_i^2 - \frac{(\sum_{i=1}^{n}x_i)^2}{n}}\sqrt{\sum_{i=1}^{n}y_i^2 - \frac{(\sum_{i=1}^{n}y_i)^2}{n}}} \tag{21}$$

二 $r(x, y)$ 的意義與特性

由公式(20)可以看出,相關係數的分子以:

$$\sum_{i=1}^{n}(x_i - \bar{x})(y_i - \bar{y}) \tag{22}$$

衡量 x, y 數據間相對於資料平均數 (x, y) 的變化 , 整體性的衡量是否 x_i 離 $\bar{x}$ 愈遠,y_i 也離 $\bar{y}$ 愈遠。若是如此,公式(22)將愈大;反之則會互相抵銷,總和值變小。至於分母的意義稍後會加以說明原由。

另一些重要的特性說明如下:

1. 相關方向與強度

依上面說明，$r(x, y)$ 若為正值，表示 x_i 離 $\bar{x}$ 愈遠，y_i 也離 $\bar{y}$ 愈遠。 圖形上代表 x, y 是一右上左下的直線趨勢，稱為正相關； 反之，若 $r(x, y)$ 為負值，x, y 是一左上右下的直線趨勢，稱為負相關。 而且可推得，$-1 \leq r(x, y) \leq 1$。所以結合二個概念可知，$r(x, y)$ 若愈接近 1 或 -1 代表相關性愈強；$r(x, y)$ 愈接近 0，代表相關性愈弱。

2. 測度值的整體性

相關分析的觀念也是屬於整體性的。也就是說我們探討「整體」的相關性強弱，個別的資料點是允許例外的。例如說，隨著近代醫學統計的發展，專家研究出抽菸與肺癌的相關性是很高的，所以我們會規勸周遭的友人戒菸有助身體健康。但是我們常會聽老一輩的長輩說「他」抽了一輩子的菸，但身子一向都很硬朗！

3. 變數角色可交換

相關分析處理的是屬量的變數，我們關心的是兩者間的相關性，如身高、成績等；在簡單線性迴歸分析中，變數 y 是隨著 x 變動，y 稱為「反應變數」而 x 稱為「解釋變數」，角色是不同的。相關分析在尋求變數間相關性，所以不區分何者為解釋變數，何者為反應變數；假若數學科與自然科成績有高度的關聯，則反之亦然，自然科與數學科成績有高度關聯。亦即，相關分析中，因為皆為隨機變數，y 與 x 角色是相同的。也就是說，$r(x, y) = r(y, x)$。

4. 測度與單位無關

為何相關係數的分子是除以 x、y 的標準差？公式⑵的計算結果會因使用的單位不同而產生不同的數值。例如身高、體重若使用公分與公斤為單位來計算公式⑵，必定和使用公尺與公噸當單位來計算有所不同，後者遠小於前者。所以，把公式⑵計算結果除以各變數的標準差（以標準差平減各變數，因為單位不同引起變異量的不同），將會去除因為單位不同而帶來相關性測度值不同。而且 $r(\cdot, \cdot)$ 的計算中除以各變數之標準差，也等同於去除單位使用的影響。所以改變單位不會影響其值。$r(\cdot, \cdot)$ 沒有單位，僅是一數值。

5.只衡量線性相關

r 測量 x, y 之間「線性關聯」的方向強度，但不能測量曲線的關係。因為 r 衡量 x、y 數據間相對於資料平均數 $(\bar{x}, \bar{y})$ 的變化，若 x、y 落在直線的趨勢上，依此定義，r 值會變大。圖 11.7 中，變數 x、y 是很明顯的「曲線關係」，但求算出的 $r(x, y) = 0$。

6.易受離群值影響

r 計算結果受離群值的影響很大，這如同平均數和變異數的結果一般。圖 11.8 中，求算出的 $r(x, y) = 0.81$；但若將右上角的藍點資料去除，得到的相關係數是 -0.23，由此可看出右上角藍點的角色很突出。

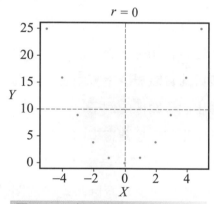

圖 11.7　資料形態不呈線性相關

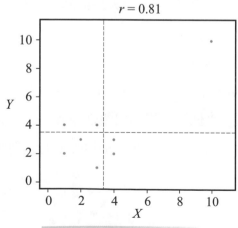

圖 11.8　資料中有離群值

三 相關性不等同於因果關係

相關性不一定可建立起因果關係。要證實因果關係是要規劃實驗,透過控制與建立「解釋變數」的改變對「反應變數」的影響,才可能建立因果關係。我們舉例說明相關性與因果關係的區別,讀者可細心體會。

⑴給予消防局過去 30 個火場的資料,記錄了每一火場派遣消防弟兄的人數與現場損失金額報告,發現在人數與損失金額間有高度正相關的現象。你會下一結論:「為減少火災現場損失而減少派遣的人數」嗎?明顯的,你不會因高度相關而做此推論。這例子說明了變數間有相關,不一定有因果關係。

⑵電視廣告「吸菸導致肺癌」的宣導。因為長期的觀察研究發現,吸菸與肺癌間有正相關;大部分肺癌患者是長期吸菸者。你也會下一結論:「吸菸導致肺癌」嗎?這是一個過去爭論但已獲得解決的問題。隨著醫學進步,病理研究與良好的實驗規劃證實兩者間的因果關係。這是一正相關證據的提出最後導出因果關係的例子。

⑶給予臺灣各地區基地臺與癌症罹患率的資料,發現基地臺的個數與罹患率有著正相關的現象。你會下一結論:「基地臺的電磁波導致癌症的發生」嗎?雖然我們常看到臺灣民眾因基地臺的問題提出示威抗議,但截至目前為止,尚未有斬釘截鐵的證據確立兩者間的因果關係。

⑷假設給予臺中地區 18 歲以下每一人口的語文成績與鞋子尺寸大小資料,發現兩者有著高度的正相關,你會下一結論:「腳仔愈大,語文能力愈強」嗎?我們以為你不至於下此結論!

一般而言,以散佈圖及相關係數做初步的相關分析問題。散佈圖是把 y 與 x 變數畫在平面上,來做變數間的相關性觀察,可以觀察出變數間是否呈現正相關或負相關或不相關等,更進一步的強度測量則須相關係數的計算。

例4　有離群值的例子

(1)給予如下一組資料，計算資料的相關係數。

表 11.6

x	1	1	2	2	3	3	4	4	10
y	4	2	3	3	1	4	3	2	10

(2)假若把可疑的離群值，$(x, y) = (10, 10)$ 去除，重算相關係數 r。

表 11.7

x	1	1	2	2	3	3	4	4
y	4	2	3	3	1	4	3	2

 解析

(1) $\sum_{i=1}^{9} x_i^2 = 160, \sum_{i=1}^{n} x_i = 30; \sum_{i=1}^{9} y_i^2 = 168, \sum_{i=1}^{n} y_i = 32, \sum_{i=1}^{n} xy = 153$

$$s_x^2 = \frac{1}{n-1}[\sum_{i=1}^{n} x_i^2 - \frac{(\sum_{i=1}^{n} x_i)^2}{n}]$$

$$\sqrt{s_x^2} = \sqrt{\frac{1}{9-1} \times (160 - \frac{30^2}{9})} = \sqrt{7.50} = 2.739$$

$$s_y^2 = \frac{1}{n-1}[\sum_{i=1}^{n} y_i^2 - \frac{(\sum_{i=1}^{n} y_i)^2}{n}]$$

$$\sqrt{s_y^2} = \sqrt{\frac{1}{9-1} \times (168 - \frac{32^2}{9})} = \sqrt{6.78} = 2.603$$

$$r(x, y) = \frac{1}{9-1} \times \frac{46.33}{2.739 \times 2.603} = 0.812$$

(2) $r(x, y) = \frac{1}{8-1} \times (\frac{-2}{1.195 \times 1.035}) = -0.231$

例5 非線性相關的例子

給予如下一組資料，計算資料的相關係數。

表 11.8

x	−5	−4	−3	−2	−1	0	1	2	3	4	5
y	25	16	9	4	1	0	1	4	9	16	25

解析

$$\sum_{i=1}^{11} x_i^2 = 110, \sum_{i=1}^{11} x_i = 0; \sum_{i=1}^{11} y_i^2 = 1,958, \sum_{i=1}^{11} y_i = 110$$

$$\sqrt{s_x^2} = \sqrt{\frac{1}{11-1} \times (110 - \frac{0}{10})} = \sqrt{11} = 3.317$$

$$\sqrt{s_y^2} = \sqrt{\frac{1}{11-1} \times (1,958 - \frac{110^2}{10})} = \sqrt{74.8} = 8.649$$

$$r(x, y) = \frac{1}{11-1} \times \frac{0}{3.317 \times 8.649} = 0$$

個案討論

職棒選手資料分析

　　棒球無可否認的在臺灣被公認為國球，早期三級棒球賽事的轉播盛況更是許多成年人的回憶。即使至今，棒球訓練營、夏令營等活動更是青少年暑期活動的首選；而職業棒球賽事更是大家日常關注的一環。臺灣的職業棒球雖然走過高低起伏的 30 年，但我們仍可看出民間與官方對職業棒球運動的喜愛與支持，包括縣市的認養、洋將的引入、旅美球星的加入與本土球員的努力付出都為職棒運動帶來生機。球團的擴增、新球隊的陸續加入，相信未來的發展將匯聚蓬勃的人氣與商機。

　　資料庫是數據分析或資料探索的重要源頭。例如，可以在美國職業棒球大聯盟 (MLB) 或中華職業棒球大聯盟 (CPBL) 其公開資料庫的網站

中找到豐富的職棒球星、球隊與賽程的紀錄資料。美國更有專業研究機構利用球場打擊與防守資料做專業分析與商業運用 ; 臺灣也有類似分析機構,這對球隊、球員薪資結構、表現評估或運彩分析都提供莫大的幫助。

探討指標間的關係

　　棒球是一門專業學問,有許多不同衡量球員能力的指標。舉例來說,計算選手的安打數除以打數的「打擊率」及計算壘打數與打數比值的「長打率」都是衡量打者能力的表現。前者評量打者打擊能力 .280 以上被認為是一個稱職的打者 ; 後者則是一般衡量長打能力的指標,延伸意旨每一次打擊可以貢獻幾個壘包。我們從 MLB 及 CPBL 官方網站公開的相關資料中,找出著名隊伍「波士頓紅襪」隊、「Lamigo 桃猿」與「統一 7-11 獅」的打擊與長打率資料如下:表 11.9 與表 11.10

表 11.9　MLB 波士頓紅襪隊

波士頓紅襪		
球　員	長打數	打擊率
Devers, R	0.329	0.548
Martinez, J	0.297	0.543
Moreland, M	0.225	0.543
Bogaerts, X	0.301	0.541
Vazquez, C	0.296	0.502
Price, D	0.5	0.5
Hernandez, M	0.3	0.475
Chavis, M	0.261	0.462
Betts, M	0.265	0.455
Benintendi, A	0.27	0.427
Bradley Jr, J	0.239	0.413
Holt, B	0.305	0.4
Swihart, B	0.231	0.385
Nunez, E	0.235	0.32
Leon, S	0.214	0.31
Lin, T	0.2	0.3
Pearce, S	0.18	0.258
Travis, S	0.194	0.194
Pedroia, D	0.1	0.1

表 11.10　CPBL 桃猿與統一 7-11 獅					
Lamigo 桃猿			統一 7-11 獅		
球　員	長打數	打擊率	球　員	長打數	打擊率
梁家榮	0.333	0.333	郭峻偉	0.333	0.333
林承飛	0.35	0.3	鄭鎧文	0.286	0.143
廖健富	0.286	0.286	郭阜林	0.526	0.263
王柏融	0.81	0.381	莊駿凱	0	0
劉時豪	0.75	0.375	蘇智傑	0.75	0.35
朱育賢	0.667	0.333	林祐樂	0.357	0.286
郭永維	0.4	0.2	陳傑憲	0.524	0.429
郭嚴文	0.5	0.409	高國慶	0.412	0.235
林泓育	0.9	0.45	潘武雄	0.1	0.1
藍寅倫	0.708	0.458	陳鏞基	0.5	0.5
余德龍	0	0	楊家維	0.455	0.273
陳俊秀	0.682	0.5	潘彥廷	0.368	0.263
陽耀勳	0	0	買嘉儀	0.667	0.667
嚴宏鈞	0	0	唐肇廷	0.154	0.154
林　立	0	0	黃恩賜	0	0
詹智堯	0	0	陳重羽	0.4	0.2

　　若想瞭解球員能力指標變數間的關係，簡單的方法之一是繪製指標變數的散佈圖，如圖 11.9。從波士頓紅襪隊的資料顯示：打擊率與長打率兩統計量有正向關聯，相關係數為 0.72。

　　明顯的正向相關意指，打擊率高的擊球員，打擊破壞力也高，殺傷力強。有趣的觀察是（圖 11.9）右側有個離群的觀察值，檢視資料，該筆觀察值是大聯盟史上平均年薪最高的投手，著名的球員大衛普萊斯 (David Price)。值得注意，若扣除大衛普萊斯資料，重新計算相關係數則為 0.87。顯示變數間的相關係數容易受到離群觀察值的影響。

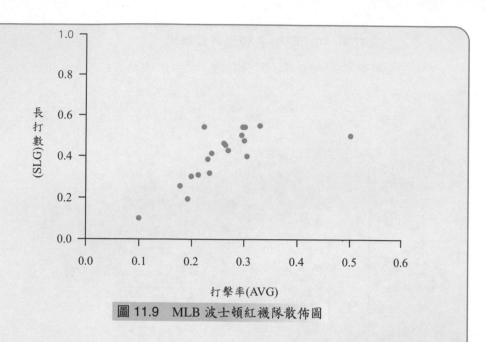

圖 11.9　MLB 波士頓紅襪隊散佈圖

建立統計模式

從散佈圖中，我們注意到兩變數呈現了「線性關係」的趨勢；散佈趨勢雖然清楚，但如果能建立兩者間的量化關聯，那將對分析有莫大的幫助，例如，由球員的打擊表現預測出他的進壘貢獻（長打率）。也就是現在的目標是去找到一條最適當的直線來代表這些變數的趨勢模式。

統計的「迴歸分析」解決這個問題。以中華職業棒球大聯盟資料（表 11.10）為例，在適當的條件假設下，建立長打率與打擊率的簡單線性模型，找到一條最適當的代表直線或「迴歸直線」，如圖 11.10。由圖 11.10 (a)顯示，從 Lamigo 桃猿資料估計的迴歸直線為：

$$長打率 = -0.0334 + 1.6779 \times 打擊率$$

有長打率與打擊率的迴歸模型後，估計或預測只是簡單的數學。所以依據所估計出的迴歸直線，當打擊率是 0.33 時，我們可預測出平均長打率為 $-0.0334 + 1.6779 \times 0.33 = 0.5203$。

有趣的是，在實務上常會把不同組別資料拿來做比較。我們試著把統一 7-11 獅隊的資料做相同的分析，如圖 11.10 (b)。估計出的迴歸直線為：

長打率 $= 0.1577 + 0.8636 \times$ 打擊率

若當打擊率是 0.39 時，可估計出平均長打率為 $0.1577 + 0.8636 \times 0.39$ $= 0.4945$。

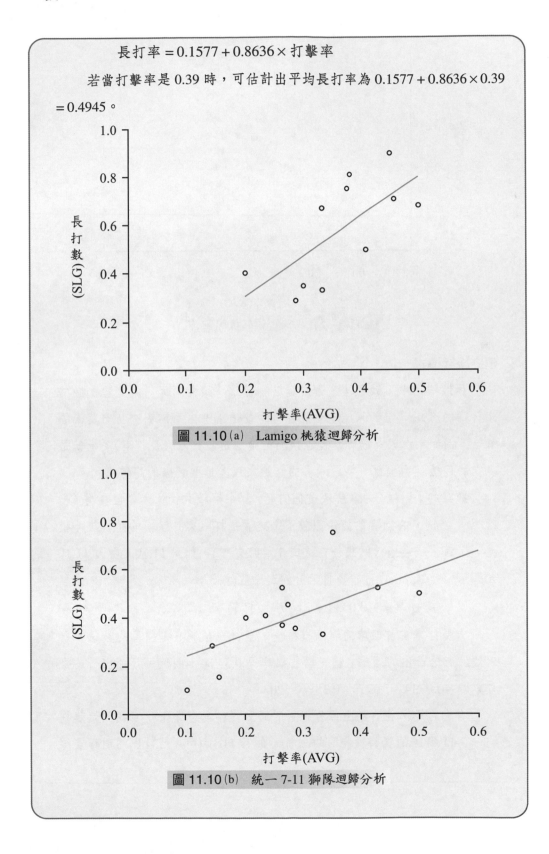

圖 11.10（a） Lamigo 桃猿迴歸分析

圖 11.10（b） 統一 7-11 獅隊迴歸分析

　　Lamigo 桃猿估計出的迴歸直線係數為 1.6779，代表打擊率每增加一單位，長打率就貢獻 1.6779 單位。類似地，統一 7-11 獅隊的長打率則貢獻 0.8636 單位（迴歸直線係數）。從上面中華職棒兩支球隊的資料分析，看出球隊的打擊能力是有些微的差距。當然上述的結果是一個初步且簡化的統計模型分析，還不足以當最後且完整的分析，誰贏得比賽，尚有許多因素需考慮進去，所以若要公平的分析兩邊的狀況，需要將相關指標做整體的考慮。但無論如何這裡探討的主要目的是顯示出對於連續變數間，若有線性關係存在，我們可建立一個清楚的簡單迴歸模型，分析出打擊率如何估計或預測打擊的破壞力。這提供我們將只是質化的描述變成可量化的關係。所以讀者若能熟悉更多的統計方法，在分析處理類似資料時將如虎添翼。

◆註：打擊率是棒球運動中，評量打者（擊球員）成績的重要指標，其計算方式為選手擊出的安打數除以打數。一般而言，職棒選手的打擊率在 .280 以上，被認為是一個稱職的打者，打擊率在 .300 以上是一個優秀的打者，而打擊率 .400 以上，則被認為是一名偉大的打者。

◆註：長打率（英文：slugging percentage）為一般衡量長打能力的數字。字面上的解釋應該是「出現長打的機率」，但事實上，更深層的意義是「每一次打擊可以貢獻幾個壘包」。以 Albert Pujols 為例：
Albert Pujols 在 2006 年球季 535 打數中，擊出 94 支一壘安打、33 支二壘安打、1 支三壘安打以及 49 支全壘打。他的長打率即為：$[(1 \times 94) + (2 \times 33) + (3 \times 1) + (4 \times 49)] \div 535 = 359 \div 535 \doteqdot 0.671$

📊 本章相關公式

模型相關估計	截距	$\hat{\beta}_0 = \bar{y} - \hat{\beta}_1 \bar{x}$
	斜率	$\hat{\beta}_1 = \dfrac{\sum\limits_{i=1}^{n}(x_i-\bar{x})(y_i-\bar{y})}{\sum\limits_{i=1}^{n}(x_i-\bar{x})^2} = \dfrac{s_{xy}}{s_{xx}}$
	變異數	$\hat{\sigma}^2 = \dfrac{\sum\limits_{i=1}^{n}(y_i-\hat{y}_i)^2}{n-2}$
	殘差	$\hat{\varepsilon} = y_i - \hat{y}_i = y_i - (\hat{\beta}_0 + \hat{\beta} x_i)$
迴歸係數檢定	$t^* = \dfrac{\hat{\beta}_0 - \tilde{\beta}_0}{\hat{\sigma}\sqrt{\dfrac{1}{s_{xx}}}}$	若 $|t^*| > t_{1-\frac{\alpha}{2}}(n-2)$，拒絕虛無假設 H_0：$\beta_0 = \tilde{\beta}_0$
	$t^* = \dfrac{\hat{\beta}_1 - \tilde{\beta}_1}{\hat{\sigma}\sqrt{\dfrac{1}{n} + \dfrac{\bar{x}^2}{s_{xx}}}}$	若 $|t^*| > t_{1-\frac{\alpha}{2}}(n-2)$，拒絕虛無假設 H_0：$\beta_1 = \tilde{\beta}_1$
迴歸係數 $(1-\alpha)\%$ 信賴區間	β_1 的 $(1-\alpha)\%$ 信賴區間	$\hat{\beta}_0 \pm t_{1-\frac{\alpha}{2}}(n-2)\hat{\sigma}\sqrt{\dfrac{1}{s_{xx}}}$
	β_0 的 $(1-\alpha)\%$ 信賴區間	$\hat{\beta}_1 \pm t_{1-\frac{\alpha}{2}}(n-2)\hat{\sigma}\sqrt{\dfrac{1}{n} + \dfrac{\bar{x}^2}{s_{xx}}}$
變異分解與變異數分析		$\underbrace{\sum\limits_{i=1}^{n}(y_i-\bar{y})^2}_{\substack{SST \\ \text{差異平方總和} \\ \text{(總變異)}}} = \underbrace{\sum\limits_{i=1}^{n}(\hat{y}_i-\bar{y})^2}_{\substack{SSR \\ \text{迴歸平方總和} \\ \text{(模型解釋的變異)}}} + \underbrace{\sum\limits_{i=1}^{n}(y_i-\hat{y}_i)^2}_{\substack{SSE \\ \text{殘差平方總和} \\ \text{(未解釋的變異)}}}$
平均變異與其性質		$\begin{cases} MSR = \dfrac{SSR}{1}, \ MSE = \dfrac{SSE}{n-2} \\ E(MSR) = \sigma^2 + \beta_1^2 \sum\limits_{i=1}^{n}(x_i-\bar{x})^2 \\ E(MSE) = \sigma^2 \end{cases}$
F^* 機率分配	若 $H_0：\beta_1 = 0$ 為真	$F^* = \dfrac{MSR}{MSE} \sim F_\alpha(1, n-2)$
	決策準則	給予顯著水準 α，當 $F^* > F_\alpha(1, n-2)$，拒絕虛無假設 $H_0：\beta_1 = 0$
相關分析		$r(x,y) = \dfrac{\sum\limits_{i=1}^{n}(x_i-\bar{x})(y_i-\bar{y})}{\sqrt{\sum\limits_{i=1}^{n}(x_i-\bar{x})^2 \sum\limits_{i=1}^{n}(y_i-\bar{y})^2}}$

本章習題

一、選擇題

(　) 1. 已知估計迴歸直線為 $\hat{y}_i = 4 + 0.8x_i$，試估計若 $x = 26$，則 y 的平均值為何？　(A) 4.69　(B) 20.35　(C) 24.80　(D) 22.63

(　) 2. 已知估計迴歸直線為 $\hat{y}_i = 4 + 0.95x_i$，x 以週為單位。試估計每增加 10 週，則 y 平均會增加多少？　(A) 6.35　(B) 9.5　(C) 0.95　(D) 4.95

(　) 3. 迴歸分析中所使用之最小平方法估計原則是指　(A) 使總平方和最小　(B) 使誤差平方和最小　(C) 使迴歸平方和最小　(D) 使迴歸估計係數的距離最小

(　) 4. 簡單線性迴歸分析中，如果所有的觀察值 y_i 均落在迴歸直線線上，則　(A) 依變數的總變異量為 0　(B) 迴歸可解釋的變異量為 0　(C) 迴歸模型無法解釋的變異量為 0　(D) 判定係數為 0

(　) 5. 假設 Q 版公仔的購買數量與價格建立簡單線性迴歸直線模型。原始資料如下：

　　　Y：Q 版公仔的購買數量　1、3、6、10、15

　　　X：Q 版公仔的購買價格　55、52、46、32、25

　　　若估計出的簡單線性迴歸直線為 $\hat{y} = 24.947 - 0.427x$。今假設價格是 20.5 元時，估計公仔的購買數量為何？　(A) 約略 16 件　(B) 資料顯示只能是 15 件　(C) 合理估計為 17 件　(D) 無法估計

(　) 6. 簡單線性迴歸中，檢定斜率 $H_0 : \beta_1 = 0$。若拒絕 H_0，代表　(A) 證據顯示 x 與 y 之間有關聯，但並非線性關係　(B) x 與 y 是反向關係　(C) 迴歸線的截距不是 0　(D) 證據顯示 x 與 y 之間有線性關係

(　) 7. 決定係數 R^2 具備下列何種特性？　(A) 介於 0 與 1 之間　(B) 與迴歸斜率的符號相同　(C) 是不能解釋的變數與可以解釋的變數間的比例　(D) 恆為負值

(　) 8. 給予資料 (x_i, y_i)，其相關係數 $r(x, y)$ 為 -0.54，下列何者相關性比它強？　(A) -0.45　(B) 0.67　(C) 0.45　(D) 0.54

(　　) 9.有一研究的對象是 18 到 29 個月大的小孩，想對身高 Y（公分）與年齡 X（月份）兩變數建立簡單迴歸直線關係。估計出的迴歸直線為 $\hat{y} = 64.93 + 0.63x$。假設美麗是一個 22.5 月大的小孩，經測量有 80 公分高。請問美麗在此估計模型下的殘差是多少？　(A) 79.105　(B) 0.895　(C) −0.895　(D) 56.6

(　　) 10.下列敘述何者錯誤？　(A)迴歸線代表的是自變數與對應之依變數平均值的線性關係　(B)迴歸線的斜率代表當自變數改變一單位時，依變數平均值變動的量　(C)迴歸線的截距項不具意義　(D)迴歸線可以用來預測在不同自變數數值下對應之依變數的平均數值

(　　) 11.在簡單線性迴歸及相關分析中，下列敘述何者錯誤？　(A)迴歸線的斜率與截距，並不需具備同時為正值或負值的關係　(B)迴歸線的斜率即迴歸係數，係由最小平方法估計得到　(C)在檢定迴歸係數是否為 0 時，相當於檢定相關係數是否為 0　(D)迴歸線的係數愈大，則相關係數也愈大

二、問答題

1.下面哪些陳述是正確的？

⑴相關係數可以測量兩變數之間任何關係的程度。

⑵若相關係數值是 0.21，表示有相當高的線性相關。

⑶迴歸公式的斜率及 r 的正負號是一致的。

⑷任何觀察到的 y 值的總變異，可以表示成由迴歸及不可解釋的變異（或稱為誤差）來解釋的變異。

2.假設你已知相關分析的基本觀念，某財經報導引述知名經濟分析師的觀點認為「近期全球股市和油價的負相關性是空前的高，……加息是很有必要的，當前物價上漲幅度仍很高，加息有利於穩住通膨預期……從今年來的數據來看，股市與加息的相關性並不是很顯著……」。

你閱讀完後得到哪些訊息？

3.利用投資標的的相關係數來達成風險分散是理財文章中常看到的概念，則下列敘述何者錯誤？

(1)各種基金皆有一定的相關係數存在，例如債券型基金與股票型基金一般為負相關，即債券市場價格下跌時，股票市場呈現空頭市場的機率高。

(2)若 A、B 基金是完全正相關（相關係數為 1），表示兩組完全相關所以兩基金等於是連動的，也就是說 A 基金漲，B 基金也一定漲，而且當 A 基金跌時，B 基金也一定跌。

(3)若 A、B 基金是完全負相關（相關係數為 –1），表示當 A 基金漲時，B 基金也一定跌。

(4)若 A、B 基金是完全負相關，兩者組合後，A 基金所有的波動都被 B 基金給抵銷了。

> 註：(1)空頭市場指市場呈下跌悲觀走勢，反之為多頭市場。
>
> 　　(2)波動指的是平均值上下的波動，波動相互抵銷後，所得到的就是穩定的平均值。

4. 下列關於簡單直線迴歸模型中：

$$y_i = \beta_0 + \beta_1 x_i + \varepsilon_i$$

有關誤差項的假設何者正確？

(1)誤差項的平均數為 0。

(2)誤差項的分佈為對稱的 t 分配。

(3)誤差項的變異數為常數。

(4)各誤差項間是獨立的。

(5)若以最小平方法估計，須假設分佈為常態分配。

5. 若下列資料估計的迴歸直線為 $\hat{y} = 3x$

X	2	4	5	6
y	7	11	13	20

試求此模型的 SSE（殘差平方總和）。

6. 若已知簡單線性迴歸直線模型斜率的 95% 信賴區間為 $-3.5 < \beta < -0.5$。今若想要對斜率做雙尾檢定 $H_0 : \beta = -1$，由已知資訊知道是否可推得在顯著水準 $\alpha = 0.01$ 下，會拒絕虛無假設 $H_0 : \beta = -1$。

7. 假設從某輔導班中隨機抽出 8 人，X 代表小考的成績，Y 代表期中考成績。相關統計量如下：$\sum(x-\bar{x})(y-\bar{y}) = 353.5, s_x = 4.03, s_y = 18.1$，試求算樣本相

關係數。

8. 假設 $\varepsilon \sim N(0, \sigma^2)$ 且 $Y = c + \varepsilon$，其中 c 為常數，則 Y 的分配為何？

9. 推導 $s_{xy} = \sum_{i=1}^{n}(x_i - \bar{x})(y_i - \bar{y}) = \sum_{i=1}^{n} x_i y_i - \dfrac{\sum_{i=1}^{n} x_i \sum_{i=1}^{n} y_i}{n}$。

註：由上述可知 $s_{xx} = \sum_{i=1}^{n}(x_i - \bar{x})(x_i - \bar{x}) = \sum_{i=1}^{n} x_i x_i - \dfrac{\sum_{i=1}^{n} x_i \sum_{i=1}^{n} x_i}{n} = \sum_{i=1}^{n} x_i^2 - \dfrac{(\sum_{i=1}^{n} x_i)^2}{n}$。

10. 若給予估計出之簡單迴歸直線 $\hat{y}_i = 2.5x_i - 0.85$。

　(1)當 x 為 10，計算 y 的預測值。

　(2)計算出的斜率有何解釋意義？

11. 給予簡易資料如下：

y	0	0	1	1	3
x	-2	-1	0	1	2

填寫下表並使用最小平方法擬合迴歸直線 $y_i = \beta_0 + \beta_1 x_i$。

表 11.10

x	y	xy	x^2
$\sum x_i$	$\sum y_i$	$\sum x_i y_i$	$\sum x_i^2$

12. 假設有一資料如下：

x	3.5	2.0	1.0	4.2
y	9.7	6.3	3.6	11.4

給予三條直線：

(1) $1.2 + 3x$。

(2) $1.5 + 2.3x$。

⑶ $1 + 2.2x$。

試問三條線中，何者直線最佳？說明理由。(提示：誤差平方總合最小的直線相對較佳)

13. 給予資料 (x_i, y_i)，估計的迴歸直線為 $\hat{y}_i = 7x_i + 5$。

⑴若將原始資料 $y_i = y_i + 2$，得資料 $(x_i, y_i + 2)$ 估計的迴歸直線改變為何？

⑵若將原始資料 $x_i = x_i + 2$，得資料 $(x_i + 2, y_i)$ 估計的迴歸直線改變為何？

（提示：觀察計算公式 $\hat{\beta}_1 = \dfrac{\sum (x_i - \bar{x})(y_i - \bar{y})}{\sum (x_i - \bar{x})^2}$，$\hat{\beta}_0 = \bar{y} - \hat{\beta}_1 \bar{x}$）

14. 假設有一資料想研究汽車的汽缸內徑大小與每公升里程數的關聯：

表 11.11　汽缸大小與里程數

里程數 y（公里）	24	29	26	24	24	22	23	23	21
汽缸大小 x (mm)	97	85	98	105	120	151	140	134	146

今已計算出如下資料：

$$\sum x_i = 1{,}076 \quad \sum y_i = 216$$

$$\sum x_i^2 = 133{,}336 \quad \sum y_i^2 = 5{,}228$$

$$\sum x_i y_i = 25{,}431$$

⑴繪製資料的散佈圖。

⑵計算擬合的簡單迴歸直線。

15. 假設一有關某昆蟲年紀與飛行距離的研究調查資料，試計算：

⑴擬合簡單線性迴歸直線。

⑵檢定迴歸直線斜率是否為 0？設 $\alpha = 0.05$。

表 11.12　昆蟲年紀與飛行距離

昆蟲年紀 x	1	2	3	4
飛行距離 y	12.6	11.6	6.8	9.2

16. 設有一商店想研究整置存貨箱數與整置使用時間的關係以便制定標準作業程序。以下是相關的資料：

⑴寫出簡單線性迴歸的擬合直線。

⑵給予顯著水準 $\alpha = 0.05$，檢定 $H_0 : \beta_0 = 0$。

表 11.13　存貨箱數與使用時間

存貨箱數 x	23	6	8	17	2	13	25
使用時間 y	9.1	2.9	3.0	6.8	0.3	5.1	10.1
存貨箱數 x	14	30	28	19	4	24	1
使用時間 y	6.4	11.8	11.6	7.5	1.7	9.38	0.16

17.假設一化學工廠製造一化學材料，此一化學物質其黏稠性與酸性比例的關係如下資料：

表 11.14　黏稠性與酸性比例

黏稠性 y	0.45	0.20	0.34	0.58	0.70	0.57	0.55	0.44
酸性 x	1.0	0.9	0.8	0.7	0.6	0.5	0.4	0.3

⑴繪製黏稠性與酸性比例的散佈圖。

⑵估計擬合直線，並計算當酸性比例為 0.65 時，黏稠性平均估計值。

⑶計算判定係數 R^2。

18.假設我們有 6 對母女的體重資料，x 代表女兒的體重，y 代表母親的體重。我們想知道或建立女兒的體重與母親的體重之間的關係。

表 11.15　女兒與母親體重調查表

女兒的體重 x	62.5	67.5	65	65	60	59.5
母親的體重 y	64	68	63	66	61	66

⑴繪製母女的體重散佈圖。

⑵填入下表。

⑶估計母親的體重 y 對女兒的體重 x 的擬合迴歸直線，並計算當女兒的體重 63 時，母親體重的估計值。

(4)計算判定係數 R^2。

							總　和
x	62.5	67.5	65	65	60	59.5	
y	64	68	63	66	61	66	
$x - \bar{x}$							
$y - \bar{y}$							
s_{XX}							
s_{YY}							
s_{XY}							
$\hat{y}_i$							
$\hat{\varepsilon}_i$							

19.假設有一公寓其耗電量 y 與當日溫度 x 間的關係如下：

表 11.16　溫度與耗電量資料表

溫　度 x	29.8	27.0	28.3	28.0	28.9	30.9	28.4
耗電量 y	33.3	30.0	30.2	31.4	31.3	33.1	31.4

試為耗電量 y 與溫度 x 建立簡單線性模型並估計隨機誤差項的標準差。

20.某汽車公司想瞭解廣告費 x 對銷售費 y 的影響，蒐集過去 12 年的資料如下：

表 11.17　廣告費與銷售費資料表

廣告費 x（萬元）	銷售量 y（輛）
510	1,000
550	1,100
600	1,250
590	1,280
700	1,360
750	1,480
870	1,500
930	1,720
1,050	1,800

1,030	1,890
1,200	2,100
1,320	2,200

⑴計算擬合直線。

⑵計算判定係數 R^2。

⑶計算相關係數。

21.房屋售價 (y) 一般與屋內的房間數 (x) 相關,給予某一城市的相關資料。

⑴試繪製散佈圖並擬合簡單線性迴歸模型。

⑵試檢定每增加一房間房價是否增加 60,000 元的假設。

表 11.18　房屋售價與房間數表

售價（千元）	400	550	300	250	317	389	425	389
房間數	4	5	3	3	4	3	6	4

22.有一飲酒罐數 x 與酒精濃度 y 的資料如下:

表 11.19　飲酒罐數與酒精濃度

飲酒罐數 x	5	2	9	8	3
酒精濃度 y	0.10	0.03	0.19	0.12	0.04
飲酒罐數 x	7	3	5	3	5
酒精濃度 y	0.09	0.07	0.06	0.02	0.05

⑴計算擬合迴歸直線。

⑵試做變異數分析表。

⑶計算判定係數 R^2。

⑷計算相關係數。

23.測量了 10 個家庭中兄弟和姐妹的平均體重（公斤）,試根據本資料對兄弟與姐妹間體重計算相關係數。

表 11.20　10 個家庭中兄弟和姐妹平均體重

家庭編號	1	2	3	4	5	6	7	8	9	10
兄弟 X	65	66	66	67	68	70	70	71	71	72
姐妹 Y	59	62	65	63	64	65	65	62	69	66

24.有一組資料含 10 位同學的統計、會計二科成績 (x_i, y_i), $i = 1, \cdots, 10$，資料滿足：$\sum_{i=1}^{10} x_i = 60$, $\sum_{i=1}^{10} y_i = 70$, $\sum_{i=1}^{10} x_i^2 = 390$, $\sum_{i=1}^{10} y_i^2 = 510$, $\sum_{i=1}^{10} x_i y_i = 401$，則求相關係數 r，並求 y 對 x 的最適合直線。

第12章

指　數

→ ## 學習重點

1. 指數的意義與計算。
2. 指數、變數與基期間的關係。
3. 消費者物價指數簡介。

在 日常生活中，統計觀念經常出現在我們周遭。例如，報導說「根據日本厚生勞動省薪資統計調查顯示，日本勞工名目平均薪資（基本薪資＋加班費＋獎金）較去年同月成長 0.4% 至 26 萬 9,725 日圓，3 個月來首度呈現增長」，就是使用集中的特徵量數來呈現薪資的走勢。或為想知道問題的特徵數來做估計，例如，據報載「針對蘋果公司是否有權拒絕政府調查單位因查案需要所請求的協助，51% 的民眾認為應協助調查解鎖犯罪者行動裝置內的連絡資訊；相對地，38% 則認為不應協助解鎖；11% 表示不知道。此結果係對 1,002 位民眾進行調查，在 95% 的信心水準下，誤差為正負 3.1%」，就是使用估計值、信心水準及估計誤差來呈現估計的相關判斷。或又為瞭解變數間的關連性，例如「公衛研究相當程度的證實，75% 的臺灣女性肺癌患者不抽菸，但女性罹患肺癌比例仍然持續增加；臺灣吸菸人口下降，但肺腺癌發生率卻逐年上升，其中之一就是跟空氣中 PM2.5（細懸浮微粒）濃度太高有關」，就是對環汙問題做相關性的分析。這些題材都是報章雜誌或社群媒體隨手可得的訊息。

〽️ 12.1 生活中不斷出現的統計用語

除了上述這些日常生活的統計學外，我們認為最常和社會、經濟生活牽連在一起的就是指數 (index number) 的觀念，它是用來描述可比較的變動數值。我們常聽到消費者物價指數 (Consumer Price Index, CPI)、生產者物價指數 (Producer Price Index, PPI)、臺灣加權股價指數 (Taiwan Stock Exchange Capitalization Weighted Stock Index, TAIEX)、道瓊工業指數 (Dow Jones Industrial Average Index, DJIA)、標準普爾 500 指數 (Standard & Poor's 500 Index, S&P 500) 等等。各行各業相關指數的制定是以其專業為依據，但我們的生活卻深深受到某些指數的影響。

以常見的 CPI 為例：

⑴透過它我們才知道和生活有關的產品及勞務價格的變化情形，例如，每年的 1、2 月寒害影響蔬菜量少價揚，加以適逢農曆春節，應節相關食品（水產品、水果、肉類等）需求增加，價格上漲；以及節前禮金與計程車資、

旅遊團費等價格調升，都易造成 CPI 上揚。當然 CPI 上漲，代表貨幣購買力下降，錢變薄了，而若物價持續上揚，就有通膨的壓力。

(2)透過它政府才能調整正確的施政目標與政策，例如，主計總處預測本年 CPI 年增率為 0.69%，物價展望穩定，中央銀行因應國內經濟成長趨緩，在通膨無虞下，透過公開市場操作，調節市場資金，充裕市場的流動性。

(3)透過它我們才能預先規劃自己的理財需求，例如，現階段一年期定期利率約 1.205%，若 CPI 年增率是 0.69%，則實質利率將降為 0.515%，可比你以為的少很多。又退休年金也跟物價指數有關，如勞保年金，自請領年度開始計算的 CPI 累計成長率達正負 5% 時，就會依該成長率調整年金給付金額，以對抗通貨膨脹，保障退休生活。

由以上分析清楚看到指數相關的經濟指標與生活層面的相互影響。在這章節中的安排如下：我們先對指數的構成與意義做基本的解說。因此，指數的形成、基期的變換、指數與變數的還原都會討論到。接著，將針對常見的消費者物價指數的形成做概括性介紹。期待讀者閱讀報章雜誌時，具備基本的概念而有掌握經濟、財金狀況的相關能力。事實上，只要對指數的構成有清楚的觀念，其他推演的定義是很容易理解的。

在本章中，為了讓指數計算簡單明瞭與生活化，將不會討論指數中其他專有名詞如同比、環比等定義與涵義；也不會介紹物價指數計算時可用的諸多方法的優缺點分析。往後讀者在學習投資學等相關課程時，將有更深入的介紹。雖然我們聚焦在基本觀念與常識上，但我們試圖把一些常見的經濟實務知識放在習題中，讓讀者能在計算中瞭解其涵義。

〽 12.2　指　數

假設有一個目標變數 P，在不同時間取得重複測量值 $\{P_t\}$，則我們可以在此重複測量上加上指數的數值描述，以提供變數值 P_t 在不同時間下可比較的基礎及變化情形。例如，目標變數為各種物品的平均價格時，可以求得物價指數；目標變數為市場股票價格時，可以求得股價指數。如前所述，指數

提供不同時間下變數 P_t 的比較基礎，顯然的，我們必須要有一個可做為比較的基本值，即基期，以 P_0 表示之，而指數的產生就是來自於變數值 P_t 與基期值 P_0 比值的百分比大小。因為日常生活中，我們大部分聚焦在物價水準上，所以可將變數值視為物價水準，無礙對此觀念的瞭解。

 一數值相對基期的指數

$$指數 = \frac{變數值}{基期值} \times 100 = \frac{p_t}{p_0} \times 100$$

 價格指數的計算

臺灣近半年間（假設 2 月到 7 月），95 無鉛汽油的每公升平均價格如表 12.1 所示：

表 12.1　臺灣 2 月到 7 月間 95 無鉛汽油的平均價格

月　份	2 月	3 月	4 月	5 月	6 月	7 月
價格（元）	24.6	23.7	22.1	20.5	21.1	22.9

 解析

若將 2 月的價格（24.6 元）視為基期，則 3 月的價格指數為：

$$\frac{23.7}{24.6} \times 100 = 96.34$$

從上式可計算出 3 月價格指數為 96.34%，依數學上的意義，我們可以說 3 月的平均價格是基期的 96.34% 或減少 3.66%。

同理，4 月的價格指數為 89.84%，代表 4 月的價格是基期（2 月）的 89.84% 或減少 10.16%。

依此類推，可得臺灣 2 月到 7 月間 95 無鉛汽油的價格指數為表 12.2。

月　份	2 月	3 月	4 月	5 月	6 月	7 月
指數 (%)	100.00	96.34	89.84	83.33	85.77	93.09
與基期相比 (%)	0.00	−3.66	−10.16	−16.67	−14.23	−6.91

表 12.2　臺灣 2 月到 7 月間 95 無鉛汽油的價格指數

　　從表 12.2 可以看出各個月份與基期相比增加或減少的百分比，方便我們做不同時期數量上的比較。

　　從例 1 中可以看出，指數的計算簡易，且解釋方便。由於指數是描述一個變數以某一基期的值為標準的相應值，所以在閱讀或引用指數時，也應注意指數的基期為何。讓我們先忽略下列各指數編製的意義，僅先注意各指數的說明與寫法：

1. 臺灣的「消費者物價指數」(CPI)

　(1) CPI 旨在衡量一般家庭購買消費性商品及服務價格水準的變動情形。

　(2) 以「2011 年」為基期，基期指數設為 100。

2. 國際清算銀行 BIS 統計的　「實質有效匯率指數」　(real effective exchange rate index, REER)

　(1) REER 是用以估算一國貨幣對一籃子外國（通常為主要貿易對手國）貨幣的匯率變動，並扣除物價變動影響後的數值。

　(2) 以「2010 年」為基期，基期指數設為 100。相對於基期 (REER = 100)，若指數大於 100 表示本國商品對外價格競爭力較基期下滑，原因包括匯率升值及本國物價相對上揚。

3. 臺灣證券交易所的「加權股價指數」(TAIEX)

　(1) TAIEX 是反映整體市場股票價值變動的指標，被視為是呈現臺灣經濟走向的櫥窗。

　(2) 以「1966 年」為基期，基期指數設為 100。

　　由上述可知，由於各指數的基期不盡相同，因此在閱讀指數時，除了要瞭解編製的目的外，還需要瞭解相應比較的基期，唯有如此，我們才能清楚

知道目標水準是和哪一個時期的水準來做比較。

12.2.1 同一群變數值，不同的基期，指數不同

值得注意的是，依定義，同一群變數值，不管基於何種實務理由，是可能選用不同的基期做為比較的基礎。換句話說，使用不同的基期編製的指數，結果自然不同。以例 1 來說，如果我們改以 3 月為基期（即把 23.7 元當 100%），則計算出價格指數為表 12.3。

表 12.3　不同基期的價格指數

月　份	2 月	3 月	4 月	5 月	6 月	7 月
價格（元）	24.6	23.7	22.1	20.5	21.1	22.9
指數 (%)　以 2 月為基期	100.00	96.34	89.84	83.33	85.77	93.09
以 3 月為基期	103.80	100.00	93.25	86.50	89.03	96.62

從表 12.3 可看出，若基期不同，則其產生的價格指數亦會不同。以 4 月為例，當價格是 22.1 元時，以 2 月（24.6 元）為基期和以 3 月（23.7 元）當基期，得出的價格指數分別是 89.84% 及 93.25%。

12.2.2 指數與變數（價格水準）間的關係

指數是由各時期的價格水準依某一定期當基期所計算出來的，所以對於任何兩個時期的指數與價格水準之間的數學關係可經由定義看出。

表 12.4　指數和價格換算(一)

基期：t_0 月 $= 100$

月　份	t_0	$\cdots$	t_i	$\cdots$	t_j	$\cdots$
價格（元）	p_{t_0}	$\cdots$	p_{t_i}	$\cdots$	p_{t_j}	$\cdots$
指數 (%)	100	$\cdots$	I_i	$\cdots$	I_j	$\cdots$

以表 12.4 為例，若以 t_0 月為基期，則依定義可以推論知道，t_i 與 t_j 月份

指數的比值會等於 t_i 與 t_j 月份價格的比值，即：

$$\frac{t_i \text{ 期指數}}{t_j \text{ 期指數}} = \frac{I_{t_i}}{I_{t_j}} = \frac{\dfrac{p_{t_i}}{p_{t_0}}}{\dfrac{p_{t_j}}{p_{t_0}}} \rightarrow p_{t_j} = \frac{I_{t_j}}{I_{t_i}} \times p_{t_i} \tag{1}$$

所以只要知道任兩時期的指數與其中某期的價格，即可利用公式(1)計算出另一期的價格。

我們以表 12.5 具體說明，給予一指數資料 I_i。

表 12.5　指數和價格換算㈡

基期：t_0 月 $= 100$

月　份	t_0	t_1	t_2	t_3	t_4	t_5	t_6	t_7
價格（元）		p_{t_1}						
指數 (%)	100	I_1	I_2	I_3	I_4	I_5	I_6	I_7

依據上一段說明可知，若已知 t_1、t_2 兩期的指數與 t_1 期的價格 p_{t_1}，即可算出 t_2 期的價格 p_{t_2}。因此對表 12.5 而言，若只知道某期的價格水準，運用公式(1)則可推論出各時期的價格水準。所以，若灰色部分代表已知的資料（各指數已知），則我們可以完成各價格水準的求算（p_{t_0}、p_{t_2}、p_{t_3}、p_{t_4}、p_{t_5}、p_{t_6} 及 p_{t_7}）。

例2

再以 95 無鉛汽油的平均價格為例，試依據表 12.6 的資料，計算 5 月及 6 月的價格水準。

表 12.6　指數和價格換算㈢

基期：2 月 $= 100$

月　份	2 月	3 月	4 月	5 月	6 月	7 月
價格（元）		23.7				
指數 (%)	100.00	96.34		83.33	85.77	

解析

依據公式(1)，5 月的價格水準為：

$$\frac{83.33}{96.34} \times 23.7 = 20.5$$

6 月的價格水準為：

$$\frac{85.77}{96.34} \times 23.7 = 21.1$$

由上述可知，給予一「指數序列」，及任一期（至少）的價格水準，即可還原「價格水準序列」。

📊 12.2.3 價值的比較——指數的應用

從指數的定義可知，指數的另一個重要功能是價值的比較。茲舉例說明：假設油蔥麵包的分量維持不變，然其價格由 1980 年代的 7 元、1990 年代的 12 元、2000 年代的 20 元，上升至 2016 年的 25 元。很明顯地，在油蔥麵包的分量不變下，其價格隨著時間而不斷上漲，這表示 1980 年的 1 元已和 2010 年的 1 元具有不同的價值。若以 1980 年代為基期，則計算價格指數為 1.00, 1.71, 2.86, 3.57，代表新臺幣的購買力隨著時間的推演而下降，當初（指基期，即 1980 年代）價值 1 元的物品，在 2016 年需用 3.57 元才能換得。

從這個角度來說，若把一個國家能影響人民生活的代表性商品或服務的價格隨時間發生的變動適當的表示出來，當能衡量這個國家貨幣的購買力變化。這在經濟學上是一個很重要的參考依據，消費者物價指數 (CPI) 扮演著這個角色。接下來我們將介紹各國都須編製的消費者物價指數。

📈 12.3 對重要指數多一點瞭解——消費者物價指數

消費者物價指數 (CPI) 的目的是用以衡量一般家庭購買消費性商品及服務價格水準的變動情形。具體而言，CPI 展現兩個時間因購買相同消費性商

品或勞務所引起的支出變動。依行政院主計總處的說明，CPI 的用途在於衡量通貨膨脹、調整薪資及合約價款、平減時間數列和調整稅負等。大致上來說，在編製物價指數時，需要「權數」及「價格變動情況」二類資料。

12.3.1 物價指數反映「計算項目」價格——如何計算物價指數

假設相關價格、數量、期別與項目符號如下：

表 12.7 物價指數相關符號列表

期　別　＼　項　目	項目一	項目二	⋯	項目 n
基期數量	$Q_{0,1}$	$Q_{0,2}$	⋯	$Q_{0,n}$
基期價格	$P_{0,1}$	$P_{0,2}$	⋯	$P_{0,n}$
第一期價格	$P_{1,1}$	$P_{1,2}$	⋯	$P_{1,n}$
⋮	⋮	⋮	⋮	⋮
第 t 期價格	$P_{t,1}$	$P_{t,2}$	⋯	$P_{t,n}$

◆註：(1) $Q_{0,j}$＝項目編號 j，基期時的數量。例如 $Q_{0,5}$＝項目編號 5，基期時的數量。

(2) $P_{i,j}$＝項目編號 j，第 i 期價格 $i = 0, 1, \cdots, t, j = 1, \cdots, n$。例如 $P_{3,4}$ 項目編號 4，第 3 期的價格。

12.3.2 拉氏公式

以消費者物價指數而言，臺灣的物價指數計算方式採以基期交易量 (Q_0) 為權數之「拉氏公式」（省略總和足標 n，以基期數量 Q_0 為基礎，第 t 期指數 $I_{t,0}$），其公式如下：

$$I_{t,0} = \frac{\sum P_t Q_0}{\sum P_0 Q_0} \times 100 \qquad (2)$$

其中 $\sum P_t Q_0$ 為第 t 期總價，$\sum P_0 Q_0$ 為基期總價。

從公式(2)可以看出，指數是一種生活成本的計算（及總價）；且相對於基期而言，是維持相同的滿足水準（即選定一組特定商品與服務）。

公式(2)可改寫為：

$$I_{t,0} = \frac{\sum P_t Q_0}{\sum P_0 Q_0} \times 100 = \{\sum [\frac{P_t}{P_0} \times \frac{P_0 Q_0}{\sum P_0 Q_0}]\} \times 100$$

其中 $\frac{P_t}{P_0}$ 為第 t 期與基期價格的比值，而 $\frac{P_0 Q_0}{\sum P_0 Q_0}$ 為比值相應的權重。形成以「基期值」加權「價比」的算術平均數。

拉氏指數看起來複雜，但此計算公式的特點是以「基期數量」為「權重」的加權平均數。當然物價指數還有其他的計算方式，差別在於採用的權數有所差異。在此我們將以基期為權重計算的拉氏指數為討論對象。

例3

假設你居住在某個環境下，需要白米、沙拉油、95 無鉛汽油和液化石油氣費用。表 12.8 是 X 年及 Y 年元月各品項的數量及單價。如果以 X 年為基期，則在維持相同滿足水準下（或稱固定市場籃商品），Y 年的物價指數為何？

表 12.8 各年項目數量與單價列表

基期：X 年 = 100

商　品	X 年		Y 年
	數　量	單價（元）	單價（元）
白　米	100 公斤	43.07	40.11
沙拉油	30 公升	50	49.5
95 無鉛汽油	1300 公升	26.6	29.1
液化石油氣	800 公斤	20.96	21.96

解析

$$I_{t,0} = \frac{\sum P_Y Q_X}{\sum P_X Q_X}$$

$$= \frac{40.11 \times 100 + 49.5 \times 30 + 29.1 \times 1,300 + 21.96 \times 800}{43.07 \times 100 + 50 \times 30 + 26.6 \times 1,300 + 20.96 \times 800} \times 100$$

由上述可知，在相同的滿足水準下，X 年需用 57,155 元可買到的這些商品，在 Y 年需用 60,894 元方能買到。在這個簡單的假設環境下，計算出的物價指數是 106.54。若再觀察可看出，在四種商品中，因用量大的汽油價格上漲，使得物價指數上升。

假設大學商圈學生生活物價指數的計算項目僅包括外食費用（如雞排）與娛樂費用（如看電影）。表 12.9 是 X 年、Y 與 Z 年間各品項的數量及單價。如果以 X 年為基期，則在維持相同滿足水準下，Y 年和 Z 年生活物價指數分別為何？

表 12.9　各年項目數量與單價列表

基期：X 年 $= 100$

商品或服務	X 年		Y 年	Z 年
	數　量	單價（元）	單價（元）	單價（元）
外食費用	182 片	35	50	60
娛樂費用	24 次	420	460	495

$$I_{Y,0} = \frac{\sum P_Y Q_X}{\sum P_X Q_X}$$

$$= \frac{50 \times 182 + 460 \times 24}{35 \times 182 + 420 \times 24} \times 100$$

$$= \frac{20,140}{16,450} \times 100 = 122.43$$

$$I_{Z,0} = \frac{\sum P_Z Q_X}{\sum P_X Q_X}$$

$$= \frac{60 \times 182 + 495 \times 24}{35 \times 182 + 420 \times 24} \times 100$$

$$= \frac{22,800}{16,450} \times 100 = 138.60$$

表 12.9 中，外食費用單位費用從 35 元到 50 元漲到 60 元，而娛樂費用則一路由 420 元漲到 495 元。由上述計算顯示物價指數逐年攀升，物價指數反映了「計算項目」價格的漲跌；讀者可以想像到即使同一期間，若選取不同項目，物價指數可能會相差很大。如選取蔬菜、能源或電腦 3C 產品指數會有較大差異。事實上，政府與地方主計單位在編製中央與地方消費者物價指數資料時有許多的程序與細節。在此簡略說明消費者物價指數的計算，雖然未涉及詳細的流程，但足以提供往後相關問題的思考。

12.3.3　權數資料

首先是商品及服務選取的問題。消費者物價指數既然在衡量一般家庭購買消費性商品及服務價格水準的變動情形，但市場上的商品及服務種類繁多，占支出比重也不同，所以要依商品的重要性訂定各項商品權數資料。

1.項目查價、權數及指數基期

實務上，根據家庭收支調查資料選取重要且具代表性之項目定期查價，各項消費支出占總消費支出之比重即為其項目權數。行政院主計總處將當前 370 項商品及服務，分為食物、衣著、居住、交通及通訊、醫藥保健、教養娛樂、雜項七大類，每類權數分別為 25.2%、3.8%、27.1%、15.3%、4.9%、16.8% 及 6.8%。臺灣每 5 年更新權數結構或查價項目，目前是以 2011 年當基期。

2.蒐集價格資料

接下來在 17 個區域中（九個主要都會區及八個次要都會區），就 370 個項目群由基層調查員實地訪查查價，相關公共費率如交通、電力、醫療等，則由行政院主計總處直接蒐集相關單位公務資料計算而得。

3.計算指數

最後以基期交易量 (Q_0) 為權數之拉氏公式計算物價指數。

上述簡單的說明物價指數編製的過程，有興趣的讀者可參閱主計總處或各縣市相關單位網站，均可找到進一步的編製資料與問題。

📈 12.4 關於物價指數的一些想法

🔵 12.4.1 不同基期的物價指數資料如何做比較？

　　前面章節指出，物價指數反映當時發展狀況及消費變遷，基期定期更換有其必要性。目前臺灣每 5 年更新權數結構，以 2011 年為基期計算時，以「基期：X 年 = 100」表示之。因此最近更換權數與基期的年份是 2016 年，下一回將在 2021 年以後。明顯地，同一變數值以不同基期計算出的指數是不能直接比較的。這讓我們問一個問題，不同基期的物價指數資料如何做比較？

　　讓我們以行政院主計總處定期編印公佈的《物價統計月報》為例。截取我國不同年份的消費者物價指數當參考說明，即《物價統計月報》(558 期)中的表 1–6。框線內的資料是以 2011 年當基期（見表 12.10 中「基期：2011年 = 100」）；另一資料則是以 2016 年當基期（見表 12.11 中「基期：2016 年 = 100」）。

表 12.10　《物價統計月報》2017 年消費者物價指數分類表

年　度	總指數	食物類	衣著類	居住類	交通及通訊類	醫藥保健類	教養娛樂類	雜項類
項　數	370.00	171.00	23.00	46.00	31.00	22.00	49.00	28.00
權　數（千分比）	1,000.00	251.94	37.68	271.35	153.36	49.24	168.44	67.99
定基指數								
基期：2011 年 = 100								
2008	98.51	97.62	96.29	99.04	99.94	96.99	101.33	93.25
2009	97.66	97.19	95.58	98.70	95.94	97.57	99.53	95.80
2010	98.60	97.79	97.20	99.15	98.61	98.21	99.48	98.62
2011	100.00	100.00	100.00	100.00	100.00	100.00	100.00	100.00
2012	101.93	104.16	102.52	101.13	100.44	100.86	100.68	102.30
2013	102.74	105.48	102.33	102.05	100.90	102.05	101.01	102.69
2014	103.97	109.42	103.64	102.95	99.71	102.65	100.94	104.18
2015	103.65	112.84	103.06	101.78	93.97	102.93	100.92	104.51
2016	105.10	118.75	103.27	101.53	92.95	103.75	101.01	106.09

◆資料來源：行政院主計總處。

表 12.11　《物價統計月報》2019 年消費者物價指數分類表

年　　度	總指數	食物類	衣著類	居住類	交通及通訊類	醫藥保健類	教養娛樂類	雜項類
項　　數	368.00	171.00	23.00	46.00	30.00	21.00	48.00	29.00
權　　數（千分比）	1000.00	237.18	46.18	226.09	152.34	44.22	144.57	149.42
定基指數								
基期：2016 年 = 100								
2010	93.82	82.35	94.14	97.62	106.21	94.59	98.49	93.36
2011	95.15	84.21	96.84	98.46	107.73	96.49	99.00	94.54
2012	96.99	87.72	99.28	99.60	108.21	97.21	99.68	96.57
2013	97.76	88.82	99.09	100.51	108.69	98.21	100.01	97.07
2014	98.93	92.15	100.36	101.39	107.39	98.85	99.94	98.36
2015	98.63	95.03	99.80	100.24	101.13	99.14	99.91	98.63
2016	100.00	100.00	100.00	100.00	100.00	100.00	100.00	100.00
2017	100.62	99.63	99.76	100.86	101.81	101.71	100.29	101.90
2018	101.98	100.62	100.05	101.78	104.12	102.78	100.52	106.73

◆資料來源：行政院主計總處。

若要比較不同基期的指數，必須先將這些指數轉換成相同的新基期，在基準一致之下，做比較才有意義。

我們以表 12.10 和表 12.11 中的實際數字為例，假設表 12.12 中，只知 2013 年的 CPI 是 102.74（基期：2011 年 = 100），2014 年的 CPI 是 98.93（基期：2016 年 = 100）。

表 12.12　基期改變，指數的換算

年　　度	2011	2012	2013	2014	2015	2016
物價加權值	μ_{2011}	μ_{2012}	μ_{2013}	μ_{2014}	μ_{2015}	μ_{2016}
2011 年 = 100	100		102.74			
2016 年 = 100	95.15			98.93		100

由於 2013 年的 102.74 與 2014 年的 98.93 指數是以不同的基期來計算，前者基期為 2011 年，後者是 2016 年。因此 98.93 和 102.74 本身並無法用來

說明 CPI 的增減變化；若想要討論或計算物價指數的增減變化（如物價膨脹率），需先將兩者化成相同基期。下面將說明基期換算方式。

以 2016 年為基期時，2014 年的物價指數為 98.93，2011 年的物價指數 95.15，若將之換算成以 2011 年為基期的物價指數，依定義為：

$$\frac{\mu_{2014}}{\mu_{2011}} \times 100 = \frac{98.93}{95.15} \times 100 = 103.97$$

◆註：此處數據與表 12.10 中 2014 年物價指數的數據 (103.97) 吻合。

故 2013 年到 2014 年的 CPI 年增率，依一般年增率定義可得：

$$（年）增率 = \frac{後期數值 - 當期數值}{當期數值} \times 100\%$$

$$\frac{103.97 - 102.74}{102.74} \times 100\% = 1.197\%$$

◆註：(1)因表 12.12 中 102.74 和 98.93 的基期不同，故其年增率不可直接用此兩數據代入公式計算。

(2)因不同基期的原因；不是 $\frac{98.93 - 102.74}{102.74} \times 100\% = -3.718\%$。

讀者應注意到我們無須去記憶這些公式，所依賴的只是基本的指數建構的定義與觀念就可以回答這些問題。

🥧 12.4.2　消費者物價指數與實際生活感受

臺灣近年經濟景氣低迷，而油電雙漲造成民生消費成本的增加，官方消費者物價指數和一般民眾的感受往往有不小落差。尤其在經濟景氣持續低迷時，每回的數據公布難免招來與現況不符的批評。例如，主計總處 2016 年初公佈的物價指數，總指數為 103.65，較前年跌 0.31%，是自 2009 年金融海嘯以來首見下跌。但是為什麼物價低，大眾卻沒感覺？原因之一是因為物價漲得少，薪水漲得更少。扣除物價因素的實質薪資成長率，臺灣是負 0.1%，不漲反降。

另外這種落差在編製技術上的原因，是消費者物價指數採用項目間相對價格的變動；且指數是項目、時間及地區間層層的平均，難免與民眾現況感受不符。尤其是民眾購入頻率與需求程度也會加深數字與感受間的距離。

再者，消費者物價指數本質上未考慮替代效果（交通工具因油價上漲產生替代效果導致消費支出變化）、消費財品質進步（某些類別購買頻率變化）

等等的因素，也是造成它未能貼近大眾生活的原因之一。

　　過去，政府團隊曾推動「庶民經濟」的概念，編列庶民版的「生活物價指數」，期盼物價指數能更貼近民眾。但由於指數編列的閱覽群眾目標不明確，依舊受到不少批評。

　　雖然許多先進國家也有類似的爭議，但它們都認真思考問題的發生與改革，包括表現的內容、單位、人才與預算。所以主計單位不應以世界各國皆然而常態看待此問題，也不應受外力影響而失去其獨立立場。畢竟收集、整理與分析實證資料，對社會與政府提供了基礎且重要的架構內容，影響現況的觀察與未來的政策走向甚深。客觀的來說，過渡性經濟指標或能做為施政參考，但持續獨立的、正確的與即時的維護傳統經濟指標絕對有其必要性。

個案討論

　　下面幾則報導，是有關大麥克漢堡、佛跳牆佳餚與民生物品如何以指數概念來描述我們的日常的生活品質或經濟狀況。

　　英國《經濟學人》雜誌每年以麥當勞的大麥克漢堡為標的所編制的非正式經濟指數——「大麥克指數」，藉以衡量各國貨幣兌美元的價位是否合理。假設匯率的決定基於完全競爭、不存在貿易障礙、零交易成本時，同一貨幣在不同國家具有相同購買力。即 1 美元在美國可以買到一杯翡翠檸檬茶飲，那 1 美元也可以在臺灣買一杯翡翠

圖 12.1　大麥克指數

檸檬茶飲。如果臺灣售價是 30 元，則美元兌新臺幣將是 1：30。依此想法，它以美國的大麥克定價為基準，若當地售價換算美元後高於美國售價，則該國貨幣可能被高估；反之若低於美國售價，該國貨幣可能被低估（見圖 12.1：2010 年初部分國家大麥克指數）。

國　家	當地價格	美元匯率	美元價格	國　家	當地價格	美元匯率	美元價格
加拿大	5.84	1.41	4.14	挪　威	46.8	8.97	5.21
中　國	17.6	6.56	2.68	新加坡	4.7	1.44	3.27
丹　麥	30	6.94	4.32	南　韓	4300	1197.75	3.59
歐元區	3.72	0.93	4.00	瑞　士	6.5	1.01	6.44
香　港	19.2	7.75	2.48	臺　灣	69	33.23	2.08
印　度	127	66.80	1.90	美　國	4.93	1.00	4.93
日　本	370	118.65	3.12	法　國	4.1	0.93	4.41
紐西蘭	5.9	1.51	3.91	德　國	3.59	0.93	3.86

表 12.13　2016 年初經濟學人公布的數值

　　以 2016 年初公布資料為例（見表 12.13），美國大麥克售價 4.93 美元，臺灣一個 69 元，以 1：33.23 做計算，相當 2.076 塊美金。所以新臺幣可能被低估 57.8%（$1 - \frac{2.076}{4.93}$）。讀者可以比較 2010 和 2016 年資料，發現新臺幣以大麥克指數來說一直處於低估狀態。再者，近來因匯率波動極大，所以低估百分比的計算會因匯率而變動。

◆資料來源：ShutterStock

圖 12.2　佛跳牆

　　看完西方速食後，轉向東方美食。雖然已經停止製作公佈，但卻值得一提。2013 年春節前，臺北市政府公佈佛跳牆指數。顧名思義，它嘗試把東方華人年節時常準備的佳肴「佛跳牆」拿來當作標的，以作為物價波動的指標。嚴格的說，這是臺北市年節民生物價指標的一種。吃過佛跳牆的朋友一定知道，這是一道含有雞翅、芋頭、排骨、魚皮、豬腳、烏參、大香菇、杏鮑菇、栗子、紅棗等成份的名菜。

　　報導指出（見下方報導）2013 年節的佛跳牆指數為 106.03，較去年同期物價微幅上揚 6%。代表當年想要準備一份與前期相同的佛跳牆來享用，須多付出約 6% 的代價。但有趣的是，2014 年公佈指數結果為

103.75，質疑為「壓低」指數而將組合中高漲的「魚皮、排骨、雞翅」成分置換成平價健康的「蹄筋、筍乾」，公信遭質疑，之後因市府團隊更替，佛跳牆指數已停止公佈。在這故事中，我們看到指數計算上，組合成份的代表性與發佈單位的客觀性扮演著重要的角色。

　　年節將至，臺北市產業發展局今天首度公布「佛跳牆指數」推算年節前食材物價，這項指數為 106.03，較去年同期上揚 6%。

　　產發局商業處今年進行全臺首創的「佛跳牆指數」調查，針對過年常吃的「佛跳牆」主要食材，包括排骨、烏參、豬腳、雞翅、魚皮、芋頭、栗子、大香菇、紅棗、杏鮑菇一共 10 項必備食材，以去年為基期訪查主要商圈店家價格波動。

　　商業處表示，「佛跳牆指數」中的 10 樣食材依替代性有不同權重，包括烏參、豬腳、雞翅權重「0.14」；排骨「0.13」；魚皮「0.1」；芋頭、栗子、大香菇、紅棗、杏鮑菇都是「0.07」，經漲跌與加權幅度，計算出今年的佛跳牆指數為 106.03，較去年同期微幅上揚 6%。

資料來源：中央通訊社，〈佛跳牆指數　北市年節物價略高〉，2013 年 1 月 15 日。

　　上述的討論主要是表達在我們周遭中，隨手可得的經濟數據報導常具統計性且與日常生活息息相關。目的是要建構可參考、可比較的指標性數據。更具體的說，是在原來變數序列下（一般為價格水準，如在當時各國大麥克的價格、各年節期間一盅佛跳牆的成本或民生用品的平均價格），選定其中的一個變數值當基準點（如當時在美國大麥克的售價、2013 年節期間一盅佛跳牆的成本或某年份平均物價）來計算序列中變數值與基準點間相對的數值（取比值）做為比較。原來的變數序列形成一個更有意義的比值序列，就是我們所謂的指數。

　　當然指數本身的解釋需視討論的主題而定。以消費者物價指數 (CPI) 為例，它反映與民眾的生活相關的物價變動指標。若 CPI 指數持續上揚，代表通膨有升溫跡象，所以在固定所得下，民眾購買力將隨物價上揚而下降。中央銀行通常會用物價指數觀察物價情勢，研判是否出現

通貨膨脹或通貨緊縮，是貨幣政策決策時的重要參考指標之一。過去幾年，一連串退休年金面臨破產的風暴，讓大家重新復習了在退休金或理財規劃時，不要忘記物價指數波動可能的影響。

　　如同過去討論的其他統計主題一般，數字計算本身不是問題，要先瞭解條件限制，適當的使用它們才是正確的。也許有人質疑大麥克指數的合適性是否因各國的銷售稅、租金、市場競爭等條件的不同而受影響？也許有人不贊同佛跳牆是年節桌上的必備品，以其計算的物價指數有幾分代表性？也有人不認為 CPI 貼近真正的民生感受！這些疑問又是可以繼續討論的領域，有興趣的同學，可以和經濟學老師做更深入的討論。

📊 本章相關公式

指數定義	第 t 期指數 $= \dfrac{\text{第 } t \text{ 期變數值}}{\text{基期變數值}} \times 100 = \dfrac{p_t}{p_0} \times 100$
指數與變數關係	$\dfrac{t_i \text{ 期指數}}{t_j \text{ 期指數}} = \dfrac{I_{t_i}}{I_{t_j}} = \dfrac{\frac{p_{t_i}}{p_{t_0}}}{\frac{p_{t_j}}{p_{t_0}}} = \dfrac{p_{t_i}}{p_{t_j}} \rightarrow p_{t_j} = \dfrac{I_{t_j}}{I_{t_i}} \times p_{t_i}$
消費者物價指數	第 t 期指數 $I_{t,0} = \dfrac{\sum P_t Q_0}{\sum P_0 Q_0} \times 100$
指數變動率	變動率 $= \dfrac{\text{後期指數} - \text{當期指數}}{\text{當期指數}} \times 100\%$
基期變換	t_0 為基期，$t_{0\,(new)}$ 為新基期，$I_{t,0}$ 以 $t_0 = 100$ 第 t 期指數 $I_{t,0\,(new)} = \dfrac{p_t}{p_{0\,(new)}} \times 100 = \dfrac{\frac{p_t}{p_0}}{\frac{p_{0\,(new)}}{p_0}} \times 100 = \dfrac{I_{t,0}}{I_{0\,(new),0}} \times 100$

本章習題

一、選擇題

( )　1. 主計總處指出，行政院穩定物價小組監控的 16 項民生物資，包括米、麵粉、蛋、沙拉油、鮮乳及泡麵、衣服清潔劑及沐浴精或肥皂等，11 月漲幅高達 4.7%。下列何種經濟指標指數可用來反映民生必需品價格的變動？　(A)出口物價指數　(B)進口物價指數　(C)國民生產毛額平減指數　(D)消費者物價指數

( )　2. 下列關於物價指數特性的描述，何者錯誤？　(A)具相對性　(B)具平均性　(C)涵蓋全部民生必需品　(D)反映一地或是一國一般物價水準之變動程度

( )　3. 假設從某鎮住戶的隨機樣本中，得到從 2009 年到 2013 年，牙刷及牙膏的消費（每年總數量）及價格（個別單價）資訊如下：

年　度		2009	2010	2011	2012	2013
每年總數量	牙刷	30	72	34	36	40
	牙膏	12	13	16	15	11
價格(美元)	牙刷	0.92	1.03	1.08	1.12	1.17
	牙膏	2.32	2.19	2.42	2.63	2.58

若以 2009 年為基期，計算價格指數，則 2013 年的價格指數為何？
(A) 123.39　(B) 148.53　(C) 119.2　(D) 57.28

( )　4. 下列數據為美元對歐元每週的平均匯率：

週　次	1	2	3	4	5	6	7	8
匯　率	1.54	1.61	1.65	1.71	1.64	1.65	1.74	1.79

若以第 1 週的匯率為基期，則第 6 週的簡單指數為何？　(A) 93.33　(B) 254.1　(C) 110　(D) 107.14

( )　5. 下列敘述何者正確？　(A)同一群變數值，不同的基期，指數相同　(B)同一群變數值，不同的基期，指數不同　(C)同一群變數值，選

用不同的基期,指數趨勢表現不同　(D)依規定第一個變數值當被
選定為基期值

題組 1:問題 6～7 請參考以下敘述:假設 2001 年到 2011 年,白肉雞的都市
零售價格(元／斤)為:77.58、84.36、90.70、104.06、93.67、
90.42、89.03、121.64、125.92、126.53、125.67。

(　　) 6.若以 2001 年為基期,建構一個白肉雞都市零售價格的簡單指數,
則 2009 年的指數為何?　(A) 61.6%　(B) 162.3%　(C) 103.5%　(D)
139.3%

(　　) 7.若以 2004 年為基期,建構一個白肉雞都市零售價格的簡單指數,
則 2009 年的指數為何?　(A) 121.0%　(B) 162.3%　(C) 82.6%　(D)
139.3%

題組 2:問題 8～10 請參考以下資料:

週 次	1	2	3	4	5	6	7	8
物價指數	93.33	97.58	100.00	103.64	99.39	98.18	105.45	108.48

(　　) 8.由上表合理推斷,基期為第幾週?　(A)第 1 週　(B)第 3 週　(C)第
5 週　(D)第 8 週

(　　) 9.若第 3 週的物價指數為 1.65 ,則第 6 週的物價指數為何?　(A)
1.65　(B) 1.00　(C) 1.64　(D) 1.62

(　　) 10.若以第 4 週為基期,則第 6 週的物價指數為何?　(A) 94.73　(B)
105.56　(C) 98.18　(D) 95.74

二、問答題

1.黃金期貨價格資料如下:

表 12.14　黃金期貨價格

t_1	t_2	t_3	t_4	t_5
1,185.25	1,182.25	1,184.25	1,165.75	1,167.25
t_6	t_7	t_8	t_9	t_{10}
1,183.25	1,181.50	1,192.50	1,206.25	1,203.00

(1)以 t_1 為基期 ($t_1 = 100$)，則 t_5 指數為何？t_{10} 指數為何？簡單解釋。

(2) t_5 到 t_{10} 期間指數變動多少點？t_5 到 t_{10} 期間價格變動多少？

2.試就表 12.14 漢堡與奶昔速食組合，以第 t 年 $= 100$ 為基期，計算 $t+1$ 年及 $t+2$ 年速食組合的物價指數。

表 12.15　項目數量與單價表

年　度	漢堡數量（個）	漢堡單價（元）	奶昔數量（杯）	奶昔單價（元）
t	135	55	90	38
$t+1$	130	58	80	38
$t+2$	150	65	93	42

3.股價指數之計算：甲、乙、丙三種股票於基期與目前流通在外股數與價格如下所示：

表 12.16　股票流通股數與價格表

股　票	流通在外股數（百萬股）		價格（元）	
	基　期	t 期	基　期	t 期
甲	50	60	\$50	\$60
乙	100	110	\$20	\$25
丙	90	120	\$80	\$100

若基期指數為 100，試以甲、乙、丙三種股票做為樣本，計算 t 期時之拉氏指數（即物價指數的計算方法）。拉氏指數 $= I_{t,0} = \dfrac{\sum\limits_{j=1}^{3} P_{t,j} Q_{0,j}}{\sum\limits_{j=1}^{3} P_{0,j} Q_{0,j}} \times 100$

4.下表為某商品一年來每個月的指數：

表 12.17　價格指數列表

月　份	1	2	3	4	5	6	7	8	9	10	11	12
指　數	121	112	98	81	63	57	89	109	131	147	132	126

若 3 月份的價格是 240 元，試求出 2 月份及 6 月份的價格。

5. 下表是某一公司過去 8 年來花在廣告上的費用（千元）。公司有兩部門在做
報告時分別給費用指數化。一般來說，任一單位在報告時會將指數與費用
並陳為一表格以做說明。假設今天我們得到二單位的指數與廣告費用的文
件，但並不完整：

表 12.18　指數與廣告費用列表

年　份	1	2	3	4	5	6	7	8
指數一	100	138	162	196	220			
指數二					100	125	140	165
廣告費用			4,860					

試問：

⑴指數一、指數二的基期各為哪一年？

⑵年份 3 的廣告費用是 4,860 元，試利用既有資料計算出各年份費用。

⑶利用計算出的廣告費用，試完成表中遺失的各指數值。

⑷根據⑴～⑶，試回答是否因基期選擇不同，使得指數趨勢有所不同？試
繪圖說明。

6. 世界各國 CPI 的統計都是以該國居民之家庭消費支出抽樣調查做為計算
權重的基本。各國的大項權重分配略有不同。臺灣與日本之食物類大項目
占 CPI 總指數之權重分別為 26.08% 與 25.86%，極為相近，表 12.19 為臺
灣與日本 CPI 食物類之中分類指數權重之比較：

表 12.19　臺灣與日本 CPI 食物類之中分類指數權重之比較

單位：%

	臺　灣	日　本
生鮮食物	10.47	6.41
加工食物	15.61	19.45
食物類加總	26.08	25.86

⑴計算臺灣與日本兩國食物類之中生鮮食物占食物類比重是多少？

⑵臺灣夏天多季節性與天災因素發生,產生生鮮食物供給失衡問題而價格波動大,試問如此對何國食物類或 CPI 之走勢影響較大?

7.依定義,物價指數本身上升時,代表整體平均物價上升;指數本身下跌時,代表整體平均物價下降。而物價指數變動率,是為便於使用者應用併同計算「與上月比較」、「與上年同月比較」(年增率)等變動率。以下方表格資料,試回答下列問題。

表 12.20 食物類指數

	8月	9月	10月	11月
第 t_1 年	104.27	108.20	114.08	111.26
第 t_2 年	114.93	114.30	120.40	118.97
變動率 (與上年同月比較,%)				

變動率(與上年同月比較,%)定義為:

$$\frac{當年月份指數 - 上年同月指數}{上年同月指數} \times 100\%$$

⑴依上面「變動率」定義,完成空格數值。

⑵「與上月比較」定義為:「當月指數減去上月指數」。若以「與上月比較」的觀點,t_2 年 9 月與前一月份的變動是多少?

⑶若以「與上年同月比較」變動率(年增率)的觀點,試計算 t_2 年 8 月的食物類物價指數年增率?試計算 t_2 年 9 月的食物類物價指數年增率?

⑷觀察 t_2 年 8 月及 9 月物價指數,物價指數上升或下跌?觀察 t_2 年 8 月及 9 月物價指數年增率(即「與上年同月比較的變動率」),年增率走勢上升或下跌?

⑸觀察 t_2 年 10 月及 11 月物價指數,物價指數上升或下跌?觀察 t_2 年 10 月及 11 月物價指數年增率(即「與上年同月比較的變動率」),年增率走勢上升或下跌?

8.經濟學家將通貨膨脹定義為「一般物價水準在某一時期內,連續性地以相當的幅度上漲」。通貨膨脹係經濟學名詞,並無法定衡量指標,一般常用消

費者物價指數變動率來衡量通貨膨脹率。

$$物價指數變動率 = \frac{當月份指數 - 上月份指數}{上月份指數} \times 100\%$$

一般來說，通貨緊縮或通貨膨脹是以消費者物價指數年增率作為觀察指標，
若年增率持續在 0% 以下形成通貨緊縮，持續 3% 以上構成通貨膨脹，持
續期間則未有嚴謹定義。

表 12.21 某年 1 月至 7 月的消費者物價指數

基期：2011 年 = 100

月 份	1	2	3	4	5	6	7
物價指數	102.41	102.90	101.42	102.05	102.24	102.75	102.61
變動率							

試完成上表的變動率部分，並簡單說明對物價的看法。

附錄 1
統計表

→ **學習重點**

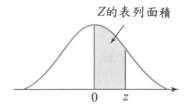

表列面積是標準常態隨機變數介於 0 與 z 之間的機率。

z的第二位小數										
z	0.00	0.01	0.02	0.03	0.04	0.05	0.06	0.07	0.08	0.09
0.0	0.0000	0.0040	0.0080	0.0120	0.0160	0.0199	0.0239	0.0279	0.0319	0.0359
0.1	0.0398	0.0438	0.0478	0.0517	0.0557	0.0596	0.0636	0.0675	0.0714	0.0753
0.2	0.0793	0.0832	0.0871	0.0910	0.0948	0.0987	0.1026	0.1064	0.1103	0.1141
0.3	0.1179	0.1217	0.1255	0.1293	0.1331	0.1368	0.1406	0.1443	0.1480	0.1517
0.4	0.1554	0.1591	0.1628	0.1664	0.1700	0.1736	0.1772	0.1808	0.1844	0.1879
0.5	0.1915	0.1950	0.1985	0.2019	0.2054	0.2088	0.2123	0.2157	0.2190	0.2224
0.6	0.2257	0.2291	0.2324	0.2357	0.2389	0.2422	0.2454	0.2486	0.2517	0.2549
0.7	0.2580	0.2611	0.2642	0.2673	0.2704	0.2734	0.2764	0.2794	0.2823	0.2852
0.8	0.2881	0.2910	0.2939	0.2967	0.2995	0.3023	0.3051	0.3078	0.3106	0.3133
0.9	0.3159	0.3186	0.3212	0.3238	0.3264	0.3289	0.3315	0.3340	0.3365	0.3389
1.0	0.3413	0.3438	0.3461	0.3485	0.3508	0.3531	0.3554	0.3577	0.3599	0.3621
1.1	0.3643	0.3665	0.3686	0.3708	0.3729	0.3749	0.3770	0.3790	0.3810	0.3830
1.2	0.3849	0.3869	0.3888	0.3907	0.3925	0.3944	0.3962	0.3980	0.3997	0.4015
1.3	0.4032	0.4049	0.4066	0.4082	0.4099	0.4115	0.4131	0.4147	0.4162	0.4177
1.4	0.4192	0.4207	0.4222	0.4236	0.4251	0.4265	0.4279	0.4292	0.4306	0.4319
1.5	0.4332	0.4345	0.4357	0.4370	0.4382	0.4394	0.4406	0.4418	0.4429	0.4441
1.6	0.4452	0.4463	0.4474	0.4484	0.4495	0.4505	0.4515	0.4525	0.4535	0.4545
1.7	0.4554	0.4564	0.4573	0.4582	0.4591	0.4599	0.4608	0.4616	0.4625	0.4633
1.8	0.4641	0.4649	0.4656	0.4664	0.4671	0.4678	0.4686	0.4693	0.4699	0.4706
1.9	0.4713	0.4719	0.4726	0.4732	0.4738	0.4744	0.4750	0.4756	0.4761	0.4767
2.0	0.4772	0.4778	0.4783	0.4788	0.4793	0.4798	0.4803	0.4808	0.4812	0.4817
2.1	0.4821	0.4826	0.4830	0.4834	0.4838	0.4842	0.4846	0.4850	0.4854	0.4857
2.2	0.4861	0.4864	0.4868	0.4871	0.4875	0.4878	0.4881	0.4884	0.4887	0.4890
2.3	0.4893	0.4896	0.4898	0.4901	0.4904	0.4906	0.4909	0.4911	0.4913	0.4916
2.4	0.4918	0.4920	0.4922	0.4925	0.4927	0.4929	0.4931	0.4932	0.4934	0.4936
2.5	0.4938	0.4940	0.4941	0.4943	0.4945	0.4946	0.4948	0.4949	0.4951	0.4952
2.6	0.4953	0.4955	0.4956	0.4957	0.4959	0.4960	0.4961	0.4962	0.4963	0.4964
2.7	0.4965	0.4966	0.4967	0.4968	0.4969	0.4970	0.4971	0.4972	0.4973	0.4974
2.8	0.4974	0.4975	0.4976	0.4977	0.4977	0.4978	0.4979	0.4979	0.4980	0.4981
2.9	0.4981	0.4982	0.4982	0.4983	0.4984	0.4984	0.4985	0.4985	0.4986	0.4986
3.0	0.4987	0.4987	0.4987	0.4988	0.4988	0.4989	0.4989	0.4989	0.4990	0.4990
3.1	0.4990	0.4991	0.4991	0.4991	0.4992	0.4992	0.4992	0.4992	0.4993	0.4993
3.2	0.4993	0.4993	0.4994	0.4994	0.4994	0.4994	0.4994	0.4995	0.4995	0.4995
3.3	0.4995	0.4995	0.4995	0.4996	0.4996	0.4996	0.4996	0.4996	0.4996	0.4997
3.4	0.4997	0.4997	0.4997	0.4997	0.4997	0.4997	0.4997	0.4997	0.4997	0.4998
3.5	0.4998									
4.0	0.49997									
4.5	0.499997									
5.0	0.4999997									
6.0	0.49999999									

附表二 t 分配的臨界值

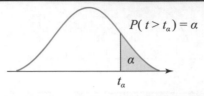

$$P(t > t_\alpha) = \alpha$$

自由度	$t_{.100}$	$t_{.050}$	$t_{.025}$	$t_{.010}$	$t_{.005}$
1	3.078	6.314	12.706	31.821	63.657
2	1.886	2.920	4.303	6.965	9.925
3	1.638	2.353	3.182	4.541	5.841
4	1.533	2.132	2.776	3.747	4.604
5	1.476	2.015	2.571	3.365	4.032
6	1.440	1.943	2.447	3.143	3.707
7	1.415	1.895	2.365	2.998	3.499
8	1.397	1.860	2.306	2.896	3.355
9	1.383	1.833	2.262	2.821	3.250
10	1.372	1.812	2.228	2.764	3.169
11	1.363	1.796	2.201	2.718	3.106
12	1.356	1.782	2.179	2.681	3.055
13	1.350	1.771	2.160	2.650	3.012
14	1.345	1.761	2.145	2.624	2.977
15	1.341	1.753	2.131	2.602	2.947
16	1.337	1.746	2.120	2.583	2.921
17	1.333	1.740	2.110	2.567	2.898
18	1.330	1.734	2.101	2.552	2.878
19	1.328	1.729	2.093	2.539	2.861
20	1.325	1.725	2.086	2.528	2.845
21	1.323	1.721	2.080	2.518	2.831
22	1.321	1.717	2.074	2.508	2.819
23	1.319	1.714	2.069	2.500	2.807
24	1.318	1.711	2.064	2.492	2.797
25	1.316	1.708	2.060	2.485	2.787
26	1.315	1.706	2.056	2.479	2.779
27	1.314	1.703	2.052	2.473	2.771
28	1.313	1.701	2.048	2.467	2.763
29	1.311	1.699	2.045	2.462	2.756
30	1.310	1.697	2.042	2.457	2.750
40	1.303	1.684	2.021	2.423	2.704
60	1.296	1.671	2.000	2.390	2.660
120	1.289	1.658	1.980	2.358	2.617
∞	1.282	1.645	1.960	2.326	2.576

◆資料來源：M. Merrington, "Table of Percentage Points of the t-Distribution," *Biometrika* 32 (1941), p. 300. Reproduced by permission of the *Biometrika* trustees.

附表三　卡方分配的臨界值

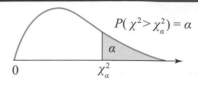

$$P(\chi^2 > \chi^2_\alpha) = \alpha$$

自由度	$\chi^2_{.995}$	$\chi^2_{.990}$	$\chi^2_{.975}$	$\chi^2_{.950}$	$\chi^2_{.900}$
1	0.0000393	0.0001571	0.0009821	0.0039321	0.0157908
2	0.0100251	0.0201007	0.0506356	0.102587	0.210720
3	0.0717212	0.114832	0.215795	0.351846	0.584375
4	0.206990	0.297110	0.484419	0.710721	1.063623
5	0.411740	0.554300	0.831211	1.145476	1.61031
6	0.675727	0.872085	1.237347	1.63539	2.20413
7	0.989265	1.239043	1.68987	2.16735	2.83311
8	1.344419	1.646482	2.17973	2.73264	3.48954
9	1.734926	2.087912	2.70039	3.32511	4.16816
10	2.15585	2.55821	3.24697	3.94030	4.86518
11	2.60321	3.05347	3.81575	4.57481	5.57779
12	3.07382	3.57056	4.40379	5.22603	6.30380
13	3.56503	4.10691	5.00874	5.89186	7.04150
14	4.07468	4.66043	5.62872	6.57063	7.78953
15	4.60094	5.22935	6.26214	7.26094	8.54675
16	5.14224	5.81221	6.90766	7.96164	9.31223
17	5.69724	6.40776	7.56418	8.67176	10.0852
18	6.26481	7.01491	8.23075	9.39046	10.8649
19	6.84398	7.63273	8.90655	10.1170	11.6509
20	7.43386	8.26040	9.59083	10.8508	12.4426
21	8.03366	8.89720	10.28293	11.5913	13.2396
22	8.64272	9.54249	10.9823	12.3380	14.0415
23	9.26042	10.19567	11.6885	13.0905	14.8479
24	9.88623	10.8564	12.4011	13.8484	15.6587
25	10.5197	11.5240	13.1197	14.6114	16.4734
26	11.1603	12.1981	13.8439	15.3791	17.2919
27	11.8076	12.8786	14.5733	16.1513	18.1138
28	12.4613	13.5648	15.3079	16.9279	18.9392
29	13.1211	14.2565	16.0471	17.7083	19.7677
30	13.7867	14.9535	16.7908	18.4926	20.5992
40	20.7065	22.1643	24.4331	26.5093	29.0505
50	27.9907	29.7067	32.3574	34.7642	37.6886
60	35.5346	37.4848	40.4817	43.1879	46.4589
70	43.2752	45.4418	48.7576	51.7393	55.3290
80	51.1720	53.5400	57.1532	60.3915	64.2778
90	59.1963	61.7541	65.6466	69.1260	73.2912
100	67.3276	70.0648	74.2219	77.9295	82.3581

附表三（續） 卡方分配的臨界值

自由度	$\chi^2_{.100}$	$\chi^2_{.050}$	$\chi^2_{.025}$	$\chi^2_{.010}$	$\chi^2_{.005}$
1	2.70554	3.84146	5.02389	6.63490	7.87944
2	4.60517	5.99147	7.37776	9.21034	10.5966
3	6.25139	7.81473	9.34840	11.3449	12.8381
4	7.77944	9.48773	11.1433	13.2767	14.8602
5	9.23635	11.0705	12.8325	15.0863	16.7496
6	10.6446	12.5916	14.4494	16.8119	18.5476
7	12.0170	14.0671	16.0128	18.4753	20.2777
8	13.3616	15.5073	17.5346	20.0902	21.9550
9	14.6837	16.9190	19.0228	21.6660	23.5893
10	15.9871	18.3070	20.4831	23.2093	25.1882
11	17.2750	19.6751	21.9200	24.7250	26.7569
12	18.5494	21.0261	23.3367	26.2170	28.2995
13	19.8119	22.3621	24.7356	27.6883	29.8194
14	21.0642	23.6848	26.1190	29.1413	31.3193
15	22.3072	24.9958	27.4884	30.5779	32.8013
16	23.5418	26.2962	28.8454	31.9999	34.2672
17	24.7690	27.5871	30.1910	33.4087	35.7185
18	25.9894	28.8693	31.5264	34.8053	37.1564
19	27.2036	30.1435	32.8523	36.1908	38.5822
20	28.4120	31.4104	34.1696	37.5662	39.9968
21	29.6151	32.6705	35.4789	38.9321	41.4010
22	30.8133	33.9244	36.7807	40.2894	42.7956
23	32.0069	35.1725	38.0757	41.6384	44.1813
24	33.1963	36.4151	39.3641	42.9798	45.5585
25	34.3816	37.6525	40.6465	44.3141	46.9278
26	35.5631	38.8852	41.9232	45.6417	48.2899
27	36.7412	40.1133	43.1944	46.9630	49.6449
28	37.9159	41.3372	44.4607	48.2782	50.9933
29	39.0875	42.5569	45.7222	49.5879	52.3356
30	40.2560	43.7729	46.9792	50.8922	53.6720
40	51.8050	55.7585	59.3417	63.6907	66.7659
50	63.1671	67.5048	71.4202	76.1539	79.4900
60	74.3970	79.0819	83.2976	88.3794	91.9517
70	85.5271	90.5312	95.0231	100.425	104.215
80	96.5782	101.879	106.629	112.329	116.321
90	107.565	113.145	118.136	124.116	128.299
100	118.498	124.342	129.561	135.807	140.169

◆資料來源：C. M. Thompson, "Tables of the Percentage Points of the χ^2-Distribution," *Biometrika* 32 (1941), pp. 188–189. Reproduced by permission of the *Biometrika* Trustees.

附表四　$\alpha = 0.10$ 時，F 分配的臨界值

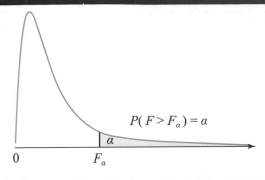

$$P(F > F_\alpha) = \alpha$$

分母自由度 (k_2)	分子自由度 (k_1)							
	1	2	3	4	5	6	7	8
1	39.86	49.50	53.59	55.83	57.24	58.20	58.91	59.44
2	8.53	9.00	9.16	9.24	9.29	9.33	9.35	9.37
3	5.54	5.46	5.39	5.34	5.31	5.28	5.27	5.25
4	4.54	4.32	4.19	4.11	4.05	4.01	3.98	3.95
5	4.06	3.78	3.62	3.52	3.45	3.40	3.37	3.34
6	3.78	3.46	3.29	3.18	3.11	3.05	3.01	2.98
7	3.59	3.26	3.07	2.96	2.88	2.83	2.78	2.75
8	3.46	3.11	2.92	2.81	2.73	2.67	2.62	2.59
9	3.36	3.01	2.81	2.69	2.61	2.55	2.51	2.47
10	3.29	2.92	2.73	2.61	2.52	2.46	2.41	2.38
11	3.23	2.86	2.66	2.54	2.45	2.39	2.34	2.30
12	3.18	2.81	2.61	2.48	2.39	2.33	2.28	2.24
13	3.14	2.76	2.56	2.43	2.35	2.28	2.23	2.20
14	3.10	2.73	2.52	2.39	2.31	2.24	2.19	2.15
15	3.07	2.70	2.49	2.36	2.27	2.21	2.16	2.12
16	3.05	2.67	2.46	2.33	2.24	2.18	2.13	2.09
17	3.03	2.64	2.44	2.31	2.22	2.15	2.10	2.06
18	3.01	2.62	2.42	2.29	2.20	2.13	2.08	2.04
19	2.99	2.61	2.40	2.27	2.18	2.11	2.06	2.02
20	2.97	2.59	2.38	2.25	2.16	2.09	2.04	2.00
21	2.96	2.57	2.36	2.23	2.14	2.08	2.02	1.98
22	2.95	2.56	2.35	2.22	2.13	2.06	2.01	1.97
23	2.94	2.55	2.34	2.21	2.11	2.05	1.99	1.95
24	2.93	2.54	2.33	2.19	2.10	2.04	1.98	1.94
25	2.92	2.53	2.32	2.18	2.09	2.02	1.97	1.93
26	2.91	2.52	2.31	2.17	2.08	2.01	1.96	1.92
27	2.90	2.51	2.30	2.17	2.07	2.00	1.95	1.91
28	2.89	2.50	2.29	2.16	2.06	2.00	1.94	1.90
29	2.89	2.50	2.28	2.15	2.06	1.99	1.93	1.89
30	2.88	2.49	2.28	2.14	2.05	1.98	1.93	1.88
40	2.84	2.44	2.23	2.09	2.00	1.93	1.87	1.83
60	2.79	2.39	2.18	2.04	1.95	1.87	1.82	1.77
120	2.75	2.35	2.13	1.99	1.90	1.82	1.77	1.72
∞	2.71	2.30	2.08	1.94	1.85	1.77	1.72	1.67

附表四（續）　$\alpha = 0.10$ 時，F 分配的臨界值

分母自由度 (k_2)	分子自由度 (k_1)									
	10	12	15	20	24	30	40	60	120	∞
1	60.19	60.71	61.22	61.74	62.00	62.26	62.53	62.79	63.06	63.33
2	9.39	9.41	9.42	9.44	9.45	9.46	9.47	9.47	9.48	9.49
3	5.23	5.22	5.20	5.18	5.18	5.17	5.16	5.15	5.14	5.13
4	3.92	3.90	3.87	3.84	3.83	3.82	3.80	3.79	3.78	3.76
5	3.30	3.27	3.24	3.21	3.19	3.17	3.16	3.14	3.12	3.10
6	2.94	2.90	2.87	2.84	2.82	2.80	2.78	2.76	2.74	2.72
7	2.70	2.67	2.63	2.59	2.58	2.56	2.54	2.51	2.49	2.47
8	2.54	2.50	2.46	2.42	2.40	2.38	2.36	2.34	2.32	2.29
9	2.42	2.38	2.34	2.30	2.28	2.25	2.23	2.21	2.18	2.16
10	2.32	2.28	2.24	2.20	2.18	2.16	2.13	2.11	2.08	2.06
11	2.25	2.21	2.17	2.12	2.10	2.08	2.05	2.03	2.00	1.97
12	2.19	2.15	2.10	2.06	2.04	2.01	1.99	1.96	1.93	1.90
13	2.14	2.10	2.05	2.01	1.98	1.96	1.93	1.90	1.88	1.85
14	2.10	2.05	2.01	1.96	1.94	1.91	1.89	1.86	1.83	1.80
15	2.06	2.02	1.97	1.92	1.90	1.87	1.85	1.82	1.79	1.76
16	2.03	1.99	1.94	1.89	1.87	1.84	1.81	1.78	1.75	1.72
17	2.00	1.96	1.91	1.86	1.84	1.81	1.78	1.75	1.72	1.69
18	1.98	1.93	1.89	1.84	1.81	1.78	1.75	1.72	1.69	1.66
19	1.96	1.91	1.86	1.81	1.79	1.76	1.73	1.70	1.67	1.63
20	1.94	1.89	1.84	1.79	1.77	1.74	1.71	1.68	1.64	1.61
21	1.92	1.87	1.83	1.78	1.75	1.72	1.69	1.66	1.62	1.59
22	1.90	1.86	1.81	1.76	1.73	1.70	1.67	1.64	1.60	1.57
23	1.89	1.84	1.80	1.74	1.72	1.69	1.66	1.62	1.59	1.55
24	1.88	1.83	1.78	1.73	1.70	1.67	1.64	1.61	1.57	1.53
25	1.87	1.82	1.77	1.72	1.69	1.66	1.63	1.59	1.56	1.52
26	1.86	1.81	1.76	1.71	1.68	1.65	1.61	1.58	1.54	1.50
27	1.85	1.80	1.75	1.70	1.67	1.64	1.60	1.57	1.53	1.49
28	1.84	1.79	1.74	1.69	1.66	1.63	1.59	1.56	1.52	1.48
29	1.83	1.78	1.73	1.68	1.65	1.62	1.58	1.55	1.51	1.47
30	1.82	1.77	1.72	1.67	1.64	1.61	1.57	1.54	1.50	1.46
40	1.76	1.71	1.66	1.61	1.57	1.54	1.51	1.47	1.42	1.38
60	1.71	1.66	1.60	1.54	1.51	1.48	1.44	1.40	1.35	1.39
120	1.65	1.60	1.55	1.48	1.45	1.41	1.37	1.32	1.26	1.19
∞	1.60	1.55	1.49	1.42	1.38	1.34	1.30	1.24	1.17	1.00

附表四（續）　$\alpha = 0.05$ 時，F 分配的臨界值

分母自由度 (k_2)	分子自由度 (k_1)								
	1	2	3	4	5	6	7	8	9
1	161.4	199.5	215.7	224.6	230.2	234	236.8	238.9	240.5
2	18.51	19	19.16	19.25	19.3	19.33	19.35	19.37	19.38
3	10.13	9.55	9.28	9.12	9.01	8.94	8.89	8.85	8.81
4	7.71	6.94	6.59	6.39	6.26	6.16	6.09	6.04	6
5	6.61	5.79	5.41	5.19	5.05	4.95	4.88	4.82	4.77
6	5.99	5.14	4.76	4.53	4.39	4.28	4.21	4.15	4.1
7	5.59	4.74	4.35	4.12	3.97	3.87	3.79	3.73	3.68
8	5.32	4.46	4.07	3.84	3.69	3.58	3.5	3.44	3.39
9	5.12	4.26	3.86	3.63	3.48	3.37	3.29	3.23	3.18
10	4.96	4.1	3.71	3.48	3.33	3.22	3.14	3.07	3.02
11	4.84	3.98	3.59	3.36	3.2	3.09	3.01	2.95	2.9
12	4.75	3.89	3.49	3.26	3.11	3	2.91	2.85	2.8
13	4.67	3.81	3.41	3.18	3.03	2.92	2.83	2.77	2.71
14	4.6	3.74	3.34	3.11	2.96	2.85	2.76	2.7	2.65
15	4.54	3.68	3.29	3.06	2.9	2.79	2.71	2.64	2.59
16	4.49	3.63	3.24	3.01	2.85	2.74	2.66	2.59	2.54
17	4.45	3.59	3.2	2.96	2.81	2.7	2.61	2.55	2.49
18	4.41	3.55	3.16	2.93	2.77	2.66	2.58	2.51	2.46
19	4.38	3.52	3.13	2.9	2.74	2.63	2.54	2.48	2.42
20	4.35	3.49	3.1	2.87	2.71	2.6	2.51	2.45	2.39
21	4.32	3.47	3.07	2.84	2.68	2.57	2.49	2.42	2.37
22	4.3	3.44	3.05	2.82	2.66	2.55	2.46	2.4	2.34
23	4.28	3.42	3.03	2.8	2.64	2.53	2.44	2.37	2.32
24	4.26	3.4	3.01	2.78	2.62	2.51	2.42	2.36	2.3
25	4.24	3.39	2.99	2.76	2.6	2.49	2.4	2.34	2.28
26	4.23	3.37	2.98	2.74	2.59	2.47	2.39	2.32	2.27
27	4.21	3.35	2.96	2.73	2.57	2.46	2.37	2.31	2.25
28	4.2	3.34	2.95	2.71	2.56	2.45	2.36	2.29	2.24
29	4.18	3.33	2.93	2.7	2.55	2.43	2.35	2.28	2.22
30	4.17	3.32	2.92	2.69	2.53	2.42	2.33	2.27	2.21
40	4.08	3.23	2.84	2.61	2.45	2.34	2.25	2.18	2.12
60	4	3.15	2.76	2.53	2.37	2.25	2.17	2.1	2.04
120	3.92	3.07	2.68	2.45	2.29	2.17	2.09	2.02	1.96
∞	3.84	3	2.6	2.37	2.21	2.1	2.01	1.94	1.88

附表四（續）　$\alpha = 0.05$ 時，F 分配的臨界值

分母自由度 (k_2)	分子自由度 (k_1)									
	10	12	15	20	24	30	40	60	120	∞
1	241.9	243.9	245.9	248.0	249.1	250.1	251.1	252.2	253.3	254.3
2	19.40	19.41	19.43	19.45	19.45	19.46	19.47	19.48	19.49	19.50
3	8.79	8.74	8.70	8.66	8.64	8.62	8.59	8.57	8.55	8.53
4	5.96	5.91	5.86	5.80	5.77	5.75	5.72	5.69	5.66	5.63
5	4.74	4.68	4.62	4.56	4.53	4.50	4.46	4.43	4.40	4.36
6	4.06	4.00	3.94	3.87	3.84	3.81	3.77	3.74	3.70	3.67
7	3.64	3.57	3.51	3.44	3.41	3.38	3.34	3.30	3.27	3.23
8	3.35	3.28	3.22	3.15	3.12	3.08	3.04	3.01	2.97	2.93
9	3.14	3.07	3.01	2.94	2.90	2.86	2.83	2.79	2.75	2.71
10	2.98	2.91	2.85	2.77	2.74	2.70	2.66	2.62	2.58	2.54
11	2.85	2.79	2.72	2.65	2.61	2.57	2.53	2.49	2.45	2.40
12	2.75	2.69	2.62	2.54	2.51	2.47	2.43	2.38	2.34	2.30
13	2.67	2.60	2.53	2.46	2.42	2.38	2.34	2.30	2.25	2.21
14	2.60	2.53	2.46	2.39	2.35	2.31	2.27	2.22	2.18	2.13
15	2.54	2.48	2.40	2.33	2.29	2.25	2.20	2.16	2.11	2.07
16	2.49	2.42	2.35	2.28	2.24	2.19	2.15	2.11	2.06	2.01
17	2.45	2.38	2.31	2.23	2.19	2.15	2.10	2.06	2.01	1.96
18	2.41	2.34	2.27	2.19	2.15	2.11	2.06	2.02	1.97	1.92
19	2.38	2.31	2.23	2.16	2.11	2.07	2.03	1.98	1.93	1.88
20	2.35	2.28	2.20	2.12	2.08	2.04	1.99	1.95	1.90	1.84
21	2.32	2.25	2.18	2.10	2.05	2.01	1.96	1.92	1.87	1.81
22	2.30	2.23	2.15	2.07	2.03	1.98	1.94	1.89	1.84	1.78
23	2.27	2.20	2.13	2.05	2.01	1.96	1.91	1.86	1.81	1.76
24	2.25	2.18	2.11	2.03	1.98	1.94	1.89	1.84	1.79	1.73
25	2.24	2.16	2.09	2.01	1.96	1.92	1.87	1.82	1.77	1.71
26	2.22	2.15	2.07	1.99	1.95	1.90	1.85	1.80	1.75	1.69
27	2.20	2.13	2.06	1.97	1.93	1.88	1.84	1.79	1.73	1.67
28	2.19	2.12	2.04	1.96	1.91	1.87	1.82	1.77	1.71	1.65
29	2.18	2.10	2.03	1.94	1.90	1.85	1.81	1.75	1.70	1.64
30	2.16	2.09	2.01	1.93	1.89	1.84	1.79	1.74	1.68	1.62
40	2.08	2.00	1.92	1.84	1.79	1.74	1.69	1.64	1.58	1.51
60	1.99	1.92	1.84	1.75	1.70	1.65	1.59	1.53	1.47	1.39
120	1.91	1.83	1.75	1.66	1.61	1.55	1.50	1.43	1.35	1.25
∞	1.83	1.75	1.67	1.57	1.52	1.46	1.39	1.32	1.22	1.00

分母自由度 (k_2)	分子自由度 (k_1)								
	1	2	3	4	5	6	7	8	9
1	647.8	799.5	864.2	899.6	921.8	937.1	948.2	956.7	963.3
2	38.51	39.00	39.17	39.25	39.30	39.33	39.36	39.37	39.39
3	17.44	16.04	15.44	15.10	14.88	14.73	14.62	14.54	14.47
4	12.22	10.65	9.98	9.60	9.36	9.20	9.07	8.98	8.90
5	10.01	8.43	7.76	7.39	7.15	6.98	6.85	6.76	6.68
6	8.81	7.26	6.60	6.23	5.99	5.82	5.70	5.60	5.52
7	8.07	6.54	5.89	5.52	5.29	5.12	4.99	4.90	4.82
8	7.57	6.06	5.42	5.05	4.82	4.65	4.53	4.43	4.36
9	7.21	5.71	5.08	4.72	4.48	4.32	4.20	4.10	4.03
10	6.94	5.46	4.83	4.47	4.24	4.07	3.95	3.85	3.78
11	6.72	5.26	4.63	4.28	4.04	3.88	3.76	3.66	3.59
12	6.55	5.10	4.47	4.12	3.89	3.73	3.61	3.51	3.44
13	6.41	4.97	4.35	4.00	3.77	3.60	3.48	3.39	3.31
14	6.30	4.86	4.24	3.89	3.66	3.50	3.38	3.29	3.21
15	6.20	4.77	4.15	3.80	3.58	3.41	3.29	3.20	3.12
16	6.12	4.69	4.08	3.73	3.50	3.34	3.22	3.12	3.05
17	6.04	4.62	4.01	3.66	3.44	3.28	3.16	3.06	2.98
18	5.98	4.56	3.95	3.61	3.38	3.22	3.10	3.01	2.93
19	5.92	4.51	3.90	3.56	3.33	3.17	3.05	2.96	2.88
20	5.87	4.46	3.86	3.51	3.29	3.13	3.01	2.91	2.84
21	5.83	4.42	3.82	3.48	3.25	3.09	2.97	2.87	2.80
22	5.79	4.38	3.78	3.44	3.22	3.05	2.93	2.84	2.76
23	5.75	4.35	3.75	3.41	3.18	3.02	2.90	2.81	2.73
24	5.72	4.32	3.72	3.38	3.15	2.99	2.87	2.78	2.70
25	5.69	4.29	3.69	3.35	3.13	2.97	2.85	2.75	2.68
26	5.66	4.27	3.67	3.33	3.10	2.94	2.82	2.73	2.65
27	5.63	4.24	3.65	3.31	3.08	2.92	2.80	2.71	2.63
28	5.61	4.22	3.63	3.29	3.06	2.90	2.78	2.69	2.61
29	5.59	4.20	3.61	3.27	3.04	2.88	2.76	2.67	2.59
30	5.57	4.18	3.59	3.25	3.03	2.87	2.75	2.65	2.57
40	5.42	4.05	3.46	3.13	2.90	2.74	2.62	2.53	2.45
60	5.29	3.93	3.34	3.01	2.79	2.63	2.51	2.41	2.33
120	5.15	3.80	3.23	2.89	2.67	2.52	2.39	2.30	2.22
∞	5.02	3.69	3.12	2.79	2.57	2.41	2.29	2.19	2.11

附表四（續） $\alpha = 0.025$ 時，F 分配的臨界值

分母自由度 (k_2)	分子自由度 (k_1)									
	10	12	15	20	24	30	40	60	120	∞
1	968.6	976.7	984.9	993.1	997.2	1,001	1,006	1,010	1,014	1,018
2	39.40	39.41	39.43	39.45	39.46	39.46	39.47	39.48	39.49	39.50
3	14.42	14.34	14.25	14.17	14.12	14.08	14.04	13.99	13.95	13.90
4	8.84	8.75	8.66	8.56	8.51	8.46	8.41	8.36	8.31	8.26
5	6.62	6.52	6.43	6.33	6.28	6.23	6.18	6.12	6.07	6.02
6	5.46	5.37	5.27	5.17	5.12	5.07	5.01	4.96	4.90	4.85
7	4.76	4.67	4.57	4.47	4.42	4.36	4.31	4.25	4.20	4.14
8	4.30	4.20	4.10	4.00	3.95	3.89	3.84	3.78	3.73	3.67
9	3.96	3.87	3.77	3.67	3.61	3.56	3.51	3.45	3.39	3.33
10	3.72	3.62	3.52	3.42	3.37	3.31	3.26	3.20	3.14	3.08
11	3.53	3.43	3.33	3.23	3.17	3.12	3.06	3.00	2.94	2.88
12	3.37	3.28	3.18	3.07	3.02	2.96	2.91	2.85	2.79	2.72
13	3.25	3.15	3.05	2.95	2.89	2.84	2.78	2.72	2.66	2.60
14	3.15	3.05	2.95	2.84	2.79	2.73	2.67	2.61	2.55	2.49
15	3.06	2.96	2.86	2.76	2.70	2.64	2.59	2.52	2.46	2.40
16	2.99	2.89	2.79	2.68	2.63	2.57	2.51	2.45	2.38	2.32
17	2.92	2.82	2.72	2.62	2.56	2.50	2.44	2.38	2.32	2.25
18	2.87	2.77	2.67	2.56	2.50	2.44	2.38	2.32	2.26	2.19
19	2.82	2.72	2.62	2.51	2.45	2.39	2.33	2.27	2.20	2.13
20	2.77	2.68	2.57	2.46	2.41	2.35	2.29	2.22	2.16	2.09
21	2.73	2.64	2.53	2.42	2.37	2.31	2.25	2.18	2.11	2.04
22	2.70	2.60	2.50	2.39	2.33	2.27	2.21	2.14	2.08	2.00
23	2.67	2.57	2.47	2.36	2.30	2.24	2.18	2.11	2.04	1.97
24	2.64	2.54	2.44	2.33	2.27	2.21	2.15	2.08	2.01	1.94
25	2.61	2.51	2.41	2.30	2.24	2.18	2.12	2.05	1.98	1.91
26	2.59	2.49	2.39	2.28	2.22	2.16	2.09	2.03	1.95	1.88
27	2.57	2.47	2.36	2.25	2.19	2.13	2.07	2.00	1.93	1.85
28	2.55	2.45	2.34	2.23	2.17	2.11	2.05	1.98	1.91	1.83
29	2.53	2.43	2.32	2.21	2.15	2.09	2.03	1.96	1.89	1.81
30	2.51	2.41	2.31	2.20	2.14	2.07	2.01	1.94	1.87	1.79
40	2.39	2.29	2.18	2.07	2.01	1.94	1.88	1.80	1.72	1.64
60	2.27	2.17	2.06	1.94	1.88	1.82	1.74	1.67	1.58	1.48
120	2.16	2.05	1.94	1.82	1.76	1.69	1.61	1.53	1.43	1.31
∞	2.05	1.94	1.83	1.71	1.64	1.57	1.48	1.39	1.27	1.00

附表四（續）　$\alpha = 0.01$ 時，F 分配的臨界值

分母自由度 (k_2)	分子自由度 (k_1)								
	1	2	3	4	5	6	7	8	9
1	4,052	4,999.5	5,403	5,625	5,764	5,859	5,928	5,982	6,022
2	98.50	99.00	99.17	99.25	99.30	99.33	99.36	99.37	99.39
3	34.12	30.82	29.46	28.71	28.24	27.91	27.67	27.49	27.35
4	21.20	18.00	16.69	15.98	15.52	15.21	14.98	14.80	14.66
5	16.26	13.27	12.06	11.39	10.97	10.67	10.46	10.29	10.16
6	13.75	10.92	9.78	9.15	8.75	8.47	8.26	8.10	7.98
7	12.25	9.55	8.45	7.85	7.46	7.19	6.99	6.84	6.72
8	11.26	8.65	7.59	7.01	6.63	6.37	6.18	6.03	5.91
9	10.56	8.02	6.99	6.42	6.06	5.80	5.61	5.47	5.35
10	10.04	7.56	6.55	5.99	5.64	5.39	5.20	5.06	4.94
11	9.65	7.21	6.22	5.67	5.32	5.07	4.89	4.74	4.63
12	9.33	6.93	5.95	5.41	5.06	4.82	4.64	4.50	4.39
13	9.07	6.70	5.74	5.21	4.86	4.62	4.44	4.30	4.19
14	8.86	6.51	5.56	5.04	4.69	4.46	4.28	4.14	4.03
15	8.68	6.36	5.42	4.89	4.56	4.32	4.14	4.00	3.89
16	8.53	6.23	5.29	4.77	4.44	4.20	4.03	3.89	3.78
17	8.40	6.11	5.18	4.67	4.34	4.10	3.93	3.79	3.68
18	8.29	6.01	5.09	4.58	4.25	4.01	3.84	3.71	3.60
19	8.18	5.93	5.01	4.50	4.17	3.94	3.77	3.63	3.52
20	8.10	5.85	4.94	4.43	4.10	3.87	3.70	3.56	3.46
21	8.02	5.78	4.87	4.37	4.04	3.81	3.64	3.51	3.40
22	7.95	5.72	4.82	4.31	3.99	3.76	3.59	3.45	3.35
23	7.88	5.66	4.76	4.26	3.94	3.71	3.54	3.41	3.30
24	7.82	5.61	4.72	4.22	3.90	3.67	3.50	3.36	3.26
25	7.77	5.57	4.68	4.18	3.85	3.63	3.46	3.32	3.22
26	7.72	5.53	4.64	4.14	3.82	3.59	3.42	3.29	3.18
27	7.68	5.49	4.60	4.11	3.78	3.56	3.39	3.26	3.15
28	7.64	5.45	4.57	4.07	3.75	3.53	3.36	3.23	3.12
29	7.60	5.42	4.54	4.04	3.73	3.50	3.33	3.20	3.09
30	7.56	5.39	4.51	4.02	3.70	3.47	3.30	3.17	3.07
40	7.31	5.18	4.31	3.83	3.51	3.29	3.12	2.99	2.89
60	7.08	4.98	4.13	3.65	3.34	3.12	2.95	2.82	2.72
120	6.85	4.79	3.95	3.48	3.17	2.96	2.79	2.66	2.56
∞	6.63	4.61	3.78	3.32	3.02	2.80	2.64	2.51	2.41

附表四（續）　$\alpha = 0.01$ 時，F 分配的臨界值

分母自由度 (k_2)	分子自由度 (k_1)									
	10	12	15	20	24	30	40	60	120	∞
1	6,056	6,106	6,157	6,209	6,235	6,261	6,287	6,313	6,339	6,366
2	99.40	99.42	99.43	99.45	99.46	99.47	99.47	99.48	99.49	99.50
3	27.23	27.05	26.87	26.69	26.60	26.50	26.41	26.32	26.22	26.13
4	14.55	14.37	14.20	14.02	13.93	13.84	13.75	13.65	13.56	13.46
5	10.05	9.89	9.72	9.55	9.47	9.38	9.29	9.20	9.11	9.02
6	7.87	7.72	7.56	7.40	7.31	7.23	7.14	7.06	6.97	6.88
7	6.62	6.47	6.31	6.16	6.07	5.99	5.91	5.82	5.74	5.65
8	5.81	5.67	5.52	5.36	5.28	5.20	5.12	5.03	4.95	4.86
9	5.26	5.11	4.96	4.81	4.73	4.65	4.57	4.48	4.40	4.31
10	4.85	4.71	4.56	4.41	4.33	4.25	4.17	4.08	4.00	3.91
11	4.54	4.40	4.25	4.10	4.02	3.94	3.86	3.78	3.69	3.60
12	4.30	4.16	4.01	3.86	3.78	3.70	3.62	3.54	3.45	3.36
13	4.10	3.96	3.82	3.66	3.59	3.51	3.43	3.34	3.25	3.17
14	3.94	3.80	3.66	3.51	3.43	3.35	3.27	3.18	3.09	3.00
15	3.80	3.67	3.52	3.37	3.29	3.21	3.13	3.05	2.96	2.87
16	3.69	3.55	3.41	3.26	3.18	3.10	3.02	2.93	2.84	2.75
17	3.59	3.46	3.31	3.16	3.08	3.00	2.92	2.83	2.75	2.65
18	3.51	3.37	3.23	3.08	3.00	2.92	2.84	2.75	2.66	2.57
19	3.43	3.30	3.15	3.00	2.92	2.84	2.76	2.67	2.58	2.49
20	3.37	3.23	3.09	2.94	2.86	2.78	2.69	2.61	2.52	2.42
21	3.31	3.17	3.03	2.88	2.80	2.72	2.64	2.55	2.46	2.36
22	3.26	3.12	2.98	2.83	2.75	2.67	2.58	2.50	2.40	2.31
23	3.21	3.07	2.93	2.78	2.70	2.62	2.54	2.45	2.35	2.26
24	3.17	3.03	2.89	2.74	2.66	2.58	2.49	2.40	2.31	2.21
25	3.13	2.99	2.85	2.70	2.62	2.54	2.45	2.36	2.27	2.17
26	3.09	2.96	2.81	2.66	2.58	2.50	2.42	2.33	2.23	2.13
27	3.06	2.93	2.78	2.63	2.55	2.47	2.38	2.29	2.20	2.10
28	3.03	2.90	2.75	2.60	2.52	2.44	2.35	2.26	2.17	2.06
29	3.00	2.87	2.73	2.57	2.49	2.41	2.33	2.23	2.14	2.03
30	2.98	2.84	2.70	2.55	2.47	2.39	2.30	2.21	2.11	2.01
40	2.80	2.66	2.52	2.37	2.29	2.20	2.11	2.02	1.92	1.80
60	2.63	2.50	2.35	2.20	2.12	2.03	1.94	1.84	1.73	1.60
120	2.47	2.34	2.19	2.03	1.95	1.86	1.76	1.66	1.53	1.38
∞	2.32	2.18	2.04	1.88	1.79	1.70	1.59	1.47	1.32	1.00

◆資料來源：M. Merrington and C. M. Thompson, "Tables of Percentage Points of the Inverted Beta (*F*)-Distribution," *Biometrika* 33 (1943), pp. 73 – 88. Reproduced by permission of the *Biometrika* Trustees.

附錄 2
習題簡答

第1章　認識統計

一、選擇題

1. C　2. A　3. B　4. D　5. C

6. D　7. D　8. C

二、問答題

1. 樣本、母體、統計量、參數

2. (1)推論　2.(2)敘述　2.(3)推論　2.(4)敘述　2.(5)敘述　2.(6)推論

3. (1)過去與未來每單一月份顧客對此機型的需求數量　3.(2)過去資料或許可追蹤獲得，但未來資料無從得知　3.(3)可利用過去資料，藉由統計推論方法估計未來的需求量

4. (1)敘述　4.(2)推論　4.(3)敘述　4.(4)推論

5. (1)不是　5.(2)不合適，容易造成很大的偏差

6. 要表示各種型號的輪胎事故發生率，應根據其事故次數相對於產量的比值，較為客觀

7. (1)屬質　7.(2)屬量　7.(3)屬量　7.(4)屬質

8. (1)連續　8.(2)離散　8.(3)連續　8.(4)連續

9. (1)名目　9.(2)順序　9.(3)比例　9.(4)比例　9.(5)區間

10. (1) 29,777　10.(2)非隨機樣本　10.(3)相對於真正的母體，女性人數偏低，可能造成答「是」的比例也偏低

11.

郵遞區號	次　數
15130	6
15131	4
15132	3
15133	8
15134	4

12. (1) 0.29　12.(2) 530 人　12.(3)

公里數	人　數	累積人數
0 以上但少於 5	220	220
5 以上但少於 10	294	514
10 以上但少於 15	426	940
15 以上但少於 20	412	1,352
20 以上但少於 25	118	1,470

13. $x = 46$、$y = 21$、$z = 7$

14. 35

15.

年　齡	人　數	相對次數
27.00～33.15	7	0.13
33.15～39.30	12	0.22
39.30～45.45	13	0.24
45.45～51.60	11	0.20
51.60～57.75	5	0.09
57.75～63.90	5	0.09
63.90～70.05	2	0.03

16. (1)臺灣的物價指數有逐年上漲趨勢，只有 2014 至 2015 年間微幅下跌 0.3%　16.(2) 2012 年漲幅最大；2009 及 2015 年不漲反跌；2018 年最高；2009 年最低　16.(3)出口物價 2017 年跌幅最大；2009 年漲幅最大；2012 年最高；2017 年最低

17. (1)業務工作的起薪最高　17.(2)學歷愈高，起薪也愈高　17.(3)男生起薪比女生高

第2章　統計圖

一、選擇題

1. C　2. D　3. C　4. A　5. D

6. A　7. B　8. C　9. B　10. A

二、問答題

1. 略

2. 略

3. (1)依次數分配表繪製直方圖：

組　界	次　數
$10 < x \le 20$	2
$20 < x \le 30$	2
$30 < x \le 40$	6
$40 < x \le 50$	1

3. (2)
```
1 | 23
2 | 17
3 | 3457
4 | 001
```

4. 得票比例：

候選人	得票數	得票比例
朱王配	3,813,365	31.04%
英仁配	6,894,744	56.12%
宋瑩配	1,576,861	12.84%
總票數	12,284,970	

5. (1)次數分配表：

組　界	次　數
$430 < x \le 550$	1
$550 < x \le 670$	1
$670 < x \le 790$	21
$790 < x \le 910$	30
$910 < x \le 1,030$	22

$1,030 < x \leq 1,150$	13
$1,150 < x \leq 1,270$	11
$1,270 < x \leq 1,390$	1
總次數	100

5.(2)依次數分配表繪製直方圖：

組　界	次　數
$400 < x \leq 500$	1
$500 < x \leq 600$	0
$600 < x \leq 700$	5
$700 < x \leq 800$	20
$800 < x \leq 900$	25
$900 < x \leq 1,000$	19
$1,000 < x \leq 1,100$	13
$1,100 < x \leq 1,200$	10
$1,200 < x \leq 1,300$	6
$1,300 < x \leq 1,400$	1
總次數	100

5.(3) $k = 8$（組），次數分配表同 5.(1)。

6.略

7.可計算各項目比例，繪製圓餅圖。

8.略

9.(1)

組　界	次　數
$30 < x \leq 44$	1
$44 < x \leq 58$	0
$58 < x \leq 72$	2
$72 < x \leq 86$	10
$86 < x \leq 100$	7
總次數	20

9.(2)略

9.(3)不等距組界長條圖相對應面積：

底部寬度	密　度	面　積
28	0.001785714	0.05
14	0.007142857	0.10
14	0.035714286	0.50
14	0.025000000	0.35

9.(4)
```
3 | 3
6 | 4
7 | 1389
8 | 11335568
9 | 35779
10 | 0
```

10.(1)依次數分配表繪製直方圖：

組　界	次　數
$0 < x \leq 20$	2
$20 < x \leq 40$	6

$40 < x \leq 60$	11
$60 < x \leq 80$	1
$80 < x \leq 100$	5
總次數	25

10.(2)依百分比分配表繪製圓餅圖：

標　示	次　數	百分比 %
E	2	8
D	6	24
C	11	44
B	1	4
A	5	20

10.(3)
```
0 | 8
1 | 7
2 | 777
3 | 666
4 | 222
5 | 00555588
7 | 5
8 | 233
9 | 2
10 | 0
```

11.
```
2 | 7
3 | 0246779
4 | 00256778
5 | 0366689
6 | 111122255566899
7 | 01255679
8 | 37
9 | 15
```

12.略

13.(1)略　13.(2)因兩個箱子並未完全分離，我們認為兩次成績未有顯著的不同

14.略

15.(1) $k = 6$（組），次數分配表：

組　界	次　數	相對次數	累加次數
$195 < x \leq 220$	3	0.100	3
$220 < x \leq 245$	4	0.133	7
$245 < x \leq 270$	7	0.233	14
$270 < x \leq 295$	11	0.367	25
$295 < x \leq 320$	3	0.100	28
$320 < x \leq 345$	2	0.067	30
總次數	30		

15.(2)略

16.(1)依體重次數分配表繪製直方圖：

組　界	次　數
$30 < x \leq 35$	2
$35 < x \leq 40$	1
$40 < x \leq 45$	5
$45 < x \leq 50$	4
$50 < x \leq 55$	5
$55 < x \leq 60$	0
$60 < x \leq 65$	2
總次數	19

依新陳代謝速率次數分配表繪製直方圖：

組　界	次　數
$800 < x \leq 1,000$	2
$1,000 < x \leq 1,200$	3
$1,200 < x \leq 1,400$	5
$1,400 < x \leq 1,600$	5
$1,600 < x \leq 1,800$	3
$1,800 < x \leq 2,000$	1
總次數	19

16.(2)略

17.圖 4

18.略

第3章　平均數與差異量數

一、選擇題

1. D　2. D　3. B　4. C　5. B

6. C　7. B　8. A　9. D　10. A

11. B　12. B　13. D　14. B　15. C

16. D

二、問答題

1.(1) 33、223　1.(2) 21　1.(3) 19　1.(4) 30

2.(1) $\sum_{i=1}^{7} x_i + 21$

2.(2) $\sum_{i=1}^{12} f_i x_i^2 - 17 \sum_{i=1}^{12} f_i x_i + 72.25 \sum_{i=1}^{12} f_i$

2.(3) $\sum_{i=1}^{9} x_i^2 - 6 \sum_{i=1}^{9} x_i y_i + 9 \sum_{i=1}^{9} y_i^2$

2.(4) $\sum_{i=1}^{4} x_i + 3 \sum_{i=1}^{4} y_i$

3.(1) 69　3.(2) 39　3.(3) 967　3.(4) −42

4.中位數

5.(1) 5.4、5.5、2　5.(2) 15.4、15.5、12　5.(3) 27、27.5、10　5.(4)對平均數、中位數、眾數皆有影響

6.總重量 2,340 公斤，正確平均體重 51.8 公斤

7.是

8.(1) 36、63.75、55.2875、7.44　8.(2) 76.5、79.614、8.92　8.(3)不會變動

9.(1) 3.670、3.512　9.(2)使用變異係數比較（身高 2.16%、體重 5.85%），體重資料較分散

10. 12.225

11. 85.2

12.向誰購買視採購目的而異。若以採購（長度）均質變異最低，則以 A 最為恰當。若採購是以品項多樣化為目的，F 也是可考慮的廠商

13.(1)算術平均數 109.48、第二個截斷平均數 109.24、不適用　13.(2) 99、123　13.(3) (69、99、109、121、157)、22

13.(4)次數分配圖：

組　界	次　數
$60 \leq x < 70$	1
$70 \leq x < 80$	3
$80 \leq x < 90$	2
$90 \leq x < 100$	9
$100 \leq x < 110$	16
$110 \leq x < 120$	9
$120 \leq x < 130$	8
$130 \leq x < 140$	4
$140 \leq x < 150$	0
$150 \leq x < 160$	2

13.(5)略

14. 251.609

15. (21、30.5、35、41.5、80)

16. 750

17.每小時 66.27 公里

18. 80.75

19.略

20. 44.286、32.4

21. 82

22. 5.72%

23.甲班變異係數較大，因此乙班較平均

24. 95%

25. 16%

26.若資料分布的狀況是鐘型分布的時候，才有此結果

27.(1) 68%　27.(2) 75%

28. 469 人、錄取

29.變異係數：股票 96.9%、公債 3.6%。公債風險較小

第 4 章　偏態與峰態

一、選擇題

1. A　2. A　3. D　4. D　5. A

6. A　7. D　8. A　9. C　10. B

11. C　12. A

二、問答題

1. 右偏態、高狹峰

2. $\overline{X} < Me < Mo$

3. 右偏

4. 35

5. 右偏

6.(1) -0.097　6.(2) -0.0213

7. 0.8028789

8. 1.86

9. -1.017

10.(1) 0.781、3.090　10.(2) 1.996

11. 因平均數 (141.0556) > 中位數 (138.5)，屬於右偏

12. -2.56、3.46

13.(1) 略

13.(2)

	偏態係數	峰態係數
資料一	-1.077	0.266
資料二	1.233	0.992

14.(1) 偏態係數 1.085　14.(2) 偏態係數 -1.096　14.(3) 第一本是右偏型態，第二本是左偏型態，推測這兩本小說可能是由不同作者撰寫

15. 偏態係數 -0.989

16. 偏態係數 -1.223、峰態係數 1.144，應予以刪除

17. 若試題難易程度適中，則同學解題的結果約略是一對稱鐘形分佈，此資料偏態係數 1.408，屬於右偏，題目偏難

18. 第一次：(650、850、940、980、1,070)，平均數 (909) < 中位數 (940)，左偏。

第四次：(720、765、815、870、920)，中位數 (815) < 平均數 (820.5)，右偏

第 5 章　機率概論

一、選擇題

1. C　2. B　3. C　4. C　5. C

6. B　7. A　8. D　9. D　10. B

11. D　12. C

二、問答題

1.(1) 9%　1.(2) $P(A) = 0.6$、$P(B) = 0.71$、$P(C) = 0.12$

1.(3) 0.83　1.(4) 0.43　1.(5) 只有 A、B 不互斥

2.(1) 0.65　2.(2) 0.8　2.(3) 0.2

3.(1) 0.05　3.(2) 0.3

4.(1) 0.274625　4.(2) 0.35　4.(3) 0.545

5.(1) $\frac{1}{2}$　5.(2) $\frac{1}{3}$

6. $\frac{2}{5}$

7. 0.3

8. $\frac{31}{80}$

9.(1) 0.56　9.(2) 0.3762　9.(3) 0.088　9.(4) 0.064

10.(1) 0.5574　10.(2) 0.5851　10.(3) 因為 $P(A \cap B) \neq P(A) \times P(B)$，所以 A、B 兩事件不獨立

11.(1) 0.721　11.(2) 0.648　11.(3) 0.853　11.(4) 略

12.(1) 0.5294　12.(2) 0.5

13. 0.0392

14.(1) 0.042　14.(2) 0.2857

15.(1) 27 人　15.(2) 0.7293

16.(1) 0.00032　16.(2) 0.6723　16.(3) 0.5

17. 45,000 元

18.(1) 360 臺、標準差 91.6515　18.(2) 720,000 元、標準差 183,303

19.(1) ? $= 0.99058$　19.(2) 303.35　19.(3) 9,707.5655

19.(4) 303.35、6,864.2854　19.(5) 303.35、4,853.7828

19.(6) 303.35、97.0757　19.(7) 10,000 人投保的風險較 2 人投保的風險小

第 6 章　常用的機率分配

一、選擇題

1. D　2. A　3. C　4. D　5. A

6. B　7. A　8. C　9. B　10. A

11. C　12. B　13. B　14. A　15. B

二、問答題

1.(1) 0.40951　1.(2) 5

2.(1) $W \sim B(8, 0.4)$　2.(2) $(0.6)^8$　2.(3) 3.2

3.(1) 0.432　3.(2) 0.5

4. $X \sim B(5000, 0.001)$、0.0842

5.(1) 0.144　5.(2) 2.5 球

6.(1) 0.2816　6.(2) 0.5256　6.(3) 2.5、1.3693

7.(1) 0.4115　　7.(2) 0.3704　　7.(3) 0.00056　　7.(4) 16、1.7889

8.(1) 0.3230　　8.(2) 1.667　　8.(3) 1.3889

9.(1) 0.0594　　9.(2) 0.0985　　9.(3) 35.5、3.2086

9.(4)
$$\begin{aligned}
P(X = 5) &= P(4.5 < X < 5.5) \\
&= P(-4.73 < Z < -4.44) \\
&\approx 0
\end{aligned}$$

機率幾乎是 0，所以 42% 這個數據可能不準確

10.(1) 0.0498　　10.(2)有可能，機率為 0.0119　　10.(3)不相信，因為此情況的機率為 0.0027，每星期平均 3 次車禍可能偏低

11.(1) 0.0498　　11.(2) 0.2240　　11.(3) 24 個、4.8990、0.9656

12.(1) $X \sim$ 超幾何分配，$N = 2,300, n = 100$，母體中不良品個數 = 115　　12.(2)二項分配：0.0371。卜瓦松分配：0.0404

13. 0.2381

14.(1) $P(X = 1) = \dfrac{1}{6}$、$P(X = 2) = \dfrac{5}{36}$、$P(X = 3) = \dfrac{25}{216}$、$P(X = 4) = \dfrac{125}{1,296}$　　14.(2) $P(X = k) = (\dfrac{5}{6})^{k-1} \times \dfrac{1}{6}$

14.(3) 6　　14.(4) 0.8385

15.(1) 0.06561　　15.(2)此情況的機率為 0.005154

16.(1) 0.3　　16.(2) 14,990 公升

17.(1) $X \sim$ 指數分配 $f(x) = \dfrac{1}{10} e^{-\frac{1}{10}x}$, $x > 0$，平均服務一位顧客須 10 分鐘，標準差 10 分鐘　　17.(2) 0.1353　　17.(3) 0.0498

第 7 章　常態分配及其應用

一、選擇題

1. B　2. C　3. D　4. A　5. B
6. B　7. D　8. C　9. A　10. B
11. A　12. D　13. D　14. B　15. D

二、問答題

1.(1) 0.3842　　1.(2) 0.9177　　1.(3) -1.26　　1.(4) 1.84

2.(1) 0.3849　　2.(2) 0.368　　2.(3) 0.6826　　2.(4) 19.6

3.(1) 0.0228　　3.(2) 0.2206　　3.(3) 0.5679

4.(1) 0.0968　　4.(2) 0.9332　　4.(3) 0.0179

5.(1) 0.3679　　5.(2) 0.33　　5.(3) 5

6.二項分配：0.1503。常態分配：0.1505

7.(1) 958 人　　7.(2) 112.6

8.(1) 0.4525　　8.(2) 0.7211

9. 68.42 分

10. 17.59 個月

11.(1) B　　11.(2) C 供應商最有潛力，因為其標準差最小

12.(1) 0.1255　　12.(2) 0.4463　　12.(3)樣本數愈大，$\overline{X}$ 的分布愈集中，因此 $\overline{X}$ 的值落在 μ 附近區域的機率也就愈高

13.(1) Y，因為 Y 的成功機率 0.3 較接近 0.5　　13.(2) 0.5698、0.0825

14.(1) 0.242　　14.(2) 0.4668　　14.(3) 0.2592　　14.(4) 0.4168　　14.(5) 0.1711　　14.(6)男生 182.4 公分以上、女生 170.4 公分以上

15.(1) 0.0025　　15.(2) 0.1587

16. 0.9812

17. 0.0244

18.根據中央極限定理

19.(1)卜瓦松分配，期望值為 1　　19.(2) $Y = \sum_{i=1}^{52} X_i \sim N(52, 52)$　　19.(3) 0.0558

20.(1) 1,000、3.5355　　20.(2) 0.5　　20.(3) 0.0793　　20.(4) 0.0057、0.049

21. 0.7458

22.(1) 2.42、1.2343　　22.(2) 2.42、1.2343、分布類似表 7.9　　22.(3)直方圖形狀應趨近於鐘形分配，中心位置大約在 2.42，標準差大約是 0.12343

23.(1) 49.8 分　　23.(2) 5 人　　23.(3) 60.2

24.(1) 0.1922　　24.(2) 32,935 元　　24.(3) 0.4129

第 8 章　估　計

一、選擇題

1. D　2. B　3. D　4. C　5. C
6. A　7. C　8. A　9. D　10. A
11. B　12. B

二、問答題

1.(1) II　　1.(2) II　　1.(3) II 為不偏估計但變異數大，I 是偏的估計但變異數較小，應再比較兩估計量的均方誤 (meansquareerror)，較小者為佳

2.(1) 0.8064　　2.(2) 0.901　　2.(3) 0.95

3.(1) 75.92 mm，可信度 95% 之下，估計誤差在 0.31 mm 之內　　3.(2) (75.61, 76.23)　　3.(3) (75.3671, 76.4729)

4. (13.9535, 14.6465)

5.(1) 7.1727　　5.(2) 7.5390　　5.(3)當母體的標準差未知時，其信賴區間愈寬，誤差愈大

6. (56.82, 58.58)

7. (0.422, 0.618)

8. (4,12)

9. (0.422, 0.618)

10.(1) (0.223, 2.968)　　10.(2) (−6.63, 12.63)

11.(1) 18.05%、1.9971　　11.(2) (16.8761%, 19.2239%)
11.(3) (1.6086, 2.6666)　　11.(4)假設母體為常態分配　11.(5) 17.335%

12.(1) (25.4571, 27.4299)　12.(2)不相信，因為根據95% 信賴區間，電池平均壽命應該不超過 30 小時　12.(3) 27.2393　　12.(4) (1.0452, 6.5927)

13.(1) (−45, 534.7414, 34, 134.7414)　　13.(2)無差異，因為信賴區間顯示 I 的平均銷售量可能比 II 高，也可能比 II 低

14.平均壓力差 −8.1 psi、最大誤差 2.4845。根據信賴區間 (−10.5845, −5.6155)，兩種設計的平均壓力差超過 4 psi

15. 5.61%

16.甲生產線不良率 0.1333、乙生產線不良率 0.13、信賴區間 (−0.0568, 0.0634)

17.(1) 0.55 、 0.0975　　17.(2) (0.4437, 0.5897)　　17.(3) (−0.0716, 0.2216)

18.(1) (10.3300, 18.0832)　　18.(2) 206 個

19.(1) 601 個　　19.(2) 217 個　　19.(3) 6,787 個、5,701 個

20.變異數信賴區間 (1.5135, 5.4543)、標準差信賴區間 (1.2302, 2.3354)

第 9 章　假設檢定

一、選擇題

1. C　　2. D　　3. B　　4. B　　5. D

6. A　　7. B　　8. B　　9. B　　10. D

11. C　　12. D　　13. A　　14. C　　15. C

二、問答題

1.不是。信心水準 = 1 − 顯著水準

2.略

3.(1) 2.326　　3.(2) $\overline{X} < 7.674$ 或 $\overline{X} > 12.326$

4.臨界值 $Z_{0.995} = 2.576$、p 值 = 0.0228

5. $H_0 : \mu = 14$、$H_1 : \mu \neq 14$

6.(4)正確

7.無顯著改變

8.(1)拒絕 H_0、(902.226, 967.774)　　8.(2)不拒絕 H_0

9.(1)不拒絕 H_0　　9.(2)拒絕 H_0

10. $\alpha = 0.01$，不拒絕 H_0。$\alpha = 0.05$，拒絕 H_0

11.是

12.(1) 0.0228　　12.(2) 0.1587

13.(1)當 $\alpha = 0.05$，證據顯示現今平均理賠金額要比過去要高。　　13.(2) 0.0289

14.拒絕 H_0

15.當 $\alpha = 0.01$，沒有足夠證據顯示瑕疵品的比例超過該限制

16.(1)有顯著差異　　16.(2) 0.0064

17.證據顯示男性樂團指揮平均壽命不同於 69.5 歲

18.型一錯誤 = 0.01024、型二錯誤 = 0.92224

19.型一錯誤 = 0.01024、型二錯誤 $= 1 - (p_0)^5$

20.(1) 0.0382　　20.(2) 0.3759　　20.(3) 0.3064

21.不拒絕 H_0

22.當 $\alpha = 0.02$，有理由相信平均高度已經改變

23.因 p 值 = 0.006，拒絕 $H_0 : \mu = 162.5$，顯示平均高度已經改變

24. t 值 為 平 均 數 (−8.123) 除 以 平 均 數 標 準 誤 (2.463)，資料有 48 人

25. $P(\dfrac{7.87125 - \overline{\mu}}{\dfrac{0.2}{4}} < Z < \dfrac{8.12875 - \overline{\mu}}{\dfrac{0.2}{4}}), X \sim N(\overline{\mu}, \dfrac{0.2^2}{16})$

$$= \phi(\dfrac{8.12875 - \overline{\mu}}{\dfrac{0.2}{4}}) - \phi(\dfrac{7.87125 - \overline{\mu}}{\dfrac{0.2}{4}})$$

26.拒絕 H_0

27.性別與氣氛感受無關

28.(1) $\overline{X} > 25.7208$　　28.(2) 0.5279

29.

μ	25.2	25.4	25.6	25.8	26	27
$1 - \beta$	0.117	0.232	0.391	0.572	0.738	0.998

30.(1) $\overline{X} < 94.35922$　　30.(2) 0.5471

第 10 章　變異數分析

一、選擇題

1. D　　2. B　　3. C　　4. D　　5. D

6. C　　7. A　　8. C　　9. D　　10. B

11. C　　12. B　　13. D　　14. A

二、問答題

1.(1) 2,515.57

1.(2)

i	y_i	$\bar{y_i}$
1	59.1	14.775
2	57.2	14.300
3	57.4	14.350

1.(3) 173.7、14.475

2.略

3. $\sum_i\sum_j y_{ij} \neq \sum_j\sum_i y_{ij}$

4.常態性、同質性、獨立性

5.至少有兩群體的平均數不同

6.不行，顯著水準變大

7.反應變數：每張卡儲值的金額。

因子：儲值卡的種類

處理或因子水準：普通卡、敬老卡和學生卡

實驗單位：儲值卡的持有者

8.(1)中因子：汽油添加劑

因子水準：添加劑的四個品牌

實驗觀測值：實驗單位（汽車）每公升的行駛里程數

8.(2)(a) 3 、(b) 5.275 、(c) 19 、(d) 7.99684   8.(3) F.INV(0.95, 3, 16)

9.(2)、(3)正確

10.變異數分析的 p 值為 0.01576，若以 0.05 為比較門檻，拒絕虛無假設，五種稻米的平均收益有差異，但無法由變異數分析表得知哪些品種有差異

11.無顯著差異

12.(1) $H_0: \mu_{可樂} = \mu_{紅茶} = \mu_{雞尾酒} = \mu_{咖啡}$ 12.(2) 3、46

12.(3) 37.69

13.有差異

14.(5)正確

15.略

16.(1)(a) 975、(b) 5、(c) 6.24、(d) 20、(e) 31.25

16.(2) 6、26   16.(3)有顯著差異

17.(1)

變異來源	平方和	自由度	均方和	F
作業方法	312	3	104.0	2.607
組內變異	1,596	40	39.9	
總變異	1,908	43		

17.(2)無顯著不同

18.有顯著差異

19.

來　源	平方和	自由度	均方差	F 檢定量
組　間	1636.5	3	545.5	5.4
組　內	2018.0	20	100.9	
總　和	3654.5	23		

20.(1)

來源	平方和	自由度	均方和	F 檢定量
工作日別	34,705	5	6,941.000	8.421
時段別	72,977	11	6,634.273	8.049
隨機誤差	45,332	55	824.218	
總和	153,014	71		

20.(2)工作日別、時段別皆有顯著差異

第 11 章　簡單線性迴歸與相關分析

一、選擇題

1. C　2. B　3. B　4. C　5. D

6. D　7. A　8. B　9. B　10. C

11. D

二、問答題

1.(3)、(4)正確

2.油價上漲的時候，全球股市就會下跌。加息對股市的實際影響不會太大

3.(1)錯誤

4.(1)、(3)、(4)正確

5. 10

6.不拒絕 H_0

7. 0.692

8. $Y \sim N(c, \sigma^2)$

9.略

10.(1) 24.15   10.(2) X 軸方向每變動一單位，Y 軸方向會有 2.5 倍的減量

11. $\hat{y_i} = -\dfrac{7}{6} + \dfrac{7}{6}x_i$

x	y	xy	x^2
0	-2	0	0
0	-1	0	0
1	0	0	1
1	1	1	1
3	2	6	9
$\sum x_i = 5$	$\sum y_i = 0$	$\sum x_i y_i = 7$	$\sum x_i^2 = 11$

12.(2)最佳。以最小平方法的觀點來看，誤差平方總合最小的直線相對較佳

13.(1) $\hat{y}_i = 7x_i + 7$ 13.(2) $\hat{y}_i = 7x_i - 9$

14.(1)略   14.(2) $\hat{y}_i = 34.01 - 0.0837x_i$

15.(1) $\hat{y}_i = 13.8 - 1.5x_i$ 15.(2)證據顯示兩變數間不存在直線關係

16.(1) $\hat{y}_i = -0.042 + 0.4039x_i$ 16.(2)不拒絕 H_0

17.(1)略   17.(2) $\hat{y}_i = 0.6714 - 0.2964x_i$、0.47874   17.(3) 0.2147

18.(1)略

18.(2)

							總　和
x	62.5	67.5	65	65	60	59.5	379.5
y	64	68	63	66	61	66	388
$x-\bar{x}$	−0.750	4.250	1.750	1.750	−3.250	−3.750	0
$y-\bar{y}$	−0.667	3.333	−1.667	1.333	−3.667	1.333	0
s_{XX}	0.563	18.063	3.063	3.063	10.563	14.063	49.378
s_{YY}	0.445	11.109	2.779	1.777	13.447	1.777	31.334
s_{XY}	0.500	14.165	−2.917	2.333	11.918	−5.000	20.999
$\hat{y}_i$	64.349	66.474	65.411	65.411	63.289	63.073	388.007
$\hat{\varepsilon}_i$	−0.349	1.526	−2.411	0.589	−2.289	2.927	−0.007

18.(3) $\hat{y}_i = 37.786 + 0.425x_i$、64.561   18.(4) 0.285

19. $\hat{y}_i = 5.964 + 0.889x_i$、0.653

20.(1) $\hat{y}_i = 357.863 + 1.424x_i$ 20.(2) 0.9755   20.(3) 0.9877

21.(1) $\hat{y}_i = 147 + 57.625x_i$ 21.(2)每增加一房間，房價增加 60,000 元

22.(1) $\hat{y}_i = -0.018 + 0.019x_i$

22.(2)

	平方和	自由度	均方和	F 值	p 值
罐數	0.018050	1	0.018050	27.984	0.0007372
殘差	0.005160	8	0.000645		

22.(3) 0.7777   22.(4) 0.8819

23. 0.6392

24. −0.7757、$\hat{y}_i = 10.8 - 0.633x_i$

第 12 章 指　數

一、選擇題

1. D   2. C   3. C   4. D   5. B

6. B   7. A   8. B   9. D   10. A

二、問答題

1.(1) $t_5 = 98.48$、$t_{10} = 101.50$ 1.(2)指數變動 3.02 點、價格變動 3.06%

2. $t+1$ 年 103.73、$t+2$ 年 115.77

3. 123.93

4. 2 月份 274.3、6 月份 139.6

5.(1)年份 1、年份 5   5.(2)參 5.(3)表格

5.(3)

年　份	指數一	指數二	廣告費用
1	100	45.45	3,000
2	138	62.73	4,140
3	162	73.64	4,860
4	196	89.09	5,880
5	220	100	6,600
6	275	125	8,250
7	308	140	9,240
8	363	165	10,890

5.(4)略

6.(1)臺灣 40.15%、日本 24.79%   6.(2)對臺灣食物類與 CPI 之價格走勢影響較大

7.(1)

	8 月	9 月	10 月	11 月
第 t_1 年	104.27	108.20	114.08	111.26
第 t_2 年	114.93	114.30	120.40	118.97
變動率	10.22	5.64	5.54	6.93

7.(2)下降 0.63   7.(3) t_2 年 8 月 10.22%、t_2 年 9 月 5.64%   7.(4)下跌、下跌   7.(5)下跌、上升

8.

月　份	物價指數	變動率
1	102.41	
2	102.90	0.47%
3	101.42	−1.43%
4	102.05	0.62%
5	102.24	0.18%
6	102.75	0.49%
7	102.61	−0.13%

保險學概要（修訂七版）

袁宗蔚／著；鍾玉輝／修訂

1. 本書從保險之概念及歷史說起，逐步推展至陸海空各類保險組織以及其下之各式契約、社會之保險政策，內容涵蓋完整保險概念。
2. 行文簡明，除去艱澀難懂的數學符號，以文字敘述取代複雜公式，便於理解。
3. 配合近年熱門的軍公教年改議題，本書在「社會保險」部分做了大篇幅的更新。另也因應保單變動修訂「火災保險」和「汽車保險」等章節，力求貼合時代脈動。

財務報表分析（附光碟）

盧文隆／著

1. 行文簡單明瞭，逐步引導讀者檢視分析財務報表；重點公式統整於章節後方，並附專有名詞中英索引，複習對照加倍便利。
2. 有別於同類書籍偏重原理講解，本書新闢「資訊補給」、「心靈饗宴」及「個案研習」等應用單元，融會作者多年實務經驗，讓理論能活用於日常生活之中。
3. 彙整各類證照試題，有助讀者熟悉題型；隨書附贈光碟，內容除習題詳解、個案研習參考答案，另收錄進階試題，提供全方位實戰演練。

貨幣銀行學：理論與實務

楊雅惠／著

1. 章前導覽、架構圖引導讀者迅速掌握學習重點；重要概念上色強調，全書精華一目了然，且整理重要詞彙置於章節末，課後複習加倍便利。
2. 本書配合各章節之介紹，引用臺灣最新的金融資訊佐證，使理論與實務相互結合。
3. 各章皆設有「繽紛貨銀」專欄，作者以自身多年研究與實務經驗，為讀者指引方向、激發讀者思辨的能力。

期貨與選擇權

廖世仁／著

1. 本書的敘述淺白、文字平易近人，適合大專院校學生和對期貨與選擇權有興趣的一般讀者。
2. 書中附有小百科單元，解釋專有名詞，有助於系統性的理解。
3. 課文搭配例題和隨堂測驗，讀者可以隨時掌握學習狀況。
4. 提供過去著名的期貨與選擇權操作案例，並在各章章末附有期貨業務員、期貨分析師等考古題。

消費者行為（修訂四版）

沈永正／著

1. 本書在每個主要理論之後設有「行銷一分鐘」及「行銷實戰應用」等單元，舉例說明該理論在行銷策略上的應用。
2. 納入認知心理學中的分類等同類書籍較少討論的主題；也納入網路消費者行為、體驗行銷及神經行銷學等近年熱門的主題。
3. 在每章結束後皆設有選擇題及思考應用題，期使讀者能將該章的主要理論應用在日常的消費現象中。

市場調查

沈武賢／著；方世榮／審閱

1. 本書以簡要、清晰的方式，介紹市場調查的基本原理以及各種調查方法在實務中的操作運用技巧。
2. 各章前均附有學習目標，章末有本章摘要與習題，可供讀者對重要概念與原理更加瞭解，加強閱讀學習成效。
3. 書末附有實際的市場調查案例，完整介紹市場調查的程序及作法，幫助讀者於實務操作中靈活運用書中理論。

成本與管理會計（增訂五版）

王怡心／著

1. 本書各章前皆有「章節架構圖」，幫助讀者對各章節的結構有全盤性的瞭解；另設計「學習目標」、「關鍵詞」等單元，加強讀者學習印象。
2. 新版 IFRS 與 COSO 相關的說明納入適當章節，並搭配案例解說，讓讀者對財務報導與內部控制有更進一步的認識。
3. 各章皆包含近年會計師考題、國考考題，提升讀者實戰能力；另於書末提供作業簡答，方便讀者自行檢視學習成果。

會計學（上）（下）

林淑玲／著

1. 分為上、下兩冊，以深入淺出的方式，提供初學者循序漸進地瞭解財務會計的基本原理與觀念，協助會計資訊使用者如何藉由會計資訊取得且運用企業所產生的財務資訊，用以評估企業的營運績效。
2. 本書依照國際財務報導準則 (IFRS) 編寫，以我國最新公報內容及現行法令為依據，並彙總 GAAP、IFRS 與我國會計準則的差異。
3. 章節後均附有練習題，可為讀者檢視學習成果之用。

國際貿易與通關實務

賴谷榮;劉翁昆/著

1. 第一篇為「貿易實務」,著重在國際貿易概念、信用狀以及進出口流程等國際貿易中的實務部分。
2. 第二篇「通關實務」大篇幅說明進出口通關之流程、報單、貨物查驗、網路系統等實務操作,亦說明關稅、傾銷、大陸物品進口以及行政救濟之相關法規。
3. 全書皆附有大量圖表以及實際單據,幫助讀者降低產學落差,與實務接軌。而各章章末也收錄練習題,方便讀者自我檢測學習成果。

國際金融理論與實際(修訂七版)

康信鴻/著

1. 本書介紹國際金融理論、制度與實際情形,強調理論與實際並重,文字敘述力求深入淺出、明瞭易懂,並在資料取材及舉例方面力求本土化。
2. 全書分為十六章,循序描述國際金融的基本概念及演進,此外,每章最後均附有內容摘要及習題,以利讀者複習與自我測試。
3. 本次改版將資料大幅修訂成最新版本,並且新增英國脫歐之發展,讓讀者與時代接軌。

國際貿易原理與政策(增訂五版)

康信鴻/著

1. 本書詳盡說明基礎國貿理論,並延伸至近期國際熱門議題如中美貿易戰、TPP 改組、英國脫歐等,使讀者能夠全方位地理解理論與實務。
2. 各章內容皆以臺灣為出發點,詳盡說明國際貿易議題及其對臺灣之影響,擴展讀者視野,瞭解國際情勢其實與生活息息相關。
3. 各章章末皆附有摘要和習題,幫助讀者複習。內文段落亦提供案例討論,有助教師授課以及讀者延伸思考。

國際貿易實務新論(修訂十六版)

張錦源;康蕙芬/著

1. 本書按交易過程先後步驟詳細說明其內容,使讀者對全部交易過程能有完整的概念。
2. 每章章末均附有習題和實習,供讀者練習。
3. 備課方便提供授課教師教學光碟、習題解答光碟,以提升教學成效。

簡明經濟學

王銘正／著

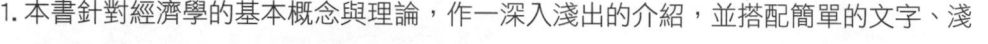

1. 本書以生活化的方式來介紹經濟學理論，且與時事結合，例如：「一例一休」新制的影響、「太陽花學運」等重要的經濟現象與政府政策。
2. 以國際化的視野探討歐洲與日本中央銀行的負利率政策、美國次級房貸風暴的成因與影響。
3. 在每一章的開頭列舉該章的學習重點，此外以時事案例或有趣的內容作為引言，激發讀者繼續閱讀該章內容的興趣。

經濟學原理

李志強／著

1. 本書針對經濟學的基本概念與理論，作一深入淺出的介紹，並搭配簡單的文字、淺顯的圖形，減少枯燥的數學分析和公式。
2. 內容涵蓋涵蓋個體經濟學、總體經濟學兩部分，使讀者瞭解經濟體系的運作和各經濟部門之間的關係。
3. 在每章節後設有國內外重大財經新聞作為案例分析。此外，每章都附有相關內容的選擇題，幫助讀者藉由自我評量來檢討學習成效。

初級統計學：解開生活中的數字密碼

作　者	呂岡玶　楊佑傑
發 行 人	劉振強
發 行 所	三民書局股份有限公司
地　址	臺北市復興北路386號（復北門市）
	臺北市重慶南路一段61號（重南門市）
電　話	(02)25006600
網　址	https://www.sanmin.com.tw
出版日期	初版一刷 2016 年 8 月
	修訂二版一刷 2020 年 6 月
	修訂二版二刷 2023 年 9 月
書籍編號	S510450
ISBN	978-957-14-6742-9

國家圖書館出版品預行編目資料

初級統計學：解開生活中的數字密碼／呂岡玶，楊佑
傑著.--修訂二版二刷.--臺北市：三民, 2023
面；　公分
ISBN 978-957-14-6742-9 （平裝）
1.統計學
510   108017742